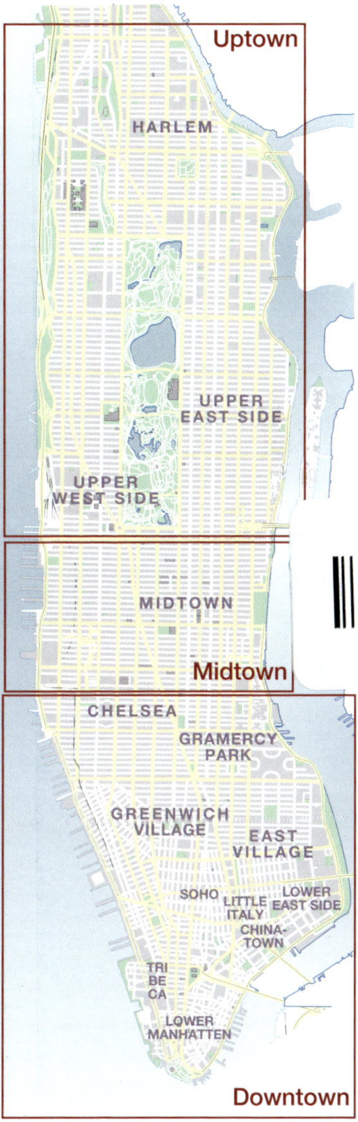
Uptown
HARLEM
UPPER EAST SIDE
UPPER WEST SIDE
MIDTOWN
Midtown
CHELSEA
GRAMERCY PARK
GREENWICH VILLAGE
EAST VILLAGE
SOHO
LITTLE ITALY
LOWER EAST SIDE
CHINA-TOWN
TRI BE CA
LOWER MANHATTEN
Downtown

Unterwegs mit Dorothea Martin

Aufgewachsen in West-Berlin vor dem Mauerfall, war ich in jungen Jahren eine waschechte und stolze Großstadtpflanze. An Individualität, Charme und kreativer Kunstszene konnten es nur wenige andere Städte mit Berlin aufnehmen. New York stand v. a. im Ruf, verrucht, verrückt und gefährlich zu sein, von dort kamen die Trends, die Musik und die Subkultur, von der ich ein Teil sein wollte. So fuhr ich hin – und war angekommen. Alles war viel größer als im behaglichen Berlin und fremd, und doch fühlte ich mich dazugehörig. Zu dieser Zeit – Ende der 80er Jahre – war der Times Square noch Unterwelt und Drogenumschlagplatz, Harlem Sperrzone für Weiße, der Central Park lebensgefährlich und das MoMA ein echter Geheimtipp. Wenig störte mich das schäbige Zimmer mit Gemeinschaftstoilette und Kakerlakeninvasion: wie cool! Schlaf brauchte ich nicht viel, wie gut!, hielt mich doch die knallende Dampfheizung unfreiwillig wach. Erstmals aß ich rohen Sushi-Fisch, wie exotisch!, und kopierte die Tanzschritte halb bekleideter Vortänzerinnen, wie awsome! Alles an New York war wow. Wow ist die Stadt bis heute, nur sind wir gemeinsam erwachsen geworden. Ich kann jetzt kakerlakenfrei nächtigen, die Lichter des Times Square unbehelligt bewundern und im Central Park gefahrenfrei spazieren gehen. Doch gibt es immer noch genug Abseitiges zu entdecken, man muss nur hinschauen!

Text und Recherche: Dorothea Martin **Lektorat:** Peter Ritter, Sabine Senftleben (Überarbeitung) **Redaktion:** Annette Melber **Layout:** Jana Dillner **Karten:** Torsten Böhm, Judit Ladik, Michaela Nitzsche, Gabor Sztrecska **Fotos:** siehe Seite 6 **Covergestaltung:** Karl Serwotka **Covermotive:** oben: New York City © Sean PavonePhoto unten: Manhattan Bridge and Empire State Building, New York © Oleksandr Dibrova | beide Fotolia.com

5. KOMPLETT ÜBERARBEITETE UND AKTUALISIERTE AUFLAGE 2015

NEW YORK

DOROTHEA MARTIN

Inhalt

New York – Hintergründe & Infos

Inhalt

New York – Stadttouren

Inhalt

Kartenverzeichnis

Zeichenerklärung für die Karten und Pläne

Hauptstraße
Nebenstraße
Grünanlage
Friedhof
Subway
Flughafen
Busbahnhof
Rundgang
Rundgang Anfang
Rundgang Ende
Sehenswürdigkeit
Museum
Zoo
Botanischer Garten
Kirche
Synagoge
Moschee
Ärztliche Versorgung
Bank
Information

Fotonachweis

Alle Fotos Jürgen Andrews und Dorothea Martin außer: American Museum of Natural History, New York S. 22 | d.u.m.b.o. arts center (dac) S. 88/89 |

Alles im Kasten

Vielen Dank! Evelyn Dathe von Aviareps in München danke ich für ihre freundliche Unterstützung bei der Organisation unserer Besuche. Meinem Partner Jürgen Andrews verdanke ich die meisten der wunderschönen Fotos. Meinen Lektoren gebührt mein herzlicher Dank für so manch vollendetes Bonmot, gelungene Kürzungen und dass das Buch mit Hilfe unserer Layouter am Ende in die Form passt. Besonders danke ich auch den Lesern, die das Buch mit ihren Zuschriften, Hinweisen, Korrekturen und Entdeckungen immer wieder bereichern.

Mit dem grünen Blatt haben unsere Autoren Betriebe hervorgehoben, die sich bemühen, regionalen und nachhaltig erzeugten Produkten den Vorzug zu geben.

THE CONSERVATORY GARDEN

Was haben Sie entdeckt? Haben Sie ein originelles Restaurant oder ein witziges Hotel entdeckt? Wenn Sie Ergänzungen, Verbesserungen oder neue Tipps zum Buch haben, lassen Sie es uns bitte wissen!

Schreiben Sie an: Dorothea Martin, Stichwort „New York" | c/o Michael Müller Verlag GmbH | Gerberei 19, D – 91054 Erlangen | dorothea.martin@michael-mueller-verlag.de

8 things to do in New York

① Überblick bekommen

Manhattan ist nicht ganz New York – aber sein berühmtester Teil. Und den überblickt man nun mal am besten aus der Luft, denn das Wahrzeichen ist und bleibt die Skyline, ein Fotomotiv, das man einfach haben muss.

Ein Hubschrauberflug ist natürlich schön, aber Luxus. Alternativ bietet die Aussichtsplattform Top of the Rock, kurz The Rock, ideale Bedingungen: Hier sind die Wartezeiten in der Regel kurz, die Sicht aus 260 m Höhe ist weit (130 km an guten Tagen!), sie ist unversperrt, und man hat die berühmtere Konkurrenz, das Empire State Building, direkt vor der Nase. Am besten fährt man am Abend hoch und bleibt bis zur Dämmerung.

Wer den Blick auf Manhattan bei Nacht nicht missen möchte, kann ihn auch mit einem Gläschen in der Hand von der sich drehenden View Lounge des Marriott Hotels am Times Square oder einer anderen der vielen Rooftop Bars aus genießen.

② Neuland betreten

Man sagt, Brooklyn sei das neue Manhattan, nur ohne Hochhäuser, und in der Tat lockt dieser aufstrebende Stadtteil am East River mehr und mehr Besucher über seine berühmte Brücke. Das Ufer wurde in den East River Park mit Freizeitangeboten verwandelt, das urbane Hinterland von Williamsburg und Dumbo läuft der East Side gerade den Rang als subkulturelles Szeneviertel ab. Ethnische Vielfalt prägt die Straßenszenen, vor allem in Williamsburg, wo die chassidischen Juden zu Hause sind. Wer in New York die spannende Nische abseits des Touristenrummels sucht, kann sie hier finden. Am besten auf dem Drahtesel, denn die Wege sind mitunter weit.

③ Den Broadway erobern

Der Broadway ist die berühmteste Theatermeile der Welt, von diesen Brettern aus wird die Welt erobert, hier liegt der Olymp des Musical-Himmels. Jährlich

kommen rund 12 Millionen Menschen zum Times Square, um sich an der Musik, der Choreografie, den extrem aufwendigen Bühnenbildern und den Kostümen zu berauschen. Die besten Shows werden alljährlich mit dem Tony Award ausgezeichnet, dem Oscar des Theaters. Neben den rund 40 „großen" Theatern wetteifern noch rund 1500 kleine Bühnen (Off-Broadway) um die Gunst der Zuschauer. Die Kassenschlager wie „Mamma Mia", „Chicago" oder „Der König der Löwen", aber auch neuere Produktionen wie „Kinky Boots" sind oft ausverkauft, wer dorthin möchte, sollte möglichst früh Karten reservieren.

Für die nicht ganz so bekannten Produktionen lohnt sich das Anstehen an den TKTS-Kiosken, wo es Karten bis zu 50 Prozent verbilligt gibt. Wer nur einige Hits aus den bekanntesten Musicals erleben möchte, kann auch am Times Square im Ellen's Stardust Diner essen gehen: Hier kellnern aufstrebende Talente und geben zwischen dem Servieren Proben ihres Könnens.

④ Gratis Kunst genießen

Wer die satten Eintritte im MoMA oder Guggenheim Museum scheut – in Chelsea im Westen Manhattans ballen sich mehr als 350 Galerien auf engstem Raum. Sie sind kostenlos und zeigen von Klassikern der Moderne bis hin zu experimentelleren Ausstellungen alles, was das Künstlerherz begehrt.

Kunstmekka ist Chelsea seit etwa Mitte der 90er Jahre. In Windeseile wurden ehemalige Industriegebäude in Ausstellungsräume verwandelt, was einen ganz eigenen „Chelsea Look" hervorgebracht hat. Und wem es mit der Kunst zu viel wird, steigt einfach um aufs Boutiquen-Hopping: Modeläden gibt's in Chelsea ebenfalls zuhauf.

⑤ Diners ausprobieren

New York ist für die ethnische Vielfalt seiner Küchen berühmt. In den gut

8 things to do in New York

24.000 Restaurants und 4000 Snackbars der Stadt kann man sich einmal um den Globus essen, je nach Geschmack und Neigung. Günstige und sehr „einheimische" Gerichte bekommt man in den Diners, ausrangierten, oft chromblitzenden Speisewagen der Bahn. Das berühmteste Diner New Yorks dürfte Katz Delicatessen sein, verewigt im Hollywoodstreifen „When Harry met Sally". Diners servieren vor allem Deftiges, etwa Brunch und die Klassiker wie Pastrami Sandwiches, Milkshakes und Hamburger.

Den Siegeszug des Burgers dokumentieren auch die zahlreichen Burgerketten der Stadt, die wie Shake Shack mehr und mehr Zweigstellen eröffnen. Wer zu den Fleischessern zählt, sollte auch dringend einmal ein amerikanisches Steak probieren, das New York Strip: Es reift über Wochen (und schimmelt) und ist daher zart wie Butter und richtig teuer. Eine gute Adresse dafür ist das Strip House in Greenwich. Wer sich mit tierischen Produkten eher schwertut, ist in New York ebenfalls gut aufgehoben. Das Angebot reicht von vegetarischem Dim Sum bis zu indischen Gemüse-Currys, und auch Veganer finden eine reiche Auswahl.

⑥ Konsum anheizen

„Shop until you drop" heißt so viel wie Einkaufen bis zum Umfallen: Die Konsumjagd ist in der Stadt ein anerkannter Freizeitsport und kann richtig schweißtreibend sein. Der Stadtteil SoHo ist dabei ein Paradies für den ausgedehnten Schaufensterbummel durch Edelboutiquen und Designerläden, die Mode von internationalen und berühmten einheimischen Designern feilbieten. Im Nachbarbezirk LoLita präsentiert sich der Nachwuchs. Also nix wie hinein ins Getümmel – und führe uns in Versuchung! Wenn Sie es wie die New Yorker halten wollen, kaufen Sie Schnäppchen in den Aus- und Musterverkäufen. Das bedarf jedoch einer gewissen Planung …

⑦ Nächte auskosten

Das New Yorker Nachtleben ist unüberschaubar und schnelllebig. Riesige Clubs öffnen und schließen, weltbekannte DJs kommen und gehen, trendige Lounges bleiben, und coole Live Venues haben immer Saison. Geballte und exklusive Party-Action findet man in Chelsea und dem Meatpacking District. Im Top of the Standard feiert es sich mit grandioser Aussicht, im Highline Ballroom performen Bands und DJs mit toller Akustik. Aber Achtung, das New Yorker Nachtleben geht richtig ins Geld, und die Warteschlangen sind mitunter lang. Ein Tipp: chic kleiden, früh da sein und ein großes Budget mitbringen. Alternativ gehe man „underground“ ins East Village oder nach Brooklyn.

⑧ Einfach Relaxen!

Erste Adresse ist der Central Park im Herzen Manhattans: weltberühmt und wahrlich kein Etikettenschwindel, sondern wirklich schön. Alternativen gibt’s dennoch. Eine ist der High Line Park, gewissermaßen ein Park auf Stelzen: Von West-Chelsea bis Hell’s Kitchen wurde eine stillgelegte Hochbahntrasse in eine 1,6 km lange grüne Meile verwandelt. Dort ist im wahrsten Sinne des Wortes Gras über einen industriellen Schandfleck gewachsen, was der Gegend einen wahren Aufschwung beschert hat. Die begrünte Schneise durch den Großstadtdschungel wurde mit 210 verschiedenen Arten von Bäumen und Büschen bepflanzt und mit Bänken, Tischen, Liegen und Terrassenanlagen versehen. Vor allem aber hat man schöne Aussichten auf klassische Meisterwerke wie das Empire State oder das Chrysler Building und auf ganz neue Luxus-Wohntürme von Stararchitekten wie Jean Nouvel und Neil Denari, die das Stadtbild prägen.

Hintergründe & Infos

Die berühmte Wächterin der Stadt

Die Hauptstadt der Welt – die ganze Welt in einer Stadt

Wenn die Welt eine Hauptstadt hat, dann ist das New York. New York mit seinen fast 8,5 Mio. Einwohnern (Tendenz steigend) ist Magie, Faszination und Mythos, steht aber auch für den Widerspruch. Die Stadt ist Symbol für Freiheit, aber auch für grenzenlose Ausbeutung, für Reichtum, aber auch für bittere Armut. In New York regiert der Kommerz, aber auch die hohe Kunst. New York ist unverschämt teuer, und doch gibt es hier die besten Schnäppchen. Mit einem Einwohner-Durchschnittsalter von 35,5 Jahren ist die Stadt eine junge Metropole, lebendig rund um die Uhr. „Wer einmal in New York gelebt hat, für den ist nichts anderes mehr gut genug", befand der Schriftsteller Henry James.

Manhattan …

New York City besteht aus fünf Stadtteilen, den sog. *boroughs*. Doch wer von New York spricht, denkt nicht an Queens, Brooklyn, The Bronx oder Staten Island. Wer New York sagt, meint Manhattan, die 21 km lange und 3,2 km breite Insel, auf der die Geschichte der Stadt vor nicht einmal 400 Jahren ganz bescheiden begann: als Außenposten der Westindischen Kompanie, einer mächtigen niederländischen Handelsgesellschaft, die über den hiesigen natürlichen Hafen den äußerst lukrativen Pelzhandel mit der Neuen Welt abwickelte. Der Gründungsmythos der Stadt sagt, Peter Minuit, der aus Wesel (!)

stammende erste Generaldirektor des Handelpostens, habe die Insel den Indianern für ein paar Kisten mit Krimskrams im Gegenwert von lumpigen 60 Gulden abgekauft. Eine kluge Investition, doch die Rendite sollten andere einfahren. Denn schon bald mussten die Niederländer den Briten weichen, und aus dem kleinen holländischen Städtchen **Nieuw Amsterdam** am Südzipfel Manhattans mit Gracht, Windmühle und Stadtmauer wurde **New York**. Erinnerungen an diese Anfangsjahre der Stadt wecken heute nur noch Namen: Manhattan soll von *manahatta* abgeleitet sein, was in der Sprache der Algonkin-Indianer so viel hieß wie „hügelige Insel". Die Algonkin selbst dienten als Namensgeber eines Hotels in Midtown Manhattan, und Schlitzohr Peter Minuit haben die New Yorker immerhin einen kleinen Park gewidmet. Seinen alten Namen verloren hat dagegen der Wiechquaekeck Trail, der alte Handelsweg der Indianer, der sich heute als der weltberühmte *Broadway* durch Manhattan zieht. Wäre schließlich noch die Stadtmauer zu nennen, an die nur mehr ein simpler Straßenname erinnert, der gleichwohl Weltkarriere gemacht hat – *Wall Street.*

Das Exklusivrecht, für ganz New York zu stehen, verleiht Manhattan v. a. eines: die **berühmteste Skyline der Welt**, ein Häusermeer aus 5400 gigantischen Beton-, Stahl- und Glaskolossen mit tiefen Straßenschluchten, das schon unzählige Male eine überwältigende Filmkulisse abgab und das Bild von New York maßgeblich geprägt hat. Am helllichten Tag wirkt Manhattan majestätisch. Am Abend glitzert die Insel romantisch – „eine Milchstraße, die zur Erde gekommen ist", wie einst der große Architekt Le Corbusier befand.

Die **Orientierung** in dieser Milchstraße ist denkbar einfach: Der größte Teil Manhattans ist von einem ab 1811 systematisch angelegten rasterförmigen Straßennetz überzogen, die Straßen selbst sind bis auf einige Ausnahmen schlicht durchnummeriert: In Nord-Süd-Richtung verlaufen die Avenues, von Westen nach Osten die Streets, die 5th Avenue trennt die Insel in einen Ost- und einen Westteil. Deswegen gibt es die Streets immer gewissermaßen in zwei Versionen, also etwa die 25. Straße als West 25th Street und als East 25th Street.

Prominentester Ausreißer aus dem Schema ist der Broadway, der sich dem Domestizierungswerk der eifrigen Stadtplaner hartnäckig widersetzte und sich immer noch wie sein indianischer Vorgänger leicht gekrümmt seinen Weg über die Insel bahnt. Er beginnt in **Downtown Manhattan**, wie man den Südzipfel der Insel bis hinauf zur 34th Street nennt. Hier liegen die historischen Wurzeln der Stadt, hier ereignete sich aber auch ihre größte Katastrophe, die Tragödie vom 11. September 2001, die weit mehr hinterlassen hat als bloß eine klaffende Wunde im Stadtbild.

Von der 34th bis zur 59th Street nordwärts erstreckt sich **Midtown Manhattan**, wo die Hauptsehenswürdigkeiten der Stadt um die Gunst der Besucher buhlen: die elegantesten Wolkenkratzer etwa wie das Empire State oder das Chrysler Building oder der berühmte Times Square mit dem anschließenden Theaterdistrikt. Auch die wichtigsten Shoppingmeilen, die 5th und die Madison Avenue, finden sich in Midtown.

Oberhalb der 59th Street schließlich beginnt **Uptown Manhattan**, das sich bis ganz in den äußersten Norden der Insel zieht.

Downtown oder Uptown Manhattan (bei Midtown sieht das ein wenig anders aus) sind freilich nur sehr grobe Lokalisierungen, die auch im alltäglichen Sprachgebrauch der New Yorker keine sonderlich große Rolle spielen. Gewöhnlich wird feiner differenziert, denn eigentlich besteht Manhattan aus vielen mehr oder weniger kleinräumigen **Neighbourhoods**, Stadtvierteln mit bisweilen noch ethnischer Färbung wie etwa *Chinatown, Little Italy* oder auch *Harlem,* das Viertel der Afroamerikaner. Andere wie *TriBeCa, SoHo* oder *Chelsea* werden als Szeneviertel mit Hang zum exklusiven Lifestyle wahrgenommen, wieder andere wie die *Upper East Side* stehen für Reichtum, Eleganz und amerikanische Noblesse. So manch eine der vielen *nabes* oder *hoods,* wie die New Yorker sagen, entpuppt sich bei genauerem Hinsehen aber auch als das Kunstprodukt gewiefter Immobilienspekulanten, die einer bis dato namenlosen Wohngegend den entscheidenden Schub verleihen wollten – so z. B. einem kleinen Flecken nördlich von Little Italy, das sich seit ein paar Jahren den klangvollen Titel *NoLita* (North of Little Italy) ans Revers heften darf oder NoMa, was für North of Madison Square steht.

... und was noch?

1898 wurde Manhattan mit Brooklyn, Queens, Bronx und Staten Island zu **Greater New York** zusammengeschlossen. Manhattan war und blieb der Popstar unter den nunmehr vereinten Schwestern, die anderen bekamen den bezeichnenden Titel *outer boroughs* verpasst und fristen bis heute ein Schattendasein in der kommunalen Großfamilie – in der Wahrnehmung der auswärtigen Besucher jedenfalls.

Das wird Ihnen kaum anders gehen, und es macht auch durchaus Sinn, den Aufenthalt – zumal, wenn er zeitlich eng bemessen ist – mindestens schwerpunktmäßig auf Manhattan zu konzentrieren, denn nur hier kann man die Weltmetropole New York wirklich kennenlernen. Wer aber mehr Zeit mitbringt oder Spaß daran hat, vorgefertigte Bilder einmal gehörig auf den Kopf zu stellen, sollte die Gelegenheit nutzen und auch dem „anderen New York“ einen Teil seiner Aufmerksamkeit schenken.

Da wäre zunächst **Queens**, der größte Stadtteil New Yorks, der östlich des East River auf der Atlantikinsel Long Island liegt. In Queens wird in erster Linie gewohnt, besonders beliebt sind die nahe bei Manhattan gelegenen Gegenden wie etwa Long Island City, wo auch viele günstige neue Hotels entstanden sind. Hier hat sich in den letzten Jahren eine beachtliche Kultur- und Restaurantszene entwickelt: Wer sich einmal um den Globus essen möchte, sollte die Roosevelt Avenue von der 60th Street bis zur 90th Street (entlang der Subwaylinie M) entlangbummeln.

Insgesamt spannender dürfte **Brooklyn** sein, der zweite New Yorker Außenbezirk auf Long Island. Nach dem obligatorischen Spaziergang über die berühmte Brooklyn Bridge erreicht man Brooklyn Heights, eine beschauliche Welt voller Brownstone-Wohnhäuser aus dem 19. Jh. In Dumbo (= *Down Under Manhatten Bridge Overpass*) und Williamsburg entstehen derzeit die jüngsten Künstler- und Galeristenbezirke New Yorks, und das Brooklyn Museum mit seiner weltberühmten ägyptischen Sammlung kann getrost dem Metropolitan Museum of Art am Central Park Konkurrenz machen. Vergnügungssüchtige kommen ebenfalls auf ihre Kosten: Auf Coney Island finden sie einen Rummelplatz direkt am Strand.

Im Norden von Manhattan, jenseits des Harlem River, breitet sich der wohl berüchtigtste Bezirk New Yorks aus, die **Bronx**. Und tatsächlich ist v. a. die South Bronx insbesondere für nächtliche Streifzüge nicht unbedingt empfehlenswert. Im Zentrum und im Norden des Bezirks hat sich dagegen einiges zum Positiven entwickelt, mit dem Zoo und dem botanischen Garten gibt es hier sogar zwei etwas stärker frequentierte touristische Anlaufpunkte.

Ganz beschaulich und ohne jegliches Gefahrenpotential geht es dagegen auf **Staten Island** südlich des New Yorker Hafens zu. Die Insel ist fast dreimal so groß wie Manhattan, aber vergleichsweise dünn besiedelt. Fast die Hälfte der Gebäude sind Einfamilienhäuser, Staten Island hat eher den Charakter einer Vorstadt. Ein Ausflug lohnt sich, abgesehen von der kostenfreien Überfahrt vorbei an der Freiheitsstatue, besonders für Geschichtsinteressierte, im Museumsdorf *Historic Richmond Town* scheint die Zeit stehen geblieben zu sein.

Ein buntes Völkergemisch

Die USA sind seit jeher ein Einwanderungsland. Entsprechend multikulturell ist auch New York, das Tor zur Neuen Welt. Im Laufe ihrer Geschichte hat die Stadt mit den holländischen und britischen Wurzeln die verschiedensten Einwanderungswellen erlebt, die ein buntes Völkergemisch zusammengebracht haben. Viele kamen, weil ihnen ihre Heimat wirtschaftlich keine Perspektive bot, andere, weil sie religiös oder politisch verfolgt wurden. Bis zur Mitte des 19. Jh. waren es zunächst v. a. Iren, Italiener und Deutsche, die sich in

New York niederließen, ab den 1870er Jahren bildeten die Chinesen und osteuropäische Juden die Speerspitze des Einwandererzuges.

Auch im 20. Jh. dominierten zunächst die Immigranten aus *Good Old Europe,* erst nach dem Zweiten Weltkrieg schwappte eine Welle von Filipinos, Koreanern, Vietnamesen, Indern und Pakistanern ins Land. Ihnen folgten wenig später zahllose Einwanderer aus dem mittel- und südamerikanischen Raum wie Latinos oder Hispanics, insbesondere Jamaikaner, Puerto Ricaner, Mexikaner und Kolumbianer. Sie stellen heute mit 29 % die größte ethnische Minderheit.

Höchstes Wohnhaus der Welt, der Gehry Tower

In fast der Hälfte aller Haushalte New Yorks (49 %) wird eine andere Sprache als Englisch gesprochen. Und beinahe jede der Einwanderergruppen hat ihre eigenen Gotteshäuser und Läden und pflegt ihre eigenen Feste und Veranstaltungen – eben die ganze Welt in einer Stadt.

Mehr als nur Wolkenkratzer

Der erste Wolkenkratzer der Welt wurde nicht in New York, sondern in Chicago gebaut. Dennoch gilt New York als *die* Wolkenkratzer-Metropole schlechthin. Und tatsächlich präsentiert die Stadt, präziser: präsentiert Manhattan eine wahre Wolkenkratzer-Sammlung – das bekannteste Exemplar ist sicher das Empire State Building, das nach der Zerstörung der Twin Towers das höchste Gebäude der Stadt war. Mit 541 m ist nun das fertiggestellte One World Trade Center sogar das höchste Gebäude der USA..

Doch wer sich nur ein wenig länger in New York aufhält, wird schnell feststellen, dass die Stadt auch in architektonischer Hinsicht voller Kontraste steckt. An der Ecke Pearl und Broad Street in Lower Manhattan gibt es sogar noch einen Block mit ein paar spärlichen baulichen Zeugnissen aus der Kolonialzeit: schlichte **Backsteinhäuschen**, die heute noch (fast) so aussehen wie vor 250 Jahren.

Prominenter im Stadtbild sind die großen Regierungs- und Verwaltungsgebäude der Stadt, die ab dem frühen 19. Jh. entstanden sind. Bei der Errichtung dieser Gebäude, etwa der City Hall, bediente man sich aus dem Baukasten der europäischen Architekturgeschichte, bei der **griechischen Antike**, der **Gotik** oder der **Renaissance**. Auch die großen New Yorker Kirchen, etwa die St Patrick's Cathedral, orientieren sich klar an ihren europäischen Vorbildern.

In den Wohnvierteln wurden ab den 1820er Jahren sog. **Brownstones** gebaut: vier- bis fünfstöckige rötlichbraune Reihenhäuser aus dem gleichnamigen Stein, der sich im Tal des Connecticut River fand. Geballt sieht man sie in Brooklyn Heights, Gramercy Park, Chelsea und Harlem.

Eine bahnbrechende Neuerung war die Verwendung von **Gusseisenplatten** im Gebäudebau ab den 1850er Jahren. Zunächst zum Zwecke des reinen Fassadenliftings eingesetzt – die industriell vorgefertigten Platten wurden mit allen erdenklichen historisierenden Stilelementen verziert und auf die Mauern alter Gebäude aufgesetzt –, entwickelten sich die Gusseisenfassaden schon bald zu den tragenden Elementen der Gebäudekonstruktion. Die besten Beispiele dieser für New York so typischen **Cast-Iron-Architektur** (→ S. 144) findet man in SoHo.

Geschichte in Schlagworten

Die Entdeckung

Entdeckt wird die Bucht von New York 1524 vom Florentiner Seefahrer Giovanni da Verrazano, der im Auftrag der französischen Krone die Nordwestpassage nach Indien auskundschaften soll. Das Interesse Europas an diesem Teil der Neuen Welt wird aber erst 1609, also knapp 100 Jahre später, geweckt, als der in niederländischen Diensten stehende Brite Henry Hudson die Bucht ansteuert. Bei seiner Rückkehr hat er außer lobenden Worten für die Schönheit des Landstrichs auch wertvolle Pelze im Reisegepäck, die er im Handel mit den einheimischen Indianern erworben hat – ein schlagendes Argument für seine Auftraggeber, ihre Fühler in Richtung Neue Welt auszustrecken.

Nieuw Amsterdam

Organisiert wird die Unternehmung von der 1621 gegründeten *Westindien-Kompanie (WIC)*, die – mit dem Monopol auf den lukrativen Pelzhandel in der Tasche – ab 1623 den Aufbau mehrerer Handelsstationen entlang der nordamerikanischen Ostküste von Cape May in New Jersey bis nach Neuengland vorantreibt. 1624 landen die ersten Siedler – 30 wallonische Familien – in der Bucht von New York und lassen sich dort auf einer kleinen Insel, heute *Governors Island*, nieder.

Zwei Jahre später wird der in Wesel geborene Geschäftsmann und Prediger Peter Minuit zum Generaldirektor des WIC-Handelspostens bestellt und macht einen bis heute legendären Deal: für ein paar Glasperlen, Schmuck und allerlei Gebrauchsgegenstände kauft der den Indianern die Insel Manhattan ab. Schon bald verlagert sich der Siedlungsschwerpunkt auf die neue Besitzung, deren Südspitze zum kleinen niederländischen Städtchen mit Gracht, Windmühle und Heere Straat ausgebaut wird. Unter dem Namen *Nieuw Amsterdam* entwickelt sich die Ansiedlung zum Hauptstützpunkt der Kolonie *Niew Nederland* und wird so zur Keimzelle des heutigen New York.

Peter Stuyvesant

Konflikte mit den Indianern, die den vermeintlichen Verkauf von Manhattan eher als Übertragung von Mitnutzungsrechten an den natürlichen Ressourcen der Insel interpretierten, aber auch zunehmende Zwistigkeiten unter den Siedlern selbst machen Nieuw Amsterdam schon bald zu einem eher ungemütlichen Ort, an dem fast anarchische Verhältnisse herrschen. Die WIC reagiert und beordert 1647 einen verdienten Gouverneur aus Curaçao ab, der Stadt und Kolonie wieder auf Kurs bringen soll: Peter Stuyvesant. Der alte Haudegen geht engagiert an die Arbeit, baut die arg heruntergekommene städtische Infrastruktur aus und lässt zum Schutz vor den Indianern und den mittlerweile einen erheblichen Bevölkerungsanteil stellenden Briten, die der WIC nicht immer loyal verbunden sind, quer über die Insel einen Verteidigungswall errichten. Ansonsten wacht er streng über die Einhaltung von Verordnungen, die das Zusammenleben regeln – und die v. a. dem Wohl seines Arbeitgebers dienen sollen, der Westindischen Kompanie mit Sitz im fernen Amsterdam. Die Interessen der Kolonisten verliert er dabei mehr und mehr aus den Augen.

Gouverneur Peter Stuyvesant

Die Briten übernehmen

Im August 1664 landen vier britische Kriegsschiffe unter der Führung von Kapitän Richard Nicholls in der Bucht von New York. Die Forderung des Kommandanten lautet schlicht und unmissverständlich: Übergabe Nieuw Amsterdams und der gesamten niederländischen Besitzungen in Nordamerika an die britische Krone. Der englischen König Charles II. hat ein Auge auf den formidablen Hafen geworfen, über den sich der Handel mit den nordamerikanischen Kolonien so prächtig abwickeln lässt. Vorsorglich hat er das kleine holländische Städtchen und das gesamte von den Niederländern kontrollierte Gebiet sowie Teile seiner eigenen nordamerikanischen Besitzungen seinem Bruder, dem Earl of York, zum Lehen gegeben – nicht unüblich in Zeiten, in denen Territorien noch auf recht abenteuerliche Weise verteilt werden.

Stuyvesant will seine Stadt und seine Kolonie natürlich nicht kampflos räumen und ruft seine Kolonisten zum bewaffneten Widerstand auf. Doch durch sein diktatorisches Regiment hat er allen Kredit verspielt, sodass niemand seiner Aufforderung zum Kampf nachkommt, zumal die Briten versichern, dass der Machtwechsel keinen Einfluss auf ihr tägliches Leben haben werde – business as usual eben.

Und so endet Peter Stuyvesants Herrschaft nach 17 Jahren ohne jeden Kanonendonner. Über dem Fort weht fortan die Fahne des englischen Königs, und aus Nieuw Amsterdam wird zu Ehren seines neuen Besitzers New York.

Sklavenaufstände

In New York haben sich zu diesem Zeitpunkt schon weitere Siedlungsschwerpunkte herausgebildet, aus denen sich später u. a. Stadtteile wie die Bronx (nach Jonas Bronck, einem schwedischen Einwanderer) und Brooklyn (nach der niederländischen Stadt Breukelen) entwickeln sollten. Der Handel blüht, und die Stadt nimmt in den nächsten Jahren rasch an Einwohnern zu, sodass Anfang des 18. Jh. bereits 20.000 Menschen hier leben.

Abgesehen von einem kurzen Intermezzo von 1689 bis 1691, als der deutschstämmige Calvinist Jacob Leisler die Führung über die Stadt erlangt und mehr Unabhängigkeit vom Mutterland einfordert, erweist sich die Herrschaft der Engländer als stabil. Probleme gibt es dennoch. Insbesondere die

Sklaverei hat New York mehr als 200 Jahre lang geformt

Sklaven, deren Arbeitskraft schon während der niederländischen Herrschaft ausgebeutet wurde, setzen sich mehr und mehr gegen ihr unwürdiges Schicksal zur Wehr. Erster Höhepunkt einer Serie von Aufständen sind die Unruhen von 1740, in deren Folge 30 Sklaven hingerichtet werden. Nur zwei Jahre später kommt es zu blutrauschartigen Massakern, ein entfesselter Mob geht wahllos auf Sklaven los und tötet zahlreiche völlig unschuldige Menschen. Es ist fast eine Ironie des Schicksals, dass gerade in dieser dunklen Zeit die ersten bedeutenden Bildungs- und Kultureinrichtungen der Stadt gegründet werden, etwa die erste Universität der Stadt (King's College, die heutige Columbia University) und das erste Theater.

Die Unabhängigkeit

Ab Mitte des 18. Jh. nimmt die Zahl der britischen Siedler in den nordamerikanischen Kolonien rapide zu. Die daraus folgenden Gebietsansprüche führen unweigerlich zum Konflikt mit den Franzosen, die ihre Gebiete weiter im Norden des Kontinents gefährdet sehen. 1754 kommt es zum Krieg zwischen den beiden Kolonialmächten, der neun Jahre dauert und nicht nur Menschenleben fordert, sondern auch Unmengen von Geld verschlingt. Um die klammen Kassen des Königreichs nach dem Ende des Waffengangs wieder aufzufüllen, will sich König George III. bei seinen Kolonien bedienen und erlässt eine Reihe zusätzlicher Steuern. Die wütende Antwort der Kolonisten lautet: *„No taxation without representation“* – keine Besteuerung ohne politisches Mitspracherecht im Parlament des Mutterlandes.

Um seine „unsicheren Kolonisten“ von der Ernsthaftigkeit seiner Absichten zu überzeugen, sendet George seine Rotröcke über den Großen Teich. Die Amerikaner kontern mit einem Boykott sämtlicher Waren aus Europa. Zum endgültigen Bruch kommt es, als die Einwohner von Boston 1773 aus Protest 342 Kisten Tee in ihrem Hafenbecken versenken. Die New Yorker folgen ihrem Vorbild und veranstalten am 22. April 1774 ihre eigene Tea Party.

Inzwischen hat der Steuerstreit eine viel weitreichendere politische Dimension bekommen. Es geht nicht mehr um parlamentarische Repräsentation im Mutterland, es geht um die Lösung vom Mutterland und die staatliche Eigenständigkeit.

Der Unabhängigkeitskrieg beginnt am 19. April 1775 mit der *Schlacht von Lexington* (Massachusetts). Gut ein Jahr später, am 4. Juli 1776, verabschiedete der amerikanische Kontinentalkongress die Unabhängigkeitserklärung. Die Kampfhandlungen dauern aber weiter an, und auch New York wird zum Schauplatz des Krieges: Die amerikanischen Einheiten, die zur Verteidigung der Stadt abgestellt sind, werden von den britischen Truppen regelrecht abgeschlachtet. 5000 amerikanische Soldaten sterben, die Stadt bleibt noch sieben Jahre lang britisch besetzt. Auf den anderen Kriegsschauplätzen setzen sich die Amerikaner dagegen nach und nach durch, sodass die Briten 1781 kapitulieren müssen. Die formale Anerkennung der amerikanischen Unabhängigkeit erfolgt zwei Jahre später. Erst danach ziehen die Briten auch ihre Streitkräfte aus New York ab.

Erster Präsident der Vereinigten Staaten – George Washington

Hauptstadt des Kapitals

Am 23. April 1789 leistet George Washington, im Unabhängigkeitskrieg Oberbefehlshaber der Streitkräfte, seinen Amtseid als erster Präsident der Vereinigten Staaten von Amerika. Ort des Geschehens ist das Rathaus in der Hauptstadt New York. Die damals zweitgrößte Stadt des Landes muss die Hauptstadtehre allerdings schon ein Jahr später an das größere Philadelphia abtreten. New York kompensiert den politischen Machtverlust mit wirtschaftlichem Machtgewinn, was seine Identität bis heute prägt. Der entscheidende Meilenstein auf dem Weg zur Finanzmetropole erfolgt bereits 1792 mit der Gründung der Börse in der Wall Street. Auch weil weiter ein Großteil des Warenverkehrs mit Europa über den New Yorker Hafen abgewickelt wird, entwickelt sich die Stadt in den nächsten 50 Jahren zu *dem* Handels- und Bankenzentrum des gesamten Landes.

Die Einwanderungswelle rollt

Um 1810 leben zwar bereits rund 50.000 Menschen in Manhattan, doch die Stadt hat sich immer noch nicht weit über den Südzipfel der Insel hinaus nach Norden ausgebreitet. Gleichzeitig rollt die erste große Einwanderungswelle des 19. Jh., sodass die bestehende Infrastruktur an ihre Grenzen kommt. Deshalb gibt 1811 eine Kommission unter Bürgermeister DeWitt Clinton dem Entwurf des Stadtarchitekten John Randal statt, der vorsieht, das komplette Stadtgebiet in ein Rechteckraster einzuteilen, um so neuen Wohnraum zu schaffen.

Frühe Drehscheibe des Handels: South Street Seaport

Die Hügel werden abgetragen, die Sümpfe trockengelegt und vorhandene Straßen oberhalb der 14th Street – bis auf den Broadway – dem Erdboden gleichgemacht. Das gesamte Areal wird mit zwölf in Nord-Süd-Richtung verlaufenden, 30 m breiten Avenues überzogen, die von 18 m breiten Streets gekreuzt werden, nach Randals Plan insgesamt 155 an der Zahl. Auf diese Weise entstehen die typischen rechtwinkligen Bauparzellen, die sog. „blocks", auf denen Wohnhäuser errichtet werden können.

Und die hat die Stadt bitter nötig, denn immer mehr Einwanderer wollen sich hier niederlassen. Doch der Wohnungsbau wird zum Geschäft der Spekulanten, die sich um die Not der Neuankömmlinge wenig scheren. Insbesondere in der Lower East Side, dem klassischen Einwandererviertel, werden die Verhältnisse im Verlauf des Jahrhunderts immer prekärer: Ab den 1850er Jahren werden in aller Schnelle Wohnbaracken hochgezogen, in denen die Einwandererfamilien eng zusammengepfercht unter unwürdigen Bedingungen leben müssen. Nur einen Katzensprung entfernt, in der Upper East Side, entstehen nur ein paar Jahre später die prachtvollen Villen des New Yorker Geldadels, die der Vanderbilts oder der Astors, deren Familien ehedem selbst eingewandert sind und sich mittlerweile auf der Sonnenseite des New Yorker Lebens eingerichtet haben.

Bürgerkrieg und Draft Riots

1861 beginnt der Bürgerkrieg zwischen den Südstaaten und der Union. Es geht dabei in erster Linie um die Sklaverei. New York ist zwar kein unbeschriebenes Blatt auf diesem Gebiet – man lässt bereits seit 1625 Sklaven für sich arbeiten und profitiert nicht schlecht vom Status quo –, dennoch besinnt man sich auf seine liberalen Wurzeln und wird zum Geldgeber für die Nordstaaten, die die Abschaffung der Sklaverei auf ihre Fahnen geschrieben haben.

Da nicht genug Freiwillige für den Krieg zur Verfügung stehen, wird per Gesetzentwurf die allgemeine Wehrpflicht eingeführt. Sie ist jedoch so allgemein nicht, denn wer Geld hat, kann sich mit 300 Dollar freikaufen. Eine Ungerechtigkeit, die so großen Unmut erregt, dass vom 13. bis 16. Juli 1863 rund 50.000 Menschen zündelnd, plündernd und lynchend durch New Yorks Straßen ziehen. Nur der Einsatz der Armee kann den Mob stoppen. Während dieser *Draft Riots* (draft = Einberufungsbefehl) verlieren mehr als 2000 Menschen ihr Leben, über 100 Gebäude werden zerstört. Es ist die schlimmste Revolte, die New York je gesehen hat.

Seit 1886 begrüßt Lady Liberty die Neuankömmlinge

Greater New York

Doch der Bürgerkrieg verhilft New York auch zum Aufschwung. Wie keine andere amerikanische Stadt profitiert die Metropole am Hudson von der durch den Krieg angeheizten Industrialisierung. Der Großteil der Im- und Exporte laufen über New York. Die großen Konzernbosse leiten von hier ihre gewinnbringenden Geschäfte: Andrew Carnegie, John D. Rockefeller und der Bankier John Pierpont Morgan, den man wegen seiner beherrschenden Stellung auch „Pierpontifex Maximus" nennt. Mit den Vermögen der Profiteure dieses „vergoldeten Zeitalters" (Mark Twain) wachsen auch New York und die Ansprüche an die Infrastruktur. 1868 fährt die erste Hochbahn lärmend durch die Greenwich Street, gefolgt von weiteren „Els" (Elevated Railroads) entlang der 2nd, 3rd, 6th und 9th Avenue. Auch erste Pläne für eine U-Bahn werden diskutiert, aber zunächst noch verworfen. 1883 wird die Brooklyn Bridge eröffnet, die Manhattan mit seiner Nachbarinsel Long Island verbindet. Und 1886 bezieht nach zahlreichen Verzögerungen endlich die Freiheitsstatue Position im Hafen von New York. Sie ist ein Geschenk der Franzosen und heißt von nun an die Immigranten willkommen, denen man 1892 auf Ellis Island ein Einwanderungszentrum errichtet. Wer sich ab 1898 hier registrieren lässt, tut dies in der größten Metropole der Welt: Denn in diesem Jahr werden die fünf Boroughs Manhattan, Bronx, Queens, Brooklyn und Staten Island zu *Greater New York* zusammengefasst. Die Stadt zählt 3,5 Mio. Einwohner.

Roaring Twenties und Börsencrash

Mit dem ungebrochenen Wachstum gehen weitere Verbesserungen im Nahverkehr einher. Die Hochbahn wird unter Strom gestellt, 1904 eröffnet die erste Subway-Strecke, und 1913 verlässt

Warum bloß „Big Apple"?

New York nennt sich auch gerne „The Big Apple" und hat sich den roten Apfel auch zum Maskottchen gewählt. Das kommt nicht etwa daher, dass in Urzeiten auf Manhattan Obst angebaut wurde oder dass eine große Computerfirma sich Rechte am Stadtnamen gekauft hat. Die Erklärung ist recht unspektakulär. Big Apple, der große Apfel, ist eigentlich eine Metapher für großen Erfolg. Wie die größte Frucht eines Baumes, so begünstigt ist die Stadt vom Reichtum, den das gesamte Land hervorbringt. Etwa in diesem Sinne wird die Bezeichnung zuerst in einem 1909 erschienen Buch in New York gebraucht. Wenig später nennt eine Zeitung ihre Kolumne über den Pferderennsport „Around the Big Apple", und so wird der Apfel zum Synonym für die Rennbahn. In den Dreißigern übernehmen die Jazz-Musiker den Apfel, um die führende Musikszene Amerikas zu beschreiben: Viele Äpfel hängen am Baum des Erfolgs, doch den größten, eben den „Big Apple", pflückt man in New York. In den 1970er Jahren entdeckt das Tourismusbüro der Stadt den Apfel als werbewirksames Symbol und erklärt: New York ist „The Big Apple".

die erste Eisenbahn den Grand Central Terminal, noch immer eines der schönsten Art-déco-Gebäude der Stadt. Architekten, Ingenieure und Arbeiter sind damit beschäftigt, die ersten echten Wolkenkratzer New Yorks zu bauen. Einer der prägnantesten ist das Flatiron Building, das 1902 fertiggestellt wird.

In den 20er Jahren entwickelt sich New York zum amerikanischen Zentrum des Showbiz schlechthin. Standort der gigantischen Unterhaltungsmaschinerie sind der Times Square und der angrenzende Abschnitt des Broadway, der wegen der Leuchtreklamen für die vielen Theater und Kinos nur *The Great White Way* genannt wird. Die Zwanziger sind aber auch die Zeit der Prohibition, während der das organisierte Verbrechen blüht. In zahllosen *Speakeasies* wird illegal Alkohol ausgeschenkt und kräftig abkassiert – die New Yorker Mafia macht ihre Millionen.

Der Börsenkrach am 24. Oktober 1929, der als *Schwarzer Freitag* in die Geschichte eingeht, und die nachfolgende Weltwirtschaftskrise bereiten den *Roaring Twenties* ein jähes Ende. Doch es ist wie so oft in der Geschichte der Stadt: In der Krise bewahren die New Yorker die Nerven, und so stemmt man auch in dieser Zeit trotz schwieriger Bedingungen eine Reihe hochkarätiger Bauprojekte: die George Washington Bridge als erste Brücke über den Hudson, das Empire State Building und das Chrysler Building (beide 1931), deren Bauherren sich einen erbitterten Kampf um den Höhenweltrekord im Wolkenkratzerbau liefern. Auch die Bauarbeiten am Rockefeller Center beginnen (ab 1929), ein Hochhauskomplex der Superlative, der sich über drei Straßenblocks erstreckt.

Ab- und Wiederaufstieg

Nach dem Zweiten Weltkrieg, in dem die Stadt aus übertriebener Angst vor deutschen Angriffen nachts oft gespenstisch verdunkelt bleibt, wird New York Sitz der Vereinten Nationen. Die Organisation, die auf Initiative von Präsident Roosevelt und Englands Premierminister Churchill zustande gekommen ist, bezieht 1952 ein weitläufiges Areal am East River, das John D. Rockefeller Jr. für diesen Zweck gestiftet hat.

Die Stadt selbst hat in den 1950er Jahren wieder einmal mit dem Phänomen der Massenzuwanderung zu kämpfen: Schwarze aus den Südstaaten lassen sich in großer Zahl in Harlem nieder, und eine nicht minder große Welle von Einwanderern aus Puerto Rico und den Staaten Südamerikas schwappt über die Stadt. Soziale Probleme sind vorprogrammiert, und tatsächlich kommt es in den 1960er Jahren zu Rassenunruhen, die mit der Ermordung von Malcom X (→ S. 272) 1965 ihren Höhepunkt erreichen.

Der Kernbereich Manhattans wird derweil von einer Abwanderungswelle wichtiger Industriebetriebe erfasst: So werden mit dem Aufkommen der großen Containerschiffe viele Hafeneinrichtungen nach New Jersey verlegt, in deren Gefolge auch kleinere mittelständische Betriebe den Standort wechseln. Andere können die exorbitanten Mieten nicht mehr bezahlen und versuchen ihr Glück fortan in Brooklyn oder Queens. Übrig bleiben gänzlich oder teilweise verlassene Bürokomplexe, die nur sehr zögerlich in Wohnraum umgewandelt werden.

In den 1970er Jahren erreichen die Negativschlagzeilen ihren Höhepunkt: Zum einen wird die Stadt von einer immensen Schuldenlast gedrückt, sodass die Stadtväter die Landesregierung um eine massive Finanzspritze angehen müssen; zum anderen gerät New York langsam, aber sicher in den Ruf, eine ausgesprochen unsichere, von Kriminalität und Drogenproblemen gebeutelte Metropole zu sein, was sich letztlich auch negativ auf ihren Stellenwert als Touristenziel auswirkt. Exemplarisch für den damaligen Zustand der Stadt sind die Verhältnisse an einem ihrer einstigen Aushängeschilder, dem Times Square District, der sich Ende der 1970er Jahre nur noch als billige Amüsiermeile präsentiert.

Die Wende wird mit dem Börsenboom der 1980er Jahre eingeleitet, der das New Yorker Wirtschaftsleben wieder brummen lässt. Zweiter wesentlicher

Jubel und Trubel bei Tag und Nacht – der Times Square

Baustein auf dem Weg zur „Generalüberholung“ der Stadt ist die Wahl Rudolph Giulianis zum Bürgermeister der Stadt. Mit seinem Amtsantritt am 1. Januar 1994 versucht er, das Kriminalitätsproblem mit einer rigorosen Law-and-Order-Politik in den Griff zu bekommen, die schon bald Wirkung zeigt und die Kriminalitätsrate tatsächlich drastisch reduziert. Gegen die mancherorts zu beobachtenden Verwahrlosungstendenzen geht er mit der grundlegenden Sanierung ganzer Stadtviertel, der Modernisierung von Parks und ähnlichen städtebaulichen Maßnahmen vor. Das arg ramponierte Image New Yorks wird unter Giuliani kräftig aufpoliert, Kritiker werfen ihm allerdings vor, die eigentlichen Probleme der Stadt lediglich wegretuschiert zu haben.

Das neue Jahrtausend

Das 21. Jh. beginnt für New York mit der Tragödie vom 11. September 2001, als eine Gruppe islamistischer Terroristen zwei gekaperte Flugzeuge in die Türme des World Trade Centers lenkt und dabei über 2700 Menschen mit in den Tod reißt. Die Stadt, das Land und die Welt stehenen monatelang unter Schock, und noch heute wird die Weltpolitik von den Folgen des Anschlags beherrscht.

Der kollektive Schockzustand ist inzwischen vorüber, der Alltag wieder ein- und das optimistische Lebensgefühl zurückgekehrt, daran konnten auch die Verheerungen durch den **Hurrikan Sandy** Ende Oktober 2012 nicht rütteln. Ex-Bürgermeister und Milliardär Michael Bloomberg hat die Stadt konsequent saniert, entkriminalisiert und begrünt. Die meisten Busse und Taxis sind Hybridfahrzeuge, viele neue Parkanlagen, Spielplätze, Fahrradwege und Fußgängerbereiche an einst verkehrsumtosten Kreuzungen (wie etwa dem Times Square) haben New York ein freundlicheres Antlitz verliehen. Bloombergs Nachfolger Bill de Blasio (seit Anfang 2014 im Amt) ist Demokrat und gilt als sozial engagierter Linker, der nun auch die enorme Kluft zwischen Arm und Reich schmälern will, die u. a. zur „Occupy Wallstreet“-Bewegung geführt hat. Erreichen will er dies vor allem durch einen für New York spezifischen Mindestlohn und sozialen Wohnungsbau, denn die durchschnittliche Wohnungsmiete in der Stadt betrug 2013 mehr als 3000 Dollar im Monat (Landesdurchschnitt rund 1000 Dollar).

Manhattan ist imposant von unten und aus der Luft

Anreise

Die schönste Anreise nach New York wäre sicherlich die Schiffspassage über den Atlantik. Doch machen wir uns nichts vor: fast alle Besucher kommen mit dem Flugzeug. Die Flugdauer von Deutschland nach New York beträgt rund acht Stunden.

Viele europäische und amerikanische Airlines bieten Direktflüge von größeren Flughäfen in Deutschland, Österreich (Salzburg und Wien) oder der Schweiz (Zürich und Basel) an, darunter *American Airlines, United Airlines, US Airways, Delta Airlines, British Airways, Condor, Lufthansa, Austrian Airlines, Singapore Airlines* oder *Air Berlin*.

Wer um die 450 € für den Direktflug zahlt, hat einen guten Preis erzielt. Zu den beliebtesten Reisezeiten wie um Weihnachten herum muss man aber mit satten Preisaufschlägen rechnen, selbst bei früher Buchung. In der Nebensaison kann man bereits ab 350 € fliegen, so billig jedoch selten direkt, wie überhaupt Flüge via London, Amsterdam oder Paris oftmals billiger sind als Direktflüge.

Oft bekommt man die preiswertesten Tickets über **Online-Anbieter** wie Opodo (www.opodo.de) oder Expedia (www.expedia.de). Einen Preisvergleich dieser Anbieter findet man auf der hervorragenden Webseite www.reise-preise.de/reisen-buchen/fluege/guenstige-fluege-buchen.html (Preisvergleich). Weitere gute Adressen sind www.fluege.de, www.swoodoo.com, www.flug.de oder www.travel-overland.de.

Wer sich kurz entschließt, kann sich auch nach **Last-Minute-Flügen** umschauen. Man kann sie direkt bei den Fluggesellschaften oder einfacher über

Spezialveranstalter wie www.lastminute.de buchen.

Finanziell ist es wegen der hohen Hotelkosten auch ratsam, sich bei einschlägigen Veranstaltern wie TUI, DERTOUR, Meiers, dem ADAC oder Neckermann-Reisen nach **Paketangeboten** zu erkundigen.

International angeflogen werden inzwischen alle drei Flughäfen von New York: La Guardia, JFK und Newark. Alle werden betrieben von:

The Port Authority of NY & NJ, 225 Park Avenue South, NY 10003, ✆ 212-435-7000, www.panynj.gov/airports.

La Guardia Airport

La Guardia ist mit Abstand der bequemste Flughafen. Er liegt nur 13 km von Manhattan entfernt in Queens und ist der älteste und flächenmäßig kleinste der drei New Yorker Flughäfen. Die Terminals sind im Halbkreis angelegt, im Haupttermінal befindet sich der **Infoschalter Apple Guide**.

www.laguardiaairport.com, Auskunft ✆ 718-533-3400.

Verbindungen

Taxi: Am einfachsten ist die Taxifahrt. Ein Mitarbeiter des Taxiunternehmens, Dispatcher genannt, teilt Ihnen einen Wagen zu. Die Fahrt vom Airport nach Manhattan dauert 30–45 Min. und kostet ca. $ 30 (je nach Verkehr bis zu $ 50) plus Aufschlag in Stoßzeiten, Trinkgeld und Tunnelgebühren (ca. $ 4).

New York City Airporter: Gehen Sie zum Ground Transportation Welcome Center. Diese Shuttlebusse fahren alle halbe Stunde zum Port Authority Bus Terminal, Grand Central Station und Penn Station. Sie verkehren tägl. zwischen 5 und 23.30 Uhr. Die einfache Fahrt kostet $ 13 und dauert rund 1 Std., Hin- und Rückfahrt $ 26. ✆ 718-777-5111 oder 46 am Flughafentelefon im Welcome Centre; www.nycairporter.com.

Bus/Subway: Man kann auch mit dem Linienbus M 60 zu einer U-Bahn-Station fahren, z. B. zur Station Astoria Blvd. mit Anschluss an die Linien N und Q, 5 und 6; zur 125th St. in Harlem mit Anschluss an die Linien 4, 5 und 6; zur 125th St./St. Nicholas Ave. mit Anschluss an die Linien A, C und D; zur 116th St./Broadway mit Anschluss an die Linie 1. Alternativ fährt der Bus Q 70 oder Q 47 zur Station Roosevelt Ave./74th St. Subway, wo die Linien E, F, M R und 7 halten. Die Fahrten kosten nur $ 2,75 (passendes Kleingeld parat halten, kein Wechselgeld!).

John F. Kennedy International Airport

Der John F. Kennedy International Airport, kurz JFK, ist der größte Flughafen New Yorks. Hier landen täglich Maschinen von mehr als 110 Fluggesellschaften, die hauptsächlich internationale Flüge anbieten. Die neun Terminals sind im Kreis angelegt, in jedem befindet sich ein Informationsstand. Lufthansa- und Air-France-Flüge werden im neuen Terminal 1 abgefertigt.

JFK liegt in Queens und ist rund 24 km von Midtown Manhattan entfernt. Um zu den verschiedenen Transportmöglichk5eiten zu gelangen, folgen Sie den Schildern mit der Aufschrift *Ground Transportation*.

www.kennedyairport.com, Auskunft ✆ 718-244-4444.

Verbindungen

Taxi: Von JFK nach Manhattan zahlen Sie einen Festpreis von $ 52, das Taxameter bleibt ausgeschaltet. Dazu kommen allerdings ein Aufschlag für Stoßzeiten, die Brücken- bzw. Tunnelgebühren sowie 15–20 % Trinkgeld. Die Fahrtzeit beträgt 30–60 Min. Unbedingt mit lizensierten Yellow Cabs fahren. NYC Taxi, ✆ 212-692-8294.

Air Train/Subway: Die schnellste und kostengünstigste Fortbewegungsweise ist der Air Train. Für $ 5 (Kinder unter 5 J. kostenlos) bringt er die Reisenden von allen Terminals zu einer von zwei erreichbaren Subway-Stationen: Wählen Sie die Howard Beach Station, wenn Sie in den Süden oder Westen Manhattans wollen. Von dort fährt die Linie A (Aufschrift *Far Rockaway*, NICHT *Leferts Blvd.*), ein Expresszug, durch ganz Manhattan. Die Fahrtzeit nach Midtown dauert insgesamt 60–90 Min. Wählen Sie den Jamaica Station/Sutphin Boulevard, erreichen Sie die Linien E, J und Z sowie die Long Island Railroad (LIRR). Die Linie E erreicht Ziele in Midtown und weiter im Westen, die Züge der Linie J und Z fahren in den Osten, aber seltener. Die LIRR bringt Sie nach New Jersey.

Bus Q10/Subway: Sie können die Subway auch mit regulären Bussen der MTA Green Line (Q 10) erreichen. Sie starten rund um die Uhr alle 20–25 Min. von allen Terminals (Haltestelle mit der Aufschrift *Green Line Q 10*). Fahren Sie bis zur Endstation Kew Gardens/Union Turnpike, wo Sie Anschluss an die Subway-Linien E und F haben. Der Bus ist kostenlos. Ein alternativer Tipp: Der kostenlose Shuttle zum *long term parking* hält an der Subway-Station JFK.

die Subway

Busse des New York City Airporter: Gehen Sie zum Ground Transportation Welcome Center. Die Busse verkehren tägl. alle 30 Min. zwischen 5 und 23.30 Uhr und fahren zur Port Authority Bus Station (Nähe Times Square), zur Penn Station und zur Grand Central Station. Kosten für die einfache Fahrt $ 13, Hin- und Rückfahrt $ 26, Fahrzeit rund 50 Min. oder mehr, je nach Verkehr. ✆ 718-777-5111 oder ✆ 46 vom Telefon im Welcome Center, www.nycairporter.com.

Newark Liberty International Airport

Newark liegt 26 km von Manhattan entfernt in New Jersey. Die drei Terminals bilden einen Halbkreis. In jedem Terminal gibt es einen Schalter der Ground Transportation Services. Internationale Maschinen werden meistens am Terminal B abgefertigt.

Verbindungen

Taxi: Am einfachsten ist es auch hier, ein gelbes Taxi zu nehmen, das Ihnen von einem Dispatcher zugeteilt wird. Es gibt keinen Festpreis, sondern es gilt der Taxameter plus $ 15 Aufpreis. Sie müssen mit $ 50–75 rechnen plus Brücken- bzw. Tunnelzoll ($ 7–9) und 15–20 % Trinkgeld.

Air Train: Diese Direktverbindung vom Flughafen zum Bahnhof ist schnell und günstig. Folgen Sie den Schildern mit der Aufschrift *Monorail/Air Train Link*. Kaufen Sie dort ein NJ Transit Ticket bis zur New York Penn Station ($ 12,50, 25 Min., die von Washington kommenden Amtrak-Züge sind teurer!). Der Airtrain bringt Sie mit diesem Ticket kostenlos bis zur Newark Liberty International Airport Train Station, wo Sie Anschluss an ihren Zug nach New York City haben. An der New York Penn Station haben Sie Umsteigemöglichkeiten zur Subway oder den New Yorker Linienbussen. www.panynj.gov/airports/pdf/ewr-airtrain-brochure-german.pdf.

Newark Airport Express Bus: Der Bus fährt für $ 16 (Einzelfahrt) bzw. $ 28 (Hin- und Rückfahrt) von 4 bis 1 Uhr alle 15–30 Min. nach Manhattan (ab Manhattan von 1.45 bis 4.45 Uhr) und hält am Port Authority Bus Terminal, am Bryant Park und am Grand Central Terminal. Karten bekommen Sie am Ground-Transportation-Schalter oder im Bus. Die Fahrzeit beträgt 45–60 Min. Olympia Airport Express ✆ 877-8-NEWARK, www.coachusa.com/olympia/ss.newarkairport.asp.

Einreisebestimmungen

Deutsche, Schweizer und Österreicher nehmen am **Permanent-Visa-Waiver-Programm** teil und können somit als Touristen oder Geschäftsleute bis zu einer Dauer von 90 Tagen ohne Visum einreisen. Sie müssen allerdings ein Rückflugticket und eine Adresse vorweisen können. Außerdem benötigen Sie einen **maschinenlesbaren Reisepass**: Deutsche und Österreicher den bordeauxroten Europapass, Schweizer den Pass 03, wenn er nach dem 26. Oktober 2006 ausgestellt wurde, sonst den E-Pass 06 oder E 10. Wurde der Pass 03 vor dem 26. Oktober 2006 ausgestellt, benötigen Sie ein Visum, denn erst danach hatten die Pässe den geforderten Chip mit biometrischen Daten. Für Österreicher sind die Bestimmungen etwas komplizierter: Seit dem 16. Juni 2006 werden für sie nur mehr Reisepässe mit Chip und digitalisiertem Foto ausgegeben. Auch die maschinenlesbaren bordeauxroten Reisepässe, die vor dem 26. Oktober 2005 üblich waren, können bis zum Ablaufdatum ohne Visumpflicht eingesetzt werden. Reisepässe, die allerdings zwischen dem 26. Oktober 2005 und dem 15. Juni 2006 ausgestellt wurden, sowie Kinderpässe ohne Chip (mit Ausnahme derer, die zwischen dem 16. Juni und 25. Oktober 2006 ausgestellt wurden) werden nicht mehr für die visafreie Einreise akzeptiert. Sie haben deshalb nur die Wahl, sich ein Visum ausstellen zu lassen oder einen neuen biometrischen Pass zu beantragen. Das österreichische Außenministerium rät auf seiner Internetseite zu Letzterem – dies sei kostengünstiger und gehe schneller.

Auch **Kinder** benötigen einen maschinenlesbaren Reisepass! Kinderreisepässe berechtigen nur dann zur visumfreien Einreise, wenn sie ein Foto enthalten, vor dem 26. Oktober 2006 ausgestellt und seitdem nicht verlängert oder verändert wurden. Bei einem seit dem 26. Oktober 2006 ausgestellten, verlängerten oder veränderten Kinderreisepass benötigen Sie ein Visum.

Online-Meldepflicht: Seit dem 1. August 2008 gibt es das elektronische System der Einreisegenehmigung (ESTA, Electronic System for Travel Authorization). Sie müssen sich bis spätestens 72 Stunden vor der Einreise online unter https://esta.cbp.dhs.gov/esta eine **Einreiseerlaubnis** ($ 14, Zahlung per Kreditkarte) einholen. Die Einreiseerlaubnis berechtigt zu mehreren Einreisen innerhalb eines Zeitraums von zwei Jahren, es sei denn, die Gültigkeit des Reisepasses endet vor Ablauf der Frist. Die letzte Entscheidung über die Einreise haben aber weiterhin die Grenzbeamten vor Ort.

Vor der Landung auf Ihrem Zielflughafen erhalten Sie vom Flugpersonal eine weiße **Zollerklärung**. Die Zollerklärung behält der US-Zoll bei Ihrer Ankunft ein. Die Beamten fragen Sie vor Ort, nehmen ihnen tintenlose Fingerabdrücke ab (Scan) und schießen ein digitales Porträtfoto. Das Datum, an dem Sie die USA spätestens wieder verlassen müssen, wird in Ihren Reisepass gestempelt.

Allgemeine Informationen über die Einreisebestimmungen finden Sie unter http://germany.usembassy.gov/, www.ustraveldocs.com/ und www.auswaertiges-amt.de. Für alle, die länger als 90 Tage bleiben wollen oder aus anderen Gründen ein **Visum** brauchen, gibt es darüber hinaus die folgenden (nicht eben preiswerten) Hotlines: ✆ 0041(0)31580-0033 (Schweiz), ✆ 0043(0)72011-6000 (Österreich), ✆ 0049-032-221093243 (Deutschland). Zu den **Zollbestimmungen** siehe *Wissenswertes von A bis Z*, S. 85.

Gut für die Umwelt: Fahrräder und Hybrid Busse

Unterwegs in New York City

Am besten erkundet man New York zu Fuß und mit Hilfe der öffentlichen Verkehrsmittel. Die Subway ist auf den ersten Blick ein wenig unübersichtlich, aber gut ausgebaut, schnell, billig und sicherer als ihr Ruf. Busse brauchen meist länger, dafür führen viele Strecken an Sehenswürdigkeiten vorbei. Eine Alternative sind die Yellow Cabs, die gelben Taxis: sie sind auf den Straßen allgegenwärtig und nicht übermäßig teuer. Immer mehr Fahrradwege und Verleihstationen machen auch das Radeln zu einer attraktiven und flotten Fortbewegungsart.

In New York ein Auto zu mieten ist dagegen so sinnvoll wie in der Wüste mit einem Boot aufzukreuzen – abgesehen vom fragwürdigen Nutzen erwarten Sie Dauerstaus, Parkplatzmangel und astronomische Parkgebühren ($ 10–20 pro Stunde sind üblich). Ein Leihwagen ist wirklich nur anzuraten, wenn Sie die Stadt Richtung Umland verlassen wollen.

U-Bahnen und Busse werden von der **Metropolitan Transportation Authority (MTA)** betrieben, über deren Dienste man sich im Internet unter http://new.mta.info/nyct informieren kann (Gesamtpläne, Streckenführung der einzelnen Linien, Tickets, Preise etc. – übersichtlich und gut). Für Busse und U-Bahnen gelten die gleichen Tarife (siehe S. 36).

Mit der Subway

U-Bahn-Stationen erkennen Sie an einem weißen Schild mit einem dunkelblauen M in der Mitte. Der Eingang ist dort, wo Sie ein Geländer mit runden, laternenartigen Glasbällen entdecken. Diese sind nachts beleuchtet. Wenn die untere Hälfte grün erleuchtet ist,

Sollten Sie einen Ausflug mit einem Leihwagen in Betracht ziehen, mieten Sie Ihr Auto online vorab. Auf keinen Fall sollten Sie direkt in Manhattan mieten – hier verlangen die Anbieter rund $ 160 pro Tag. Wenn Sie keine Buchung vorgenommen haben, nehmen Sie stattdessen die Fähre nach New Jersey, wo Sie ein Auto für $ 85 pro Tag oder weniger bekommen. Auch auf den Flughäfen sind die Autovermieter deutlich billiger als in Manhattan (ab $ 30/Tag). Außerdem gilt: Wer in den USA ein Auto mieten will, muss älter als 25 Jahre sein und eine, besser zwei Kreditkarten besitzen.

handelt es sich um einen Eingang, der 24 Stunden am Tag geöffnet ist. Bei Rotbeleuchtung ist der Ein-/Ausgang ab einer bestimmten Uhrzeit verriegelt.

Das New Yorker U-Bahn-Netz bedient 24 Strecken mit insgesamt fast 500 Stationen. Die Linien sind mit Ziffern bzw. Buchstaben gekennzeichnet. Ein und dieselbe Strecke wird i. d. R. von mehreren Linien befahren, eine davon ist ein Express-Zug, der nicht an allen Bahnhöfen hält (bei weiten Strecken sparen Sie viel Zeit, wenn Sie mit dem Express fahren). Nachts verkehren die meisten Express-Züge allerdings nicht, während die alle Stationen anfahrenden *local trains* i. d. R. rund um die Uhr im Einsatz sind (in Stoßzeiten alle 5, sonst alle 10 Min., zwischen Mitternacht und 5 Uhr morgens alle 20 Min.).

Kostenlose Subway-Pläne erhalten Sie in fast allen Stationen, in vielen Hotellobbys und bei den Touristeninformationen. Auf dem Plan ist unter dem Namen einer jeden Station angegeben, welche Linien dort halten. Eingerahmte Ziffern oder Buchstaben zeigen an, dass die entsprechende Linie hier ihre Endstation hat. Fett gedruckte Ziffern oder Buchstaben bedeuten, dass dieser Zug ohne Ausnahmen an der Station hält, nicht fett gedruckte Angaben bedeuten, dass es Ausnahmen gibt (z. B. nachts oder an Wochenenden). Darüber hinaus sind Umsteigemöglichkeiten eingezeichnet (schwarzweiße Linien, die Kreise miteinander verbinden).

Um erfolgreich durch das Subway-Netz zu navigieren, sollten Sie sich zuerst über Ihre generelle Richtung im Klaren sein, denn die Linien sind im Bahnhof entweder mit Uptown (Richtung Norden) oder Downtown (Richtung Süden) ausgeschildert.

Tipp: Wenn Sie Richtung Downtown unterwegs sind, liegen Sie meistens mit dem Eingang auf der Westseite der Straße (in Fahrtrichtung) richtig. Sind Sie in Richtung Uptown unterwegs, ist i. d. R. der Eingang an der Ostseite der Straße zu nehmen.

Auf mehr als 200 New Yorker U-Bahn-Stationen sind permanente *Kunstwerke* installiert. Wer wissen will, was er da sieht, kann sich die kostenfreie App *"Arts for Transit"* auf sein Smartphone herunterladen, http://web.mta.info/art/app/.

Mit dem Bus

Bushaltestellen zeichnen sich durch einen gelb markierten Bürgersteig neben einem blauweißen Busschild aus. Inzwischen informieren an den meisten Stationen Routen- und Fahrpläne über Streckenführung und Abfahrtszeiten. Als allgemeine Regel gilt, dass Busse entweder in Nord-Süd-Richtung oder in Ost-West-Richtung fahren. Alle Busse in Manhattan sind mit einem M vor der Busnummer gekennzeichnet, Q steht für Queens, B für Brooklyn etc.

Einsteigen müssen Sie immer vorne. Dort ziehen Sie dann Ihre MetroCard durch den Automaten oder zahlen bar beim Fahrer (siehe *Tickets*). Das Geld müssen Sie passend dabeihaben, denn im Bus wird nicht gewechselt. Wer bar bezahlt und später auf einen anderen Bus oder die Subway umsteigen will, braucht ein sog. Transit-Ticket (kostenlos), das man vom Fahrer erbitten muss.

Wie bei der U-Bahn gibt es auch bei den Bussen eine Unterscheidung zwischen *local* und *express*. Expressbusse sind mit einem X vor der Nummer gekennzeichnet, fahren nur zu bestimmten Tageszeiten und werden vorrangig von Berufspendlern genutzt, die außerhalb von Manhattan wohnen. Für Touristen sind sie weniger interessant (außerdem zahlt man mehr, nämlich $ 6, off-peak $ 3 pro Fahrt).

Die Busse fahren auch nachts. Zwischen 22 und 5 Uhr kann man zur Erhöhung der Sicherheit überall auf der Strecke um Halt bitten (Request-a-Stop).

Tickets

Eine Einzelfahrt mit U-Bahn oder Bus (ausgenommen Expressbusse) kostet $ 2,75, egal, wie groß die Entfernung ist, die Sie innerhalb von zwei Stunden in einer Richtung zurücklegen können, danach erlischt die Gültigkeit des Tickets (Senioren und behinderte Menschen bezahlen die Hälfte, Kinder unter 44 inches = 1,12 m fahren umsonst). In den Bussen können Sie beim Fahrer **bar zahlen**, allerdings müssen Sie den Betrag passend parat haben, Wechselgeld gibt es nicht. Wollen Sie in einen anderen Bus oder eine U-Bahn umsteigen, müssen Sie ein Transit-Ticket verlangen, für das Sie keinen Aufpreis zu zahlen brauchen.

Was kostet es nach Mexiko?

Die Alternative zum Bargeld – und die einzige Zahlmöglichkeit in der U-Bahn – ist die **MetroCard**, eine Geldwertkarte, die man in unterschiedlichen Kontingenten beim Subway Ticket Office und an den Kartenautomaten in den U-Bahn-Stationen, kaufen kann ($ 1 Einmalgebühr). Am Automaten muss man seit 2013 seine fünfstellige Postleitzahl (Zip Code) eingeben, wer sie nicht parat hat, drückt fünfmal die 0. Die Metrocard reduziert die Einzelfahrt auf $ 2,25 und kann beliebig aufgeladen werden. Für Vielfahrer empfehlen sich die Wochen- oder die Monatskarten (Unlimited-MetroCards). Die **7-Day-Unlimited-MetroCard** kostet $ 30 (erm. $ 14,50), die **30-Day-Unlimited-MetroCard** $ 112 (erm. $ 52).

Alle Metrokarten müssen Sie am Eingang zur U-Bahn oder im Bus durch ein Lesegerät ziehen. Die Aufladekarte ist nicht personengebunden und wird beim gemeinsamen Fahren einfach mehrfach durch das Lesegerät gezogen (in der U-Bahn reichen Sie sie einfach wieder zurück über die Zugangsschranke). In speziellen Automaten an den Verkaufsständen können Sie überprüfen, wie viel Deckung Ihre MetroCard noch hat. Die Wochen- bzw. Monatskarte jedoch ist personengebunden. Wer sie einmal durchgezogen hat, kann sie 18 Min. lang kein zweites Mal nutzen.

Mit dem Taxi

Taxifahren in New York ist recht günstig. An der Fahrgasttür Ihres Taxis informiert Sie i. d. R. ein Aufkleber über die aktuellen Preise. Beim Einsteigen steht der Taxameter auf $ 2,50 plus $ 0,50 New-York-Gebühr. Eine Unit (Einheit) kostet $ 0,50 und besteht aus 0,2 Meilen (0,32 km) oder einer Minute bei stockendem Verkehr oder Stau. In der Hauptverkehrszeit (Mo-Fr von 16 bis 20 Uhr) wird ein Aufschlag von $ 1, in der Nacht (nach 20 Uhr oder vor 6 Uhr) von $ 0,50 berechnet. Dazu kommt, und daran führt kein Weg vorbei, das obligatorische Trinkgeld: 15 % vom Fahrpreis sind die Norm. Bedenken Sie auch, dass größere Banknoten als $ 20 nur ungern gewechselt werden. Hat der Hotelportier Ihnen das Taxi gerufen, erwartet er $ 1.

Frei oder nicht

Um zu erkennen, ob das Taxi frei ist, müssen Sie auf die Leuchtanzeige auf dem Dach achten, die aus drei Teilen besteht. Wenn alle Lichter aus sind, ist das Taxi besetzt. Ist nur der mittlere Teil mit der Lizenznummer erleuchtet, haben Sie Glück: Der Fahrer ist im Dienst und hat noch keinen Gast. Wenn nur die beiden äußeren Lichter brennen, ist der Fahrer nicht im Dienst, befördert also niemanden.

Halten Sie ein Taxi immer in Fahrtrichtung an (indem Sie einen Schritt auf die Straße treten und ihren Arm gestreckt in die Luft recken). Da die meisten Straßen Einbahnstraßen sind, lohnt es sich, einen Block nach Westen oder Osten zu gehen, um die Fahrtrichtung zu wechseln.

Benutzen Sie nur die offiziellen gelben Taxis. Sie erkennen Sie nicht nur an der Farbe, sondern auch an der Lizenznummer der *Taxi Limousine Commission,* die sowohl oben auf dem Dach als auch auf den Seitentüren angeschrieben ist. Vorteilhaft ist es auch, wenn Sie eine gute Vorstellung davon haben, wo Sie hinwollen und wie Sie dorthin kommen, denn viele Taxifahrer in New York sind gerade erst eingewandert, haben schlichtweg keine Ahnung und sprechen zum Teil nur schlecht Englisch. Seit 2013 fahren neben den mehr als 10.000 gelben Taxen auch etwa 1000 **apfelgrüne** (Boro) Taxis durch die Stadt. Sie können nur im unterversorgten Uptown oberhalb der 96. Straße, der Bronx, Queens und Staten Island angehalten werden, dürfen aber überall absetzen und funktionieren ansonsten genauso wie die gelben Cabs.

Yellowcab New York City, www.nyc.gov/html/tlc/html/passenger/taxicab_rate.shtml.

Wassertaxis und Fähren

Wassertaxis von **NY Water Taxi** (www.nywatertaxi.com, ✆ 212-742-1969) verkehren ganzjährig um die südliche Spitze von Manhattan. Die gelben Boote mit der schwarzweißen Musterung können an elf Haltestellen bestiegen werden (Hop on/Hop off). Einen One-Day-Pass gibt es für $ 30 (Kinder $ 19).

Fotosafari zur Freiheitsstatue

Im Programm sind auch Sonderfahrten wie z. B. mit dem Schnellboot Zephyr zur Statue of Liberty, Speedboat Thrill Rides oder Touren zum Feuerwerk anlässlich des 4. Juli.

NY Waterway (www.nywaterway.com) betreibt Fähren vom Pier 11 Wall Street nach Liberty Harbour, vom World Financial Center u. a. nach Hoboken (New Jersey) und von Midtown W 39th St. u. a. nach Weehawken und Hoboken. Für ein One-Way-Ticket von Midtown nach Hoboken zahlt man $ 9.

Die **Staten Island Ferry** (www.siferry.com) fährt kostenlos vom Whitehall Terminal in Manhattan (1 Whitehall Street, Ecke South Street in Lower Manhattan) zum St George Ferry Terminal (1 Bay Street, Richmond Terrace) in Staten Island. Alle halbe Stunde.

Fahrradfahren

Immer mehr New Yorker steigen aufs Fahrrad um, die zunehmende Zahl an Fahrradwegen und die Einführung des

Beliebteste Fahrradroute: die Brooklyn Bridge

Fahrradverleihsystems **Citi Bike** mit 300 Stationen in Manhattan und Brooklyn (gesponsert von der Citi Bank) lässt das Fahrrad auch für Touristen zu einer attraktiven Alternative werden. Sie können einen 24-Stunden-Pass ($ 9,95) oder einen 7-Tage-Pass ($ 25) an jeder Citi Bike Station kaufen oder melden sich als Jahresmitglied an ($ 95). Die erste halbe Stunde Verleih ist frei, danach bezahlt man pro Stunde $ 4, Jahresmitglieder zahlen erst ab 45 Minuten, dann pro weitere 45 Minuten $ 2,50 (www.citibikenyc.com). Diese Angaben bitte vor Reiseantritt überprüfen, da Preiserhöhungen geplant sind. Der Fahrradverleiher **Bike and Roll** bietet zusammen mit NY Watertaxi kombinierte Fahrrad-/Bootstouren mit Führung an (April bis Okt.). Das „Bike and Boat"-Angebot beinhaltet für $ 64 (Kinder $ 49) die Fahrradmiete inklusive Helm, den Guide und eine Bootsfahrt von Brooklyns Fulton Street unter der Brooklyn-Brücke hindurch den Hudson River hinauf nach Midtown und per Drahtesel durch den Meatpacking District entlang des Hudsons zurück zum Battery Park. Vorab zu buchen unter ✆ 212-260-0400. Start ist um 9.30 Uhr bei Bike and Roll an der State Street, Ecke Water Street nördlich der Staten Island Ferry (www.bikenewyorkcity.com/submain.php?categoy=tours&subnav=tours&tourid=6; www.bikeandroll.com/newyork).

Kostenlose Fahrradkarten liegen in den meisten Fahrradverleihstellen bzw. Touristen-Informationen aus, herunterladen kann man sie unter www.nycbikemaps.com. Achten Sie auf die Verleih-Tipps in den Kapiteln zu den einzelnen Stadtvierteln in diesem Buch. Die dort genannten Anbieter sind meist günstiger als Bike and Roll, wo ein Rad pro Std. $ 14, für den halben Tag $ 39 und für den ganzen Tag $ 44 kostet.

Achtung: Für Kinder unter 14 Jahren besteht in New York Helmpflicht.

Ansonia: die Luxus-Suiten sind heute Wohnungen

Übernachten

Die Hotellandschaft von Manhattan hat sich in den letzten Jahren vor allem in der mittleren Preislage sowie für kleinere Budgets stark erweitert. Allein 2013 kamen 12.000 Zimmer dazu, womit Manhattan inzwischen über fast 120.000 Zimmer verfügt. Darunter gibt es die Luxus-Suite im Mandarin Oriental für $ 28.000 pro Nacht bis hin zum Hostelbett für $ 28. Wer außerhalb Manhattans wohnt, spart rund 30–40 % an Übernachtungskosten.

Das Preisniveau der Stadt hat sich laut NYC & Company 2013 auf durchschnittlich 254 $ (187 €) die Nacht (ohne Steuern) eingependelt. Die Hotels waren mit fast 50 Mio. Besuchern im Jahr zu 85% ausgelastet. An die günstigsten Zimmer kommt man am besten über die Internet-Suchmaschinen heran. Alternativen sind Bed & Breakfast (oft nicht wirklich billiger) oder Hostels, deren manchmal desolater Zustand garantiert nicht jeden Besucher anspricht. Bleiben Sie länger als ein paar Tage, lohnt sich mitunter auch die Anmietung eines Apartments (ab 4–5 Nächten).

Preisalarm! Die ausgewiesenen Zimmerpreise sind nie die wirklichen Preise. Sie müssen zusätzlich die Steuern, die Zimmergebühren und das Trinkgeld einkalkulieren. Die *New York Tax* beträgt 8,875 %, die *Hotel Occupancy Tax* 5,875 % und eine *Room Charge* 3,50 $, für Suiten ist diese sogar noch höher. Und das Zimmermädchen erwartet schließlich auch noch 2 $ pro Übernachtung. So werden aus 100 $ ganz geschwind 120 $! Außerdem variieren die Preise enorm – je nach Auslastung des Hotels und Jahreszeit.

Hotels

In den vergangenen Jahren haben die großen Hotelketten in Manhattan ihr Segment in der mittleren Preisklasse ($ 200/Nacht) stark ausgebaut. Die Hilton Gruppe ist mit ihren *Hilton Garden Inns* dabei, Marriots Mitteklassehotels heißen *Courtyard by Marriot* oder *Hampton Inn*, Best Western hat *Best Western Premier Hotels* und Holiday Inn *Holiday Inn Express Hotels* gebaut. Allein 2013 haben 18 solcher Hotels im mittleren Preisniveau eröffnet. Sie sind neu und modern, aber nicht aufregend im Design, haben meist überschaubar große Zimmer und bieten keine Extras wie Türsteher, dafür oft kontinentales Frühstück und freies WLAN. Außerdem entstanden viele Hotels, die nur einige Etagen des Gebäudes als solches nutzen und den Rest als Eigentumswohnungen verkauft haben. Spektakulärstes Beispiel dafür ist das neue *Marriot Courtyard and Residence Inn* an der 54. Straße, Ecke Broadway, dass mit 230 m und 68 Stockwerken 2013 das höchste Hotel New Yorks und Amerikas wurde. Daneben entstehen natürlich auch weiterhin Boutique-Hotels, die individueller ausgestattet sind als die Häuser der gängigen Ketten, und spektakuläre Design-Hotels. Grundsätzlich sind in Manhattan die Zimmer **sehr** viel kleiner als bei uns üblich. Wenn Sie mit begrenztem Budget reisen, hüten Sie sich vor der Inanspruchnahme von Dienstleistungen wie Zimmerservice und Business Center – es sei denn, sie sind ausdrücklich „complementary“, d. h. umsonst.

Internetsuche

Über Internet-Suchmaschinen kann man mitunter Schnäppchen finden, v. a. wenn man nicht auf ein bestimmtes Hotel oder eine bestimmte Gegend festgelegt ist. Manchmal schlagen hier 4–5 Sterne den Preis von Low-Budget-Unterkünften.

Nach dem billigsten Angebot durchforstet das Preisvergleichsportal des Magazins *Reise + Preise „MC Hotel“* kostenlos rund 30 Hoteldatenbanken von Internetvermittlern: www.fliegen-sparen.de/de/preisvergleich/02_hotel.php. Eine der besten dieser Hotelbanken im Hinblick auf Preis und Stornierungsbedingungen ist www.booking.com, weitere sind www.expedia.com, www.hotels.com und www.trivago.de.

Wenn nicht ausdrücklich erwähnt, ist das Frühstück **nicht** im Preis inbegriffen.

Spitzenhotels (ab $ 400)

*****Crosby Street Hotel **28** SoHo → Karte S. 146/147. Ein bunter Augenschmaus ist die originelle Einrichtung dieses Luxushotels in einer ruhigen Seitenstraße mitten im Szenebezirk SoHo. 86 Zimmer (Standard 32 qm) im 1960er- bis 70er-Retrostil. Eigenes Kino mit Sonntagsvorstellungen. Bar und Außenpatio. Zimmer $ 550–4250. 79 Crosby Street, zw. Spring und Prince St., NY 10012, ✆ 212-226-6400, 📠 212-226-0055, www.firmdale.com/new-york/Crosby-street-hotel.

*****Trump SoHo **16** SoHo → Karte S. 146/147. Alle 391 Zimmer auf 46 Stockwerken haben wandhohe Fenster und sind vom italienischen Designer Fendi Casa gestaltet. 1000 qm großer Wellnessbereich und Poolbar. DZ ab $ 375/Nacht. 246 Spring Street zw. 6th Ave. und Varick St., NY 10013, ✆ 212-842-5500 oder ✆ 877-828-7080; www.trumphotelcollection.com.

*****The Mark Hotel **6** Upper East Side → Karte S. 231. Das Art-déco-Wohnhaus wurde vom französischen Stardesigner Jacques Grange umgebaut. Die Lobby mit ihrem schwarz-weiß gestreiften Marmorfußboden und Spirallüster von Ron Arad ist ein Hingucker, auch in den 118 Zimmern sind Möbel und Ausstattung speziell für das Mark entworfen worden. Hervorragende Lage, Service (Frisiersalon Fekkai) und Restaurant (Mark's Restaurant), beliebte Bar (Mark's Bar). $ 455–4700/Zimmer oder Suite. 25 East 77th St., zw. 5th und Madison Ave., NY 10021, ✆ 212-744-4300, 📠 212-606-3100, www.themarkhotel.com.

*****Hotel Gansevoort **39** Meatpacking District → Karte S. 190/191. Auf zwölf Stockwerken, die nachts dramatisch beleuchtet werden, gibt es 187 Zimmer mit hohen Decken, einige mit Blick auf den Hudson River. Im obersten Stock Lounge mit Glasdach und Swimmingpool. Japanisches Restaurant und moderner Wellnessbereich, der sich nachts in eine VIP-Lounge verwandelt. Superior Room $ 345–625, Suite $ 695–955. 18 9th Ave., zw. 13th und Gansevoort St., NY 10014, ✆ 212-206-6700, 📠 212-255-5858, www.gansevoorthotelgroup.com/hotels/gansevoort-meatpacking-nyc/. Ein weiteres Gansevoort mit Dachpool und Bar über drei Etagen befindet sich in der 420 Park Avenue.

*******Greenwich Hotel** 44 TriBeCa → Karte S. 146/147. Das liebevolle designte Luxushotel präsentiert sich von außen im bröckelnd schönen Trashlook, von innen wie ein italienischer Palast mit orientalischem Einschlag und Terracottafliesen. 75 Zimmer und 13 Suiten mit kostenloser Minibar und Snacks, außerdem Videospiele, Underground-Pool und Spa. Das Hotel ist Teil des wachsenden Imperiums von Schauspieler, Regisseur, Produzent und Gastronom Robert de Niro in TriBeCa. $ 550–5500/Nacht. 377 Greenwich Street zw. Franklin und N. Moore St., NY 10013, ✆ 212-941-8900, 📠 212-941-8600; www.thegreenwichhotel.com.

*******St. Regis** 21 Midtown → Karte S. 204/205. Berühmtes Hotel aus der Astor Dynastie, 182 Zimmer und 74 Suiten auf 20 Stockwerken im Louis-XIII-Stil. Sensationeller Service mit privatem Etagenbutler in Livree und Nachmittagstee. In der King Cole Bar soll die Bloody Mary erfunden worden sein (→ Nightlife). Ab $ 545/Nacht. 2 East 55th Street/5th Ave., NY 10022, ✆ 212-753-4500, 📠 212-787-3447, www.stregisnewyork.com.

Viele **Luxushotels haben Wochenendrabatte** wenn die Geschäftsleute ausbleiben: Immer wieder probieren! Auch die Winter- und Sommerrabatte sind erheblich.

Boutique-Hotels (bis $ 450)

Boutique-Hotels liegen nach wie vor im Trend. Boutique nennt sich alles, was mit Dachgärten und/oder Swimmingpools in luftiger Höhe und meist minimalistischem Industrie-Design aufwarten kann. Diese Hotels sollen Spaß machen:

******Dream Downton** 31 Meat Packing District → Karte S. 190/191. Exklusives 316-Betten-Haus für Leute, die gern etwas erleben. Die auffällige Stahlfassade mit ihren kreisrunden Löchern für die Fenster hat äußerlich etwas von einem Luxusdampfer. Drinnen überwiegt schlichte Eleganz. Es gibt einen Innen- und Außenpool (mit Bar und Glasboden, durch den das Licht in die Lobby fällt). Für den Besuch der trendigen Dachterrasse PH-D und den Club im Keller (Electric Room) sollte man sich richtig aufbrezeln. DZ ab $ 295. 355 W 16th St. zw. 9th und 8th Aves., NY 10011, ✆ 646-625-4847; www.dreamhotels.com/hotels/new-york/new-york/dream-downtown/hotel-overview.

******James Hotel SoHo** 33 SoHo → Karte S. 146/147. Kunst steht im Mittelpunkt dieses schicken Hotels, dessen Lobbywände aus recycelten Klaviertasten bestehen. Die Zimmer wirken durch die wandhohen Fenster größer, als sie sind. Entspannung bieten ein kleiner Pool auf dem Dach mit Lounge und ein Skulpturengarten. Kostenlose Snacks und Getränke in der Sky Lobby. Das Hotel verspricht die besten Raten bei Direktbuchung, wer einen günstigeren Preis findet, bekommt ihn hier angeglichen plus einen 50-$-Gutschein. DZ $ 290–840. 27 Grand St. zw. Thompson St. und 6th Ave., NY 10013, ✆ 212-465-2000 oder 888-526-3778; www.jameshotels.com/new-york.

******Sixty LES** 7 Lower East Side → Karte S. 133. Die 141 hellen und edel eingerichteten Zimmer mit wandhohen Fenstern sind auf 19 Etagen verteilt. Sushi-Restaurant, Biergarten, Swimmingpool und Fitnesscenter, in der Above Allen Bar trinkt man mit Ausblick. DZ $ 250–429. 190 Allen St. zw. Stanton und East Houston Sts., NY 10002, ✆ 212-460-5300, 📠 212-460-5301, www.sixtyhotels.com.

*****Bowery Hotel** 18 East Village → Karte S. 156/157. Marokkanische Kacheln und orientalische Möbel vor dem Kamin bringen Gemütlichkeit in die Lobby. Die 135 Zimmer auf 17 Etagen haben Loftdesign und Marmorbäder. Kostenfreier DVD- und Fahrradverleih. Gut essen lässt es sich im VIP-Restaurant Gemma. $ 425–1200. 335 Bowery, zw. 2nd und 3rd St., NY 10003, ✆ 212-505-9100, 📠 212-505-9700, www.theboweryhotel.com.

******The Jade Hotel** 7 Greenwich→ Karte S. 166/167. Im März 2013 hat dieses wunderschöne Haus im Stil der 1920er Jahre eröffnet, das kaum als Hotel zu erkennen ist. 18 Stockwerke, 113 originell eingerichtete, jedoch kleine Zimmer mit geschmackvollen Details. Lounge mit Kamin und ein Fitnesscenter. Schön ist auch die ruhige Lage mitten im Künstler- und Studentenviertel. DZ $ 250–650. 52 W 13th St. zw. 5th und 6th Aves.; NY 10011; ✆ 212-375-1300, ✆ 212-300-4445; www.thejadenyc.com.

******Marcel** 10 Gramercy → Karte S. 181. Als Dekor viel Tiermuster (Zebra und Tiger), Silbermetallic und schwarzes Leder. Die 48 Zimmer sind für die Mode- und Geschäftswelt wie geschaffen. Unprätentiöse Gegend. Guest Lounge für kostenlosen Kaffee im zehnten Stock. DZ $ 249–650. 201 East 24th St./Ecke 3rd Ave., NY 10010, ✆ 212-696-3800, ✆ 212-696-0077, www.hotelmarcelnewyork.com.

******Muse Hotel** 40 Midtown → Karte S. 204/205. Edle Mahagony-Lobby mit Bar und großer Weinauswahl. Geräumige Zimmer in schwarz-grau-weißer Farbskala. 181 „Dream Rooms" und 19 grundrenovierte Suiten, nahe Times Square. Ortsgespräche und morgendliche New York Times kostenlos, ebenso WLAN, Yoga-Matte und Fahrräder. Warum nicht Mitglied bei *Kimpton Hotels* werden? Das kostet nichts, verschafft aber viele Vergünstigungen! $ 280–755, Suiten bis $ 2500. 130 West 46th St., zw. Ave. of the Americas und 7th Ave., NY 10036, ✆ 212-485-2400 oder ✆ 877-692-6873, ✆ 212-485-2789, www.themusehotel.com.

Mittlere Preisklasse (bis $ 350)

*****Gem Hotel** 4 Lower East Side → Karte S. 133. Alle drei Outlets dieses Hotels (weitere Gem Hotels in Chelsea und Midtown) haben weiße, kleine bis mittelgroße Zimmer, die aber voll ausgestattet sind mit WLAN und Flachbildschirm. Dazu gibt es kostenloses Wasser und einen Kaffeekocher. Perfekte Lage und 15 % Rabatt bei Vorabbuchung von mehr als 21 Tagen. DZ ab $ 159 (kleines Zimmer), ab $ 179 (größeres Zimmer). 135 E Houston St. Ecke Forsythe St., NY 10002, ✆ 212-358-8844; ✆ 212-473-3500; www.thegemhotel.com/soho/index.iml.

******Roosevelt** 52 Midtown → Karte S. 204/205. Touristenattraktion, vermittelt das Glamourgefühl der 1920er Jahre in einem italienischen Renaissance-Gebäude von 1924. Mehr als 1000 Zimmer, die Sofasessel, ergonomische Schreibtischstühle, Internet und vieles mehr bieten. Berühmter ovaler Palmensaal, Ballsäle für Veranstaltungen. Von Juni bis Okt. Rooftop-Bar *Mad46*. Zimmer $ 139–559, Suiten $ 800–3000. 45 East 45th St., NY 10017, ✆ 212-661-9600 oder 888-833-3969, ✆ 212-885-6161, www.theroosevelthotel.com.

******The Warwick** 10 Midtown → Karte S. 204/205. Entspannte Atmosphäre, Marmor-Lobby. Zimmer im englischen Stil mit weißen Mahagonimöbeln. Gehörte einst William Randolph Hearst, nach dem Randolph's Bar & Lounge benannt ist. Cary Grant wohnte hier zwölf Jahre. Restaurant *Murals on 54* mit berühmten Wandmalereien. Zimmer $ 255–630, Suiten $ 500–5000. 65 West 54th St., zw. 5th und 6th Ave., NY 10019, ✆ 212-247-2700, ✆ 212-247-2725, www.warwickhotelny.com.

******Casablanca Hotel** 49 Midtown → Karte S. 204/205. Boutique-Hotel zum Thema Nordafrika: tropische Pflanzen, Rattanmöbel und Deckenventilatoren. 48 Zimmer, auch mit Minibar, Kabelfernsehen, DVD-Player und Babysitting-Service. In Rick's Café (Lounge mit Kamin) gibt es zu Klavierbegleitung Sekt und Käsehäppchen. Bester Blick auf Times Square No. 1 zu Silvester, dann spezielle Party auf dem Hoteldach. Drei Monate vorher buchen! Zimmer mit kontinentalem Frühstück $ 275–429, Suite ab $ 399. 147 West 43rd St., zw. 6th Ave. und Broadway, NY 10036, ✆ 212-869-1212 oder kostenfrei 888-922-7225, ✆ 212-391-7585, www.casablancahotel.com/de.

*****Ace Hotel** 70 Midtown → Karte S. 204/205. Hippes 262-Zimmer-Hotel in einem historischen Stadthaus mit unaufgeregtem Design, das eine jung gebliebene Klientel anspricht. Viel Kunst an den Wänden, zur Ausstattung eines jeden Zimmers zählt eine Gitarre. Die dunkel-gemütliche Bar in der Lobby wird von DJs aufgesucht (tägl. bis 2 Uhr). Es gibt eine Austernbar und ein Burgerrestaurant. DZ ab $ 179. 20 West 29th St. Ecke Broadway, NY 10001, ✆ 212-679-2222; ✆ 212-679-1947; www.acehotel.com/newyork.

*****Hotel Metro** 61 Midtown → Karte S. 204/205. Art-déco-Palast mit Spiegelglas, Kristalllüstern und Chrom. 179 kleine Zimmer mit Marmorboden im Bad. Bibliothek mit Kamin. Dachgartenbar (nur April bis Okt, So geschl.) mit fantastischer Aussicht auf das Empire State Building. Kostenloses Business Center und WLAN sowie Fitnessstudio, insgesamt gute Leistung für den Preis. Standardzimmer $ 209–394, Family

Suite $ 275–400, kontinentales Frühstück jeweils inkl. 45 West 35th St., zw. 5th und 6th Ave., NY 10001, ✆ 212-947-2500, 📠 212-279-1310, www.hotelmetronyc.com.

*****Grace** 42 Um die Ecke vom Times Square → Karte S. 204/205. Kleine Zimmer, witzig, modern (Flure und Zimmer im Retro-1970er-Stil) und perfekt organisiert mit recht großen Bädern. Im Erdgeschoss Swimmingpool mit Bar, Sauna und Dampfbad, an fünf Abenden DJs. Kleines Fitnessstudio. Buffet-Frühstück inkl. Empfehlenswert sind die Zimmer in den oberen Etagen und nach hinten hinaus. DZ $ 190–390. 125 West 45th St., NY 10036, ✆ 212-354-2323, 📠 212-302-8585, www.room-matehotels.com.

*****Hotel 414** 17 Theater District → Karte S. 204/205. Intimes Hotel in zwei historischen Stadtvillen einer Wohnstraße. Das Hotel hat eine kleine, elegante Lobby mit Kaminfeuer und 22 einladende, saubere Zimmer sowie einen Patio (kleine Terrasse). Kontinentales Frühstück und den ganzen Tag über Kaffee und Tee wie auch WLAN inkl., ab April gelegentlich Live-Jazz. Zimmer ab $ 225. 414 West 46th St., zw. 9th uns 10th Ave., NY 10036, ✆ 212-399-0006, 📠 212-957-8716, www.414hotel.com.

*****The Wall Street Inn** 19 Lower Manhattan → Karte S. 94/95. Im modernen englischen Countrystil eingerichtet, die Zimmer haben hohe Decken und einen Kühlschrank, es gibt einen Health Club. Günstigere Preise durch Internetangebote und Specials. DZ ab $ 200. 9 South William Street, NY 10004, ✆ 212-747-1500, Reservierungen: ✆ 001-877-747-1500, 📠 212-747-1900, www.thewallstreetinn.com.

*****The Marlton Hotel** 19 Greenwich → Karte S. 166/167. Aus dem Haus von 1900, das viele Jahre als Studentenwohnheim genutzt wurde, entstand 2012 ein Boutique-Hotel mit Alte-Welt-Charme, das sich als Baby-Grand bezeichnet – wegen der Größe der Zimmer und der Preise. Die 107 Zimmer sind "chic petite", klein und schick, Es gibt mit Margeaux ein ausgezeichnetes Restaurant. DZ ab $ 200. 5 West 8th St. Ecke 5th Ave., ✆ 212-321-0100; 📠 212-321-0400; marltonhotel.com.

*****Aloft Harlem** 6 Harlem → Karte S. 267. Hipper Hotelneubau und ein Zeichen für die Gentrifizierung von Harlem. Zimmer im Loftambiente mit Kühlschrank, iPod-Dockingstation und übergroßen, bodenebenen Duschen. Gute Bar (XYZ Lounge), ein Shop, Fitnessraum und Billardtisch. Zimmer ab $ 224. 2206 Frederick Douglass Boulevard zw. 123rd und 124th Sts., NY 10027, ✆ 212-749-4000, www.alofthaarlem.com.

Untere Preisklasse (bis $ 200)

******World Center Hotel** 5 Lower Manhattan → Karte S. 94/95. Funktionales Hotel im Finanzdistrikt, sehr freundlich und sauber, recht großzügig geschnittene Zimmer in neutralen Farben. Restaurant im 20. Stock nur für Hotelgäste mit Blick auf die World Trade Center Site. Es gibt auch ein Fitnesscenter. DZ $ 150–260. 144 Washington St., NY10006; ✆ 212-577-2933; 📠 212-577-2133, www.worldcenterhotel.com.

Die Kette **Apple Core** besitzt fünf Hotels von schlichter Eleganz zu akzeptablen Preisen von $ 139–275: **NYMA – New York Manhattan Hotel** 65 (6 W 32nd St., zw. Broadway und 5th Ave., ✆ 212-643-7100; ℻ 212-643-7101), **Broadway@Times Square** 38 (129 W 46th St., zw. 6th und 7th Ave.), **The Hotel at Times Square** 46 (59 W 46th St., zw. 5th und 6th Ave.; ✆ 212-719-2300; ℻ 212-768-3477), **La Quinta** 64, (17 W 32nd St., zw. Broadway und 5th Ave; ✆212-736-1600; ℻ 212-563-4007, alle → S. 204/205, und **Ramada Eastside** 2 (161 Lexington Ave./ Ecke 30th St. ✆ 212-545-1800; ℻ 212-481-7270), → Karte S. 181. Frühstück inkl. Zentrale Reservierung: ✆ 800-567-7720 (kostenfrei, nur aus den USA möglich), www.applecorehotels.com.

Herald Square Hotel 66 Midtown → Karte S. 204/205. Hotel in bester Lage in altem Life-Magazine-Gebäude. Feiste Putten über dem Eingang. Lobby sehr schlicht, Magazintitel und Schwarzweißfotos an den Wänden. Waschraum, kabelloses Internet und Satellitenfernsehen. Small Singles ab $ 119 (Internetrate), Standardzimmer mit Bad $ 159–309. 19 West 31st St., zw. 5th Ave. und Broadway, NY 10001, ✆ 212-279-4017/✆ 800-727-1888, ℻ 212-643-9208, www.heraldsquarehotel.com.

SoHotel 8 Chinatown → Karte S. 121. Budgethotel in Downtownlage (Chinatown, Little Italy, NoLita und Lower East Side in Laufdistanz). Vor allem preisgünstig für kleine Gruppen durch Mehrbettzimmer. Kein Luxus, Lobby und die renovierten Zimmer besitzen jedoch urbanen Charme (Backstein, Kuhfell-Design mit barocken Elementen). Immer wieder Specials und Internetangebote. DZ ab $ 149. 341 Broome St., nahe Bowery, NY 10013, ✆ 212-226-1482, ℻ 212-226-3525, www.thesohotel.com.

***Hotel Newton** 5 Upper West Side → Karte S. 242. Budgethotel, 105 saubere, einfache Zimmer, Standardzimmer mit Gemeinschaftsbad. Superior Zimmer haben große Bäder, Kabelfernsehen, Essenslieferung vom Diner gegenüber rund um die Uhr. Zwölf Suiten, die jeweils Platz für vier Leute bieten. Schwedens Marathonläufer wohnen jedes Jahr hier. Zimmer ohne Bad ab $ 150, sonst $ 157–300, Suiten $ 160–400. 2528 Broadway, zw. 94th und 95th St., NY 10025, ✆ 212-678-6500/✆ 800-643-5553, ℻ 212-678-6758, www.thehotelnewton.com.

Colonial House Inn 24 Chelsea → Karte S. 190/191. Charmante Brownstone-Herberge für Kreative, Lobby stellt als „The 24 Hour Life Gallery" Kunst aus, u. a. von Keith Haring und Mel Cheren (der Besitzer, er führte einst den Paradise Garage Nightclub). 20 Zimmer mit Mini-Kühlschrank, Kamin und Satellitenfernsehen. 24-Stunden-Concierge. Kleine Dachterrasse. Spar-Zimmer ab $ 130, Standard-Zimmer ab $ 150, inkl. Frühstück mit hausgemachten Muffins. Suiten für bis zu 5 Pers. $ 280–300. 318 W 22nd St., zw. 8th und 9th Ave., NY 10011, ✆ 212-243-9669 oder 800-689-3779, ℻ 212-633-1612, www.colonialhouseinn.com.

Larchmont Hotel 12 Greenwich Village → Karte S. 166/167. Sehr einfaches Hotel in Beaux-Arts-Stadtvilla mit europäischem Flair, es fügt sich mit Geranien und Laternen perfekt ins Straßenbild. 60 sehr saubere Zimmer, kein Zimmerservice, Badezimmer auf dem Flur, Waschbecken und Bademäntel auf den Zimmern. Gemeinschaftsküche. EZ mit kontinentalem Frühstück $ 90 (ohne eigenes Bad) bis $ 125, DZ $ 119–145, Familienzimmer $ 219–249. 27 West 11th St., NY 10011, ✆ 212-989-9333, ℻ 212-989-9496, www.larchmonthotel.com.

Hotel 17 25 Gramercy → Karte S. 181. Die Bruchbude, in der David Bowie Musikvideos drehte und Woody Allen Szenen für Manhattan Murder Mystery schoss, ist inzwischen renoviert und macht einen gepflegten Eindruck. Die 120 Zimmer (die meisten ohne Bad) sind oft ausgebucht. Schwesterhotel ist das Hotel 31. EZ $ 89–129, DZ $ 99–165, 3-Bett-Zimmer $ 125–185. 225 East 17th St., zw. 2nd und 3rd Ave., NY 10003, ✆ 212-475-2845, ℻ 212-677-8178, www.hotel17ny.com.

Off-SoHo-Suites 12 Lower East Side → Karte S. 133. 38 Suiten, ein bisschen wie ein Schullandheim mit Küchen und Küchengeräten. Ideal für jüngere Leute, Musiker und Groupies, ganz in der Nähe von SoHo, Little Italy und Chinatown. Economy Suite (2 Pers.) $ 199–299, De-luxe-Suite (4 Pers.) $ 299–399. 11 Rivington St., zw. Chrystie St. und Bowery, NY 10002, ✆ 212-979-9815/✆ 800-633-7646, ℻ 212-979-9801, www.offsoho.com.

***Hotel Stanford** 63 Midtown → Karte S. 204/205. Zwölfstöckiges Hotel im Schat-

Kreativ: das Gershwin Hotel

ten des Empire State Building in „Little Korea“. Die Lobby mit Granitboden etwas unterkühlt, aber die Zimmer sind komfortabel. Schmale Treppe zum zweiten Stock zur Maxim Lounge. Coffee Bar, Fernseher, Internetanschluss und Hosenpresse. Frühstück inbegriffen. DZ $ 159–399. 43 West 32nd St., zw. 5th Ave. und Broadway, NY 10001, ✆ 212-563-1500/✆ 800-365-1114, 📠 212-629-0157, www.hotelstanford.com.

***__Pod 51__ **51** Midtown → Karte S. 204/205. Mittelgroßes Hotel mit rund 300 Zimmern in guter Lage. Hinter der Backsteinfassade verbergen sich eine farbenfrohe, schicke Lobby und elegante Zimmer, die aber sehr winzig sind (Pods eben). Immerhin mit Flatscreen-TV, iPod-Dockingstation, Minisafe und freiem WLAN. Mini-Stahlwaschbecken, WC und Duschen hinter Glas. Die Betten sind für Normalwüchsige sehr schmal und kurz. Die billigen Zimmer haben Etagenbetten und Bäder auf dem Flur (sehr sauber, im Zimmer leuchten die Nummern für die Bäder auf, damit man weiß, welches frei ist). Schöne Dachterrasse (ohne Bar oder Lounge). Doppelstock-Pod ab $ 130, sonst ab $ 165. 230 East 51st St., nahe 3rd Ave., NY 10022, ✆ 212-355-0300, 📠 212-755-5029, www.thepodhotel.com. Das Schwesterhotel **Pod 39** **62** befindet sich in Murray Hill.

__The Jane__ **2 Greenwich → Karte S. 166/167. Ein Matrose hat in seiner Kabine auch nicht viel weniger Platz als Sie in der Standard Cabin dieses originellen Budgethotels (mit sehr sauberen Bädern auf der Etage). Der Architekt von Ellis Island entwarf 1908 dieses Sailor's Home – die Überlebenden der Titanic waren hier einst zu Gast. Hip und voller Kreativer. Das Café Gitane bietet vorzüglichen Brunch. The Jane Ballroom heißt die Lounge-Bar. Standard Cabin ab $ 115 (EZ), Kapitänskabine ab $ 250. 113 Jane St. am Westside Highway, NY 10014, ✆ 212-924-6700, 📠 212-924-6705, www.thejanenyc.com.

__Seafarers & International House__ **26 Gramercy → Karte S. 181. Die deutsche Seefahrermission fungiert auch als Budget-Hotel. Viele Schulklassen, die bis zu einem Jahr vorher buchen. Schullandheimstandard, aber sauber. EZ $ 87 (Wochenende $ 91), DZ $ 108 (Wochenende $ 110), en suite $ 125 (Wochenende $ 135). 123 East 15th St./Ecke Irving Place, NY 10003, ✆ 212-677-4800, 📠 212-505-6031, www.sihnyc.org.

B & B und Apartments

Bed & Breakfast steht für die Übernachtung bei Privatleuten, die ein oder mehrere Zimmer vermieten und morgens ein Frühstück servieren. Kontakt zu den Vermietern hat man aber nur, wenn man *B & B hosted* wählt. Bei *unhosted* ähneln die Unterkünfte eher einem Apartment. Klassische B & Bs sind meist nicht viel günstiger als ein Hotelzimmer, Wohnungen von Privatleuten schon und netter als die meisten

Jugendherbergen. Die Zimmervermittlung übers Internet boomt, die meisten Agenturen haben auch außergewöhnliche Unterkünfte in ihrem Portfolio. Ein Zimmer bei Privatleuten mit Bad- und Küchennutzung bekommt man schon ab $ 50, Wohnungen ab $ 100 (je nach Größe, Lage, Dauer des Aufenthalts etc.).

Agenturen AirBnB. Der Pionier aus Kalifornien (und Marktführer in den USA mit allein 2000 Listings für New York), vermittelt private Übernachtungsmöglichkeiten übers Internet, vom Zimmer in einer WG über Apartments bis zum Baumhaus oder Boot. Bilder und Bewertungen früherer Gäste helfen bei der Auswahl. Die Vermittlungsgebühr ist im Preis nicht enthalten. Großer Burstah 46–48, 20457 Hamburg. ✆ 004940-609-464-444, www.airbnb.de.

Wimdu. Ein jüngeres, aber ebenso erfolgreiches Portal. Die deutsche Webseite ist sehr übersichtlich. Wimdu GmbH, Ohlauer Str. 43, 10999 Berlin. ✆ 004930-201-63310, www.wimdu.de.

9flats. Der dritte Vermittler derartiger Unterkünfte im Bunde, an dem seit Kurzem die Deutsche Telekom beteiligt ist. Ritterstr. 12–14, 10969 Berlin, ✆ 004930-98321-6799, 📠 030-98321-6750, www.9flats.com/de.

Bed & Breakfast East Village Bed & Coffee 22 East Village → Karte S. 156/157. Funny und funky präsentiert sich Annes Bed & Coffee (Frühstück gibt es nicht). Sieben thematische Zimmer, drei Gemeinschaftsräume, drei voll ausgestattete Küchen und ein winziger Garten mit rankenden Weinreben. Alle Zimmer klimatisiert, mit Dockingstation, Bügeleisen, Internet und Kabelfernsehen. Badezimmer müssen geteilt werden. Fahrräder zum kostenfreien Ausleihen. Zur Subway 10 Min. EZ ab $ 120, DZ $ 130–150. 110 Ave. C, zw. 7th und 8th St., NY 10009, ✆ 212-533-4175/✆ 917-816-0071, 📠 212-979-9743, www.bedandcoffee.com.

3B The Downtown Brooklyn Bed & Breakfast 14 Brooklyn Heigths → Karte S. 280. Geführt als Kooperative von sieben Künstlern, die in dieser hippen Gegend von Williamsburg vier wunderschöne Zimmer gestaltet haben und vermieten: vom Doppelstockbett für $ 49 bis zur Suite für 4 Pers. für $ 179. Nennen Sie das Stichwort „MMV2014" und Sie bekommen einen kleinen Preisnachlass. 136 Lawrence Street, NY 11201 Brooklyn. ✆ 347-762-2632; 3bbrooklyn.com.

Urban Oasis 68 Midtown. Wohnen wie in einer WG, dieses Loft bietet private Zimmer für 2–4 Pers. mit Gemeinschaftsbad und -küche. In der Lounge TV und Laptop mit Internetzugang. Die billigen Zimmer sind klein und dunkel, die teureren geräumig mit großem Fenster. Familienzimmer ab $ 45/Pers., DZ $ 55–80/Pers. 5 W 31st St. im zehnten Stock, nahe 5th Ave., NY 10001, www.urbanoasisnyc.com.

Jugendherbergen

American Dream Hostel 11 Gramercy → Karte S. 181. Familiengeführtes Hostel, erreicht noch am ehesten Budget-Hotel-Standard. Zimmer für bis zu 4 Pers. bis 30 Jahre $ 59 (Wochenende $ 69), privates EZ $ 84,50 inkl. Frühstück und Steuern ($ 110 am Wochenende). 168 East 24th St., zw. Lexington und 3rd Ave., NY 10010, ✆ 212-260-9779, 📠 212-260-9944, www.americandreamhostel.com.

Hostelling International 4 Upper West Side → Karte S. 242. Größte und bekannteste Jugendherberge. Café, Fernsehlounge, Küche, Bibliothek und Internetanschluss. Im Sommer Garten mit Picknicktischen. Schlafsäle sparsam möbliert, aber sauber. Gruppen von 4 Pers. können ein privates Badezimmer teilen. Aktivitäten und Sightseeing werden organisiert. 4-Bett-Zimmer $ 50–52, 6- bis 8-Bett-Zimmer $ 47–52, 10- bis 12-Bett-Zimmer $ 44 (Wochenende $ 52), Familienzimmer $ 120, EZ $ 135. 891 Amsterdam Ave., zw. 103rd und 104th St., NY 10025, ✆ 212-932-2300, 📠 212-932-2574, www.hinewyork.org.

NY Loft Hostel 34 Brooklyn/Williamsburg → Karte S. 284/285. Jugendherberge deluxe in einem Backsteinhaus mit schönem Innenhof und gepflegten, großen Zimmern. Kontinentales Frühstück inkl. (6–9 Uhr). Im Winter Do kostenloses Fondue, im Sommer Mi und Fr BBQ, Kinoabende jeden Di und Do. TV- und Computerzimmer, Gepäckaufbewahrung, demnächst gibt es auch eine Bar. Nur DZ und 3-Bettzimmer. Bett im 3-Bettzimmer $ 33, im DZ $ 39. 249 Varet St., zw. Bogart und White Sts., Subway Morgan Avenue, Linie L oder Flushing Avenue, Linien J und M. NY 11206; ✆ 718-366-1351, www.nylofthostel.com.

Die besten **Webseiten für Jugendherbergen**: www.hostels.com/new-york/usa und www.hostelworld.com.

Bei Katz bestellt man das, was Sally hatte

Essen und Trinken

Die New Yorker gehen viel und gerne aus zum Essen, es ist Teil des hiesigen Lifestyle. Das Dinner wird mehr und mehr zu einem Ereignis, das sich mit dem Opernbesuch oder anderen Unterhaltungsformen messen kann.

In den rund 24.000 Restaurants der Stadt können Sie sich kulinarisch einmal rund um den Globus essen. Man ist nicht nur stolz auf die große Auswahl, die die Stadt bietet, man ist auch stolz auf die Ausstattung der Restaurants und die Qualität der Küche. Bei der Ortung der angesagtesten Lokale helfen die Restaurantrubriken in der *New York Times* und im *New York Magazine*.

Frühstück/Brunch

Das American Breakfast bekommt man in Delis, Cafés und Fastfood-Restaurants. Es ist eine echte Kalorienbombe, weshalb der Lunch eine untergeordnete Rolle spielt. Samstags und sonntags wird gebruncht, oft am Buffet. In den meisten Brunchcafés sollten Sie vorher reservieren. Zum klassischen amerikanischen Frühstück gehören Cornflakes, Eier, Speck, Kuchen, Pancakes oder Waffeln. Man sollte einige Begriffe kennen, um erfolgreich durch die Frühstückskarte zu navigieren.

An der Eierfront bedeutet *sunny side up* ein Spiegelei, dessen Eigelb noch weich ist. *Over* ist ein Spiegelei, das auf beiden Seiten fest gebraten wurde, und *eggs-over-easy* eines, das auf beiden Seiten leicht knusprig zubereitet wurde.

Hash Browns sind Bratkartoffeln. *Pancakes* sind Pfannkuchen, die gerne mit *maple syrup*, Ahornsirup, serviert werden, der auch mit den *waffles*, den Waffeln, kommt. Beliebter Brotaufstrich ist *Peanutbutter* (Erdnussbutter), unter einer *Bologna sausage* versteht man Mettwurst. Beliebt sind auch Sandwiches.

Satt wird man auf jeden Fall vom *hot pastrami*, einer New Yorker Spezialität, die so voll belegt wird, dass Ihnen die Mundwinkel beim Essen einzureißen drohen (s. Typisch New York). Ebenso berühmt ist die deutsche Variante, das *Reubensandwich*. Es besteht aus mit Schmelzkäse bestrichenem Roggenbrot mit Cornedbeef, Sauerkraut und Senf.

Lunch und Dinner

In den USA ist nicht das Mittagessen (Lunch) die Hauptmahlzeit, sondern das Abendessen (Dinner), das i. d. R. zwischen 18 und 22 Uhr auf dem Programm steht. Durchschnittlich zahlt man etwa $ 40 für ein Dinner, die Edelrestaurants sind in New York allerdings besonders teuer. Hochpreisige Ecken sind vor allem Midtown, die Upper East und West Sides sowie die neuen Hip-Bezirke Meatpacking District in Chelsea oder TriBeCa. Günstiger fährt man im Greenwich Village, East Village, Hell's Kitchen (57th Street Restaurant Row) oder Harlem. Außerhalb Manhattans bieten sich Williamsburg in Brooklyn, das Chinesenviertel von Queens oder das italienische Viertel in der Bronx zum Speisen an (Arthur Avenue).

Dennoch kommen Sie auch dort in einem Restaurant der Mittelklasse für ein Menü aus Vorspeise (Appetizer, Starter), Hauptgang (Entrees) und Dessert nicht unter $ 30 weg. Dazu kommt dann noch ein obligatorisches **Trinkgeld** von 15 bis 20 % (viele New Yorker verdoppeln einfach die auf der Rechnung ausgewiesene Steuer), sodass Sie sich schnell bei $ 35 und mehr bewegen. Möglich, dass Sie sich am Ende doch für die schnelle Mahlzeit an der Buffettheke eines Supermarkts oder für einen Burger in einem der vielen Burgerketten (u. a. Five Guys, Five Napkin Burger, Shake Shack, Steak ´n Shake, Better Burger) oder in einem Diner (→ unten) entscheiden.

Wer es gesund bevorzugt, probiere Salatbars wie z. B. **Sweetgreen** **1**, wo man sich ab $ 4,50 leckere Salate zusammenstellen kann, alles Bioware. (→ Flatiron, Karte S. 181). Mit gutem Gewissen können Karnivore auch das Fleisch der Mexikanischen Grillkette **Chipotle** (→ S. 204/205) zu sich nehmen. Es kommt von Tieren, die natürlich und ohne Antibiotika oder Hormone gezüchtet wurden. www.chipotle.com.

Typisch New York

Hot Dog: Jeder Amerikaner isst im Durchschnitt 60 heiße Hunde im Jahr. Der Name wurde 1901 vom Sport-Cartoonisten Ted Dorgan während eines Baseballspiels erfunden. Er hörte die Verkäufer schreien: „Get your dachshund sausage while it is still hot!" Also zeichnete er einen Dachs zwischen zwei Broten und nannte das Ganze „Hot Dog".

Strip Steak: Das besonders zarte und schmackhafte Steak, das New York Strip, ist so teuer, weil der Rinderrücken, aus dem es geschnitten wird, über Wochen am Knochen reifen muss. Dabei verliert er etwa ein Drittel seines Gewichts, außerdem wird die äußere Schicht ungenießbar und muss weggeschnitten werden.

Pastrami Roll: Pastrami kommt aus der jüdischen Küche und ist seit mehr als 100 Jahren nicht aus New Yorks Gastroszene wegzudenken. Vier Wochen lang wird das „brisquet", die Ochsenbrust, gepökelt, danach für ein paar Stunden geräuchert, ein paar Stunden gegart, schließlich mariniert. So dauert es sechs Wochen vom rohen Fleisch bis zur Pastrami, das dann dünn geschnitten und in dicken Lagen mit Senf auf's Brötchen kommt.

New York Cheesecake: 1929 will Arnold Reuben, einst Besitzer des legendären Turf-Restaurants an der Ecke 49th Street und Broadway, das erste Rezept für den New York Cheesecake erfunden haben. Süß und cremig! Probieren Sie die Käsetorte von Junior's (Times Square oder Grand Central Station).

Reservierung und Etikette

Bei den besseren Restaurants müssen Sie reservieren, v. a. am Wochenende. Günstigere Lokale verfahren oft nach dem First-come-first-serve-Prinzip. In New York ist es üblich, dass Sie am Eingang warten, bis die Bedienung Ihnen einen Tisch zuweist. Und wundern Sie sich nicht, wenn Ihnen schon beim letzten Bissen der Teller unter der Gabel weggezogen wird. Unter gutem Service versteht man hier oft schnellen Service – geklönt wird nach dem Essen grundsätzlich an der Bar oder in der Lounge.

Buffettheken/Delis

Viele Lebensmittelläden *(Food Shops)* haben eine Buffettheke, an der Sie sich bedienen können. Die Speisen werden nach Gewicht abgerechnet.

Eine New Yorker Besonderheit sind die *Delis*, die einst mit den jüdischen Immigranten als *Delikatessenläden* (daher der Name) in die Stadt kamen. Schon bald konnte man dort nicht nur einkaufen, sondern auch kleine Mahlzeiten oder Snacks zu sich nehmen. Inzwischen gibt es Delis mit kleinen Gerichten der verschiedensten Landesküchen, in manchen kann man sich zum Essen niederlassen, in anderen die Speisen nur verpackt mitnehmen.

Diners

Keine rein New Yorker, aber eine uramerikanische Gastronomieeinrichtung sind die Diners, ursprünglich ausrangierte Speisewagen der Bahn, die mit kleiner Küche ausgestattet und zum Restaurant umgerüstet wurden. Die meisten Diners sind spezialisiert auf amerikanisches *Comfort Food* (alles was ungesund, aber lecker ist) und stellen auch eine echte Alternative zu den teuren Hotelbuffets am Morgen dar.

Inzwischen gibt es auch hier oft vegetarische oder kalorienarme Varianten. Hier ein paar Top-Tipps:

The Square Diner 51 TriBeCa → Karte S. 146/147. Eine TriBeCa-Institution seit fast 100 Jahren in einem echten Pullman-Waggon, geführt von einem Griechen. Mo–Fr 6–21 Uhr, Sa/So 7.30–16 Uhr. 33 Leonard St./ Ecke West Broadway, ✆ 212-925-7188. Subway: Franklin Street (Linie 1).

Waverly Restaurant 20 Greenwich → Karte S. 166/167. Dieser Diner ist nicht mit Chrom, sondern mit Holz ausgestattet und wirkt eher wie ein Steakhouse für die Arbeiterklasse. Günstiges Essen, schneller Service und immer volle Kaffeetassen. 24 Std. täglich. 385 6th Ave./ Ecke Waverly Place, ✆ 212-675-3181. Subway: W 4th Street/Washington Square (Linien A, B, C, D, E, F, M) und W 4 Street (Linien 1, 2, 39.

Ellen's Stardust Diner 15 Midtown → Karte S. 204/205. Touristen und Kinder lieben dieses Diner aus den 1950er Jahren. Das Dekor ist kitschig, und die Bedienung besteht aus Schauspielern, Tänzern und Sängern in spe, die sich ein Zubrot verdienen und richtig gut singen (meistens Musicalnummern). Das Essen ist nur durchschnittlich, aber der Besuch verspricht Spaß. Mo–Do 7–24 Uhr, Fr/Sa bis 1 Uhr, So bis 23 Uhr. Broadway/Ecke 51st St., ✆ 212-956-5151, www.ellensstardustdiner.com. Subway: 7th Ave. (Linien B, C, E) oder 50th Street (Linien 1, 2).

Madison Diner 48 Midtown → Karte S. 204/205. Chromblitzend, sauber, Spitzenkaffee und große Portionen von hoher Qualität, vor allem fürs ausgedehnte Frühstück oder Brunch geeignet. 24 Std. geöffnet. 965 1st Ave./53rd St. ✆ 212-421-0948. Subway: Lexington Ave./53rd Street (Linien E, M), Lexington Ave./59th Street (Linien N, Q, R) und 51st Street (Linien 4, 6).

The Empire 18 Chelsea → Karte S. 190/191. Der 2014 wiedereröffnete Laden lebt von seiner herrlichen Art-déco-Ausstattung in Schwarz-, Weiß- und Grautönen, der nahe gelegene High Line Park bringt neue Kunden. Wählen Sie einen der Klassiker wie Fish & Chips ($ 17) oder Appelpie ($ 8). Tägl. ab 17 Uhr, So–Do bis 22.30 Uhr, Fr–Sa bis 23 Uhr. 210 10th Ave., zw. 22nd und 23rd St., ✆ 212-596-7523; www.empire-diner.com. Subway: 23rd Street (Linien C, E).

Vegetarisch

Der erste vegetarische Burger von **McDonald's** wurde am St. Mark's Pl./Ecke 3rd Ave. verkauft. Einen vegetarischen Big Mac gibt es auch bei **Tiny's Giant Sandwich Shop** 18, Lower East Side, → Karte S. 133. 129 Rivington Street, www.facebook.com/tinysgiantnyc.

Angelica Kitchen 4 East Village → Karte S. 156/157.

Zen Palate 69 Hell's Kitchen/Midtown → Karte S. 204/205. Große Speisekarte mit asiatischem Einschlag. 663 9th Ave./Ecke 46th St., ✆ 212-582-1669, www.zenpalate.com. Auch Union Square 115 E 18th Street und Murray Hill 316 3rd Ave..

Pongal 4 Flatiron District/Gramercy Park → Karte S. 181. Sehr guter Inder. 110 Lexington Ave., zw. 27th und 28th St., ✆ 212-696-9458, www.pongalnyc.com.

Hangawi 67 Midtown → Karte S. 204/205. Edler Koreaner. 12 East 32nd St., zw. 5th und Madison Ave., www.hangawirestaurant.com.

Gobo 16 Greenwich → Karte S. 166/167. Panasiatische Küche. Auch Upper East Side 7 → Karte S. 231. 1426 3rd Ave. zw. 80th und 81th St., ✆ 212-288-4686.

Pure Food and Wine 20 Flatiron District/ Gramercy Park → Karte S. 181. Rohkostrestaurant beim Union Square. Tägl. 12–16 und 17.30–23 Uhr. 54 Irving Place zw. 17th und 18th Sts., ✆ 212-477-1010, oneluckyduck.com/pages/pure-food-and-wine/. Subway: Union Square (Linien 4, 5, 6, N, Q, R, L).

BYO...

...steht für **Bring Your Own** und meint, dass man in den entsprechenden Lokalen **seinen eigenen Alkohol** mitbringen darf, weil dort keiner ausgeschenkt wird. Hintergrund dieser für Mitteleuropäer etwas eigentümlichen Verfahrensweise sind die teuren und nicht leicht zu erhaltenden Ausschanklizenzen. Eigene Gläser muss man übrigens nicht dabeihaben, oft gibt es eine Korkgebühr. Hier finden Sie eine Liste derartiger Restaurants: nymag.com/nightlife/articles/byob/

Bright lights big city

Nightlife

Das Leben in New York lässt auch bzw. vor allem nachts nicht nach. Das Angebot an nächtlicher Unterhaltung ist kaum zu überbieten. Nach oder anstatt einer der vielen abendlichen Live-Veranstaltungen wie Konzerte, Opern und Theateraufführungen (siehe S. 76/77, 83 und 64/65) können Sie die spannende, aber wankelmütige Clubbing-Szene erkunden oder eine der vielen Bars unsicher machen (aber erst ab 21 Jahren!). Trend sind „Single Liquor Bars", wo eine Alkoholsorte (Gin, Wodka, Whisky) die Cocktailkarte dominiert, und "Speakeasys", die sich nicht gleich als Bars zu erkennen geben. Außerdem entdecken die New Yorker gerade Biergärten und Dachterrassen für sich. Seit einigen Jahren boomt auch die Burlesque wieder (siehe S. 291, Brooklyn Sonstiges), eine Show mit Akrobatik, Magie und Striptease.

Bars

New York bietet eine breite Palette an *watering holes:* von klassischen Bars über schicke Lounges in den Wolkenkratzern bis zu schummrigen Irish Pubs und „Dive Bars" für den weniger gepflegten Absturz. Die alteingesessenen Hotelbars befinden sich meist oberhalb der 34th Street, das unkonventionellere oder trendigere Nachtleben spielt sich tendenziell in Downtown oder Brooklyn ab, wo sich auch viele der neuen Boutique Hotels mit ihren Dachterrassen und Poolbars befinden. Den jährlich erscheinenden Führer *Shecky's New York Bar, Club & Lounge Guide* gibt es aktueller auch im Internet: www.sheckysnightlife.com. Andere gute Quellen sind die Magazine *Village Voice* (www.villagevoice.com) und *Time Out New York* (www.timeoutny.com). Eine Besonderheit in Amerika ist die *Happy Hour* am frühen Abend. Die Drinks kosten dann mitunter nur noch die Hälfte oder auch „2-4-1", was zwei für den Preis von einem heißt.

Lower Manhattan

→ Karte S. 94/95

Living Room Bar & Terrace 8 Coole und hochpreisige Lounge im fünften Stock des *W Hotels* mit Blick auf die World Trade Center Site. Auch Brettspiele und kleine Imbisse. Mo–Mi 17–24 Uhr, Do–Sa bis 2 Uhr, So bis 24 Uhr. 123 Washington St. Nahe Carlisle St., ✆ 646-826-8646, www.starwood hotels.com/whotels. Subway: Rector St., Linien 1 oder R.

Jeremy's Ale House 10 Verschrobene Dive Bar, wo seit 40 Jahren billiges Bier aus Styroporbechern serviert wird und Büstenhalter von der Decke hängen. Es gibt auch recht passables Essen, etwa frittierte Clams, Cajun Shrimps und Onion Rings (auf Papptellern). Mo–Fr 8–24 Uhr, Sa ab 10 Uhr, So ab 11 Uhr. 228 Front St./Ecke Peck Slip, ✆ 212-964-3537, www.jeremysale house.com. Subway: Fulton St./Broadway-Nassau, Linien 2, 3, 4, 5, A, C, J, Z.

Vintry Wine & Whiskey 18 Gediegene, kerzenbeleuchtete Kellerbar mit gigantischer Wein- und Whiskeykarte plus Whiskeycocktails (ab $ 13). Dazu kleinere Gerichte, die zu den Getränken passen. Mo–Mi 11.30–2 Uhr, Do–Sa bis 4 Uhr, So bis 1 Uhr. 57 Stone St., ✆ 212-480-9800; www.vintrynyc.com. Subway: Wall Street Linien 2, 3; Broad Street Linien J, Z. Bowling Green Linien 4, 5.

Nassau Bar 3 Mischung aus Absturzkneipe und Striplokal – die Bardamen haben skandalös wenig an. Lang gestreckte Bar im Schummerlicht mit Hardrock bis Dance Music und Happy Hour (Mo–Fr 11–13 und 17–18 Uhr). Mo–Mi 11–23 Uhr, Do/Fr bis 24 Uhr, Sa 11.30–19 Uhr. 118 Nassau Street nahe Anne Street, ✆ 212-962-0011. Subway: Fulton St./Broadway Nassau St., Linien 2, 3, 4, 5, A, C, J, Z.

Chinatown/ Little Italy/NoLita

→ Karte S. 121

Apotheke 18 Chinatown. Bar des Österreichers Albert Trümmer in einer ehemaligen Opiumhöhle. Viel Rot, Gold und Silber, Banquette-Sitze, Marmorbar und vergoldete Decke. 250 Hauscocktails (spezialisiert auf Absinth). Strikte "Farm-to-Bar"-Politik, alle Zutaten sind Bioprodukte, die vom Bauernmarkt oder aus dem eigenen Kräutergarten stammen. Mo–Sa 18–2, So 20–2 Uhr. 9 Doyers St., zw. Bowery und Pell St., ✆ 212-406-0400, www.apothekenyc.com. Subway: Canal St., Linien J, N, Q, R, Z, 6; Chambers St. Linien J, Z oder Brooklyn Brigde/City Hall 4, 5, 6. ■

Gold Bar 6 Little Italy. Das Thema dieser Bar mit Wow-Effekt ist erwartungsgemäß: Gold. Goldene Totenköpfe an den Wänden, goldene Decken, goldene Vorhänge und Drinks namens „Goldrush". Zum Glück gibt es Graffiti auf dem Klo. Die Preisklasse ist erwartungsgemäß: hoch. Mo–Mi 18–2 Uhr, Do–Sa 18–4 Uhr, So 22–4 Uhr. 389 Broome Street zw. Lafayette und Mulberry St., ✆ 212-274-1568; www.goldbarnewyork.com. Subway: Spring St. Linie 6 oder Bowery Linien J, Z.

The Mulberry Project 10 Little Italy. Durch eine unmarkierte Tür geht es in eine dunkle, minimalistische Abfolge von Räumen im Kerzenschein; Spitzencocktails ($ 14). Mo–Mi 18–2 Uhr, Do/Fr bis 4 Uhr, Sa 11.30–4 Uhr, So 11.30–2 Uhr. 149 Mulberry Street nahe Grand St., ✆ 646-448-4536, projectgroupnyc.com Subway: Grand St. Linien B, D; Canal St. Linien 6, J, N, R, Q, Z.

169 Bar 20 Chinatown. Eine der ältesten Bars von New York und ein Relikt aus alten Zeiten. Das Pub ist bodenständig und günstig. Soul, Funk, Disco und Jazz, am Wochenende legen DJs auf. Außerdem Austernbar und Pooltable. In der Happy Hour (tägl. 13–19.30 Uhr) zahlt man $ 3 für ein Bier mit Schnaps. Mo–Sa 13–4 Uhr, So 16–4 Uhr. 169 East Broadway nahe Rutgers St., ✆ 212-641-0357; www.169barnyc.com; Subway: East Broadway Linie F.

Lower East Side

→ Karte S. 133

Schiller's Liquor Bar 20 In einer alten, weiß gekachelten Apotheke wird entspannt gespeist und getrunken. Brechend voll zum Brunch. Austernbar. Mo–Do 11–1 Uhr, Fr 11–3 Uhr, Sa 10–3 Uhr, So 10–24 Uhr. Happy Hour Mo–Do 16–19.30 Uhr, Fr 16–18 Uhr, dann Austern für $ 1,50. 131 Rivington St./Ecke Norfolk St., ✆ 212-2604555, www.schillersny.com. Subway: Delancey-Essex St. Linien F, J, M, Z.

303 @ Louie and Chan 24 Italienische Trattoria, in deren Keller sich eine chinesische Cocktailbar versteckt. In den beiden Zimmern werden asiatisch inspirierte Cocktails zu DJ Tunes serviert. Tägl. 17–24 Uhr, am Wochenende auch länger. Meistens Eintritt $ 10. 303 Broome St. Ecke Forsyth St., ✆ 212.837.2816; louieandchan.com. Subway: Delancey/Essex St. Linien F, J, M, Z oder Grand St. Linien B, D.

Barramundi 19 Kleiner Laden mit schmaler Bar. Man sitzt auf roten Ledersofas an Tischen aus Baumstämmen und trinkt Wodka in verschiedenen Geschmacksrichtungen. Originelles Bar-Food. Di–Do 18–24 Uhr, Fr–Sa 19–2 Uhr. 67 Clinton St. nahe Rivington St., ✆ 212-529-6999; www.barramundiny.com. Subway: Delancey/Essex St. Linien F, J, M, Z oder Grand St. Linien B, D.

The Back Room 23 Neben einem Restaurant geht man durch ein Tor hinab durch den Hof und vorbei an Mülltonnen zum unmarkierten Eingang. Dahinter versteckt sich ein urgemütliches Speakeasy mit einem Hauch von Luxus (imposanter Kronleuchter, dunkelroter Plüsch). Viele Anspielungen auf die Prohibition (Flaschen werden in braunen Tüten verpackt, die Drinks kommen in Teetassen oder Kaffeebechern). Cocktails ca. $ 12. Mo–Mi 19.30–2.30 Uhr, Do bis 3 Uhr, Fr/Sa bis 4 Uhr, So bis 2 Uhr. 102 Norfolk St./ Ecke Delancey St., ✆ 212-228-5098. Subway: Delancey /Essex St. Linien F, J, M, Z.

Attaboy 25 Ebenso diskret (Stahltür ohne Beschriftung, man muss klopfen und dann warten) gibt sich diese kleine Bar, wo es keine Cocktailkarte gibt, sondern die Drinks ($ 16) auf den eigenen Geschmack zugeschnitten werden. Man sollte sich vorher überlegen, was man denn mag... Tägl. 18–3.30 Uhr. Kein Telefon. 134 Eldridge St. zw. Broome u. Delancey Sts., Subway: Delancey/Essex St. Linien F, J, M, Z; Bowery Linien J, Z oder Grand St. Linien B, D.

No Fun 11 Die Cocktailbar gehört dem Schlagzeuger der psychedelischen Rockband „A Place to Bury Strangers" – das erklärt vielleicht den Namen, der von einem Song der Stooges entliehen ist. Der Laden selbst ist minimalistisch cool und doch gemütlich. Man ist spezialisiert auf Whiskey und Speisen, die eine gute Grundlage bilden. Tägl. 16–4 Uhr. 161 Ludlow Street zw. Stanton und Houston Sts., ✆ 212-477-1616; www.nofun-nyc.com. Subway: Delancey/Essex St. Linien F, J, M, Z.

Greenwich → Karte S. 166/167

Art Bar 3 Martinis zum Schnäppchenpreis mit gleichzeitigem Kunstgenuss. Das Konzept geht auf, und die Bar ist gut besucht. Im Hinterzimmer (Black Room) ist es etwas ruhiger. Musik aus den 80ern. Die Küche serviert bis 2 Uhr, am Wochenende bis 3 Uhr. Tägl. 16–4 Uhr. 52 8th Ave., zw. Horatio und Jane Sts., ✆ 212-727-0244, www.artbar.com. Subway: 8th Ave. Linie L oder 14 St. Linien 1, 2, 3 oder A, C, E.

Madame X 42 Die Ausstattung erinnert an ein Bordell, die Drinks haben Namen wie leichte Mädchen (z. B. Pussy Galore), es ist aber kein Freudenhaus sondern eine plüschige "sexy" Bar, in der am Wochenende DJs an den Turntables stehen oder erotische Kunst zu sehen ist. Mo–Fr ab 18 Uhr, Sa/So ab 19 Uhr geöffnet, oft bis 4 Uhr morgens. 94 W Houston St. zw. La Guardia Pl. und Thompson St., ✆ 212-539-0808; madamexnyc.com. Subway Spring St. Linien C, E; Prince St. Linien N, R oder B'way-Lafayette Linien B, D, F, M.

Bongo – a Seafood Lounge 17 Bar im 1960er-Retrostil bei den Piers. Austern, Hummerbrötchen (Lobster Rolls $ 25) und innovative, ziemlich starke Cocktails. Di/Mi 17.30–24 Uhr, Do–Sa bis 2 Uhr. Austern Happy Hour Di–Sa 17.30–19.30 Uhr. Kleine Cocktails $ 10, reguläre $ 14–22. 395 West St. Ecke 10th St. und West Side Highway. ✆ 212-675-6555, www.bongonyc.com. Subway: Christopher St/Sheridan Sq. Linie 1.

Temple Bar 43 Sehr romantische Cocktailbar mit viel dunkler Eiche, Leder und rotem Velours in NoHo. Bis Mitternacht auch Snacks. Mo–Do 17–1 Uhr, Fr/Sa bis 2 Uhr. 332 Lafayette St., nahe Bleecker St., ✆ 212-925-4242, www.templebarnyc.com. Subway: Bleecker St. Linie 6.

The Dove Parlour 38 Die Bar ist gut versteckt und sieht aus wie das schummrige Speisezimmer hoher Herrschaften aus dem 19. Jh. Rote Damasttapeten, große Chaiselongues und barocke Bilderrahmen sorgen für ein dekadentes Ambiente. Cocktails wie French Lavender halten mit. Tägl. 16–4 Uhr. Zur Happy Hour So–Do 16–20 Uhr kosten Cocktails nur $ 7, ✆ 212-254-1435; thedoveparlour.com. 228 Thompson St. zw. Bleecker und W 3rd Sts., Subway: W 4th St./ Washington Sq. Linien A, B, C, D, E, F, M oder Bleecker St. Linie 6.

Wine Spot 30 Gemütliche Kellerbar mit Kamin und Kerzenschein, Tapas und Käseplatte. Do und So Flamenco um 19, 20, 20.45 und 21.30 Uhr. Im ersten Stock rustikal-schickes Cafe mit Highspeed-Internet. Panini $ 7, Brunch $ 14. So–Do 18–23 Uhr, Fr/Sa bis 1 Uhr. Zur Happy Hour 18–21 Uhr kostet das Glas Wein $ 7. 127 MacDougal St., zw. 3rd und 4th St., ✆ 212-529-5945, www.winespotnyc.com. Subway: W 4 St./Washington Sq. Linien A, B, C, D, E, F, M.

White Horse Tavern 10 Traditionelle Kneipe, 1687 vom Vater eines echten Piraten gegründet, heute gleichermaßen von Studenten, Einheimischen und Touristen frequentiert. So–Do 11–2 Uhr, Fr/Sa bis 4 Uhr. 567 Hudson St., zw. West 11th und Perry Sts., ✆ 212-989-3956; Subway: Christopher St/Sheridan Sq. Linie 1 oder 14 Street Linien A, C, E.

East Village

→ Karte S. 156/157

Cienfuegos 16 Diese Rum- und Tapas-Lounge weckt kubanisches Lebensgefühl, der Punsch kann mit kleinen Speisen in seiner Wirkung neutralisiert werden. Mo–Sa 17–2 Uhr, So bis 1 Uhr. 95 Ave A zw. 6th und 7th Sts., ✆ 212-614-6818; www.cienfuegosny.com. Subway: 2 Ave. Linie F.

Death and Company 15 Dieses kerzenbeleuchtete Pseudo-Speakeasy hat schwarze Wände, es ist dunkel, intim und geheimnisvoll. Man kann hier nicht nur aus einer riesigen Cocktailkarte wählen, sondern auch erstaunlich gut essen (z. B. Filet Mignon im Speckmantel) – wenn man denn einen Platz bekommt. Vor allem an Wochenenden steht man leider häufig in der Schlange. So–Do 18–1 Uhr, Fr/Sa bis 2 Uhr. ✆ 212-388-0882; deathandcompany.com. 433 E 6th St. zw. Ave. A und 1st Ave. Subway: Astor Pl. Linie 6; 8 St NYU Linien N, R ; 1 Ave. oder 3 Ave. Linie L.

PDT (Please Don't Tell) 14 Nicht weitersagen? Zu spät: Gehen Sie durch den Hot Dog Laden Crif Dogs in eine Telefonzelle und wählen die 1 – Simsalabim, öffnet sich die Türe zu diesem Salon, der neben seinen innovativen Cocktails auch Crifs heiße Hunde serviert. Alles ist sehr gemütlich, aber irgendwie schräg, dazu passen auch die ausgestopften Tierköpfe an den Wänden. So–Do 18–2 Uhr, Fr/Sa bis 4 Uhr. Reservierung empfohlen. ✆ 212-614-0386; pdtnyc.com. 113 St Mark's Place zw. Ave A u. 1 Ave., Subway: 1 Ave oder 3 Ave Linie L oder 2 Ave Linie F.

Angel's Share 5 Ganz versteckt im ersten Stock hinter einem japanischen Restaurant befindet sich diese kleine Bar mit hervorragenden, orientalisch inspirierten Cocktails ($ 14–16). Gruppen von mehr als 4 Pers. werden nicht toleriert, um einen fast meditativen Raum der Besinnung zu schaffen. Angenehm! Mo–Do und So 18–1.30 Uhr, Fr/Sa bis 2.30 Uhr. 8 Stuyvesant St./ Ecke 9th St. und 3rd Ave., ✆ 212-777-5415. Subway: Astor Pl. Linie 6 oder 8 St NYU Linien N, R.

Zum Schneider 26 Indoor-Biergarten im bayerischen Stil mit langen Tischen, Brezeln und saisonalen Gerichten wie Spargel sowie zwölf Sorten deutschem Bier. Mai bis Okt. Mo–Do 17–2, Fr 16–4, Sa 13–4, So 13–24 Uhr. Brunch Sa/So bis 17 Uhr. 107 Ave. C/7th St., ✆ 212-598-1098. www.zumschneider.com. Subway: 2 Ave. Linie F.

McSorley's Old Ale House 9 Es werden nur zwei Biersorten ausgeschenkt, hell und dunkel, beide kosten $ 5 und kommen als zwei Half Pints. Die Zeitungen und Memorabilien hängen seit 1910 an den Wänden. Noch immer liegen Sägespäne am Boden, die jeden Abend aufgefegt werden. Mo–Sa 11–1 Uhr, So erst ab 13 Uhr. 15 East 7th St., ✆ 212-473-9148, www.mcsorleysnewyork.com. Subway: 8 St/NYU Linien N, R oder Astor Pl. Linie 6.

d.b.a. 23 Pub-Atmosphäre ohne viel Deko, Gartenterrasse, englische Biere vom Fass, 90 verschiedene Whiskeys, 60 Tequilas. Tägl. 13–4 Uhr, Happy Hour 13–19.30 Uhr. 41 1st Ave., zw. 2nd und 3rd Sts., ✆ 212-475-5097, www.drinkgoodstuff.com/ny/default.asp. Subway: 2 Ave. Linie F.

Beauty Bar 1 Zwischen Trockenhauben und alten Frisörstühlen lässt man sich für $ 10 zum Cocktail/Martini (im Preis inbegriffen) maniküren (Mo–Fr 18–23 Uhr, Sa/So 19–23 Uhr). Oft auch DJs. Mo–Fr 17–4 Uhr, Sa/So 19–4 Uhr. 231 East 14th St., nahe 2nd Ave., ✆ 212-539-1389, www.beautybar.com/ny/home.html. Subway: 14 St/Union Sq. Linien 4, 5, 6, L, N, Q, R.

Madam Geneva 20 Loungebar mit urbanem Look, die zum hoch gelobten Restaurant Saxon and Parole gehört, von dem auch eine Geheimtür in die Bar führt (nur für Gäste des Restaurants, sonst Eingang 4 Bleecker Street). Kachelfußboden, lange Bar, dunkelblaue Ledersofas, Kerzenschein. Gin und Wodka sind Grundlage für fast alles. Auch kleine Speisen. Tägl. 18–2 Uhr. 4 Bleecker St. nahe Bowery, ✆ 212-254-0350, www.madamgeneva-nyc.com.Sub way: 2 Ave. Linie F; B'way-Lafayette Linien B, D, F, M.

SoHo

→ Karte S. 146/147

Pegu Club 5 Ein Klassiker der New Yorker Barszene, die intime Cocktail-Lounge befindet sich eine enge Treppe hinauf versteckt im ersten Stock und serviert einige der besten Mischgetränke der Stadt, alles aus frischen Zutaten der Saison. Man kann hier auch etwas essen. So–Mi 17–2 Uhr, Do–Sa bis 4 Uhr. ✆ 212-473-www.peguclub.com. 77 W Houston St. zw. W Broadway und Wooster St., Subway: B'way-Lafayette Linien B, D, F, M; Prince St. Linien N, R oder Spring St. Linien C, E.

Bubble Lounge 49 Gehobene Champagnerbar, in der man auch Zigarren rauchen darf. Freigelegtes Mauerwerk und rote Samtvorhänge, Kerzen, Sofas und lackierte Holzmöbel. Von schick bis schick-leger, die Beleuchtung durch Flaschen ist eher Kitsch. 23 offene Champagnersorten zur Auswahl, 300 Flaschen. Natürlich auch Weine und Bier sowie Häppchen (hors d'œuvres). Fr und Sa abends Live-DJs. Mo–Mi 17–1, Do bis 2 Uhr, Fr/Sa bis 4 Uhr. 228 West Broadway, zw. Franklin und White Sts., ✆ 212-431-3433, www.bubblelounge.com/new-york/. Subway: Franklin St. Linie 1.

Pravda 24 Gemütliche, russisch inspirierte Kellerbar mit Kaviar, Miniburgern und mehr als 70 Wodkasorten ($ 9–20). Cocktails $ 14. Mo 17–1, Di–Do bis 2 Uhr, Fr/Sa bis 3 Uhr, So 18–1 Uhr. Happy Hour bis 19 Uhr, beim Kauf eines Drinks gibt es einen zweiten kostenfrei dazu. 281 Lafayette St., zw. Prince und Jersey Sts., ✆ 212-226-4944, pravdany.com. Subway: Spring St. Linien 4, 6; B'way-Lafayette Linien B, D, F, M oder Prince St. Linien N, R.

Ear Inn 12 Seit mehr als hundert Jahren werden in dieser historischen Kneipe Werftarbeiter und Anwohner bedient. Die Holzbar und der unebene Boden zeugen vom Alter. So, Mo und Mi mitunter Musikabende, sehr gutes Barfood. Tägl. 12–4 Uhr, Küche Mo–Do bis 2 Uhr, Fr/Sa bis 3 Uhr, So bis 1 Uhr. 326 Spring St./Ecke West Side Highway, ✆ 212-226-9060; earinn.com. Subway: Spring St. Linien C, E; Canal St. Linie 1 oder Houston St. Linie 1.

Puffy's Tavern 52 Die Kneipe gab es schon während der Prohibition. Altmodisch mit gekacheltem Boden, später am Abend trifft man hier alles vom Lastwagenfahrer bis zum Künstler. Happy Hour tägl. 16–20 Uhr. Lunch Sandwiches tägl. 11.30–16 Uhr. Mo–Fr 11.30–4 Uhr, Sa/So 12–4 Uhr. 81 Hudson St., ✆ 212-227-3912, www.puffystavernnyc.com. Subway: Franklin St. Linie 1.

The Room SoHo 2 Das Konzept – ein intimer Raum im Kerzenschein, in dem man sich treffen, trinken und Kunst anschauen kann – ging so auf, dass noch zwei weitere Bars in Manhattan eröffnet werden

konnten („the otheroom" im Westvillage und „**anotheroom**" (s. u.) in TriBeCa. Schmal wie ein Eisenbahnwaggon, Schieferbar, 60 Biersorten und zwei Dutzend Weine. Tägl. 17–4 Uhr. 144 Sullivan St., zw. Houston uund Prince St., ✆ 212-477-2102, www.theotheroom.com. Subway: Spring St. Linien C, E oder Houston St. Linie 1.

anotheroom 46 So–Mo 17–2 Uhr, Di–Sa bis 4 Uhr. 249 West Broadway, nahe N Moore St., ✆ 212-226-1418, www.theotheroom.com. Subway: Canal St. Linien A, C, E.

Chelsea

→ Karte S. 190/191

The Gallow Green 2 Wunderschön begrünter Dachgarten mit Bar und Restaurant, wo überwiegend "Shared Plates" auf der Karte stehen, die man sich zu mehreren teilt. Cocktails $ 15. Eine fantastische kleine Oase auf dem sog. McKittrick Hotel (Aufführungsort für das Theaterstück "Sleep No More"). April bis Nov. Mo–Mi 16–22.30 Uhr, Do und So 12–22.30 Uhr, Sa 12-0.45 Uhr. ✆ 212-564-1662, www.mckittrickhotel.com/gallowgreen/ #GallowGreen. 542 W 27th St. zw. 10th und 11th Aves., Subway: 23 St. Linien C, E.

Top of the Standard 32 Opulente Rooftop Bar im 18. Stock des Standard Hotel an der Highline im Meatpacking District. Grandiose Aussicht (vor allem von der Toilette aus!), Whirlpool und Bikini-Automat (kein Witz!). Extrem teure Drinks ($ 20), aber was zahlt man nicht für die Atmosphäre – und den Blick! Mo 16–24 Uhr, Di–Sa bis 23 Uhr, So Brunch 12–17 Uhr, geöffnet bis 24 Uhr. 848 Washington St/W 13th St., ✆ 212-645-4646, Subway: 14 St. Linien A, C, E oder 1, 2, 3.

Terroir at the Porch 26 Freiluftweinbar ($ 10-15 je Glas) auf der Highline gleich beim Standard Hotel. Es gibt auch tapasartige Gerichte. Mai bis Okt. Mo–Fr 11–21.30 Uhr, Sa/So ab 12 Uhr. restauranthearth.com/ terrior/Terroir_locations.html. The Highline Höhe 15th Street/10th Ave. Subway: 14 St. Linien A, C, E oder 1, 2, 3.

GLounge 28 Schwulenfreundliche Bar mit Club aus den 1990er Jahren, perfekt für einen frühen Cocktail, bekannt für seine hotten Barjungs und Gogo-Tänzer sowie guten DJs. Good fun. Tägl. 16–4 Uhr, Happy Hour Mo–Fr 16–21 Uhr. 225 W 19th St. zw. 7th und 8th Aves. ✆ 212-929-1085; glounge.com. Subway: 18 St. oder 23 St. Linie 1.

Bathtub Gin 27 Das Speakeasy befindet sich hinter der Stone Street Coffee Company. Mitten im schummrigen Raum steht denn auch die namensgebende Badewanne. Man sitzt in gemütlichen Nischen, die meisten Drinks basieren natürlich auf Gin. Es gibt auch Dinner. So–Di 18–1.30 Uhr, Mi–Sa bis 3.30 Uhr. ✆ 646-559-1671; bathtubginnyc.com. 132 9th Ave. zw. 18th und 19th Sts. Subway: 23 St. Linien C, E oder 14 St. Linien A, C, E.

Avenue 22 Gastropub und „Ultralounge" auf zwei Ebenen, Bar mit Essen („Cocktail Cuisine") und Tanzmusik. Viele Privatfeiern für Stars. Nur für den dicken Geldbeutel. Mo–Sa 23–4 Uhr. 116 10th Avenue zw. 17th und 18th Sts., ✆ 212-337-0054; www.avenuenewyork.com. Subway: 14 St., Linien A, C, E oder 8 Ave Linie L.

The Brass Monkey 33 Pub für leidenschaftliche Biertrinker (fast 100 Biersorten vom Fass) mit kleiner Dachterrasse neben der High Line. Auch Pub-Gerichte – beinahe wie in Großbritannien. Tägl. 12–4 Uhr. 55 Little West 12th St., nahe Washington St., ✆ 212-675-6686. brassmonkeynyc.com. Subway: 14 St. Linien A, C, E oder 8 Ave. Linie L.

Plunge 41 Banker und Börsenmakler wie auch deren Ladys in High Heels schlürfen ihre Drinks ($ 21!) in der Penthousebar im 14. Stock des Hotels *Gansevoort* (mit Outdoor-Pool, Baden nur für Gäste!). Ohne Auftakeln geht hier nichts, viele Touristen. Tägl. 12–4 Uhr, ab 21 Uhr nur noch Bottle-Service, Bestellung per Flasche. 18 9th Ave./W 13th St., ✆ 212-660-6736. Subway: 14 St. Linien A, C, E und 1, 2, 3.

Gramercy

→ Karte S. 181

Flatiron Lounge 9 Junge, schicke Cocktailbar im Art-déco-Stil mit dunklem Holz und 10 m langer Bar. Das Cocktailangebot ($ 13) wechselt mit der Saison. Mo–Mi 16–2 Uhr, Do bis 3 Uhr, Fr bis 4 Uhr, Sa 17–4 Uhr und So 17–2 Uhr. Happy Hour Mo–Fr 16–18 Uhr. 37 West 19th St. zw. 5th und 6th Aves., ✆ 212-727-7741, www.flatironlounge.com. Subway: 14 St. Linien F, M.

The Raines Law Room 13 Versteckte, sehr gemütliche kleine Cocktaillounge im 1920er-Jahre-Ambiente mit Kamin. Die exzellenten Drinks sind hochpreisig, man bekommt allerdings Popcorn dazu. Wenn man hier klingelt und es ist kein Platz, sagen Sie dem Türsteher, Sie warten in "The Kitchen". Das Lokal besteht nämlich aus drei Räumen und einem begrünten Hof. Mo–Do 17–2 Uhr,

Fr/Sa bis 3 Uhr, So 20–1 Uhr. So–Di ist eine Reservierung möglich, reservations@raineslawroom.com. Kein Telefon. www.raineslawroom.com. 48 W 17th St. zw. 5th und 6th Aves., Subway: 14 St. Linien F, M; 6 Ave. Linie L oder 18 St. Linie 1.

230 Fifth 3 Im 20. Stock eines Bürohauses überrascht eine flamboyante, verglaste Lounge mit Lagerfeld-Sofas und roten Leuchtsäulen. Den noch besseren Blick auf das Empire State Building hat man von der riesigen Dachterrasse, die mit Palmen und Gartenmöbeln ausgestattet und im Winter beheizt ist. Cocktails kosten $ 14–15. Sa/So Brunch 10–16 Uhr. Tägl. 16–4 Uhr. 230 5th Ave./ Ecke 27th St., ✆ 212-725-4300, www.230-fifth.com. Subway: 28 St. Linien N, R oder 6; 34 St/Harold Sq. Linien B, D, F, M, N, Q, R.

Birreria 8 Biergarten mit Mikrobrauerei auf dem Dach des italienischen Feinkostladens Eataly am Flatirongebäude. Die perfekte Outdoor-Location für ein "Feierabendbierchen". Dazu kann man auch die Küche Norditaliens genießen. ✆ 212-937-8910, eatalyny.com/eat/birreria. 200 Fifth Ave. Ecke 23rd St. Subway: 28 St. Linien N, R oder 6; 34 St./Harold Sq. Linien B, D, F, M, N, Q, R.

Midtown

→ Karte S. 204/205

The View Lounge 26 Mit dem Glasfahrstuhl fährt man in den 48. Stock des Marriott Marquis Hotels am Times Square in New Yorks einziges Drehrestaurant mit einer Lounge darüber, wo es ein gar nicht so teures Buffet gibt. Keine Reservierung möglich, ab 20 Uhr $ 8 Eintritt. So–Do 17–24 Uhr, Fr 17–1.30 Uhr, Sa 16–1.30 Uhr. 1535 Broadway/45th St., ✆ 212-704-8880, www.theviewnyc.com. Subway: Times Sq.-42 St. Linien N, Q, R, S, 1, 2, 3, 7 oder 42 St/Port Authority Linien A, C, E.

The Copacabana (The Copa) 24 Nachfolger des legendären Nachtclubs aus den 40er Jahren, heute am Times Square auf drei Stockwerken. Restaurant (Supper Club, auch Pre-Theater Dinner, Fr–Sa 18–23 Uhr), riesiger Club (Eintritt Damen $ 10, Herren $ 20), wo dienstags ab 17.30 Uhr Salsa-Party gefeiert wird. Disco Fr/Sa ab 22 Uhr. Rooftop-Bar im vierten Stock mit 125 Rumsorten. Bitte schick anziehen und höllisch viel Geld für die Drinks mitbringen. 268 West 47th St./Ecke 8th Ave., ✆ 212-239-2672, www.copacabanany.com. Subway: 50 St. Linien C, E.

Salon de Ning 16 Rooftop-Bar und Lounge in Midtown im 23. Stock des Peninsula-Hotels. Reminiszenz an das Shanghai der 1930er Jahre. Exotische Martinis (z. B. „Tiramisu mit weißer Schokolade") für $ 16, Snacks (drei Sandwichecken für $ 49). Mo–Sa 17–1 Uhr, So bis 24 Uhr. 700 5th Ave./ Ecke 55th St., 23. Stock, ✆ 212-903-3097; newyork.peninsula.com/en/fine-dining/salon-de-ning-rooftop-bar. Subway: 5 Ave./53 St. Linien E, M.

The Modern 20 Sehr offene Bar im MoMA, das Design ist vom Bauhausstil inspiriert, einige der Möbel sind im Original im Museum zu sehen. Die Fotowand, die eine Baumgruppe darstellt, stammt übrigens vom deutschen Künstler Thomas Demand – für die Arbeit hat er in seinem Studio 770.000 Blätter an Papierbäume geheftet und das Ergebnis anschließend abgelichtet. Im Bar Room Häppchen aus dem Elsass. Das Restaurant ist auch 2014 wieder mit einem Michelin-Stern ausgezeichnet. Mo–Do 11.30–22.30 Uhr, Fr/Sa bis 23.30 Uhr, So bis 21.30 Uhr. 9 W 53rd St., zw. 5th und 6th Aves., ✆ 212-333-1220, www.themodernnyc.com. Subway: 5 Ave./53 St. Linien E, M.

L'Ybane 30 Gemütliche Weinbar und Restaurant mit französisch-mediterraner Küche, Welten entfernt vom Times-Square-Trubel und doch um die Ecke. 120 Weine aus aller Welt, gemütliche Atmosphäre, am Wochenende Livemusik. Perfekt für einen Aperitif. Tägl. 12–2 Uhr, 709 8th Avenue zw. 44th und 45th Sts., ✆ 212-5822012, www.lybane.com. Subway: 42 St./Port Authority Linien A, C, E.

The Bar Downstairs 55 Angesagte Kellerbar im Hotel Andaz gegenüber der Public Library. Alte-Welt-Cocktails und kleinere Speisen aus der lateinamerikanischen Küche. Mo–Fr 17–24, Sa 18–1 Uhr. 485 Fifth Ave./41 St., ✆ 212-601-1234; www.newyork.5thavenue.andaz.hyatt.com. Subway: 42 St./Bryant Pk. Linien B, D, F, M.

Flute Bar & Lounge 4 Rot, Gold und viel Samt dominieren diese Kellerbar, die Mi 19–22 Uhr Live-Jazz-Abende veranstaltet, Di 16–20 Uhr eine Champagner-Happy-Hour und jeden letzten Sa im Monat Themenpartys aus dem Jazz-Zeitalter. Viele Champagnercocktails und Kleinigkeiten zum Essen. So 17–24, Mo 16–1 Uhr, Di/Mi 16–1.30 Uhr, Do bis 2, Fr bis 4 Uhr und Sa 17–4 Uhr. ✆ 212-265-5169; www.flutebar.com. 205 W 54th St., zw. 7th und 8th Aves., Subway: 50 St. Linien C, E. Es gibt zwei weitere Flute Bars in der East Side und in Gramercy.

Sakagura 58 200 Sakes schenkt man an dieser versteckten Restaurantbar im Keller eines Bürohauses aus, eigentlich sollte man hier auch essen, denn die Küche (japanisch) ist hervorragend. Kein Sushi. ✆ 212-953-7253; sakagura.com. Mo–Fr 11.30–14.20 Uhr, Mo–Do auch 18–24 Uhr, Fr/Sa bis 1 Uhr, So bis 23 Uhr. 211 E 43rd St. zw. 3rd und 2nd Aves., Subway: Grand Central-42 St. Linien 4, 5, 6, 7, S und Metro-North.

Uptown

Bemelmans 11 → Karte S. 231, Upper East Side. Stilvolle Bar im Hotel Carlyle. Die Wände schmücken quietschfidele Tierbemalungen, die Decken sind vergoldet. Für $ 15 Eintritt kann man an der Bar Cocktails zu Klavierbegleitung schlürfen. Am Tisch kostet der Spaß $ 25–30, noch immer viel, viel weniger als im Café Carlyle im selben Haus. Bar-Snacks und leichte Gerichte. Tägl. 17.30–23.30 Uhr. Jazz-Entertainment 17.30–20.30 und 21.30–0.30 Uhr, Fr/Sa bis 1 Uhr, So/Mo nur bis 24 Uhr. 35 East 76th St./ Ecke Madison Ave., ✆ 212-744-1600. www.rosewoodhotels.com/en/the-carlyle-new-york/dining/bemelmans-bar. Subway: 77 St. Linie 6.

The Guthrie Inn 1 → Karte S. 231, Upper East Side. Romantische Cocktailbar zum Chillen mit gemütlichem Ambiente, gedämpftem Licht und Musik. Tolle Happy Hour ($ 4 für ein Bier). Mo 17–24, Di–Sa 17–2 Uhr, So 16–24 Uhr. ✆ 212-423-9900; 1259 Park Ave. zw. 97th und 98th Sts., Subway: 96 St. Linie 6.

ABV 3 → Karte S. 231, Upper East Side. Schöne Weinbar mit blanken Backsteinwänden, roten Sofas und gutem Essen. Happy Hour So–Do 17–19 Uhr. Mo–Do 17–24 Uhr, Fr 16–1 Uhr, Sa 11–1 Uhr, So 11–23 Uhr, Sa/So Brunch 11–15 Uhr. 1504 Lexington Ave. zw. 97th und 98th Sts., ✆ 212-722-8959; abvny.squarespace.com/abv. Subway: 96 St. Linie 6.

Empire Hotel Pool Deck 22 → Karte S. 242, Upper West Side. Rooftop Lounge im zwölften Stock mit Liegestühlen aus Teak und Sonnenschirmen um einen halb abgedeckten Pool herum. Mai bis Sept. tägl. 10–22 Uhr. 44 West 63rd St., ✆ 212-581-5290, www.empirehotelnyc.com. Subway: 66 St./ Lincoln Ctr. Linie 1.

Subway Inn 18 → Karte S. 231, Upper East Side. Klassische Dive Bar mit günstigen Preisen zum Absumpfen. Schenkt seit mehr als 60 Jahren Bier aus, alles etwas klebrig und abgeschabt, wie es sein soll. Mo–Sa 11–4 Uhr, So 12–4 Uhr. 143 East 60th St., zw. 3rd und Lexington Aves., ✆ 212-223-8929. Subway: 59 St. Linien 4, 5, 6 oder Lexington Ave./59 St. Linien N, Q, R.

Above 6 24 → Karte S. 242, Upper West Side. Kleine Rooftop Lounge mit mobilem Dach im 14. Stock des Sixty Columbus Hotels. Japanischer Stil, es gibt Sushi. Der Aufenthalt ist besonders schön bei Sonnenuntergang hinter dem Central Park. Di–Sa 17–2 Uhr, 6 Columbus Circle, ✆ 212-397-0404, www.sixtyhotels.com/6columbus/food/above-6. Subway: 59 St./ Columbus Circle Linien 1, A, B, C, D.

Harlem → Karte S. 267

67 Orange Street 16 Nostalgische, kerzenbeleuchtete Cocktailbar mit Speakeasy-Charme und traditionellen Mixgetränken. Der Name stammt von der ersten Bar, die von einem Afroamerikaner geführt wurde. Spezialität sind der Upper Manhattan und Cleopatras Lust. Mi, Do und So 18–2 Uhr, Fr/Sa bis 4 Uhr. 2082 Ferderick Douglass Blvd. (8th Ave) zw. 112th und 113th Sts., ✆ 212-662-2030; www.67organgestreet.com. Subway: Cathedral Pkwy/110 St. Linien B, C oder 116 St. Linien 2, 3.

Harlem Tavern 11 → Karte S. 267. Riesiger Biergarten in einer ehemaligen Autowerkstatt, 80 Sorten Gerstensaft, Di und Mi Live-Musik, Sa Jazz. Mo–Fr 12–2 Uhr, Sa/So 11–2 Uhr. 2153 Frederick Douglass Blvd./Ecke 116th St., ✆ 212-8664500, www.harlemtavern.com. Subway: 116 St. Linien B, C.

Brooklyn → Karte S. 284/285

Bembe 31 Szene-Lounge mit Live-DJs nur ein paar Hundert Meter von Peter Luger's in Williamsburg. Kennzeichen: blaues Licht. Mo–Do 20.30–3.30 Uhr, Fr/Sa bis 4 Uhr. 81 South 6th St./Ecke Berry St., ✆ 718-387-5389, www.bembe.us. Subway: Marcy Ave. Linien J, M, Z.

The Counting Room 20 Williamsburg. Unten Weinbar, oben Cocktail-Lounge, dazu oft DJs und Tanz am Wochenende. Mo–Do 17–2 Uhr, Sa 14–4 Uhr, So 14–2 Uhr. ✆ 718-599-1860; countingroom.com. 44 Berry St. zw.11th und 12th Sts., Subway: Bedford Ave. Linie L oder Nassau Ave. Linie G.

The Zombie Hut 1 → Karte S. 279. Recht neue Bar mit Strandhüttencharme und Surferchic; offenes Feuer, heftige Drinks für wenig Geld. So–Do 17–2, Fr/Sa 14–4 Uhr. 261 Smith Street zw. Degraw und Sackett St., Carroll Gardens, ✆ 718-875-3433; Subway: Carroll St. Linien F, W, G.

Hier spielen Bands vor 250 Fans

Dram 30 Entspannte, dunkle und relaxte Cocktailbar in Williamsburg mit Sofas. 177 S 4th St, zw. Driggs Ave. und Roebling St., ✆ 718-486-3726, www.drambar.com. Subway: Marcy Ave. Linien J, M, Z.

Queens (LIS/Astoria) → Karte S. 308/309

Bohemian Hall & Beergarden 1 → S. 308.

Monikas Cafe Bar 3 Lounge im Boho-Stil des East Village hinter Buntglasfenstern mit umfangreichem Menü. Guter Brunch. Mo–Do 11–2, Fr 11–4 Uhr, Sa 10–4 Uhr, So 10–2 Uhr. 32–90 36th St./Ecke 34th Ave., ✆ 718-204-5273; www.cafebarastoria.com. Subway: Steinway St. Linien G, R, V.

Clubbing

Die meisten Clubs haben verschiedene Partynights, die von unterschiedlichen Veranstaltern und DJs organisiert werden. Entsprechend sind unterschiedliche Clubs für unterschiedliche Nächte zu empfehlen. Um Geld zu sparen, kann man probieren, sich über das Internet auf Gästelisten setzen zu lassen. Auf diese Art und Weise kommt man manchmal sogar umsonst oder zum Discountpreis rein. Derartige Adressen sind u. a. www.clubplanet.com, www.nightclubvip.net oder www.vipclubber.com. Die beste Quelle für Clubber ist das Wochenmagazin *Time Out New York*.

Chinatown/Little Italy → Karte S. 121

Le Baron 15 Globale Party, die schon in Paris, London und Tokio steigt. In New York wird auf drei Etagen Saigon-Feeling kreiert, man fühlt sich wie in einem vietnamesischen Bordell: schwarze Lackbar, Lounge und diamantenartiger Dancefloor. Strenge Türpolitik. Tägl. 23–4 Uhr. www.lebaronnyc.com. 32 Mulberry St. zw. Mosco und Bayard Sts., Subway: Canal St. Linien J, N, Q, R, Z, 6 oder Brooklyn Bridge-City Hall Linien 4, 5, 6.

Lower East Side → Karte S. 133

The Delancey 26 Schicker, freundlicher Rock-Club ohne Allüren auf drei Ebenen: oben tropische Dachveranda zum Chillen und Rauchen, im Erdgeschoss die Tanzfläche und im Keller oft auch Live-Bands. Gay-friendly! Tägl. 17–4 Uhr. 168 Delancey St., nahe Clinton St., ✆ 212-254-9920, www.thedelancey.com. Subway: Delancey/Essex St. Linien F, J, M, Z.

Mercury Lounge 6 Durch eine schwarze Bar mit schwarzen Vorhängen kommen schwarz gekleidete Menschen in das Hinterzimmer, wo oft Live-Bands spielen.

Manchmal werden hier sogar Stars gemacht, etwa *The Strokes* und *Interpol*. Veranstaltungskalender auf der Webseite. Eintritt $ 10–25. 217 Houston St., zw. Essex und Ludlow Sts., ✆ 212-260-4700, www.mercury loungenyc.com. Subway: Delancey/ Essex St. Linien F, J, M, Z.

Sutra Lounge 1. Roter Samt, zwei Tanzflächen, zwei Bars und ein bunter Mix aus Hip Hop, Reggae und R & B dominieren diesen Club, der Fr und Sa Clubnächte veranstaltet. Eintritt $ 5–10. Di und Do–So 22–4 Uhr. ✆ 212-677-9477; www.sutranyc.com. 16 1st Ave. zw. 1st und 2nd Sts., Subway: 2 Ave. Linie F; Delancey/Essex St. Linien F, J, M, Z.

East Village → Karte S. 156/157

Bowery Electric 19 Hinter der schwarzen Betonfassade verbirgt sich eine ebenfalls schwarz gehaltene Bar, die besonders beliebt ist bei Rock- und Punkfans. Am Wochenende legen DJs die Klassiker der 60er Jahre auf. Manchmal auch Live-Bands im Keller. Di–Do 17–2, Fr/Sa bis 4 Uhr, So bis 1 Uhr, Mo bis 3 Uhr. Happy Hour 17–20 Uhr, alle Drinks $ 5. 327 Bowery zw. 2nd und 3rd Sts., ✆ 212-228-0228, www.theboweryelectric.com. Subway: Bleecker St. Linie 6 oder 2 Ave. Linie F.

Webster Hall 3 Riesiger Disco-Themenpark, verschiedene Tanzflächen, beliebt wegen seiner Go-go-Girls hinter der Bar. Im ersten Stock fast ein Ballsaal mit noch mehr Go-go-Girls, darüber eine Art Balkon und eine ruhigere Lounge. Damen zahlen nichts, Herren dürfen vor Mitternacht $ 15, danach $ 25 blechen. Auch Band-Nights. Do–Sa 22–5 Uhr. Keine Turnschuhe oder zerschlissenen Jeans. Garderobe $ 6, Taschen $ 8! 125 East 11th St., ✆ 212-353-1600, www.websterhall.com. Subway: 14 St/Union Sq. Linien 4, 5, 6, L, N, Q, R.

Greenwich → Karte S. 166/167

Westway 35 Location in einem ehemaligen Gentleman's Club: Strip-Lokal in Original-Deko mit Disco-Kugeln in Form von Frauenbrüsten, Saturday Night Fever Feeling mit viel künstlichem Nebel, gute Gay Night „West Gay" immer dienstags. 75 Clarkson St./Ecke West St., ✆ 212-620-0101; westwaynyc.com. Tägl. 22–4 Uhr. Subway: Houston St. Linie 1 oder Spring St. Linien C, E.

Chelsea/ Meatpacking District → Karte S. 190/191

Cielo 43 Einer der angesagtesten Clubs von New York, betrieben von Pacha-Macher Nicolas Matar, der Ibiza zur Clubber-Insel machte. Dress to impress. Viel House, Mo Deep Space Night mit DJ Francois K an den Turntables. Tiefergelegte Tanzfläche, Sitzgelegenheiten. Mo 21.30–3.30 Uhr, Mi–Sa 22–4 Uhr. Eintritt $ 10–20, am Tisch nur Flaschen zu horrenden Preisen ($ 250–1500). 18 Little West 12th St., zw. 9th Ave. und Washington St., ✆ 212-645-5700, www.cieloclu b.com. Subway: 14 St. Linien A, C, E oder 1, 2, 3. oder 8 Ave. Linie L.

Marquee 4 Hier verkehren angeblich P. Diddy, Tiger Woods und die Hilton-Schwestern. Ziehen Sie etwas Ausgefallenes an! Es ist schwierig, am Türsteher vorbeizukommen. Zwei Stockwerke, Tanzfläche mit Sitzgelegenheiten umgeben, Kronleuchter und Vortänzerinnen. Getränkepreise sind leider völlig überzogen. Di–Sa 23–4 Uhr. Eintritt bis zu $ 40. 289 10th Ave., zw. 26th und 27th Sts., ✆ 646-473-0202, www.marqueeny.com. Subway: 23 St. Linien C, E.

Le Bain 32 Rooftop Club im Standard Hotel, total angesagt (New Yorker nennen das hipster) und schwer reinzukommen (Frauen haben bessere Chancen, da männerlastig) – dress the part! Treppenaufgang voller Graffiti, Bar einmal längs der Wand, beste DJs, schönste Menschen, im Sommer Jacuzzi. Mi–Fr 22–4 Uhr, Sa/So 14–4 Uhr. 444 West 13th St., ✆ 212-645-4646. standard culture.com/lebain. Subway: 14 St. Linien A, C, E oder 1, 2, 3 oder 8 Ave. Linie L.

The Raven 42 Edgar Alle Poes Meisterwerk stand hier Pate, man findet hier Sinnlichkeit und Düsternis mit wachstropfenden Kerzen. Der Laden wandelt sich Nacht für Nacht und nicht alle sind gleich gut. Leider auch hier unverschämt teure Drinks. Tägl. 20–4 Uhr. ✆ 888-883-6054; ravenclubnyc.com. 55 Gansevoort St. zw. Washington und Greenwich Sts. Subway: 14 St. Linien A, C, E oder 1, 2, 3 oder 8 Ave. Linie L.

SoHo → Karte S. 146/147

The Anchor 13 Intimer, freundlicher Club und Bar, das nautische Thema ist nicht zu dominant, dafür sorgen u. a. die Geweihlampen. Kleine, fast provisorische Beton-

Tanzfläche, die bei groovigen Beats voll wird. Do–Sa 22–4 Uhr. 310 Spring St. zw. Hudson und Greenwich Sts., ✆ 212-463-7406; www.theanchornyc.com. Subway: Houston St. Linie 1 oder Spring St. Linien C, E.

Midtown → Karte S. 204/205

Pacha 14 Kultclub mit 25 Ablegern weltweit und internationalen Top-DJs. Vier Etagen, Haupttanzfläche für 1200 Clubber, Go-go-Girls im Bikini geraten in rot beleuchteten Duschen in Ekstase. Im ersten Stock Hip-Hop und R & B. Junges Publikum, nur Fr/Sa 22–6 Uhr, gelegentlich Mi oder So. Eintritt bis zu $ 40. 618 West 46th St. zw. 11th St. und West Side Highway, www.pachanyc.com. Subway: 42 St.-Port Authority Linien A, C, E.

Sankeys 60 Britischer Clubableger auf drei Ebenen. Aus dem nagelneuen Soundsystem an der Haupttanzfläche im ersten Stock dröhnt meist Acid House. Vom Balkon darüber kann man die Tanzenden und den DJ mitten auf dem Tanzboden beobachten. So besonders schwulenfreundlich. Getränke $ 10–13. Fr 23–5, Sa 23–5.30 Uhr, So 20–5 Uhr. 29 W 36th St. zw. 5th und 6th Aves., Subway: 34 St.-Herald Sq. Linien B, D, F, M, N, Q, R oder 42 St.-Bryant Park Linien B, D, F, M.

Brooklyn → Karte S. 284/285

The Warsaw 19 Alles in einem: Bar und Lounge, Bistro (alle Speisen $ 5) und Ballsaal für Rock- und Punkkonzerte, in dem schon Patti Smith aufgetreten ist. Angesagt. Di–Do und So 17–24 Uhr, Fr/Sa bis 1 Uhr. Eintritt je nach Konzert, sonst frei. 261 Driggs Ave. (Greenpoint/Williamsburg) im Polish National Home. ✆ 718-387-0505, www.warsawconcerts.com. Subway: Nassau Ave. Linie G.

Output 17 Pionier der Clubs in Williamsburg mit einem fabelhaften Soundsystem, aus dem Deep House pulsiert. Kein Dresscode. Do–Sa 21–4 Uhr. www.outputclub.com. 74 Wythe Ave./Ecke N 12th St. Subway: Bedford Ave. Linie L oder Nassau Ave. Linie G.

Verboten 18 Veuester Superclub im trendigen Williamsburg, der weltberühmte DJs bucht. Riesige Halle (Control Room) mit HD-Videowänden hinter dem DJ-Pult, im Cabaret Room gibt es Nebensets, sonst rocken House- und Technobeats the House. Fr/Sa 23–5.30 Uhr. ✆ 347-223-4732; www.verbotennewyork.com. 54N 11th St. zw. Wythe und Kent Aves., Subway: Bedford Ave. Linie L oder Nassau Ave. Linie G.

Livemusik – Jazz und Blues

Verschiedene Musikgenres haben ihre Wurzeln in verschiedenen Neighborhoods der Stadt. Die wichtigsten Stilrichtungen sind Hip-Hop, Punkrock, Rock und House. Jazz ist aus dem Nachtleben nicht wegzudenken. Wenn man in New York ist, sollte man deshalb wenigstens einmal einen Jazz-Club besuchen. Die Hauptveranstalter verlangen $ 20–50 für eine Session, die ungefähr 1–1:30 Std. dauert. Es ist für Europäer ungewöhnlich, dass man in vielen Lokalen nach dem Auftritt gehen muss.

Gramercy → Karte S. 181

Jazz Standard 5 Eleganter Jazzclub unter dem Blue Smoke Restaurant mit roten Lederbänken und erstklassigen Performern von klassischem Jazz bis Funk. Sets So–Do 19.30 und 21.30, Fr/Sa auch 23.30 Uhr. Eintritt $ 20–30, kein Drink-Minimum. Geöffnet Mo–Mi 11.30–23 Uhr, Do/Fr bis 1 Uhr, Sa 12–1 Uhr, So 12–23 Uhr. Jazz for Kids und Kids Brunch am Sonntag. 116 E 27th St. zw. Park und Lexington Aves. ✆ 212-576-2232; www.jazzstandard.com. Subway: 28 St. Linie 6.

Greenwich → Karte S. 166/167

Blue Note Jazz Club 27 Einer der führenden Jazz-Clubs von New York, wenn nicht weltweit. Super Akustik, eher touristisch, ziemlich teuer und mit einem Dekor, das an Las Vegas erinnert. Shows tägl. 20 und 22.30 Uhr, Fr/Sa auch 0.30 Uhr. $ 30–45 am Tisch, $ 20–35 an der Bar, So ab 11.30 Uhr Jazzbrunch ($ 29,50). Mo halber Preis! 131 West 3rd St./ Ecke 6th Ave., ✆ 212-475-8592, www.bluenotejazz.com/newyork/index.shtml. Subway: W 4 St./Wash. Sq. Linien A, B, C, D, E, F, M oder Christopher St/Sheridan Sq. Linie 1.

The Village Vanguard 8 New Yorks ältester (gegründet 1935) und vielleicht auch berühmtester Jazz-Club, man sollte mal dort gewesen sein. Top Acts tägl. 20.30 und 22.30 Uhr, $ 25 (Fr/Sa $ 30). Mo hauseigene

Band. 178 7th Ave. South/Ecke Perry St., ✆ 212-255-4037, villagevanguard.com. Subway: 14 St. Linien 1, 2, 3 oder Christopher St./Sheridan Sq. Linie 1.

Zinc Bar 37 Sehr intimer Kellerclub mit Pariser Flair, der Livejazz kostet nur $ 10 Eintritt und ein Getränk Minimum (an Wochenenden zwei). Tägl. 18–2.30 Uhr (Sets um 21.30, 23 und 24 Uhr), am Wochenende bis 3 Uhr (Sets um 21.30, 23 und 0.30 Uhr). Fr afrikanische Musik, Do kubanischer Jazz, Sa Bossa Nova. 82 W 3rd St., zw. Thompson und Sullivan Sts., ✆ 212-477-9462, www.zincbar.com. Subway: W 4 St./Wash. Sq. Linien A, B, C, D, E, F, M oder Christopher St./ Sheridan Sq., Linie 1.

Cornelia Street Café 25 Wer will, kann hier für $ 15 brunchen oder für einen Festpreis von $ 21 ab 17.30 Uhr dinieren; die Veranstaltungen (Musik, Poetry, Release-Partys etc.) beginnen zwischen 18 und 20.30 Uhr und kosten $ 8–20 (meist inkl. Getränk). Keine großen Namen, aber große Talente. 29 Cornelia St. zw. W 4 und Bleecker Sts., ✆ 212-989-9319, www.corneliastreetcafe.com. Subway: W 4 St/Washington Sq. oder Christopher St/Sheridan Sq., s. o.

Arthur's Tavern 18 Dieser kleine, chaotische Jazz- und Bluesclub gleich nebenan ist eine Institution im Village und entsprechend voll. Kein Eintritt (!), aber zwei Getränke Minimum an der Piano Bar oder den Tischen. Di–Sa 19–22 Uhr, So/Mo ab 20 Uhr, nach 22 Uhr wechselt die Band. 57 Grove St./7th Ave. ✆ 212-675-6879; www.arthurstavernnyc.com. Subway: Christopher St./ Sheridan Sq. Linie 1.

Smalls 13 Viel junges Publikum und musikbegeisterte Studenten. Bar und kleine Bühne für Avantgarde und Free Jazz, geöffnet 16–4 Uhr. Jazzbandauftritte tägl. um 19.30, 22 und um 0.30 Uhr, am Wochenende auch Jamsessions nachmittags (Eintritt frei) und um 1 Uhr nachts. Wer nach Mitternacht kommt, zahlt nur $ 10. Der Eintritt von $ 20 gilt den ganzen Abend. 183 W 10th St./Ecke 7th Ave., ✆ 212-252-5091, www.smallsjazzclub.com. Subway: Christopher St./Sheridan Sq. Linie 1 oder 4 St./ Wash. Sq. Linien A, B, C, D, E, F, M.

Midtown

→ Karte S. 204/205

Iridium 11 Kleiner als andere Clubs und nicht so touristisch, intime Atmosphäre. Shows 20.30 und 22.30 Uhr. Eintritt $ 25–45 plus $ 15 Verzehr. Di halber Preis für Studenten und für die Spätshows Di, Mi, Do und So. 1650 Broadway/Ecke 51st St., ✆ 212-582-2121, theiridium.com. Subway: 50 St. Linie 1 oder Linien C, E. 49 St. Linien N, Q, R oder 7 Ave. Linien B, D, E.

Birdland 27 Klassisch und cool, man kann hier auch die Küche der Südstaaten genießen, einer der führenden Jazz-Clubs der Stadt. Bis zu drei Shows am Tag, die unterschiedlichen Zeiten bitte dem Veranstaltungskalender auf der Webseite entnehmen. $ 20–50 und $ 10 Mindestkonsum. Theaterbesucher, die vor der Aufführung hier dinieren, zahlen So–Do für die 23-Uhr-Show den halben Preis. 315 W 44th St. zw. 8th und 9th Aves., ✆ 212-581-3080, www.birdlandjazz.com. Subway: Times Sq.-42 St. Linien 1, 2, 3, 7, N, Q, R, S oder 42 St./Port Authority Linien A, C, E.

BBKing Blues & Jazz Club 44 → Midtown S. 225.

Uptown & Harlem

Jazz at Lincoln Center – Frederick P. Rose Hall, Allen Room und **Dizzy's Club Coca-Cola (Jazzbar)** 23 → Karte S. 242, Upper West Side. Was einst als Sommer Konzertreihe in den 1980er Jahren begann, ist heute ein Trio von Veranstaltungsvenues: Rose Theater, The Apple Room und Dizzy's Club Club Coca-Cola. 33 W 60th St., fünfter Stock, ✆ 212-258-9800. Dizzy's Club Mo $ 20–35, Di–So $ 30–45. ✆ 212-258-9595, www.jalc.org. Subway: 59 St./ Columbus Circle Linien 1, A, B, C, D.

Café Carlyle 11 → Karte S. 231, Upper East Side. Intime Cabaret-Lounge mit viel Nostalgie im Erdgeschoss des gleichnamigen Hotels für gesetzteres Publikum. Bunt sind nur die Wandmalereien. Mitte Januar bis Mitte Juni tritt Mo um 20.45 Uhr Woody Allen mit seiner Band auf. $ 110–155 plus $ 25 Verzehr. Jacket-Pflicht. Sessions Di–Fr 20.45 Uhr, Sa auch 22.45 Uhr. $ 55–165. 981 Madison Ave./Ecke 76th St., ✆ 212-744-1600; www.rosewoodhotels.com/en/the-carlyle-new-york. Subway: 77 St. Linie 6.

Smoke 1 → Karte S. 242, Upper West Side. Lounge, Restaurant und Jazzclub mit 70 Sitzplätzen, echte Clubatmosphäre, kleine, achteckige Tische und Sofas, in denen man versinkt. Dunkles Holz, rote Samtvorhänge, Kerzenleuchter. Nur rauchen darf man im Smoke nicht. Mo–Sa 17.30–3 Uhr, So ab 11 Uhr (Jazzbrunch). Kein Eintritt, aber

Minimumverzehr $ 20, Drei-Gänge–Dinner $ 38, ab 22.30 Uhr optional. 2751 Broadway, zw. 105th und 106th St., ✆ 212-864-6662, www.smokejazz.com. Subway: 103 St. Linie 1.

Shrine **3** → Karte S. 267, Harlem. Seit 2007 finden in dieser mit afrikanischen Schallplattenhüllen beklebten Bar/Restaurant/Lounge Afrobeat, Calypso, Reggae, Worldmusic, Jazz und andere Kunstdarbietungen statt. Tägl. 16–4 Uhr, kostenfrei. 2271 Adam Clayton Powell Jr. Blvd. zw. 133rd und 134th Sts. ✆ 212-690-7807; www.shrinenyc.com. Subway: 135 St. Linien B, C oder 2, 3.

Bill's Place **4** → Karte S. 267, Harlem. Das Venue für Nostalgiker. Bill Saxtons Keller ist ein intimes Speakeasy, das es in die Moderne geschafft hat. Nur am Wochenende findet hier Jazz statt. Der bekannte Saxophonist tritt freitagnachts selbst mit den "Harlem All Stars" auf. Fr/Sa ab 20.30 Uhr, Eintritt $ 20. BYO. 148 W 133rd St. zw. Lenox and 7th Aves. ✆ 212-281-0777, www.billsplaceharlem.com. Subway: 135 St. Linien B, C oder 2, 3.

Eine gute Webseite für Jazzfans ist bigapplejazz.com/nycjazz clubs. html.

Cotton Club **1** → Karte S. 267, Morningside Hts. Berühmter Club aus der Harlem Renaissance (allerdings nicht das Original!), Buffet Dinners, Jazz-Shows, Swing-Tanzabende und Gospelbrunch (Sa/So $ 25). Mo, Do/Fr 20–24 Uhr, Sa 12–24 Uhr, So 12–20.15 Uhr. 666 W 125th St./Riverside Dr., ✆ 212-663-7980, www.cottonclub-newyork.com. Subway: 125 St. Linie 1.

Apollo **5** → Karte S. 267, Harlem. Einer der bekanntesten Aufführungsorte in Harlem, wo die Karriere vieler Weltstars wie Ella Fitzgerald, Billie Holiday oder Michael Jackson begonnen hat. James Brown lag hier nach seinem Tode aufgebahrt. Bis heute zieht die Amateur-Nacht, die Mutter aller Casting Shows, jeden Mittwoch ein begeisterungsfreudiges und kritisches Publikum an (amateurnight.org, $ 20–32). Im Apollo Music Café kann man Fr/Sa ab 21 Uhr trinken und essen, ab 22 Uhr erhält der musikalische Nachwuchs hier eine Chance. 253 W 125th St. zw. Frederick Douglass und Adam Clayton Powell Blvds., ✆ 212-531-5300; www.apollotheater.com. Subway: 125 St. Linien 2,3 oder Linien A, B, C, D.

Livemusik – Rock, Pop, Hip-Hop

Lower East Side → Karte S. 133

Arlene's Grocery **13** Auf dieser Bühne spielen alle, die gut sind oder werden könnten, von Liedermachern und Countrymusikern bis zu Hardrockbands. Karaoke-Abende. Kein Eintritt an der Bar vorne. 95 Stanton St., zw. Ludlow und Orchards Sts., ✆ 212-358-1633, www.arlenesgrocery.net. Subway: 2 Ave. Linie F oder Delancey/Essex St. Linien F, J, M, Z.

Bowery Ballroom **16** Seit 1998 bietet diese Spielstätte erstklassige Bands, ein brillantes Soundsystem und eine gute Bar. Gemütliche Lounge im Keller, Bühne oben. Karten am besten online kaufen, denn vor Ort gibt es keine Kasse, die gibt es nur in der Mercury Lounge, Cash only. 6 Delancey St. zw. Bowery und Chrystie St., ✆ 212-533-2111, www.boweryballroom.com. Subway: Grand St. Linien B, D oder Bowery Linien J, Z.

East Village → Karte S. 156/157

Webster Hall **3** → Clubs S. 60.

Bowery Electric **19** → Clubs S. 60.

The Stone **25** Winziges Avantgarde-Venue (wie eine weiße Kiste) des Saxofonisten John Zorn, ohne viel Aufhebens oder Dekor, nur ein paar Fotos an der Wand, etwas für echte Liebhaber experimenteller Beats. Kein Kartenvorverkauf, an der Tür $ 15, Studenten $ 10, tägl. 20 und 22 Uhr. Ave. C/ 2nd St., www.thestonenyc.com. Subway: Delancey/Essex St. Linien F, J, M, Z.

Nublu **21** Mangels Schild über dem Eingang suche man die Bar mit dem blauen Licht. Das Nublu hat vor zehn Jahren als Clubhaus für Musiker begonnen und ist noch immer low-key. Verwilderter Garten, drinnen gemütliche Sofas. Allabendlich Livebands aller Couleur, viel Latin, davor und danach DJs. Tägl. 19–4 Uhr, Bands 21, 23 und 1 Uhr, am Wochenende auch um 2 Uhr. 62 Ave. C zw. 4th und 5th Sts. www.nublu.net. Subway: 2 Ave. Linie F oder 1 Ave. Linie L.

SoHo → Karte S. 146/147

SOB's **1** (Sounds of Brazil). Brasilianischer Samba, Reggae aus Jamaika, kubanische Salsa, afrikanischer Pop und indischer Bhangra werden auch Sie auf die Tanzfläche treiben. Es gibt auch Tanzstunden für Latino-Moves (Fr 19 Uhr). Mo 19–24 Uhr, Do und Sa 19–4 Uhr, Fr 17–4 Uhr, So 12–16 Uhr. Eintritt $ 10–30. So ab 12 Uhr Bossa-Nova-Brunch ca. $ 31, auch sonst Möglichkeit (brasilianisch-kubanisch) zu essen. 204 Varick St./ Ecke Houston St., ✆ 212-243-4940, www.sobs.com. Subway: Houston St. Linie 1.

Gramercy → Karte S. 181

Irving Plaza 23 Veteran unter den Spielstätten, einst nur für Rock, heute viele Genres und Hochkaräter wie U2, Sting oder Prince. Echter Ballsaal mit Kronleuchtern. Kartenverkauf Mo–Fr 12–18.30 Uhr, Sa/So 2 Std. vor dem Event. 17 Irving Plaza/Ecke 15th St., ✆ 212-777-6800; www.irvingplaza.com. Subway: 14 St./ Union Sq. Linien 4, 5, 6, L, N, Q, R.

Chelsea/ Meatpacking District → Karte S. 190/191

Highline Ballroom 25 Venue des Besitzers von B.B. King's und Blue Note, Saal für 700 Leute mit Balkongeschoss, bei Bestuhlung passen 400 Personen rein. Viel Hip-Hop, freitags Cirque Fridays mit Akrobatik, samstags Good Life Clubbing. 431 W 16th St., zw. 9th und 10th Aves., Eingang neben dem Western Beef Supermarkt. ✆ 212-414-5994, www.highlineballroom.com. Subway: 14 St. Linien A, C, E.

Uptown/Upper West Side → S. 242

The Beacon Theater 16 In einem alten Vaudeville-Theater und Kino im Art-deco-Stil spielen heute zeitgenössische Bands auf. Sehr gute Akustik. 2124 Broadway zw. 74th und 75th Sts., ✆ 212-465-6500; www.beacontheatre.com. Subway: 72 St. Linien 1, 2, 3.

Brooklyn → Karte S. 184/185

Knitting Factory 27 Avantgarde-Club aus den 1990er Jahren mit Musiklabel und Konzertagentur. Verglaste Bar und dahinter recht kleiner Showroom. Indie Rock und Undergound Hip-Hop, Comedy und Theater. Jeden Fr um Mitternacht kostenlos. Tägl. 17–4 Uhr. 361 Metropolitan Ave./Havemeyer St., Williamsburg, ✆ 347-529-6696; www.knittingfactory.com. Subway: Bedford Ave. Linie L.

Broadway-Musicals

Theater in New York werden in die Kategorien Broadway-, Off-Broadway-

Bright Lights Big City (Times Square)

oder Off-Off-Broadway-Bühnen eingeteilt. Ursprünglich zielte diese Rubrizierung auf die Lage der jeweiligen Bühne ab, heute sagt sie etwas über den Preis, den Grad an Experimentierfreudigkeit und über die Anzahl der zur Verfügung stehenden Sitzplätze aus. Broadway-Theater haben über 500, Off-Broadway-Theater etwa 100–500, Off-Offs weniger als 100 Plätze. Letztere bieten meist Aufführungen, die sich zum Teil erheblich abseits des Mainstreams bewegen.

Berühmteste Theaterstraße der Welt

Die Mehrzahl der Theaterbesucher strömt natürlich in die berühmten Musicals am Broadway um den Times Square. Die Publikumsmagneten unter den Musicals sind alte Bekannte, aber auch Neues hat sich in der Gunst durchgesetzt: *The Lion King*, *Chicago*, *Mamma Mia*, *Phantom of the Opera*, *The Book of Mormone*, *The Jersey Boys*, *Matilda the Musical* oder *Kinky Boots*.

Wo Sie die Tickets kaufen können, finden Sie im Kapitel „Wissenswertes von A bis Z“ unter „Theaterkarten“, S. 83.

The Lion King. Das Broadway-Musical um Simba und seinen Platz im Leben von Elton John und Rim Rice. Minskoff Theater, Di 19 Uhr, Mi und Sa 14 und 20 Uhr, Do/Fr 20 Uhr, So 15 Uhr, 1515 Broadway/45th Street.

Chicago. Das Musical, das das Lebensgefühl der 1920er Jahre versprüht. Ambassador Theater, Mo, Di, Do, Fr 20 Uhr, Sa auch 14.30 Uhr, So 14.30 und 19 Uhr. 219 W 49th St. zw. Broadway und 8th Ave.

Mamma Mia. Der Abba-Kassenschlager. Broadhurst Theatre, Mo–Sa 20 Uhr, Do und Sa auch 14 Uhr. 235 W 44th St. zw. Broadway und 8th Ave.

Phantom of the Opera. Andrew Lloyd Webbers Geschichte um die Kreatur, die in den Katakomben der Pariser Oper lebt und Schrecken verbreitet. Majestic Theater, Mo, Mi, Do, Fr und Sa 20 Uhr, Di 19 Uhr, Mi und Sa auch 14 Uhr, 245 W 44th Street zw. Broadway und 8th Ave.

The Book of Mormone. Ein Musical von den Machern der Trickfilmserie South Park über die Geschichte zweier mormonischer Missionare. Erhielt 2011 den Tony Award. Eugene O'Neill Theater, Di–Do und So 19 Uhr, Fr/Sa 20 Uhr, Sa/So auch 14 Uhr. 230 W 49th St. zw. Broadway und 8th Ave.

The Jersey Boys. Die Geschichte des Aufstiegs einer Boy-Group aus New Jersey. August Wilson Theater, Di–Do 19 Uhr, Fr/Sa 20 Uhr, Mi und Sa auch 14 Uhr, So 15 Uhr. 245 W 52nd St. zw. Broadway und 8th Ave.

Matilda the Musical. Handelt von einem tapferen, kleinen Mädchen, das gegen die Ignoranz und Brutalität der Erwachsenenwelt antritt. Nach Vorlage von Roald Dahl. Di und Do 19 Uhr, Mi, Fr und Sa 20 Uhr, Mi und Sa auch 14 Uhr, So 15 Uhr. Shubert Theater, 225 W 44th St. zw. Broadway und 8th Ave.

Kinky Boots. Gewinner des Tony- und Grammy Awards über einen Fabrikbesitzer und Drag-Darsteller mit Musik von Cyndi Lauper. Al Hirschfeld Theater, Di und Do 19 Uhr, Mi, Fr/Sa 20 Uhr, Mi und Sa auch 14 Uhr, So 15 Uhr. 302 W 45th St./Ecke 8th Ave.

Luxuskaufhaus an der 34th Street

Shopping

Es ist fast unmöglich, in New York nicht einkaufen zu gehen, und wenn es nur „aus Versehen" geschieht. Selbst für viele Amerikaner ist New York Shoppingziel Nummer eins, die Europäer kommen vermehrt, wenn der Dollar schwach ist, wie im Moment. Irgendwo gibt es immer einen Schlussverkauf, und nirgends kann man so schön „schaufensterbummeln" wie entlang der berühmten Luxusmeilen. Vielerorts trifft man auch auf Straßenverkäufer, Einkaufszentren oder Flohmärkte.

New York kennt **kein Ladenschlussgesetz** oder feste Ladenöffnungszeiten. Die meisten Geschäfte sind montags bis samstags von 10 bis 18 Uhr geöffnet, Kaufhäuser in der Regel von 10 bis 21 oder 22 Uhr, in den Bürogebieten geht es in manchen Bezirken oft früher los, in den Szenevierteln meist später. Auch sonntags ist geöffnet, i. d. R. von 11 bis 18 oder 19 Uhr.

Die Amerikaner kennen ebenfalls keine Mehrwertsteuer. Stattdessen kassieren die Bundesstaaten eine Verkaufssteuer, die sog. **Sales Tax**. New York gehört zu den teuersten Städten in den Staaten und berechnet insgesamt 8,875 % des Warenwerts (New York State und New York City Tax plus 0,375 % Metropolitan Commuter Transportation District Tax). Die Preise, selbst beim Bäcker oder im Hotel, sind allerdings immer als **Nettopreise** ausgeschildert. Die Steuern werden draufgeschlagen. Ausgenommen sind Kleidung und Schuhe, die weniger als $ 110 kosten. Dann entfallen die New York State und City Tax.

Um sich vorab über bestimmte Artikel oder Geschäfte zu informieren, probieren Sie die Internetseiten des Wochenmagazins *New York* (www.nymag.com/shopping), und von *Time Out New York* (www.timeout.com/newyork/shopping).

Porträts der Modedesigner New Yorks und Termine für Sample Sales finden Sie unter lazarshopping. com.

Profis helfen

Shopaholics, die keine Zeit vertrödeln oder die besten Angebote erwischen wollen, können mit Experten von *Shop Gotham* losziehen. Sie haben sich auf die trendigen Boutiquen in SoHo und NoLita spezialisiert (Tickets: ✆ 212-209-3370, www.shopgotham.com). Ein zweieinhalbstündiger Einkaufsbummel kostet $ 41.

Shoppinggegenden

Das klassische Einkaufsgebiet von New York liegt in Midtown zwischen der 34th und der 59th Street. Achten Sie auch auf die Hinweise in den einzelnen Kapiteln.

Die berühmteste Einkaufsstraße, das Schaufenster der Welt, ist die **5th Avenue** (www.visit5thavenue.com), wo sich die meisten internationalen Luxuslabels zwischen der 50th und 59th Street angesiedelt haben, z. B.: *Prada, Louis Vuitton, Michael Kors, Armani, Tommi Hilfiger, Gucci, Gianni Versace, Escada, Dolce & Gabbana, Chanel, Bulgari, Fendi* und die teuersten Juweliere wie *Tiffany, De Beers* (Marktführer in Sachen Diamanten) oder *Van Cleef & Arpels.*

Viele Top-Designer bieten ihre Kollektionen in **Uptown** in der **Madison Avenue** an. Von der 57th bis zur 78th Street nennt man sie daher auch „Manhattans Goldküste". Hier bekommen Sie fast ausschließlich Designermode zu hohen Preisen: *Giorgio Armani, Gucci, Prada, Dolce & Gabbana, Vera Wang, Calvin Klein, Ralph Lauren* etc.

Midtown hat einige der großen **Warenhäuser** zu bieten (siehe die berühmtesten Kommerztempel). Hinzu kommen Ketten wie *H & M, Next, Footlocker, Abercrombie & Fitch, Hollister* oder *Old Navy.*

SoHo, **NoHo** und **NoLita** sind mit die besten Einkaufsgegenden für alternative, eher hippe Mode, die oft jedoch ihren Preis hat. Auch Designer-Sportausstatter wie **Puma** 29 (→ Karte S. 146/147) haben hier ihren Superstore (521 Broadway/Spring St.). Während SoHo längst etabliert ist und daher auch alle Edelmarken vertreten sind, haben sich NoHo und NoLita erst später gemausert, hier geht es daher noch immer etwas szeniger zu. Gute unabhängige SoHo-Läden sind (→ Karte S. 146/147): **Scoop** 43 (475 Broadway zw. Broome und Grand Sts., www.scoopnyc.com), **Morgane Le Fay** 23 (100 Wooster St. zw. Spring und Prince Sts., www.morganelefay.com), **Madonna and Co** 21 (284 Lafayette St. zw. Prince und Houston Sts., www.madonnaandco.com), **Kate Spade** 34 (454 Broome St. Ecke Mercer St., www.katespade.com) und *Legacy* (109 Thompson St. zw. Spring und Prince Sts., www.legacy-nyc.com). Eine nagelneue Shopping-Gegend ist der Meatpacking District. Eine dicke Brieftasche sollte man allerdings dabeihaben ...

Die Canal Street in **Chinatown** und die Orchard Street in der **Lower East Side** versprechen dagegen noch wahre Schnäppchen – und ein unglaubliches Angebot an gefälschter Markenware. In der Lower East Side haben sich jüngst auch viele witzige Edelboutiquen niedergelassen. Ein sehenswertes chinesisches Warenhaus ist *Pearl River*, 477 Broadway/Broome St. (SoHo). Coole Jeans gibt es bei **Self Edge** 14 (→ Karte S. 133), 157 Orchard St./Rivington St. (selfedge.com).

Greenwich Village ist ein Anlaufpunkt für Musikfreunde. Hier gibt es noch einige Secondhand-CD-Läden mit Raritäten. Wer nicht fündig wird, versuche es auch im **East Village** um den St. Mark's Place zwischen 2nd und 3rd Ave. In beiden Shoppingregionen finden Sie auch originelleren Schmuck, Accessoires, trendige Designermode und ungewöhnliche Klamotten.

Viele der Discountläden (→ *Smart Shopping*) befinden sich in **Lower Manhattan**, der berühmteste dürfte *Century 21* sein, der inzwischen mehrere Ableger in anderen Stadtteilen hat. Um das ehemalige World Trade Center, etwa in der Park Row, haben sich die besten **Elektronikläden** angesiedelt, darunter *J & R Music and Computer World*. Beliebt bei Alt und Jung sind auch die fünf **Apple Stores**: 767 5th Ave./ 59th St. in Midtown **5** (→ Karte S. 204/205), 24 Std. geöffnet; 401 West 14th St. im Meatpacking District, Mo–Sa 9–21, So bis 19 Uhr; 103 Prince St. in SoHo, Mo–Sa 9–21, So bis 19 Uhr; 1981 Broadway in der Upper West Side, tägl. 9–21 Uhr, sowie die Ostgalerie im Grand Central Terminal, Mo–Fr 7–21, Sa 10–19, So 11–18 Uhr, die vom Laufpublikum lebt. Alle bieten einen Spitzenservice (www.apple.com).

Der Pier 17 des **South Street Seaport** wurde zum Zeitpunkt der Recherche zu einem modernen Einkaufszentrum mit Dachgarten und Restaurants umgebaut.

Smart Shopping

Die Jagd nach Schnäppchen ist amerikanischer Volkssport. Factory-Outlets und Discount-Shops sind die am schnellsten wachsenden Segmente des Einzelhandels. Hauptzeit für die **Sales** (Schlussverkäufe) sind die Monate März und August. In sog. **Sample Sales** werden die Waren aus den Auslagen verscherbelt. Diese Veranstaltungen findet man u. a. auf der Webseite www.NYSales.com. In folgenden Geschäften können Sie Designerartikel mit Preisnachlässen von 25 bis 75 % kaufen:

Century 21 **4** → Karte S. 94/95. Bekanntester Discounter, immer brechend voll, Design von der Kaufhausstange. Mo–Fr 7.45–21.30 Uhr, Sa 10–21 Uhr, So 11–20 Uhr. 22 Cortlandt St. (an der World Trade Center Site), ✆ 212-227-9092, www.c21stores.com. Subway: Cortlandt St, Linien R, W. Ein weiterer Manhattan Store ist beim Lincoln Center zu finden, 1972 Broadway zw. 66th und 67th Sts., Mo–Sa 10–22 Uhr, So 11–20 Uhr, ✆ 212-518-2121. Subway: 66 St/Lincoln Ctr. Linie 1 oder 72 St. Linien 1, 2, 3. Brooklyn Store: Mo–Fr 10–20 Uhr, Sa bis 21.30 Uhr, So 11–19 Uhr. 472 86th St. nahe 5th Ave. Subway: 86 St. Linie R.

TJ Maxx **13** → Karte S. 94/95. Gut für Klamotten und Küchenaccessoires, mehrere Outlets, z. B. 250 W 57th St.; Mo–Fr 8–21, Sa 9–21, So 11–20 Uhr. ✆ 212-245-6201; tjmaxx.tjx.com/store/index.jsp. Subway: 57th St., Linie F. Weitere Filiale 14 Wall St., Mo–Fr 10–19, Sa 9–21, So 10–19 Uhr. Subway: Wall St. Linien 4, 5.

Burlington Coat Factory **27** → Karte S. 181. Mehr als nur Mäntel, gutes Sortiment und weit weniger Touristen als Century 21. Mo–Sa 9–22 Uhr, So 9.30–21.30 Uhr. 4 Union Square East, ✆ 212-673-8056, oder 707 6th Ave./West 23rd St., Mo–Sa 9–21.30 Uhr, So 9.30–21.30 Uhr. www.burlingtoncoatfactory.com. Subway: 14 St./Union Sq. Linien 4, 5, 6, L, N, Q, R.

Die berühmtesten Kommerztempel

Barneys **13** → Karte S. 242 und **1** → Karte S. 204/205. Kaufhaus, das für seine Designermoden-Abteilung berühmt ist. 100-Mio.-Dollar-Midtown-Store in der 660 Madison Ave./61st St., ✆ 212-826-8900, www.barneys.com. Mo–Fr 10–21 Uhr, Sa bis 20 Uhr, So 11–18 Uhr. Subway: 5 Ave./ 59 St. Linien N, Q, R. Der zweite Laden in der Upper West Side ist eine Miniaturausgabe des Mutterhauses, 2151 Broadway. Subway: 72 St. Linien 1, 2, 3. Jeweils Mo–Fr 10–20 Uhr, Sa 10–19 Uhr, So 11–18 Uhr.

Bergdorf Goodman **6** → Karte S. 204/205. Das B&G-Logo hat Generationen von Käufern mit luxuriöser Stangenware versorgt. Auch renommierte Haushaltswarenabteilung. Teesalon. Mo–Fr 10–20 Uhr, Sa bis 19 Uhr, So 11–18 Uhr. 745 5th Ave./58th St., ✆ 800-558-1855, www.bergdorfgoodman.com. Subway: 57 St. Linie F; 5 Ave./ 59 St. Linien N, Q, R.

Bloomingdale's (Bloomies) **18** → Karte S. 231. Die Met der Einkaufswelt. Achten Sie auf die *new blood collection* noch eher unbekannter Designer. Kostenlose persönliche Shopping-Berater, falls Sie Größeres vorhaben. Samstagnachmittag ist bester Promi-Tag zum Sehen und Gesehenwerden. Mo–Mi 10–20.30 Uhr, Do–Sa 10–22 Uhr, So 10–21 Uhr. David Burkes Restaurant im ersten Stock. Zum Mitnehmen: Mo–Sa 10–21 Uhr, So 11–20.30 Uhr. Sonst Mo–Do 11–16, Fr–Sa ab 10.30 Uhr und So–Do 16–21.30 Uhr, Fr–Sa bis 22 Uhr. 1000 3rd Ave./59th St., ✆ 212-705-2000, www1.bloomingdales. com. Subway: 59 St. Linien 4, 5, 6 oder Lexington Ave./59 St. Linien N, Q, R. Ableger in SoHo: Mo–Do 10–21 Uhr, Fr–Sa 10–22 Uhr, So 11–21 Uhr. 504 Broadway zw. Broome und Spring Sts. Subway: Spring St. Linie 6.

Henri Bendel 13 → Karte S. 204/205. Das Traditionskaufhaus ist inzwischen auf Kosmetik und Geschenke spezialisiert. Keine Kleidung, nur Schuhe. Mo–Sa 10–20 Uhr, So 12–19 Uhr. 712 Fifth Ave, zw. 55th und 56th Sts., ✆ 212-247-1100; www.henribendel.com. Subway: 5 Ave./ 59th St. Linien N, Q, R.

Lord & Taylor (L & T) 57 → Karte S. 204/205. Älteste Kaufhauskette Amerikas, auf zehn Stockwerken gibt es Designerwaren von Haushaltsgegenständen über Geschenke bis hin zu Kleidung, viele Modelabels von amerikanischen Designern. Die Soup Bar im sechsten Stock ist beliebt, und die Weihnachtsdeko in den Schaufenstern zählt zu den besten der Stadt. Mo–Sa 10–21 Uhr, So 11–19 Uhr. 424 5th Ave./ Ecke 39th St., ✆ 212-391-3344, www.lordandtaylor.com. Subway: 42 St./Bryant Pk. Linien B, D, F, M.

Macy's 59 → Karte Midtown S. 204/205.

Saks Fifth Avenue 35 → Karte S. 204/205. Kaufhaus für „Alt-Reiche", konservativ. Café mit Blick auf St Patrick's Cathedral, besonders gut für Damenübergrößen, Kinderaccessoires und Brautkleidung. Die Toiletten im vierten und sechsten Stock sind spitze! Schlussverkauf Ende Aug. und Ende Dez. Mo–Sa 10–20.30 Uhr, So 11–19 Uhr. 611 5th Ave./Ecke 50th St., ✆ 212-753-4000, www.saksfifthavenue.com. Subway: 5 Ave./53 St. Linien E, M oder 47–50 Sts./Rockefeller Ctr. Linien B, D, F, M.

Tiffany & Co. 9 → Midtown S. 227.

Flohmärkte

Hell's Kitchen Flea Market. Eine der drei Locations, an denen Stylisten, Stars und Normalsterbliche alles von Möbeln über Klamotten bis zu purem Krimskrams kaufen. Sa/So 9–17 Uhr. W 39th St. zw. 9th und 10th Aves., ✆ 212-243-5343. Subway: 42 St./ Port Authority Linien A, C, E. Mehr als 100 Verkäufer bietet auch die **Antiques Garage**, Sa/So 9–17 Uhr, 112 W 25th St. zw. 6th und 7th Aves. Der **West 25th Street Market** in

Mode für die Straße

Chelsea findet nur bei passablem Wetter statt. W 25th St, zw. Broadway und 6th Ave., Sa/So 9–17 Uhr. Infos zu den drei Märkten unter www.hellskitchenfleamarket.com.

Brooklyn Flea Market 21 → Karte S. 284/285. Die Brooklyn-Märkte verzeichnen so viel Zulauf, dass es inzwischen vier Wochenend-Flohmärkte mit hunderten von Ständen gibt, die von Kuratoren ausgewählt wurden. Legendär ist auch der kulinarische Smorgasburg Markt. Von Mai bis Nov. findet So 10–17 Uhr der **Williamsburg Flea** mit 150 Verkaufsständen (neue Adresse zur Zeit der Recherche noch nicht bekannt) statt. Anfang April öffnen die übrigen Märkte. **Park Slope Flea** lockt sein Publikum Sa und So 10–17 Uhr mit 25 Ausstellern, viel Kunsthandwerk und Kinderprogramm. Ort ist die Schule P.S. 321, 180 7th Ave. zw. 1st und 2nd Sts. (Subway: 7th Ave. Linien F, B, Q; Union St. Linie R). zw. 1st und 2nd Sts. Nur Sa 10–17 Uhr kann man auf dem **Ford Greene Flea Market** an 150 Ständen (auch Essen) in Versuchung geraten. 176 Lafayette Ave. zw. Clermont und Vanderbilt Aves. (Subway: Lafayette Ave. Linie C, Clinton-Washington Ave. Linie G, Atlantic Avenue-Pacific St. Linien B, D, Q, N, R, 2, 3, 4, 5). Der inzwischen legendäre Smorgasburg „Fressmarkt" mit rund 100 Ausstellern findet Sa 11–18 Uhr im East River State Park, 90 Kent Avenue an der North 7th St. (Subway: Bedford Ave. Linie L) und So 11–18 Uhr im Brooklyn Bridge Park, Pier 5 statt (Subway: Jay St. Linien A, C, F; Borough Hall Linien 2, 3, 4, 5 oder Court St. Linien N, R). www.brooklynflea.com.

Beachten Sie auch die Einkaufstipps bei den einzelnen Stadtrundgängen

Ganz New York ist eine Bühne

Wissenswertes von A bis Z

Alkohol

In New York kann man Alkohol am besten in speziellen Spirituosenhandlungen (den Liquor Shops) kaufen. Bier und niedrigprozentigen Wein gibt es auch in Supermärkten und an Tankstellen (außer So vor 12 Uhr). Alkohol wird immer in blickdichte Tüten verpackt. Der Konsum und der Erwerb von Alkohol sind erst ab einem Alter von 21 Jahren legal. Nicht selten muss man beim Kauf eine ID (Ausweis oder Führerschein) vorlegen. Auch beim Eintritt in Bars und Nachtclubs, in denen Alkohol ausgeschenkt wird, kann es passieren, dass Sie nach Ihrem Pass gefragt werden (selbst wenn Sie nicht mehr wie 21 aussehen).

Nur Restaurants, die eine *liquor license* haben, dürfen Alkohol ausschenken. Da diese Lizenzen nicht billig sind, verzichten manche sehr günstige Restaurants oder Fastfood-Ketten darauf oder bieten **BYO (bring your own)** an: Sie dürfen Ihr Bier oder Ihren Wein mitbringen, Gläser und Öffner gibt es dort, oft wird eine Korkgebühr fällig. Das Trinken von Alkohol auf der Straße oder in den Parks ist streng verboten und wird mit einer Geldstrafe von $ 100 geahndet.

Datum

In Amerika schreibt man erst den Monat, dann den Tag und danach das Jahr. Der 11. September 2001 ist daher 9/11/2001.

Diplomatische Vertretungen

Die Botschaften der Bundesrepublik Deutschland, Österreichs und der Schweiz befinden sich in der Hauptstadt Washington. In New York City finden Sie die Generalkonsulate.

Generalkonsulat der Bundesrepublik Deutschland, Mo–Fr 9–12 Uhr. 871 United Nations Plaza (1st Ave. zw. 48th und 49th Sts.), New York, NY 10017, ✆ 212-610-9700, 📠 212-940-0402, www.germany.info/vertretung/usa/de/03_Konsulate/New_York/01/_Daten.html. Visa- und Passangelegenheiten sowie Beurkundungen nur mit Termin.

Gerneralkonsulat der Republik Österreich, Mo–Fr 9–12 Uhr. 31 E 69th St. (zw. Park und Madison Aves.), New York, NY 10021, ✆ 212-737-6400, 📠 212-772-8926, www.bmeia.gv.at/botschaft/gk-new-york.html.

Generalkonsulat der Schweiz, Mo–Fr 8.30–12 Uhr. 633 3rd Ave., 30th Floor, New York,

NY 10017-6706, ✆ 212-599-5700, 📠 212-599-4266, www.eda.admin.ch/newyork.

Feiertage

1. Januar	Neujahr
3. Mo im Januar	Martin Luther King Jr. Day
3. Mo im Februar	President's Day
Letzter Mo im Mai	Memorial Day
4. Juli	Independence Day (Unabhängigkeitstag)
1. Mo im September	Labor Day (Tag der Arbeit)
2. Mo im Oktober	Columbus Day
4. Do im November	Thanksgiving Day (Erntedankfest)
11. November	Veteran's Day
25. Dezember	Weihnachten

Geld

Die Währung der USA ist der Dollar ($), ein Euro ist $ 1,37 wert, der Schweizer Franken wird mit $ 1,12 notiert (Stand April 2014). Ein US-Dollar entspricht 100 US-Cent. Den Dollar gibt es nur als Banknote, Münzen sind für den Cent reserviert. Die Scheine, die übrigens gleich groß und damit leicht zu verwechseln sind, gibt es im Wert von 1, 2, 5, 10, 20, 50 und 100 Dollar. Die 2-Dollar-Noten sind extrem selten, die 50-Dollar- und die 100-Dollar-Noten sollten Sie meiden, sie werden in Geschäften nur ungern angenommen. Münzen gibt es im Wert von 1 Cent (Penny), 5 Cent (Nickel), 10 Cent (Dime), 25 Cent (Quarter) oder 50 Cent (half Dollar).

Achtung: Bei den US-Amerikanern heißt bill Banknote. Die Rechnung nennen sie nicht bill, sondern check oder tab.

Sie können auch mit Ihrer **Kreditkarte** (für die Sie die Pin kennen müssen) oder der alten **EC-Karte** in New York Geld am Automaten abheben, wenn dieser ein Maestro-Zeichen trägt. Die neuen EC-Karten mit den V-Pay-Logo können in den USA jedoch nicht gelesen werden und eine Geldabhebung ist mit ihnen nicht möglich. Geldautomaten heißen **ATMs**.

In den USA wird gern mit „Plastik" gezahlt. Ohne **Kreditkarte** stoßen Sie v. a. in Hotels, Restaurants und bei Autovermietungen mitunter auf Schwierigkeiten.

Galerien

In Manhattan findet man mehr als 600 private Galerien. Das Zentrum der Szene liegt derzeit in Chelsea, wo sich allein 350 Ausstellungsräume befinden. SoHo und die 57th Street sind ebenfalls gute Anlaufadressen. In jüngster Zeit machen sich auch Teile der Lower East Side und Williamsburg in Brooklyn einen Namen.

Folgende Regel kann als Orientierungshilfe gelten: Die Uptown-Galerien zeigen in der Tendenz eher konservativere Kunst, die Downtown-Galerien gelten als experimenteller und avangardistischer.

Der kostenlose **Gallery Guide** liegt bei vielen Ausstellern aus. Darüber hinaus gibt es **Informationen im Internet** unter www.blouinartinfo.com/galleryguide; www.artnet.com; nymag.com/arts/art/; timeout.com/newyork/art.

Gepäckaufbewahrung

In der Pennsylvania Station (schwer zu finden), aber nur mit gültigem Zugticket. Bei Schwartz Travel, zwei Filialen: 355 W 36th St. (neben dem Wyndham Hotel) im ersten Stock und 34 W 46th St. zw. 5th und 6th Aves., dritter Stock. Pass erforderlich. Geöffnet 8–23 Uhr, 24 Std. Aufbewahrung, $ 2/Std., max. $ 10/Tag. ✆ 212-2902626. www.schwartztravel.com. Die meisten Jugendherbergen haben Schließfächer, und viele Hotels sind bereit, Ihr Gepäck für ein paar Stunden zu lagern.

Gesundheit

Für die Einreise in die USA sind keine **Impfungen** vorgeschrieben. Sie sollten aber Ihren Basisimpfschutz gegen Tetanus, Polio und Diphtherie überprüfen.

Da es kein Versicherungsabkommen zwischen Deutschland, Österreich, der Schweiz und Amerika gibt, übernehmen unsere Krankenkassen die Arztkosten i. d. R. nicht. Es empfiehlt sich daher, eine **Reisekrankenversicherung** abzuschließen. Arzt- und Krankenhausbesuche müssen in Amerika an Ort und Stelle bezahlt werden. Eine Kreditkarte ist dabei hilfreich.

Kleinere Blessuren behandelt jeder Arzt, bei akuten Schmerzen sollten Sie aber in der **Notaufnahme eines Krankenhauses** (Emergency Room) einchecken.

Apotheken

Medikamente bekommt man in Apotheken (pharmacies), die oft den Drugstores (Drogerien) angeschlossen sind. Die größte Kette mit vielen 24-Stunden-Filialen ist *Duane Reade*, andere sind *CVS*, *Wallgreens* oder *Rite Aid*. In den USA sind deutlich mehr Präparate rezeptfrei zu haben als in Deutschland. Nehmen Sie Ihre eigenen Medikamente aber auf jeden Fall mit, da viele Arzneimittel in den USA nicht erhältlich sind oder unter anderem Namen geführt werden.

Schnelle Hilfe

DR Walk-In Medical Care, Sprechstunden auf Walk-in-Basis bei Ärzten und Arzthelfern in verschiedenen *Duane-Reade*-Apotheken. Es werden keine lebensgefährlichen oder chronischen Krankheiten behandelt, auch keine Knochenbrüche. Tägl. 8–20 Uhr. U. a. Times Square, 661 8th Ave./42nd St., ✆ 212-247-9500, www.drwalkin.com.

Eine New Yorker **Notrufnummer** für Hotelarztbesuche, DR 911: ✆ 646-761-6685; www.dr911md.com.

Zahnärztlicher Notdienst: NYU College of Dentistry, 345 E 24th St. zw. 1st und 2nd Aves., ✆ 212-998-9800; www.nyu.edu/dental. Unter der Rufnummer ✆ 800-336-8422 werden Zahnarzttermine vermittelt.

Deutschsprachige Ärzte

Dr. Gisela G. Lienhard (Internistin), 115 E 61st St., zw. Lexington und Park Aves., zehnter Stock, NY 10021, ✆ 212-355-1712.

Dr. med. Klaus-Dieter Lessnau (Internist), Madison Medical, The Private Practice Group of New York, 110 E 59th St., Suite 8C, ✆ 212-583-2966.

Information

Die Vereinigten Staaten unterhalten kein nationales Informationsbüro in Deutschland, Österreich oder der Schweiz.

Als offizielles Fremdenverkehrsbüro für die *New York City & Company* in Deutschland,

Österreich und der Schweiz fungiert **Aviareps** in **München**, Josephspitalstr. 15, 80311 München, ✆ 004989-55253350, ℻ 089-54506842, www.nycgo.com; www.newyork.de. Informationen müssen Sie den Webseiten entnehmen, es wird kein Informationsmaterial verschickt.

Informationsbüros in New York

Official NYC Information Center Midtown, alles Wissenswerte zu Sehenswürdigkeiten, Touren, öffentlichen Verkehrsmitteln, Restaurants, Shopping und Hotels mit kostenfreier Computernutzung. Mo–Fr 8.30–18 Uhr, Sa/So 9–17 Uhr, feiertags 9–15 Uhr. 810 7th Ave. zw. 52nd und 53rd Sts., ✆ 212-484-1222, www.nycgo.com.

Official NYC Information Center – Times Square, tägl. 9–19 Uhr. 1560 Broadway zw. 46th und 47th Sts. ✆ 212-452-5283.

Official NYC Information Center @ Macys Harold Square, Mo–Fr 9–21.30 Uhr, Sa ab 10 Uhr, So 11–20.30 Uhr. 151 W 34th St. zw. 7th Ave. und Broadway. ✆ 212-484-1222.

NYC-Info-Kioske City Hall (Broadway/Ecke Park Row, Mo–Fr 9–18 Uhr, Sa/So 10–17 Uhr, feiertags 9–15 Uhr) und in **Chinatown** (Triangle Canal/Ecke Walker/Ecke Baxter St., tägl. 10–18 Uhr, feiertags bis 15 Uhr).

> Die **Stadtverwaltung** gibt in 170 Sprachen Auskunft über Fragen, die für New York relevant sind. Sieben Tage die Woche, 24 Stunden am Tag unter der ✆ 311 (wenn Sie innerhalb New Yorks anrufen) oder ✆ 212-639-9675.

New York im Internet

Deutschsprachige Website:

www.newyork.de, offizielle Website des Touristenbüros mit Links, etwas weniger umfangreich als die englischsprachige Seite www.nycvisit.com. **Auf englisch www.nycgo.com**.

Englischsprachige Websites:

www.timeoutny.com/newyork, umfassende Webseite des *Time Out Magazine*, wöchentlich aktuell mit Hintergrundberichten, Restauranttipps, besonders gut für aktuelle Veranstaltungen. Infos für Touristen unter *Visitor Information*.

Keine Konkurrenz für das Original

www.newyork.citysearch.com, aktuelle Informationen aller Art (Schlussverkäufe, Restaurantöffnungszeiten etc.). Gute Suchmaschine.

www.nymag.com, Webseite des *New York Magazine* mit aktuellen Tipps und Hintergrundberichten. Besonders gut für Restaurants, Nachtleben und Veranstaltungen.

www.nycinsiderguide.com, die New Yorkerin Melissa gibt hier ihre persönlichen und sehr umfassenden Tipps und Hilfen für Besucher.

www.newyorkled.com hält Besucher über sämtliche Veranstaltungen und Festivals auf dem Laufenden.

www.allny.com, mit einer halben Million Links und 300.000 Einträgen in, um und über New York eine der größten Internetressourcen zur Stadt und entsprechend überwältigend.

gonyc.about.com, ständig aktualisierte Webseite mit thematischen Schwerpunkten wie Shopping.

Internet

Kostenlos im Internet surfen können Sie in den *Apple Stores* oder in einigen öffentlichen Bibliotheken. Es gibt auch Hunderte WiFi-Spots (WLAN heißt hier WiFi) im Freien oder in Lokalen für Leute, die ihr Gerät dabei haben (Starbucks, McDonald's, Dunkin Donuts, Barnes & Noble). Achtung, diese sind sämtlich ungesichert. Auch die meisten Jugendherbergen, Hotels und viele Büchereien gewähren für ein geringes Entgelt oder gar kostenlos Zugang ins Internet. In den Flughäfen und in manchen Einkaufszentren befinden sich Internet-Kioske, an denen man pro Minute zahlt.

Klima und Reisezeit

Obwohl New York auf dem gleichen Breitengrad wie Madrid liegt, befindet sich die Stadt in der kühlgemäßigten Klimazone mit ganzjährigen Niederschlägen. Im **Winter** muss man regelmäßig mit Schneestürmen rechnen. Mit einer Durchschnittstemperatur von -0,4 °C ist der Januar der kälteste Monat, dicht gefolgt vom Februar. Pluspunkte sind, dass die Stadt unter der weißen Schneedecke sehr romantisch wirkt, die Kaufhäuser und Plätze um Weihnachten höchst eindrucksvoll geschmückt werden und die Hotels und Geschäfte die größten Preisnachlässe des Jahres bieten.

Klimatisch am schönsten sind sicher der **Frühling** und der **Herbst**. Deshalb sind dies auch die Hauptreisezeiten, was leider die Preise in die Höhe treibt.

Den New Yorker **Hochsommer** sollte meiden, wer es nicht heiß und schwül mag. Die flimmernde Hitze erfordert Kondition, oft übersteigt das Thermometer die 30-Grad-Marke und selbst Einheimische flüchten aufs Land oder suchen den Schutz der Klimaanlagen. Am wärmsten ist es im Juli mit durchschnittlich 24,7 °C. Abgesehen vom Klima hat diese Reisezeit jedoch echte Vorteile: Die Stadt ist nicht so überfüllt, Hotels geben enorme Rabatte, eine Straßenparty folgt der nächsten und es finden mit Abstand die meisten (kostenlosen) Open-Air-Veranstaltungen statt.

Ganzjährig gilt: Rechnen Sie mit **Niederschlägen**. Feuchte Meeresluft zieht mit den gelegentlichen Nordostwinden über den Atlantik, sodass die Regenmenge in New York mit 1200 mm im Jahr doppelt so hoch ist wie die von London! Der meiste Regen fällt laut Statistik im Mai und Juni, der wenigste im Oktober. Ein kleiner Trost: Das feuchte Wetter zieht meist schnell vorüber, und 250–300 Sonnentage im Jahr klingen doch schon viel freundlicher, oder?

Kriminalität und Sicherheit

Trotz sinkender Kriminalitätsraten bleibt New York eine Großstadt mit Drogenproblemen und Armut. Zu den bekannten Gefahrenschwerpunkten, die Sie zumindest nachts besser meiden sollten, zählen die Südbronx, einige Gegenden in Harlem, Washington Heights und Bedford-Stuyvesant in Brooklyn. Auch **Taschendiebe** treiben in dichtem Gedränge wie am Times Square oder in der Subway gern ihr Unwesen. Machen Sie es ihnen nicht zu leicht – wenn Sie nachts die Subway nutzen, warten Sie am besten in der ausgewiesenen Off Hour Waiting Area, die videoüberwacht ist.

Seit den Anschlägen vom 11. September 2001 gilt New York City als eine der terrorgefährdetsten Städte der Welt. Um die Sicherheit der Stadt kümmert sich ein eigens dafür gegründetes *Department of Homeland Security*. Die meisten Sicherheitsmaßnahmen sind für Touristen gar nicht spürbar. Andere gehören inzwischen zum Alltag: Sie müssen bei allen Sehenswürdigkeiten und Museen mit Taschenscreenings rechnen, die auch in vielen Bürogebäuden und Lobbys durchgeführt werden. Viele Straßenzüge vor sensiblen Einrichtungen sind ebenfalls abgesperrt. Die Polizeipräsenz ist v. a. in der Subway deutlich erhöht, wo auch mehr und mehr Überwachungskameras installiert wurden. Beachten Sie bitte auch, dass das Fotografieren in der Subway sowie von Brückenzufahrten und Tunneleingängen nicht gestattet ist.

Literaturtipps

Jennifer Egan: Der größte Teil der Welt. Ein Pulitzer-Preisstück vom Feinsten, das unterhaltsam von **amerikanischen Medienmenschen, Musikmonstern und dem alltäglichen Schrecken erzählt.**

Jonathan Saffran Foer: Extrem laut und unglaublich nah. Mit Tom Hanks 2011 verfilmte (und oskarnominierte) Geschichte des Halbweisen Oskar Schell, der sich auf die Spuren seines Vaters begibt, den er

Die New York Public Library

beim Anschlag auf das World Trade Center verloren hat.

Djuna Barnes: New York. Liebeserklärung an Greenwich Village zwischen 1911 und 1918. Die Geschichten von Preisboxkämpfern, Fahrstuhlführern und Frauenrechtlerinnen stammen aus Tageszeitungen und Magazinen der Zeit.

Andrea Barnet: Crazy New York. Streifzug durch die legendären Kneipen, Künstlertreffs und Galerien der 1920er Jahre.

Truman Capote: Frühstück bei Tiffany's. Klassiker, der die Geschichte der rätselhaften Holly Golightly erzählt, die aus der tiefsten Provinz nach New York kommt.

Andrew Holloran, Dancer from the Dance. Brillanter Roman, der die Abenteuer des schwulen Malone in der Partystadt New York erzählt. Auf der Suche nach Liebe durchstreift er die Diskotheken und Clubs vor der Aids-Ära.

Oscar Hijuelos: Die Mambo Kings spielen Songs der Liebe. Farbenfroher, handlungsreicher Roman über das Leben kubanischer Exilanten in New York. Spielt während der Eisenhower-Jahre in den 1950ern. Zwei kubanische Brüder schaffen mit ihrer Musik den Durchbruch in New York.

Siri Hustvedt: Was ich liebte. Familiendrama und Psychothriller der Gattin Paul Austers. Der Rückblick auf die Lebensgeschichte zweier Paare in SoHo liefert eine Bestandsaufnahme der intellektuellen Salonkultur New Yorks.

Henry James: Washington Square. Früher Kurzroman, der ein spitzzüngiges Sittenbild von New York Mitte des 19. Jh. entwirft. Reiche Arzttochter und Mauerblümchen verliebt sich in den schönen Morris, den ihr verbitterter Vater für einen Mitgiftjäger hält. Voller Ironie.

Jay McInerney: Bright Lights Big City. Roman voller Yuppies, die den Verführungen der Stadt der 1980er Jahre erliegen.

Toni Morrison: Jazz. Der Mord in einem Harlemer Mietshaus fördert die Geschichte einer großen, tragischen Liebe zu Tage, die im Rückblick vor dem Hintergrund des schwarzen Amerika der 1920er Jahre erzählt wird.

Mario Puzo: Der Pate. Der Mafia-Thriller schlechthin. Don Vito Corleone, als Einziger einem Massaker in seinem Heimatdorf auf Sizilien entkommen, wird gefürchteter Pate der mächtigsten Mafiafamilie New Yorks.

Hubert Selby: Letzte Ausfahrt Brooklyn. Episodenroman, ein Dokument menschlicher Verelendung. Fünf Geschichten, die um ein griechisches Lokal in den Slums von Brooklyn spielen.

Der Weltliteratur auf der Spur

Edith Wharton: Zeit der Unschuld. Gesellschaftsroman, der den Konflikt eines Mannes zwischen zwei Frauen Anfang des 20. Jh. schildert. Blick hinter die Türen des New Yorker Geldadels.

Tom Wolfe: Fegefeuer der Eitelkeiten. Satire auf das New York der 1980er Jahre. Die Studie einer unglaublich statusbesessenen Gesellschaft wurde von Brian de Palma mit Tom Hanks verfilmt.

Menschen mit Behinderung

Information

Das **Mayor's Office for People with Disabilites** (100 Gold St., zweiter Stock, NY 10038, ✆ 212-788-2830, www.nyc.gov/html/mopd/home. html) schickt Ihnen eine kostenlose Broschüre zu, die Sie per Telefon oder übers Internet bestellen können. Das 100 Seiten starke Heft informiert über die Behinderteneinrichtungen der kulturellen Institutionen und Veranstaltungsgebäude.

Wer eine maßgeschneiderte Stadtführung wünscht, kann sich an die **Big Apple Greeter** (siehe Stadtführungen, S. 80) wenden, die sich seit mehr als zehn Jahren auf die individuellen Bedürfnisse ihrer Kunden einstellen. ✆ 212-669-8159, www.bigapplegreeter.org.

Verkehr

Die **öffentlichen Busse** sind mit Hebevorrichtungen versehen, die das Ein- und Aussteigen erleichtern. Nicht alle **U-Bahn-Stationen** sind behindertengerecht, aber immerhin 120 von ihnen. Sie sind in den offiziellen U-Bahn-Plänen der MTA mit einem Rollstuhl markiert. Mit der Reduced Fare AutoGate Card fahren Sie mit 50 % Ermäßigung. Diese Tickets müssen Sie im Service Center kaufen oder bei der **Customer Assistance Division (MTA)** bestellen. MTA, 370 Jay St., 7th floor, Brooklyn, NY 11201, web. mta. info/accessibility. Direkt am Kassenschalter der Subway erhalten Sie gegen Vorlage Ihres Behindertenausweises eine Metrocard, die anstatt für eine für zwei Fahrten gilt.

Um vom Flughafen in die City zu gelangen, nehmen Sie am besten die New York City Airporter **Busse**, die über Minibusse mit Hebebühnen verfügen. Unbedingt vorbestellen, aus dem Ausland gebührenfrei ✆ 855-269-2247 oder ✆ 718-777-5111; www.nycairporter.com. Für Menschen, die weder Busse noch Bahnen nutzen können, gibt es das paratransit-System der MTA, "Access A Ride". 24 Std. vorab vorbestellen, ✆ 800-247-7433, www.panynj.gov/airports/lga-accessibility-services.html.

Musik und Konzerte

Klassik

Das New Yorker Mekka der klassischen Musik ist das frisch renovierte **Lincoln Center for the Performing Arts** in der Upper West Side (siehe auch S. 249ff.). Seine Stars sind die *New York Philharmonics* (in der Avery Fisher Hall), das *New York City Ballet* (im David H. Koch Theater) und allen voran natürlich die *Metropolitan Opera* (im gleichnamigen Opernhaus). Erste Anlaufstelle sollte das David Rubenstein Atrium sein, wo es Discount Tickets, ein Café, WLAN, Toiletten und kostenlose Konzerte (Do 19.30 Uhr) gibt (lc.lincolncenter.org/visitor-guide/visitor-center).

In der Avery Fisher Hall finden darüber hinaus auch viele Gastspiele auswärtiger Orchester und Solisten statt. Außerdem wird hier jedes Jahr im August das beliebte *Mostly Mozart Festival* veranstaltet. Die ebenfalls im Lincoln Center untergebrachte *Alice Tully Hall* ist ein Veranstaltungsort für Kammerorchester, Streichquartette und Instrumentalisten.

Karten für die Philharmoniker kosten $ 15–50. Aufführungsort ist die Avery Fisher Hall.

Wer in die Met oder das New York City Ballett besuchen will, sollte die Karten lange im Voraus buchen.

Avery Fisher Hall, ✆ 212-875-5656 Service Charge und $ 2,50 Gebühr. Infos zur Philharmonie: ✆ 212-875-5709, lc. lincolncenter. org.

Alice Tully Hall und Starr Theater, ✆ 212-671-4050, Mo–Sa 10–18, So 12–18 Uhr. Kammermusikgesellschaft: ✆ 212-875-5788, Mo–Fr 10–17 Uhr. www.chambermusic society.org.

David H. Koch Theater, ✆ 212-496-0600, Mo–Sa 10–20 Uhr, So 12–17 Uhr. www. nycballet.com.

Metropolitan Opera, ✆ 212-362-6000; Mo–Sa 10–20 Uhr, So 12–18 Uhr, www.metopera family.org/metopera/index.aspx.

Merkin Concert Hall at Kaufman Center, 129 W 67th St. (zw. Broadway und 10th Ave.), So–Do 12–19 Uhr, Fr 12–16 Uhr. Sa 1 Std. vor Vorstellung. ✆ 212-501-3330, www. kaufman-center.org/mch.

Carnegie Hall, zweiter großer Veranstaltungsort in Sachen Klassik (aber nicht nur). Sie trumpft mit einer Liste der größten Namen aller Musikrichtungen auf: Tschaikowsky, Toscanini, Gershwin oder Billie Holiday haben hier schon brilliert. Plätze mit eingeschränkter Sicht werden ab 12 Uhr für denselben Abend an der Theaterkasse für $ 10 verkauft. 154 W 57th St. (Ecke 7th Ave.), ✆ 212-247-7800, tägl. 8–20 Uhr. Boxoffice (Theaterkasse) Mo–Sa 11–18, So 12–18 Uhr. www.carnegiehall.org.

Kostenlos!

Die Summerstage, die 1986 erstmals auf dem Rumsey Playfield im Central Park stattfand, nutzt inzwischen Bühnen und Parks in allen fünf Boroughs für rund 100 kostenlose Konzerte von Bands und DJs sowie Auftritte anderer Künstler (Filme, Lesungen, Tanz). Juni bis August. www.summer stage.org. Hotline: 212-360-2777.

Weitere wichtige Veranstaltungsorte:

Brooklyn Academy of Music, älteste Konzerthalle des Landes. Heute drei Gebäude mit Oper, Kino und Theater. 30 Lafayette Ave., Brooklyn NY 11217, Mo–Sa 12–18 Uhr, ✆ 718-636-4100. www.bam.org. Subway: Atlantic Ave. Linien 2, 3, 4, 5, N, R, Q, B u. D.

Lehman Center for the Performing Arts, 250 Bedford Park Boulevard, Bronx, Mo-Fr

I've got Mail for you!

10–17 Uhr. ✆ 718-960-8833, lehmancenter. org. Subway: Lexington Ave. Linie IRT 4 o. Bedford Park Blvd. Linien B, D.

Notruf

Polizei, Feuerwehr und Rettungsdienst erreichen Sie unter ✆ **911**. Die Nummer ist kostenlos.

Post

Die amerikanischen **Postämter** sind Mo–Fr 8.30–17 und Sa 8.30–12 Uhr geöffnet. 24 Std. geöffnet ist das Main Post Office, 421 8th Ave. zw. 31st und 33rd Sts. Hat die Post geöffnet, ist die amerikanische Flagge gehisst.

Das **Porto** für Sendungen nach Europa beträgt für Briefe und Postkarten $ 1,15. Briefmarken, die Sie nicht bei der Post kaufen, sind um rund 25 % teurer.

Rauchen

Generell gilt in den USA häufig die Devise „No Smoking". Besonders strenge Regeln gelten in New York: 2003 trat das völlige Rauchverbot an Arbeitsplätzen, in Restaurants, Bars und Diskotheken und allen öffentlichen Plätzen in Kraft. Seitdem frönen die Raucher v. a. im Freien ihrem Laster. Nur wenige Raucherlokale, in denen

v. a. Zigarren und Zigarillos konsumiert werden, haben noch eine Genehmigung. Manche Hotels haben allerdings Raucherzimmer. Auch e-Zigaretten sind verboten.

Sport aktiv

Neben weitläufigen Parks und sogar Stränden bietet New York auch erstklassige Sportanlagen.

Chelsea Piers

Die berühmteste Sportanlage New Yorks, ein ultramodernes, 12 ha großes Sportlerdorf auf vier restaurierten Piers aus dem frühen 20. Jh., das 1995 eröffnete. Fitnessräume, Hallenbad, Sonnenbänke, Basketballplätze, Freikletterwand, Hallen-Beachvolleyballplatz, Boxring, Golfclub. Die Tageskarte kostet $ 60 (Gold Passport). Mo–Do 5.30–23 Uhr, Fr bis 22 Uhr, Sa–So 8–21 Uhr. Hudson River, zw. 17th und 23rd St., ✆ 212-336-6000, www.chelseapiers.com. Subway: 23 St. Linien C, E.

Bootfahren/Kayaking/Segeln

Das **New York City Downtown Boathouse** hat mehrere Standorte: am Pier 26, am Pier 40, am Pier 96, auf der Governors Island Pier 101 (Juni bis Aug. Sa 10.30–16 Uhr) sowie an der 72nd St. Man kann hier von Mai bis Okt. Kajak fahren lernen, Kajak-Polo spielen und segeln. Alles kostenlos! Unterschiedliche Zeiten, aber immer Sa/So 9–18 Uhr. www.downtownboathouse.org.

Bowling

Manhattans bekanntestes Bowlingzentrum heißt **Bowlmor Lanes**. 42 Bahnen, Lounge, Nightclub und Restaurant. Mo 16–1 Uhr, Di-Do 16–24 Uhr, Fr 12–3 Uhr, Sa 11–3 Uhr, So 11–24 Uhr. 110 University Pl. zw. 12th und 13th Sts., ✆ 212-255-8188, www.bowlmor.com. Subway: 14 St./Union Sq. Auch am Times Square und den Chelsea Piers.

Fahrradfahren

Die Zahl der Fahrradfahrer in New York steigt rapide. Insgesamt gibt es 865 km an Fahrradwegen, 320 km wurden seit 2009 geschaffen. Eine kostenlose *City Cycling Map* liegt in den meisten Fahrradläden aus oder ist beim New York City Call Center unter ✆ 311 zu bestellen. Kostenloser Download unter www.nyc.gov/html/dot/html/bicyclists/bikemaps.shtml. Seine Fahrradroute von A nach B kann man sich selbst erstellen: www.ridethecity.com.

Seit 1976 organisiert **Bike New York** Radtouren durch die Stadt, die größte und berühmteste ist die 5-Borough-Tour Anfang Mai über 42 Meilen (= 67 km). Programm und Liste von Fahrradläden unter www.bikenewyork.org. Keine Stadtführungen.

Auf dem Drahtesel erkunden **Bike the Apple** die Stadt. Verschiedene Routen an verschiedenen Tagen. $ 85–95 inkl. Fahrrad und Ausstattung. www.bikethebigapple.com.

Bike and Roll ist ein Fahrradverleih, der auch Führungen anbietet, die am Pier 84 beginnen ($ 40-64). www.bikeandroll.com/newyork.

Seit Mai 2013 gibt es das „bike sharing system": Citi Bikes mit 600 Stationen und 10.000 blauen Fahrrädern. Auch eine kurzfristige Mitgliedschaft ist möglich. Infos unter citibikenyc.com.

Achten Sie bitte auf die Empfehlungen für Fahrradverleihe in den einzelnen Kapiteln, sie sind oft günstiger als Bike and Roll.

Golf

Die American Golf Corporation (www.americangolf.com/clearview-park-golf-course und www.nycteetimes.com) ist das größte Golfmanagementunternehmen der Welt und bietet mehr als 70 Golfplätze in New York City, darunter den **Clearview Golf Club** am Willets Point Blvd. in Queens (✆ 718-229-2570) und den berühmten **Chelsea Piers Club** (✆ 212-336-6400, www.chelseapiers.com/gc). Hier gibt es einen 183 m langen Fairway, Allwetter-Driving-Range, Putting Green und eine Golf Academy. Die Session auf der Driving Range kostet $ 25.

Jogging

Man kann sehr schön im Central Park laufen. Es bieten sich der Middle Loop (6 km) oder die 2-km-Strecke um den See herum an. Oder man läuft am Hudson entlang: alles befestigt.

Der New York Road Runners Club organisiert den **New York City Marathon** am ersten Sonntag im November und vermarktet den Sport. 9 E 89th St., zw. Madison und 5th Aves., ✆ 212-423-2249, www.tcsnycmarathon.org.

Alle lieben Baseball

Pool-Billard

Der Komödiant David Brenner hat seinen **Amsterdam Billiard Club** mit 31 Brunswick-Tischen, einem Kamin und einer Bar ausgestattet. Am Union Square, 110 East 11th St./ Ecke 4th Ave., ✆ 212-995-0333, www.amsterdambilliardclub.com. Subway: 14 St/Union Sq. Linien 4, 5, 6, L, N, Q, R.

Rollschuh- und Eislaufen

Die **Sky Rinks** der Chelsea Piers (✆ 212-336-6200, www.chelseapiers.com/sr) haben zwei überdachte Eislaufbahnen. Im **Central Park** gibt es zwei und im **Rockefeller Center** eine Eislaufbahn im Freien. Eislaufen im Winter und Rollerskaten im Sommer kann man in Queens im **Riverbank State Park**, Riverside Drive an der 145th Street.

Schwimmen

Der Eintritt in New Yorker Schwimmbäder ist kostenlos, sie sind i. d. R. von 11–19 Uhr geöffnet. Freibäder sind von Juli bis Sept. offen. Ein beliebtes Bad st der **Lasker Pool** im Central Park. Außerdem: **Asser Levy Recreational Center**, Mo–Fr 6.30–21.30 Uhr, Sa/So 8–16.45 Uhr. E 23rd St./ Ecke FDR Drive, ✆ 212-447-2020. www.nycgovparks.org/ facilities/recreationcenters/M164.

In New York City gibt es einige sehr schöne **Strände**, z. B. den von Coney Island, den Brighton und den Manhattan Beach. Alle Infos unter www.ny.com/health/swimming.

Tennis

Die 30 Tennisplätze im Central Park an der 93rd St. sind von April bis Nov. geöffnet. Tageskarte $ 15. Informationen und Permits unter ✆ 212-360-8131 und www.nycgovparks.org/facilities/tennis.

Volleyball

Pier 25 im Hudson River Park (zw. West und North Moore Sts.) bietet einen sandigen Beachvolleyballplatz, Minigolf, einen Skatepark und mehr (www.hudsonriverpark.org).

Sportveranstaltungen

Die wichtigsten Sportarten in Amerika (man nennt sie *the big four*) sind **Baseball, Basketball, Football** und **Eishockey**. Die Stadt hat zwei Footballteams (Giants und Jets), zwei Baseballmannschaften (Yankees und Mets), zwei Basketballteams (New York Knickerbockers/Knicks und New Jersey Nets) und drei Eishockeymannschaften (New Jersey Devils, New York Islanders, New York Rangers).

Eine Stadt mit vielen Gesichtern – und ebenso vielen Namen

Die Baseballsaison läuft von April bis Okt., die Basketballsaison von Okt. bis April, die American-Football-Saison von Sept. bis Ende Dez., Eishockey wird von Okt. bis Juni gespielt.

New York ist auch Gastgeber des Tennisturniers **US Open Championships** (www.usopen.org). Das Grand-Slam-Turnier findet jedes Jahr im Sommer in Flushing Meadows in Queens statt. Darüber hinaus bietet New York u. a. noch Boxen, Pferderennsport, Cricket und Wrestling. Viele Top-Veranstaltungen finden im legendären *Madison Square Garden* (siehe S. ???) statt.

Tickets

Für angesagte Wettkämpfe sind Tickets schwierig zu bekommen. Bei den Mannschaftssportarten sollte das Team die erste Anlaufstation sein:

New York Giants, American Football. Giants Ticket Office, MetLifeStadium (blau beleuchtet, wenn die Giants spielen), 1 MetLife Stadium Drive, East Rutherford, NJ 07073, Mo-Fr 11-17 Uhr. ✆ 201-935-8222, www.giants.com. Stadionführungen Sa 10 und 13 Uhr, $ 20, Kind $ 14,75. www.metlifestadium.com/stadium/stadium-tours.

New York Jets, American Football, nur Saison-Tickets über den Club, Einzelkartenverkauf nur über den TicketExchange der Saisonkartenhalter, www.newyorkjets.com. ✆ 201-935-3900. Spielstätte s. o. (grün beleuchtet, wenn die Jets spielen). Anfahrt: mit dem 351 Meadowlands Express Bus ab Port Authority.

New York Yankees, American Football. Yankee Stadium Ballpark, 161st St./River Ave., Bronx, NY 10451, ✆ 212-307-1212, newyork.yankees.mlb. com/index.jsp?c_id=nyy. Stadionführungen s. S. Subway: Linien 4, B, D bis 161 St-Yankee Stadium.

New York Mets, Baseball. Citi Field, 126th St. und Roosevelt Ave., Flushing, NY 11368, ✆ 718-507-8499, newyork.mets. mlb.com. Ticket Office in der Jackie Robinson Rotunda, dort starten auch die Stadionführungen (ausgewählte Termine, siehe Webseite, $ 13, erm. $ 9). Auch Hall of Fame & Museum. Subway: Linie 7, Mets/Willets Point oder LIRR bis Citi Field.

New York Knicks, Baketball. Madison Square Garden, 4 Penn Plaza, 7 Ave/31 bis 33 St.) NY 10121, ✆ 877-695-3865, www.nba.com/knicks. Subway: 34 St-Penn Station Linien 1, 2, 3 und LIRR.

Zweite Möglichkeit ist die Agentur **Ticketmaster**, ✆ 800-745-3000, www.ticketmaster.com.

Ein guter Platz für ein Basketballfinale kann $ 1000 (kein Druckfehler!) kosten, ein Footballmatch der Giants ist nicht unter $ 100 zu sehen.

Tickets für die US Open gehen i. d. R. im Juni in den Verkauf. Infos und Tickets unter www.usopen.org oder www.ticketmaster.com.

Stadtführungen

Viele Bezirke bieten **kostenlose Stadtführungen** (in Englisch) an. Eine aktuelle Liste der jeweils laufenden Woche bekommen Sie im Times Square Visitor Center.

Big Apple Greeter, ebenfalls kostenlos. Die Guides sind keine Profis, sondern New Yorker, die Besucher durch ihre Wohnviertel führen. Sie müssen allerdings vier Wochen vorher buchen, bei der Buchung die gewünschte Sprache und eine New Yorker Telefonnummer angeben. ✆ 212-669-8159, bigapplegreeter. org.

Zu Fuß

Insightseeing, deutschsprachige Führungen in viele Neighborhoods von New York. In kleinen Gruppen erkunden Sie New York zu Fuß (und teilweise mit öffentlichen Verkehrsmitteln). Verschiedene Stadtteile im Angebot, unterhaltsam, viel Wissenswertes aus erster Hand. Führungen von $ 27 (2 Std. Downtown) bis $ 55 (Harlem und Gospel). 115 Stuyvesant Pl. 6R, ✆ 718-447-1645. www.insightseeing.com.

Big Onion Walking Tours, vom *New York Magazine* als „The Best Walking Tours in New York" geadelt. Reservierung nicht erforderlich, nur für die Eating Tour ($ 25, erm. $ 20) und das Metropolitan Museum. Führungen $ 20, Senioren und Studenten $ 15. 476 13th St./ Brooklyn, ✆ 888-606-9255, www.bigonion.com.

Busrundfahrten

On Location Tours, Themenfahrten zu verschiedenen Serien- und Filmlocations: Spiderman, Friends, Sex and the City, Sopranos, Gossip Girl etc. Ab $ 40. ✆ 212-683-2027; onlocationtours.com/new-york-tours/.

Gray Line New York Sightseeing, die Doppeldeckerbusse halten an 40 Stopps. Die *All Loops Tour Plus* kostet $ 59 (erm. $ 49, online etwas billiger), ✆ 800-669-0051 oder ✆ 212-445-0848, www.newyorksightseeing.com.

Volatour, Stadtrundfahrten in einem klimatisierten Reisebus mit deutschem Reiseleiter und unterhaltsamem Livekommentar sowie mehreren Ausstiegen. Verschiedene Routen, auch Gospel-, Nacht- und Fahrradtouren. Standard City Tour $ 65, 9–17 Uhr. ✆ 212-557-1654 oder gebührenfrei ✆ 877-865-2868, www.volatour.com. Büro und Treffpunkt: 33 W 46th St. zw. 5th und 6th Aves.

Mit dem Schiff

Circle Line Sightseeing Tours, dreistündige Rundtour um Manhattan Island oder zweistündige „Halbumrundung". *Full Island Cruise* $ 40, Senioren $ 35, Kinder $ 26. Pier 83 W 42nd St., ✆ 212-563-3200, www.circleline42.com.

Mit dem Fahrrad

Siehe Fahrradfahren.

Sightseeing deluxe

Flüge

Liberty Helicopter Tours, fantastisches Erlebnis. Man kann zwischen verschiedenen Flügen wählen, etwa *Big Apple* für $ 150/ Pers. (12–15 Min.). Mo–Sa 9–18.30 Uhr, So bis 17 Uhr. ✆ 212-967-6464 oder gebührenfrei ✆ 001-800-542-9933, www.libertyhelicopter.com.

Telefonieren

Es gibt fast überall in New York City öffentliche Münz- oder Kartentelefone. Ortsgespräche kosten $ 0,25. Kreditkartentelefone sind kompliziert zu bedienen.

Die günstigsten Gespräche führt man mit den amerikanischen Telefonkarten, den **prepaid phone cards** oder calling cards, die man bei der Post, in Drogerien oder Supermärkten kaufen sollte. Ein zuverlässiger Anbieter ist AT&T. Achten Sie darauf, dass „No connection fee" auf den Karten steht. NobelCom bietet eine „Hello Germany" Card an, mit der man für $ 20 ganze 1536 Min. ins deutsche Festnetz telefonieren kann (1,9 Cent/Min.) Die Card hat einen wiederaufladbaren PIN-Code, der unverzüglich nach der Online-Bestellung an die E-Mail-Adresse geschickt wird. (www.noblecom.com/phone-card-details/hello-germany-1353-1-108.html). Vorsicht: Ferngespräche vom Hotelzimmer aus sind meist sehr teuer!

Vom Aussterben bedroht

„Sprechende" Telefonnummern lassen sich wie folgt entschlüsseln: Auf der Telefontastatur sind jeder Ziffer drei bzw. vier Buchstaben zugeordnet. Die Ziffer 2 etwa steht gleichzeitig für A, B oder C. Die Nummer 1-866-**STATUE** wählen Sie also 1-866-**781883**. Der Zusatz „ext." bedeutet „Durchwahl".

Vorwahlen aus den USA

Nach Deutschland: 01149; nach Österreich: 01143; in die Schweiz: 01141. Danach folgt die Ortsdurchwahl ohne die 0.

Vorwahlen nach New York

Von Deutschland, Österreich und der Schweiz jeweils zuerst die 001 für Amerika. New York City besitzt fünf Vorwahlnummern: 212, 917, 646 für Manhattan sowie 718 und 347 für die anderen Stadtteile.

Um von einem in den anderen Stadtteil New Yorks zu telefonieren, wählen Sie immer die Landeskennung 1 vorweg sowie die Vorwahl des gewünschten Bezirks. Gebührenfreie Telefonnummern beginnen mit 800, 888, 866 oder 877.

Handys

Ihr eigenes Handy funktioniert in den Vereinigten Staaten nur, wenn es ein Mehrband-Mobiltelefon ist. Es fallen aber bei jedem Telefonat horrende Roaming-Gebühren an, denn in Amerika bezahlt der Handybesitzer für alle empfangenen Anrufe und SMS voll. Deshalb sollte sich, wer sein eigenes Handy benutzen will, eine andere SIM-Karte zulegen, z. B. die Cellion SIM-Karte der schweizerischen BlueBell Telecom AG, die speziell für USA-Reisende entwickelt wurde (www.cellion.de). Es gibt weder eine Grundgebühr noch Mindestumsätze oder Aktivierungsgebühren. Natürlich bekommt man dann eine eigene amerikanische Rufnummer. Gespräche aufs deutsche Festnetz kosten dann 39 Cent, ins Mobilnetz 55 Cent und jede SMS 29 Cent. T-Mobile USA ist der einzige Anbieter, der vor Ort eine amerikanische Prepaid-SIM-Karte für ein eigenes Handy (muss freigeschaltet sein) oder Pad verkauft.

Theaterkarten

Information

Das kostenlose **Village Voice** listet Kulturevents inklusive Theateraufführungen auf (am Straßenrand in den Zeitungsständern erhältlich, es liegt aber auch in den Informationsbüros und vielen Kneipen aus). Im Internet gibt es Informationen rund um die Broadway-Theater unter: www.broadway.com (Hotline: 800-BROADWAY); www.newyorkcitytheatre.com/theaters/broadwaytheater/theater.php und broadway.org.

TKTS

Der berühmte rot-weiße Kiosk am Broadway und seine Pendants am alten Hafen von New York und in Brooklyn verkaufen Karten für ausgewählte Broadway- und Off-Broadway-Shows für 20, 30, 40 oder 50 % des Originalpreises. Dazu kommen $ 4 Servicegebühr. Zahlen kann man mit Kreditkarte, bar oder mit Travellerschecks. ✆ 212-221-0885, www.tdf.org/tkts/TDF_ServicePage.aspx?id=56.

TKTS 47th St. am Broadway (Duffy Square 47th–46th St./ Broadway-7th Ave.), Mo, Mi–Sa 15–20 Uhr, Di 14–20 Uhr für die Abendvorstellung, Mi und Sa 10–14 Uhr, So 11–15 Uhr für Matineen.

South Street Seaport, an der Ecke Front und John St., hinter dem Resnick/Prudential Building, 199 Water St. Mo–Sa 11–18 Uhr, So bis 16 Uhr. An diesem Kiosk müssen Matinee-Karten am Vortag gekauft werden.

Downtown Brooklyn, im 1 Metro Tech Center, an der Ecke Jay St. und Myrtle St. Promenade. Di–Sa 11–18 Uhr (Lunchpause 15–15.30 Uhr), für denselben Abend oder die Matinee am nächsten Tag.

Tickets/Preise

Karten bekommt man nur an den **Theaterkassen** direkt (keine Telefonbuchungen und begrenzte Öffnungszeiten, i. d. R. ab 10 Uhr, nur Barzahlung!), **telefonisch/online über Agenturen** (man braucht eine Kreditkarte) oder bei **TKTS** (siehe Kasten).

Die größte Agentur ist **Ticketmaster** (✆ 800-745-3000, www.ticketmaster.com). **Ticket Central** ist auf Off-Produktionen spezialisiert (✆ 212-998-4941, www.ticketcentral.com oder an der Kasse Di–Sa 12–18 Uhr, 566 La Guardia Place zw. 3 Ave und Washington Sq. in Greenwich, Seiteneingang des Skirball Centers).

Am billigsten sind Stehplätze (ab $ 15). Am Tag der Vorstellung kann man auch ab 18 Uhr auf Stand-by-Karten hoffen, die reduziert über den Schalter gehen. Viele Broadway- und Off-Broadway-Theater reservieren ihre ersten Reihen außerdem für Student Rush Tickets (Studenten und Schüler).

Toiletten

Öffentliche Toiletten bezeichnet man als **restrooms**, in teuren Kaufhäusern steht auch oft **lounge**. In Privathäusern fragt man nach dem **bathroom** oder gar dem **powder room**. Es empfiehlt sich, die Toiletten in Restaurants, Kaufhäusern, Museen oder Hotels zu benutzen. Auch die Buchhandlung Barnes & Nobles ist ein guter Anlaufpunkt. Einige öffentliche Plätze wie Bahnhöfe und die meisten Parks verfügen über Toiletten, manchmal muss man dort allerdings zahlen. Alle öffentlichen Toiletten sind auf folgender Karte verzeichnet (empfehlenswert ist z. B. Bryant Park): nyrestroom.com.

Selbst in der Schlange stehen ist nicht langweilig

Touristenpässe (Ermäßigungen)

Die Eintrittspreise zu den Museen sind hoch wie die Wolkenkratzer. Für kulturell Aktive lohnt es sich daher, einen der Touristenpässe zu kaufen (das erspart einem oft das Schlangestehen!) und auf *pay as you wish* zu achten (siehe u.).

New York City Pass, dieses kleine Heftchen erlaubt den Eintritt zu sechs Sehenswürdigkeiten (American Museum of Natural History, Guggenheim Museum **oder** Aussichtsplattform Top of the Rock, The Museum of Modern Art, Circle Line Sightseeing Cruises **oder** Freiheitsstatue und Ellis Island, Empire State Building Observatory). Wenn Sie überall den vollen Preis zahlen würden, müssten Sie insgesamt $ 176 an Eintrittsgeldern zahlen, der Pass kostet $ 106 (für Kinder und Jugendliche bis 17 Jahre $ 79) und ist neun Tage lang gültig. Man kann den City Pass in einer Touristeninformation oder an der ersten Sehenswürdigkeit kaufen, die man besucht. www.citypass.com/city/ny.html.

New York Pass, die Plastikkarte mit Magnetstreifen gewährt Eintritt zu 80 der bedeutendsten Sehenswürdigkeiten. Der Pass kommt mit einem 140 Seiten starken Reiseführer (englisch) und ist wahlweise einen Tag ($ 85, erm. $ 60), zwei Tage ($ 130, erm. $ 110), drei Tage ($ 180, erm. $ 140) oder sieben Tage ($ 210, erm. $ 155) gültig. Bei Vorlage des Passes geben auch einige Restaurants und Geschäfte Nachlass. Zu kaufen u. a. bei Madame Tussaud's, Planet Hollywood oder am Busbahnhof Port Authority. ✆ 877-714-1999, www.newyorkpass.com/de.

New York Explorer Pass, aus 57 Attraktionen können Sie so viele wählen, wie Sie wollen, für die Sie dann einen ermäßigten Eintritt zahlen und nicht Schlange stehen. Gültig bis zu 30 Tag. Drei Attraktionen $ 79,99, fünf Attraktionen $ 134,99, eine Bustour ist inklusive. www.smartdestinations.com.

Pay as you wish

Einige New Yorker Museen (achten Sie auf die Hinweise bei den Stadtspaziergängen) praktizieren an bestimmten Tagen für wenige Stunden die sog. Pay-as-you-wish-Regelung: Sie zahlen nichts oder so viel Sie wollen, die Warteschlangen können jedoch lang sein.

Trinkgeld

Amerika ist das Land der Trinkgeldkultur. Hier wird fast jeder für fast alles mit einem Trinkgeld *(tip)* belohnt. Die Gehälter sind so niedrig, dass die meisten Angestellten in Dienstleistungsgewerben auf Ihre Großzügigkeit angewiesen sind. Zu wenig zu „tippen" ist ein echter Fauxpas, rechnen Sie diese Kosten also unbedingt vorab in das Budget ein, denn die *tips* summieren sich.

In **Restaurants oder Cafés** erwarten die Kellner 15–20 % des Rechnungspreises. Sie liegen immer richtig, wenn Sie einfach die auf Ihrer Rechnung ausgewiesene *sales tax* verdoppeln. So halten es auch die meisten New Yorker.

Wenn Sie in einer **Bar, Lounge** oder einem **Pub** etwas trinken, erwartet der Barmann $ 1 Trinkgeld pro Getränk.

Taxifahren

Taxifahrer bekommen 15 %, in privaten Limousinen wird automatisch ein Trinkgeld von 20 % aufgeschlagen. Der **Türsteher** am Hotel erwartet $ 1, wenn er Ihnen ein Taxi ruft. Dem **Gepäckträger** sollten Sie $ 1/Tasche geben, das **Stubenmädchen** rechnet mit $ 2/Tag.

Uhrzeit

Uhrzeiten werden in Amerika anders angegeben als in Europa. Die Stunden zwischen 0 und 12 Uhr tragen den Zusatz a. m. (lat. ante meridiem, vormittags), die Stunden zwischen 12 und 24 Uhr sind mit p. m. (post meridiem, nachmittags) versehen. 8 a. m. ist also 8 Uhr und 8 p. m. ist 20 Uhr. 12 p. m. ist allerdings 12 Uhr mittags (noon), Mitternacht (0 Uhr) heißt midnight.

New York liegt in der Eastern Standard Time Zone und damit sechs Stunden hinter unserer Mitteleuropäischen Zeit. Wenn die Uhren auf Sommerzeit umgestellt sind, nennt sich die Zeitzone Eastern Daylight Time.

Zollbestimmungen

Zollfrei können Sie in die USA alle Gegenstände des persönlichen Bedarfs mitnehmen, Kleidung, Computer, Kameras etc. Sie sollten Ihre Koffer nicht oder nur mit TSA-Schloss abschließen, die US-Behörden haben das Recht, Ihre Koffer auch gewaltsam zur Inspektion zu öffnen. Pro Pers. sind i. d. R. zwei Koffer mit insgesamt 32 kg Gewicht erlaubt.

Zollfrei: 200 Zigaretten oder 250 g Tabak oder 50 Zigarren; 1 l alkoholische Getränke (nur Personen älter als 21 Jahre); Geschenke im Wert von bis zu $ 100.

Zahlungsmittel im Wert von über $ 10.000 müssen deklariert werden. Die detaillierten Bestimmungen finden Sie auf www.cbp.gov bzw. germany.germany.usembassy.gov/faqs/zoll. Telefonische Anfragen an das Department of Homeland Security, Frankfurt/Main, ✆ 004969-7535-3876.

Einfuhrverbote: Obst, Gemüse, Pflanzen, Fleisch und Wurst.

Ausfuhrverbote: Elfenbein, Raubtierfelle, Tiere (lebend oder präpariert), Produkte aus Schildpatt, Krokodil- oder Schlangenhaut, Korallen und Muscheln, Kakteen und Orchideen.

Zollfrei bei der Wiedereinreise nach Deutschland: 200 Zigaretten oder 100 Zigarillos oder 50 Zigarren oder 250 g Tabak; 1 l Spirituosen über 22 % oder 2 l Wein; 50 g Parfüm oder 0,25 l Eau de Toilette; 500 g Kaffee; Arzneimittel in reiseüblichen Mengen; sonstige Waren im Gegenwert von 430 € (unter 15 Jahren nur bis 175 €) bzw. 670 sFr. Übersteigt der Wert der Waren 700 € nicht, wird eine Pauschalabgabe von 17,5 % fällig. Für alles darüber kann es teuer werden. Aktuelle Informationen zu Zoll und Reisen gibt es auf der Internetseite des Zolls, www.zoll.de.

Zwei Ikonen aus dem Mode-Olymp

Veranstaltungskalender

Januar

Chinesisches Neujahr (erster Vollmond nach dem 21. Januar, zwischen 21.1. und 19.2.), in Chinatown sind die Feierlichkeiten sehr authentisch. Sie dauern zehn Tage. Besonders spektakulär ist die Drachenparade.

Februar

Black History Month, im Februar werden einige Veranstaltungen geboten, um die afroamerikanische Kultur zu feiern.

Empire State Building Run-Up, wer fit ist, nimmt Anfang Februar an dem Rennen die Treppen hoch bis zum 102. Stockwerk teil.

März

St Patrick's Day Parade, eine der großen Paraden der Stadt, die am 17. März den irischen Nationalheiligen ehrt. Die Parade beginnt um 11 Uhr und geht die 5th Avenue hoch. Einen guten Blick hat man von den Stufen der St. Patrick's Cathedral, von wo der Bischof die Bands begrüßt.

Easter Parade, am Ostersonntag findet eine Kostümparade entlang der 5th Avenue statt (von der 44th zur 59th Street). Beginn ist 11 Uhr.

Biennale, alle zwei Jahre im Whitney Museum of American Art. www.whitney.org.

April

Flower Show, Blumenschau im Kaufhaus Macy's am Herald Square.

TriBeCa Film Festival, in der zweiten Maiwoche findet seit 2002 Robert de Niros Filmfestival statt. Es werden Filme gezeigt und Workshops veranstaltet, außerdem gibt es Kinderprogramm. tribecafilm.com.

Cherry Blossom Festival, Kirschblütenfest Ende April/Anfang Mai im Brooklyn Botanic Garden, www.bbg.org.

Mai

Martin Luther King Parade, am dritten Sonntag im Mai wird mit dieser Parade des Bürgerrechtlers Martin Luther King Jr. gedacht, der 1968 in Memphis ermordet wurde. Sie führt die 5th Avenue hinauf (von der 57th bis zur 79th Street).

Ninth Avenue International Food Festival, gastronomisches Straßenfest mit Live-Bands und einer unvergleichlichen Vielfalt von ethnischen Köstlichkeiten und Junkfood.

Juni

Puerto Rican Day Parade (erster Sonntag im Juni), mehr als 100.000 Menschen machen i. d. R. bei dieser Parade zwischen der 44th und 86th Street mit. Der Umzug dauert drei Stunden.

Pride Week, Schwulen- und Lesbenparade mit Straßenfesten, die früher *Gay Pride Parade* hieß. Eine Woche lang wird seit 1969

mit einem vollen Clubbing-Programm und einer Open-Air-Tanzparty auf den West Side Piers gefeiert (www.nycpride.org).

Summer in the Square, jeden Mittwoch finden von Juni bis August am Union Square Musikkonzerte und Tanzvorführungen statt, unionsquarenyc.org/summer-in-the-square.

Central Park Summer Stage, eines der größten Open-Air-Festivals in New York, von Juni bis zum September im Central Park. Kostenlose Musik-, Theater-, Opern- und Tanzaufführungen, www.summer stage.org.

Bryant Park Summer Festival, kostenlose Open-Air-Aufführungen von Film-Klassikern im Bryant Park and der New York Public Library, bis August; www.bryant park.org.

Juli

American Independence Day (Unabhängigkeitstag), Feier mit Kostümparaden, Straßenfesten und Feuerwerk über dem East River, 4. Juli.

August

Harlem Week, entlang der 5th Avenue (von der 125th bis 135th Street) feiert die größte schwarze und hispanische Gemeinde New Yorks mit Straßenparty, R & B, Gospel und Jazz. Es gibt auch Film-, Tanz-, Mode- und Sportveranstaltungen. harlemweek.com.

September

Feast of San Gennaro, das Festival erstreckt sich über die dritte Woche im September in Little Italy, www.sangennaro.org.

Steuben Day Parade, mit einer der größten Paraden an der 5th Avenue wird die deutsch-amerikanische Freundschaft gefeiert. Dritte Woche im September. www. germanparadenyc.org/events.html

Fashion Week, (auch im Februar), internationale Modedesigner präsentieren ihre neuen Kollektionen im Lincoln Center. www.mbfashionwee.com.

Oktober

New York Film Festival, Premieren und Klassiker im Lincoln Center, www.filmlinc.com.

Columbus Day Parade, die Entdeckung Amerikas wird am zweiten Montag des Monats mit Paraden und Flaggen gefeiert (5th Avenue bis zur 3rd Avenue). An der Parade nehmen rund 35.000 Menschen teil.

Greenwich Village Halloween Parade, fantastische Halloween-Kostümparade und Straßenfeste am 31. Oktober entlang der 6th Avenue, www.halloween-nyc.com/index.php.

November

New York City Marathon (letzter Sonntag im Oktober oder erster Sonntag im November), der Lauf beginnt in Staten Island, führt über die Verrazano-Narrows Bridge durch alle fünf Boroughs und endet im Central Park, www.tcsnycmarathon.org.

Macy's Thanksgiving Day Parade, berühmte New Yorker Parade am vierten Donnerstag im November. Riesige Heißluftballons haben die Form von Comicfiguren. Von der 145th Street zur 34th Street. social. macys.com/parade/.

Christmas Tree Lighting Ceremony, am Rockefeller Center wird der berühmte Weihnachtsbaum erleuchtet.

Dezember

New Years Eve Celebrations, Neujahrsfeiern mit einer riesigen Leuchtkugel am Times Square und Feuerwerk am Bethsheda-Brunnen im Central Park. Man bekommt heißen Apfelwein ausgeschenkt (ab 23.30 Uhr).

Down under the Manhattan Bridge Overpass – in Dumbo gibt es viel zu entdecken

Stadttouren

Historisch: die Südspitze Manhattans

Lower Manhattan

Die Südspitze Manhattans ist der geschichtsträchtigste Teil ganz New Yorks, die Wiege der Stadt und die Wiege der Nation. Hier erklärten die Amerikaner 1776 ihre Unabhängigkeit, hier hatte die erste US-Regierung ihren Sitz, und hier entstand später das größte und bedeutendste Handels- und Finanzzentrum der Welt. Lower Manhattan ist aber auch der Ort der größten Tragödie, die New York in seiner 400-jährigen Geschichte heimgesucht hat: die Terroranschläge vom 11. September 2001.

Mit ihrem unmittelbaren Zugang zum Hudson River und zum Hafen von New York war die Südspitze der Insel Manhattan schon immer strategisch wichtig. Diese prominente Lage wurde ihr im Oktober 2012 zum Verhängnis. Hurrikan Sandy traf Lower Manhattan so hart, dass sogar die Börse zwei Tage lang (!) geschlossen blieb. Noch immer ist man dabei, die durch Wind und Wasser entstandenen Schäden zu beheben.

Im 17. und 18. Jh. wurden zum Schutz Manhattans von den verschiedenen Herrschern über die Stadt Verteidigungsanlagen angelegt, deren Kanonen schon lange verschwunden sind (bis auf eine, die im Castle Clinton steht). Ihr Name ist geblieben: *Battery Park*. Ein großer Teil dieses Areals, das von den ersten Kolonialisten *Capske Hook* genannt wurde (angelehnt an ein indianisches Wort für „felsige Landzunge"), ist allerdings künstlich entstanden, denn ab dem 18. Jh. wurde der Küstenverlauf durch massive Landaufschüttungen nach und nach verschoben. Der vorläufig letzte Akt fand in den 1960er und 70er Jahren während der Errichtung des

World Trade Centers statt, als der Aushub kurzerhand vor der Küste abgeladen wurde. Um die gesamte Südspitze verläuft, nur noch durch wenige Bauarbeiten unterbrochen, ein herrlicher Fahrrad- und Spazierweg immer entlang des Ufers durch neu angelegte Grün- und Freizeitanlagen. Die beiden bedeutendsten Museen des Viertels sind das *Museum of Jewish Heritage* und das *National Museum of the American Indian.*

Nördlich des Battery Park beginnt der **Financial District**. Hier schlägt das Herz des Kapitals, hier werden Karrieren gemacht, Millionen verdient und Millionen verloren. Die Straßenschluchten um die berühmte Wall Street geben immer wieder wunderbare Blicke auf das alte New York frei, das unter den hoch hinausragenden Neubauten der letzten Jahre zu verschwinden droht.

Der Aufstieg New Yorks zur globalen Handels- und Finanzmetropole wäre nicht geglückt ohne den alten Hafen, den **South Street Seaport**. Er war zwischen 1815 und 1860 wichtigster Warenumschlagplatz der Welt. Nach seiner Schließung in den 1880er Jahren gab man das Viertel dem Verfall preis. Erst Ende der 1960er Jahre floss Geld, und elf Häuserblöcke und drei Hafenpiere konnten restauriert werden. Hurrikan Sandy verwandelte das adrette Hafenviertel im Oktober 2012 jedoch für Monate in eine Geisterstadt, aus der es jetzt durch ehrgeizige Sanierungs- und Renovierungsprojekte wieder zum Leben erweckt wird.

Rund um die City Hall, das Rathaus, breitet sich der Gerichts- und Verwaltungsbezirk der Stadt aus. Hier im **Civic Center District** kann man die prächtige Architektur der öffentlichen Gebäude der *City of New York* bewundern, die die Macht, den Reichtum und den ganzen Stolz der Stadt repräsentieren.

Tour-Info

Inzwischen wird wieder in Lower Manhattan gewohnt (die Einwohnerzahl hat sich seit 2000 auf rund 60.000 verdreifacht), und so ist an allen Tagen etwas los. An Werktagen sind die Wartezeiten für die Sehenswürdigkeiten etwas kürzer. Planen Sie für die Freiheitsstatue und Ellis Island mindestens einen halben Tag ein. Sollten Sie dorthin fahren (am besten morgens), wird es für den gesamten Spaziergang eng. Auch am National September 11 Memorial (World Trade Center Site) kann man sich durchaus länger aufhalten, sodass evtl. nur noch Spaziergangsabschnitte am selben Tag zu schaffen sind.

Trotz Finanzkrise: die Liebe zum Charging Bull ist ungebrochen

Vom Bowling Green über den Battery Park zur Wall Street

Ausgangspunkt ist die Subway-Station **Bowling Green** (Linien 4 und 5, Nordausgang Bowling Green) am gleichnamigen Park, der ältesten Grünanlage der Stadt. Die holländischen Kolonisten hatten in dieser Gegend ihre ersten Scharmützel mit den Indianern und nutzten das Areal später für Paraden; ihre britischen Nachfolger spielten lieber Bowling, daher der Name. 1771 wurde eine Statue von George III. im Park aufgestellt, die der Mob fünf Jahre später zur Feier der amerikanischen Unabhängigkeitserklärung vom Sockel stieß und einschmolz, um sie in Kanonenkugeln zu verwandeln. Die Stelle, an der der König stand, ziert heute ein Brunnen. Durchqueren Sie diese kleine Grünanlage, denn am nördlichen Ende des Bowling Green bietet die berühmte und inzwischen eingezäunte **Skulptur des Charging Bull** von Arturo di Modica ein beliebtes Kletter- und Fotomotiv. Als Symbol für wirtschaftliche Stärke bewacht der Bulle den Eingang zum **Standard Oil Building**, das John D. Rockefeller 1920–28 von seinen Ölmillionen bauen ließ. Es folgt der Kurve des Broadways, der hier seinen Anfang nimmt.

National Museum of the American Indian

Im Hintergrund erhebt sich ein großer klassizistischer Bau: das alte *United States Custom House* von 1907. Gebaut wurde das prächtige Zollhaus nach Plänen von Cass Gilbert, der v. a. für das Woolworth-Gebäude berühmt ist. Der Haupteingang ist wie ein Triumphbogen gestaltet, die vier sitzenden Figuren symbolisieren die vier Kontinente Asien, Amerika, Europa und Afrika. Die zwölf Figuren über der Brüstung sollen die großen Seefahrernationen der Vergangenheit darstellen.

Die Zollbehörde zog später ins World Trade Center um, seit 1994 ist das Gebäude die Zweigstelle des inzwischen auf drei Standorte verteilten **National Museum of the American Indian** (der Hauptsitz befindet sich in Washington DC, eine weitere Zweigstelle in Suitland, Maryland). Für den Grundstock der Museumsbestände sorgte George Gustav Heye, der seine umfangreiche Sammlung ab 1897 auf mehreren Erkundungsfahrten in Nord- und Südamerika zusammentrug und später in einem Vorläufer des heutigen Museums der Öffentlichkeit präsentierte. Inzwischen verfügt das mittlerweile vom nationalen *Smithonian Institute* betriebene Museum über mehr als eine Million Objekte.

Die New Yorker Zweigstelle, die in Anlehnung an den Gründervater des Museums unter dem Beinamen *George Gustav Heye Center* firmiert, widmet sich in ihren Wechselausstellungen neben der Geschichte und (Alltags-)Kultur insbesondere auch der (zeitgenössischen) Kunst der „Native Americans". Es bietet im *Diker Pavilion for Native Art and Cultures* eine Bühne für indianische Musik und Tanz.

1 Bowling Green, Subway: Bowling Green Linien 4, 5; Linie 1 bis Rector St oder South Ferry. ✆ 212-514-3700, www.nmai.si. edu/visit/newyork. Tägl. 10–17 Uhr, Do bis 20 Uhr. Eintritt frei.

Alte und neue Wolkenkratzer

The Skyscraper Museum

Gehen Sie entlang der Hauptstraße Battery Place und biegen Sie am Ritz Carlton Hotel rechts ab. An der nächsten Querstraße treffen Sie auf den Eingang zu einem Kleinod, dem *Wolkenkratzer Museum*. Sein Thema ist die Geschichte und Architektur von Manhattans Hochhäusern, eines der Highlights das Originalmodell des World Trade Centers. Die Skulptur vor dem Hotel heißt übrigens *Breath* und stammt von Shirazeh Houshiary und Pip Horne.

2 West St., Battery Park City, Subway: Bowling Green Linien 4, 5. ✆ 212-968-1961, ✆ 212-968-1961, www.skyscraper.org. Mi–So 12–18 Uhr. Eintritt $ 5, erm. $ 2,50.

Museum of Jewish Heritage

Halten Sie sich in Richtung Hudson River. In kurzer Entfernung erhebt sich vor Ihnen ein eigenartiges sechseckiges Gebäude, das *Museum of Jewish Heritage*. Seine Form ist der des Davidsterns nachempfunden und soll gleichzeitig Sinnbild sein für die sechs Millionen

Lower Manhattan → Karte S. 94/95

Rockefeller Park
North Cove
South Cove
Irish Hunger Memorial
2 World Finance Center & Wintergarden
One World Trade Center
1 World Finance Center
World Trade Center Site
National September 11 Memorial, 9/11 Museum
North Pool
South Pool
Tribute WTC Visitor Center
American Stock Exchange
Trinity Church
N.Y. Stock Exchange
Federal Hall
Equitable Building /Red Cube
Federal Reserve Bank
Nr. 40 Bank of Manhattan
Merchant's Exchange
NYC Police
Mus. of American Finance
Woolworth Building
9/11 Preview Site
St. Paul's Chapel
Century 21
Fulton Center
Tweed Courthouse
City Hall
Museum of Jewish Heritage
Skyscraper Museum
Charging Bull
Battery Place
Korean War Memorial
Pier A
The Sphere
Merchant Mariner's Memorial
Castle Clinton
The Immigrants
Battery Park
Bike & Roll
East Coast War Memorial
Nat. Mus. of the American Indian
Chapel of Our Lady of the Rosary
Seton Shrine
Fraunces Tavern
Elevated Acre
British Memorial Garden
Whitehall Terminal (Staten Island Ferry)
Hubschrauber-Landeplatz
Pier 11
Statue of Liberty, Ellis Island
Chambers St
Park Pl
City Hall
Fulton St
Cortland St
Wall St
Broad Street
Bowling Green
Whitehall St South Ferry
South Ferry
Rector St
West Side Highway
Broadway
Trinity Place
Church St
Hudson St
West Street
Greenwich St
North End Ave
S End Av
Reade
Duane
Warren
Murray St
Murray
Vesey St
Barclay St
Park
Fulton
Liberty St
Albany St
Cortland St
Maiden Ln
Nassau
Ann
Beekman
John
Platt
Pine
Wall St
Exchange Pl
New St
Beaver St.
Pearl
Front
Gouverneur Lane
Old Slip
Water
Stone St
Bridge St
Broad
State St
W Thames St
Rector Park
Park Row
Elevated
Lane
EC
1
2
3
4
5
6
7
8
9
12
13
16
17
18
19
20
21

Übernachten (S. 43)
5 World Center Hotel
19 The Wall Street Inn
Essen & Trinken (S. 115/116)
6 Les Halles
7 Trinity Place
9 Zeytuna's
11 Paris Café
12 Champs Gourmet Deli
15 Pearl Street Diner
16 Gigino at Wagner Park
17 Delmonico's
20 Open Kitchen
21 Ulysses Folk House
Nachtleben (S. 52)
3 Nassau Bar
8 Living Room Bar & Terrace
10 Jeremy's Ale House
18 Vintry Wine & Whiskey
Einkaufen (S. 117)
1 Modell's Sporting Goods
2 J & R Music World
4 Century 21
13 TJ Maxx (S. 68)
14 Abercrombie & Fitch
SoHo und TriBeCa siehe S. 146/147
Chinatown, Little Italy und NoLita siehe S. 101
Brooklyn - Übersicht siehe S. 279
African Buriel Ground Museum
African Burial Ground
Surrogate's Court
Brooklyn Bridge - City Hall
Municipal Building
Foley Sq
Columbus Park
Church of the Transfiguration
Seward Park
New York by Gehry
Brooklyn Bridge
Park Row
The Bowery
East Broadway
Divison St
Henry Street
Madison Street
St James Pl.
Monroe Street
Cherry St
Water St
Pell St
Bayard St
Mott St
Elizabeth St
Mulberry St
Baxter St
Centre St
Lafayette St
Leonard St
Worth St
Hogan Pl
Pearl St
Spruce St
Frankfort St
Peck Slip
Fulton St
Front St
South Street Seaport
TKTS
Kino (vorauss. Sommer 2015)
historische Schiffe
Pier 18
Pier 17
Pier 15
Highway
Lower Manhattan
100 m

Juden, die dem Holocaust zum Opfer fielen. Das Museum widmet sich auf drei Etagen der Geschichte der Juden im 20. Jh. Die erste Etage befasst sich mit der Alltagskultur der jüdischen Gemeinden zu Beginn des Jahrhunderts, die zweite mit Verfolgung, Shoa und Widerstand, die dritte mit der Nachkriegszeit, der Gründung des Staates Israel, dem Wiederaufleben der jüdischen Kultur in Europa und der Pflege jüdischer Traditionen in den USA. Präsentiert werden etwa 15.000 Exponate, darunter mehr als 2000 Fotos, 24 Dokumentarfilme und 800 Kunstgegenstände.

Edmond J. Saffra Plaza, 36 Battery Pl., Subway: Bowling Green Linien 4, 5. ✆ 646-437-4202, 📠 646-437-4311, www.mjhnyc.org. So–Di und Do 10–17.45 Uhr, Mi 10–20 Uhr, Fr 10–17 Uhr, Sa und an jüdischen Feiertagen geschl., von Nov. bis März und vor jüdischen Feiertagen nur bis 15 Uhr. Eintritt $ 12, erm. $ 10, Studenten $ 7, Kinder unter 12 J. frei, Mi 16–20 Uhr frei. Mehrsprachige Audioguides.

Battery Park

Wenn Sie das Museum verlassen, stehen Sie im nach dem dreimaligen Bürgermeister *Robert F. Wagner Jr.* benannten Teil des Battery Park, der bereits zum gleichnamigen Wohnbezirk **Battery Park City** gehört. Dieses Viertel steht auf dem Schutt und dem Glimmerschiefer, der für den Bau des 2001 zerstörten World Trade Centers ausgehoben wurde, und ist v. a. wegen seiner neuen Uferpromenade eine beliebte Wohnadresse. Der neu gestaltete *Hudson River Park* verbindet fünf öffentliche Parks und viele interessante Werke moderner Bildhauerei miteinander. Sie könnten nun theoretisch immer am Ufer die Esplanade entlang bis nach Harlem spazieren – aber das wäre eine andere Tour.

Castle Clinton

Bleiben Sie am Ufer des Hudson mit Blick auf die Freiheitsstatue. Der Pier A mit seinem dreistöckigen Gebäude von 1886 ist rund 125 Jahre alt und wurde zur Zeit der Recherche noch immer saniert, da Supersturm Sandy nicht nur am Gebäude, sondern auch am Budget genagt hat. Einst war das Gebäude Sitz der Hafenpolizei, dann wurden hier Staatsgäste und Stars nach ihrer Landung in Manhattan willkommen geheißen, demnächst sollen hier die Besucher zur Freiheitsstatue abgefertigt werden. Derzeit passiert das noch in dem runden Bau vor Ihnen, im **Castle**

Pier A kurz vor Fertigstellung

Clinton. Vor dessen wehrhaften Sandsteinmauern hat das Mahnmal **The Sphere** seinen Platz gefunden: eine Weltkugel, die einst am World Trade Center stand. Die vom Würzburger Bildhauer Fritz Koenig 1971 geschaffene Stahl-Bronze-Skulptur wurde beim Terroranschlag nur leicht beschädigt und erinnert jetzt an seine Opfer. Die Skulptur eines Soldaten gleich dahinter ist das **Korean War Memorial** zum Gedenken an die Opfer des Koreakrieges. Auf der Mole direkt am Ufer des Hudson steht eine Gruppe Matrosen aus Bronze, die einen Kameraden aus den Fluten ziehen. Das **American Merchant Mariner's Memorial** erinnert an die Seeleute, die in Ausübung ihres Berufs zu Tode kamen.

Als Nächstes kommen Sie zum **Castle Clinton**. Als eine von acht Verteidigungsanlagen gegen englische Angriffe vom Wasser aus wurde dieses Fort 1811 zunächst als *South West Battery* gebaut, seinen heutigen Namen erhielt es 1815 zu Ehren des New Yorker Bürgermeisters und Gouverneurs DeWitt Clinton. Zunächst stand das rote Sandstein-Fort noch auf einer Insel rund 80 m von der Küste entfernt, erst durch die Landaufschüttung rückte es später aufs Festland. Einen militärischen Einsatz erlebte das Bollwerk nie, auch nicht im *War of 1812*, dem letzten Krieg zwischen Großbritannien und den USA. Bereits 1824 begann dann die zivile Laufbahn von Castle Clinton: zunächst als Opernhaus und Konzertsaal, in dem auch die berühmte schwedische Sängerin Jenny Lind ihr US-Debüt gab, dann als Einwanderungszentrum der Stadt und schließlich als öffentliches Aquarium. Seit 1946 ist es denkmalgeschützt, heute können Sie hier die Karten für die Fähre zum Wahrzeichen von New York, der **Statue of Liberty** (→ S. 112/113), und nach **Ellis Island** (→ S. 114) kaufen (zukünftig im Pier A). Die „Insel der Tränen" war, nachdem Castle Clinton für diesen Zweck geschlossen

Zum Gedenken – The Sphere

worden war, erste Anlaufstation für rund zwölf Millionen Einwanderer. An sie erinnert auch die Skulptur einer Immigrantengruppe neben der Festung.

Tägl. (außer 25. Dez.) 8.30–17 Uhr geöffnet. 20-minütige Führungen tägl. um 10, 12 und 14 Uhr. Weitere Informationen unter www.nps.gov/cacl. Subway: Bowling Green Linien 4, 5.

> Einen **schönen Blick auf die Freiheitsstatue** haben Sie auch von der kostenlosen Fähre nach Staten Island. Sie startet rund um die Uhr alle 30 Min. vom nagelneuen Whitehall Terminal. www.siferry.com.

Chapel of Our Lady of the Rosary

Um die nächste Station zu erreichen, bleiben Sie am Wasser und gehen am *East Coast War Memorial* vorbei, einem Bronzeadler inmitten von acht

Lower Manhattan → Karte S. 94/95

Granitstelen, in die die Namen von 4609 im Zweiten Weltkrieg gefallenen Soldaten eingraviert sind. Sie passieren den nagelneuen Kinderspielplatz (in Kürze soll dort auch ein historisches Kinderkarussell seine Runden drehen) und gelangen zum Vorplatz des Whitehall Piers, von dem die Staten Island Ferry ablegt (→ Kasten). Direkt gegenüber versinkt ein historisches Backsteingebäude fast im Hochhausmeer: die *Chapel of Our Lady of the Rosary,* das Geburtshaus von Elizabeth Seton. Sie war die Gründerin der ersten katholischen Konfessionsschule in Amerika und des Ordens der *Sisters of Charity*, der *Barmherzigen Schwestern*. Außerdem eröffneten sie und ihre Anhängerinnen verschiedene Waisen- und Krankenhäuser. 1975 wurde sie als erste im Land geborene Amerikanerin von der Kurie heiliggesprochen, weshalb sich in der Backsteinkirche neben ihrem ehemaligen Wohnhaus eine Gedenkstätte, der *Seton Shrine*, befindet. Betritt man die kleine Kirche, steht die Heilige links in einer winzigen Kapelle auf einem Sockel. Hinter dem Hochaltar erinnern Buntglasfenster an die Wohltaten von Mutter Seton. Die Kirchengemeinde war 1883 als katholische Mission gegründet worden, um irischen Einwanderinnen das Einleben in Manhattan zu erleichtern. Das derzeitige Gebäude stammt allerdings von 1962.

7 State St./Ecke Water St., Subway: Whitehall St./South Ferry Linie R oder South Ferry Linie 1; Bowling Green Linien 4, 5. ✆ 212-269-6865, www.setonshrine.com. Wochentags 8–17 Uhr, am Wochenende nur vor und nach dem Gottesdienst um 11 Uhr.

Nachbau der historischen Gaststätte

Fraunces Tavern Museum

Biegen Sie hinter der Kapelle links in die Moore Street und dann rechts in die Pearl Street. An der nächsten Ecke zur Broad Street, die so breit (= *broad*) ist, weil sie ein zugeschütteter Kanal aus holländischer Zeit ist, wartet das *Fraunces Tavern Museum* auf Ihren Besuch. Es ist Teil eines hübschen Gebäudekomplexes aus alten Backsteinhäuschen – der einzige noch original erhaltene Straßenblock aus dem 18. Jh. Die Taverne selbst ist jedoch nur ein Nachbau (1906) der historischen Gaststätte, in der sich George Washington am 4. Dezember 1783 von seinen Offizieren verabschiedete, nachdem er kurz vorher sein Ausscheiden aus der Armee bekannt gegeben hatte. Das Gebäude war 1719 ursprünglich als Privathaus der prominenten Familie Delancey errichtet worden und ging 1762 in den Besitz von Samuel Fraunces über, dessen dort eingerichtete Taverne schon bald zu einer Art politischem Debattierclub im vorrevolutionären Amerika wurde. Und später – in dem kurzen Jahr, in dem New York als Hauptstadt der USA fungierte – waren hier sogar das Außenministerium, das Schatzamt und das Kriegsministerium untergebracht. Heute dient der erste Stock des rekonstruierten Gebäudes als Museum zur amerikanischen Geschichte des 18. und 19. Jh., die gastronomische Tradition wird durch das irische Pub The

Porterhouse Brewery im Kolonialstil unter dem gleichen Dach fortgesetzt. Die Förderung irischer Kunst und Kultur hat sich das Porterhouse Cultural Center at Fraunces Tavern im selben Gebäude zum Ziel gesetzt.

54 Pearl St./Ecke Broad St., Subway: Whitehall St/South Ferry Linie R; South Ferry Linie 1; Broad St. Linien J, Z. ✆ 212-425-1778, ✆ 212-509-3467, www.fraucestavernmuseum.org. Tägl. 12–17 Uhr. Eintritt $ 7, erm. $ 4 unter 5 J. frei. Cultural Center: Mo–Fr 11–17, Sa–So 15–18 Uhr.

British Memorial Garden

Halten Sie sich nun links und gehen Sie beim Coenties Slip rechts in die idyllische Stone Street, die so heißt, weil sie die erste (kopfstein)gepflasterte Straße New Yorks war. Hier finden sich viele Restaurants mit Straßenterrassen. Die Stone Street führt auf den Hanover Square. An diesem Platz lebten in der britischen Kolonialzeit einige der prominentesten New Yorker Kaufleute, weshalb hier auch der etwas unspektakuläre *British (Memorial) Garden at Hanover Square* im Stil eines englischen Blumengartens angelegt wurde. Er soll an die 67 Briten erinnern, die am 11. September 2001 im World Trade Center ihr Leben verloren. Die Blumensamen stammen aus Prinz Charles' Highgrove Farm, der Stein für die Fußwege kommt aus Schottland, der Schiefer aus Wales, und die Poller sind aus London.

An der Ecke Beaver Street befindet sich übrigens das älteste Restaurant der Stadt, das *Delmonico's* (allerdings ist es hierhin umgezogen, ursprünglich hatte es einen anderen Standort). Achten Sie auch auf die wunderschönen alten Häuser in der Querstraße, der South William Street, in der sich ebenfalls viele Restaurants angesiedelt haben. Gehen Sie nun die Beaver Street rechts hoch und biegen links in die Hanover Street ein. Sie ist eine jener imposanten Straßenschluchten, die einen in Lower Manhattan so beeindrucken können – und führt direkt zur Wall Street.

Lower Manhattan → Karte S. 94/95

Wall Street

Die Wall Street, die dem Verlauf der einstigen, unter Peter Stuyvesant gebauten Stadtmauer folgt, ist das Epizentrum des New Yorker Finanzbezirks (Einheimische sagen "Fidi" für Financial District), die Herzkammer des amerikanischen Kapitalismus mit der größten Börse der Welt. Der Straßenname ist inzwischen ein Synonym für die gesamte Finanzwirtschaft Amerikas, nicht umsonst nannte sich die jüngste Protestbewegung für mehr soziale Gerechtigkeit in der Welt „Occupy Wall Street". Inzwischen verdienen die Menschen in der Wall Street aber nicht mehr nur Geld, sie wohnen neuerdings wieder hier und geben es hier aus. Viele der ehrwürdigen Bürogemäuer wurden in den letzten Jahren zu luxuriösen Wohnungen umgebaut, in deren Erdgeschosse

Luxusgeschäfte einzogen. Wie in dieser Straße seit Jahrhunderten gewirtschaftet wird, darüber berichtet das **Museum of American Finance** auf der gegenüberliegenden Straßenseite auf knapp 2800 m². Ein Film des History Channels zeigt die Vergangenheit der berühmten Finanzmeile und bietet einen anschaulichen Einstieg in das amerikanische Finanzgebaren. Seit den Terroranschlägen dürfen Zuschauer leider nicht mehr in die Börse, um den Wall Street Brokern direkt bei der Arbeit zuzusehen, dies ist der Ersatz. Zu den vielen Ausstellungsstücken im Museum zählen u. a. historische Rechenmaschinen, das Ticker Tape des Börsencrashs von 1929, ein Scheck von John D. Rockefeller und eine Reichsbanknote von 1923 über eine Million Mark. Alexander Hamilton, dem unehelich in der Karibik geborenen und bei einem seiner vielen Duelle ums Leben gekommenen Finanzgenie und Gründer der ersten Zentralbank Amerikas, ist ein eigener Raum gewidmet.

48 Wall St./William St., Subway: Wall St. Linien 2, 3. ✆ 212-908-4110, www.moaf.org. Di–Sa 10–16 Uhr. Eintritt $ 8, erm. $ 5. Samstags Eintritt frei.

Gehen Sie die Wall Street nach Verlassen des Museums in Richtung Broadway.

Ein paar Schritte weiter (Nr. 40) steht die einstige **Bank of Manhattan**, die im Wettlauf um die Ehre des höchsten Bauwerks der Stadt nur knapp dem Chrysler Building unterlag (→ S. 209). 40 Wall Street gehört seit 1996 zum Immobilienimperium von Donald Trump und wird vom Unternehmen American Express genutzt. Wenn Sie sich für Polizeiarbeit interessieren, sollten Sie die Straße überqueren und einen kurzen Abstecher zum **New York City Police Museum** machen, das hier zeitlich begrenzt ausstellt. Die eigentlichen Museumsräumlichkeiten in der ehemaligen Polizeiwache am Old Slip wurden ein Opfer des Sturms Sandy. In der Ausstellung bekommen Sie einen Überblick über die Geschichte des *New York Police Department*, das 1845 gegründet wurde. Die Exponate reichen bis zur Kolonialzeit zurück. Außerdem gibt es eine Fotoausstellung zum Terroranschlag vom 11. September 2001.

45 Wall Street, Subway: Wall St. Linien 2, 3. ✆ 212-480-3100, www.nycpm.org. Mo–Sa 9–17 Uhr, So 12–17 Uhr. Eintritt (Spende) $ 5.

Gleich daneben erhebt sich die hübsche Fassade der alten **Merchant's Exchange** mit ihrer langen Säulenkolonnade. Sie war später das Hauptquartier der *National City Bank* und diente danach als Regent Wall Street Hotel. Heute verbergen sich hinter der historischen Fassade Luxusapartments. Dank dieser neuen, kaufkräftigen Kundschaft zogen auch viele Luxusläden wie Tiffany (Nr. 37) oder Hermes (15 Broad Street) nach Downtown und beleben nun das Finanzviertel auch außerhalb der Bürozeiten.

Einen Block weiter können Sie schon die lebensgroße Statue von George Washington ausmachen. Sie steht vor der **Federal Hall** genau an der Stelle, wo George Washington 1789 in einem Vorgängerbau den Amtseid als erster Präsident der Vereinigten Staaten leistete. Kurz darauf versammelten sich dort auch die Abgeordneten des ersten amerikanischen Kongresses. Das Gremium blieb 18 Monate, bis die Hauptstadt Amerikas von New York nach Philadelphia verlegt wurde. In der Federal Hall wurde auch die *Bill of Rights* beschlossen, ein Katalog von Bürgerrechten, der in Form von zehn sog. *amendments* (Zusätzen) in die amerikanische Verfassung einging. Die historische Federal Hall wurde leider nach dem Umzug der Regierung abgerissen. Das neue, tempelartige Gebäude entstand 1842 zunächst als Zollhaus, bis jenes 1862 in die Wall Street Nr. 55 umzog. In ihrem Inneren befinden sich ein Ausstellungsraum zum Hafen von New York ("Gateway to America") mit vielen touristischen Informationen, ein Shop und eine

Hier werden Milliarden gehandelt: Die New Yorker Börse

kleine historische Ausstellung, deren Highlight die Bibel ist, auf die Washington seinen Amtseid leistete.

26 Wall St., zw. Nassau und William St., Subway: Wall St. Linien 4, 5. ✆ 212-825-6888, www.nps.gov/feha. Mo–Fr 9–17 Uhr. Kostenlose Führungen (45–60 Min.) tägl. 10, 11, 13, 14 und 15 Uhr.

Die weltberühmte Institution des Kapitalismus, die die Wall Street zum Synonym für Geldwirtschaft und Gier gemacht hat, steht in römischer Anmut gegenüber. Leider ist die **New York Stock Exchange (NYSE)** seit dem 11. September 2001 für Besucher nicht mehr zugänglich. Dank der glasfaservernetzten Supercomputer, die inzwischen 90 % des Aktienhandels abwickeln, ist dort allerdings sowieso nicht mehr viel zu sehen. In Boomzeiten arbeiteten hier mehrere tausend Händler täglich, heute sind es noch rund 300.

Die New Yorker Börse geht auf das Jahr 1792 zurück, als sich unter einem Bergahorn *(buttonwood)* auf der Broad Street 24 Makler trafen, um mit Regierungsanleihen zu handeln, die die Amerikanische Revolution finanzieren sollten. Das sog. *Buttonwood Agreement*, das ihren Handel regelte, ging als der offizielle Beginn des amerikanischen Börsenhandels in die Geschichte ein. Die Händler zogen dann in ein Kaffeehaus an der Ecke Water und Wall Street um, bis im Jahr 1865 in der Broad Street Nr. 20 das erste Börsengebäude errichtet wurde. Das jetzige Gebäude im klassizistischen Design von George B. Post mit seinen imposanten korinthischen Säulen wurde 1903 eingeweiht. Der Komplex erstreckt sich auf die Blöcke Wall, Broad und New Street. 20.000 Menschen kamen am Eröffnungstag, war doch der *Trading Floor* einer der beeindruckendsten Räume, die man je gesehen hatte. Er misst 33 mal 43 m, hat 21 m hohe Wände aus Marmor und eine vergoldete Stuckdecke. Beleuchtet wird er durch ein 10 m² großes Oberlicht. Es gibt alle möglichen Annehmlichkeiten wie getrennte Restaurants für Raucher und Nichtraucher oder eine Ambulanz, in der rund um die Uhr ein Arzt Dienst tut. Von der Anzeigentafel verlaufen 38 km Kabel in die Büros und Schaltstellen der Macht. Seit den 1870er Jahren beginnt der Handel täglich mit dem Klingeln der *opening bell;* er endet, wenn die *closing bell* ertönt. Seit März 2006 ist die NYSE selbst an der Börse notiert, 2007 fusionierte die NYSE mit der europäischen Mehrländerbörse Euronext, um noch globaler auf den Weltmärkten agieren zu können. Sie betreibt den weltweit größten Marktplatz für börsennotierte Produkte und repräsentiert mit der New Yorker Börse, der NYSE Euronext, der NYSE Amex, der NYSE Alternext und der NYSE Arca ein Drittel des weltweiten Aktienhandels. Zur Zeit der Recherche wollte die US-Derivatenbörse Intercontinental Exchange (ICE) Nyse Euronext für 8,2 Milliarden Dollar kaufen. Die Aktionäre beider Unternehmen sowie die EU-Kommission haben dem Deal bereits zugestimmt. Im Rahmen der Transaktion sichert sich die ICE auch die Nyse-Derivatetochter Liffe aus London. Die Nyse-Tochter Euronext, die überwiegend im Aktien-Handel in Paris, Amsterdam, Brüssel und Lissabon aktiv ist, soll abgespalten und selbst an die Börse gebracht werden. Euronext wurde zu dem Zeitpunkt mit 1,5 bis 1,8 Milliarden Euro bewertet, 80 der 100 weltgrößten Firmen sind hier notiert.

Über den Broadway Richtung Ground Zero

Wenn Sie nun die Wall Street bis zum westlichen Ende gehen, erreichen Sie wieder den Broadway. Er beginnt am Park Bowling Green am Südzipfel Manhattans beim Bullen und führt durch ganz Manhattan bis zur 262nd Street in der Bronx, um dann das New Yorker Stadtgebiet zu verlassen (→ S. 202).

Trinity Church

Bereits von der Börse aus erblicken Sie die *Trinity Church* aus dem Jahr 1846. Sie hat zwei Vorgängerbauten, der erste davon entstand bereits 1698 auf Erlass Williams III. von England als eine der ältesten anglikanischen Kirchen Nordamerikas und wurde durch den verheerenden Großbrand von 1776 zerstört; die zweite, 1790 errichtete Kirche musste nach dem schweren Winter 1838/39 abgerissen werden, weil sie unter der Last der Schneemassen zusammenzubrechen drohte. Der jetzige Bau wurde unter der Regie von Richard Upjohn im neogotischen Stil errichtet. Mit ihrem 92 m hohen Turm war die Kirche bis zur Jahrhundertwende das höchste Gebäude New Yorks, heute wirkt sie inmitten der Wolkenkratzerlandschaft eher klein und fast zierlich. Die Bronzetür ist Ghibertis Paradiestor am Florentiner Baptisterium nachempfunden und zeigt die Geschichte der Kirche.

Die Atmosphäre im Innern wird von den Buntglasfenstern bestimmt, deren bedeutendstes über der Kanzel Christus mit den vier Evangelisten zeigt. Alexander Hamilton wurde am äußersten Ende des Trinity Friedhofs begraben, da er 1804 "unehrenhaft" in einem Duell erschossen wurde. Hamilton war der erste Finanzminister der USA, gründete die *Bank of New York* und die Tageszeitung *New York Post*, trug zum Aufbau des Bankenwesens und der Marine bei. Er schmückt bis heute den 10-Dollar-Schein. Seine letzte Ruhestatt fand hier auch Robert Fulton, der das erste seetüchtige Dampfschiff baute. Übrigens ist der Landbesitz dieser Kirche, der ihr von Queen Anne 1705 geschenkt worden war, mehr als 2 Milliarden Dollar wert!

74 Trinity Pl., Subway: Wall St. Linien 4, 5; Rector St. Linien R oder 1. ✆ 212-602-0800, www.trinitywallstreet.org. Mo–Fr 7–18 Uhr,

Sa 8–16 Uhr, So 7–16 Uhr. Jeden Mo um 13 Uhr findet die Konzertserie "Bach at One" statt, immer am Do um 13 Uhr die Kammermusikserie "Concerts at One" (Infos hierzu unter ✆ 212-602-0800).

Equitable Building

Gehen Sie nun rechts den Broadway hinauf. Der Wolkenkratzer auf der rechten Straßenseite (Nr. 120 zwischen Pine und Cedar Street) ist das berüchtigte H-förmige *Equitable Building*, das 1915 eröffnet und als so monströs empfunden wurde, dass ein Jahr später eine Bauordnung *(zoning law)* verabschiedet wurde, um solche Schandtaten künftig zu verhindern: Denn je mehr Hochhäuser schnurstracks in den Himmel schossen, desto mehr verdunkelte sich das Leben in den Straßenschluchten. Um die Lebensqualität zu erhalten, verfügte die Stadtregierung, dass die oberen Geschosse aller neuen Wolkenkratzer in Zukunft in bestimmten Abständen zurückversetzt gebaut werden mussten. Berühmtestes Beispiel für diese „Hochzeitskuchen-Bauform“ mit Rücksprüngen ist das Empire State Building (zur *Stadtplanung auf Amerikanisch* → S. 143).

Vor der *Marine Midland Bank* ebenfalls auf der rechten Seite steht der **Red Cube** des japanischen Bildhauers Isamu Noguchi (→ Isamu Noguchi Garden Museum in Queens S. 306). Der 1967 entstandene rote Würfel balanciert auf einer Ecke und soll den Zufall symbolisieren – ganz wie ein Würfel eben. Wenn Sie jetzt den Broadway überqueren, gelangen Sie auf direktem Weg zum **National September 11 Memorial und Museum**, dem Gelände des ehemaligen Word Trade Centers. Den besten Blick auf die Gedenkstätte hat man von der Bar im fünftenStock des W Hotels (ab 17 Uhr geöffnet, → Nightlife).

Die Trinity Church an der Wall Street

National September 11 Memoria and Museum

September 11, – ein Datumskürzel, mit dem noch vor einem guten Jahrzehnt niemand so recht hätte etwas anfangen können. Heute steht es für eine neue Zeitrechung. Der 11. September 2001 markiert den Tag, nach dem in New York nichts mehr so war wie vorher. Kurz vor 9 Uhr schlug das erste der beiden von islamistischen Terroristen entführten Passagierflugzeuge in einem der beiden 420 m hohen Türme des World Trade Centers ein, nur 15 Minuten später folgte die zweite Maschine. Durch die Wucht des Einschlags und die enorme Hitze des durch die Explosion ausgelösten Brandes brachen die Zwillingstürme kurze Zeit später in sich zusammen. Unter den Trümmern aus Stahl und Beton wurden fast 2800 Menschen begraben.

Auch gut zehn Jahre später wird der Opfer des Anschlags noch immer gedacht, aber das Entsetzen und die Ohnmacht sind einer gewissen Normalität gewichen. Aus dem *Ground Zero* der Zerstörung ist inzwischen ein Neuanfang geworden. Ein ganzer Komplex aus mehreren Gebäuden entstand oder ist im Entstehen, wie ja auch das zerstörte World Trade Center nicht nur die berühmten *Twin Towers* (Zwillingstürme), sondern insgesamt sieben Gebäude umfasste. Neben den fünf neuen Bürohochhäusern wird es einen futuristischen Umsteigebahnhof mit einem von Santiago Calatrava entworfenen Dach geben, das wie ein sprungbereites Insekt aussieht und 45.000 m^2 Einzelhandelsgeschäfte überspannt. Außerdem soll an der Nordseite des Geländes ein *Performing Arts Centre (PAC)* nach Plänen von Frank Gehry gebaut werden, in das die Tanzkompanie *Joyce Theatre* einziehen darf.

Den weit sichtbaren Kern des Komplexes bildet aber natürlich das Bürogebäude **One World Trade Center** (WTC1, ehemals **Freedom Tower**). Es besteht aus zwei ineinander gelegten Quadraten und wurde Anfang 2014 fertiggestellt, womit der Turm das Empire State Building wieder als höchstes Gebäude der Stadt ablöst. Seine Höhe von exakt 1776 Fuß (ca. 541 m, bestehend aus 105 Stockwerken und einer 124 m hohen Spitze) steht symbolisch für das Jahr der Unabhängigkeitserklärung.

Zu Füßen dieses **One World Trade Center** erstreckt sich die 3 ha große Memorial Plaza, auf der die 1 Mrd. Dollar teure Gedenkstätte "Reflecting Absence" entstand, die nach den Plänen von Michael Arad und Peter Walker wie eine Parkanlage gestaltet wurde. Im Mittelpunkt liegen zwei in die Erde eingelassene, quadratische Brunnen, deren Umfang und Setzung zueinander die Footprints der beiden zerstörten WTC-Türme bilden. In der Mitte öffnen sie sich zu einem Untergeschoss, so dass ein künstlicher Wasserfall entsteht, der sich 9 m in die Tiefe stürzt. Die Becken sind von minimalistischen Bronzetafeln umgeben, auf denen die Namen der 2983 Anschlagsopfer eingraviert sind, die hier, im Pentagon, in den beiden Flugzeugen und bei einem früheren Anschlag auf das World Trade Center ums Leben kamen. In den beiden Brunnen soll sich die Abwesenheit und Leere widerspiegeln, die die Zerstörung des World Trade Centers und der Tod hin-

Gedenkbrunnen „Reflecting Absence“

Wenn alles fertig ist (vsl. 2035) ...

terlassen haben. Daneben erhebt sich ein spiegelnder Glas- und Aluminium-*Pavillon,* in den zwei Original Stahlträger des World Trade Centers integriert wurden. Sie bilden den Eingang zum unterirdischen Museum, das man über Rolltreppen erreicht. Ihre Gedenkreise beginnt unter Tage in der *Memorial Hall,* von der eine Art Rampe durch eine Folge von Gedenkräumen führt, die zum Teil durch das Tageslicht beleuchtet werden, das durch die Wasserwände der darüberliegenden Becken einfällt. Die Ausstellung umfasst Trümmerreste, Gegenstände und Multi-Media Tafeln, die mit dem Tag des Anschlags verbunden sind. Der Weg endet auf einer Aussichtsplattform über dem *West Chamber,* das das Fundament des originalen World Trade Centers war, in das man dann hinabsteigt. Am Ende bringt Sie eine weitere Rolltreppe wieder zurück zur Memorial Plaza ans Tageslicht. Auch im *9/11 Tribute Center* werden die Erinnerungen wachgehalten, es werden Führungen durch Hinterbliebene veranstaltet und Schulklassen an das Thema herangeführt. Wer sich für die Gedenkstätte selbst interessiert und wissen will, wie sie mit allen Hochhäusern einmal fertig aussehen wird, kann in der *9/11 Memorial Preview Site* kostenfrei ein Modell des Geländes, Filme und weitere Artefakte sehen.

National September 11 Memorial: Der Besuch ist kostenfrei, aber nur nach vorheriger Reservierung möglich: www.911memorial.org. Tägl. 9–20 Uhr. Temporärer Eingang: Albany Street. (Wenn die Baumaßnahmen einmal beendet sind, werden für das Gelände keine Eintrittskarten mehr benötigt. Es wird dann als öffentlicher Park zugänglich sein.)

9/11 Museum: Tägl. 9–20 Uhr, $ 24, erm. $ 18, Kinder bis 17 J. $ 15, Di 17–20 Uhr frei, letzter Einlass 19 Uhr. Besuch mit Führung $ 42, erm. $ 36, Kinder bis 17 J. $ 33.

9/11 Tribute Center: 120 Liberty St., Mo–Sa 10–18 Uhr, So bis 17 Uhr. Eintritt $ 15. Informationen unter www.tributewtc.org. Führungen ab World Trade Center Tribute

Lower Manhattan → Karte S. 94/95

Center, Mo, Mi–Sa 10–18 Uhr, Di 12–18 Uhr, So 12–17 Uhr. $ 20. ✆ 866-737-1184, visitorservices@tributewtc.org. Buchung am selben Tag im Tribute Center.

9/11 Memorial Preview Site: 20 Vesey St. zw. Church St. und Broadway, tägl. 9–20 Uhr, im Winter bis 19 Uhr. ✆ 212-267-2047; www.911memorial.org/preview-site.

Abstecher: World Financial Center

Das World Financial Center bildet das Herz des oben bereits erwähnten Wohnbezirks Battery Park City, der zwischen 1980 und 2000 angelegt wurde. Es besteht aus vier Bürotürmen mit bis zu 51 Stockwerken. Ihre kupfernen Dachvariationen sind inzwischen fester Bestandteil des New Yorker Stadtbildes und von der Gedenkstätte aus gut sichtbar. Die Türme 2 und 3 verbindet ein 36 m hoher Wintergarten (Atrium) mit Glas-Stahl-Gewölbe, in dem 16 riesige Königspalmen aus der Mojave-Wüste für ein wenig exotische Atmosphäre sorgen. Angeschlossen ist eine Galerie mit vielen Geschäften und Restaurants. Das World Financial Center bietet 27.000 m2 Nutzfläche und hat als Mieter so renommierte Firmen wie American Express, Dow Jones oder die Wirtschaftsberaterfirma Deloitte unter Vertrag.

Von der World Trade Center Site zum Civic Center

Federal Reserve Bank

Gehen Sie nun zurück zur Church Street und rechts am berühmten Discountladen **Century 21** die Cortlandt Street hoch und biegen in die Maiden Lane ein. Das festungsartige, einem Florentiner Palast nachempfundene Gebäude an der Ecke zur Nassau Street beherbergt die Federal Reserve Bank, die meist schlicht *Fed* genannt wird. Hier ist auf fünf unterirdischen Stockwerken ein Viertel der Goldreserven der Welt gelagert, mehr als in Fort Knox. Das Edelmetall im Wert von rund 10 Milliarden Dollar gehört 36 Nationen, Zentralbanken und internationalen Organisationen. Nur ein kleiner Teil ist Eigentum der USA. Das Gold wird in 122 separaten Lagern untergebracht, der Zugang liegt 24 m unterhalb des Straßenniveaus. Zusätzliche Sicherheit verspricht die 90 t schwere Stahlzylindertür in ihrem 140 t schweren Rahmen. Die rund 25.000 Besucher im Jahr wollen sich wohl einmal in ihrem Leben so fühlen wie Dagobert Duck beim Anblick seiner Taler. Sie bekommen auch eine kleine Ausstellung zur Geschichte des Geldes zu sehen.

33 Liberty St., Subway: Fulton St./ Broadway Nassau Linien A, C, J, Z, 2, 3, 4, 5. www.newyorkfed.org. Kostenlose Führungen Mo–Fr (außer feiertags) um 10, 13 und 14 Uhr. Anmeldung erforderlich, man muss mind. 16 J. alt sein und unbedingt den Ausweis mitbringen. Nur das Museum kann man auch ohne Führung besichtigen, eine Reservierung ist trotzdem erforderlich. Eingang 44 Maiden Lane, es gibt die üblichen Sicherheitskontrollen. Für Reservierungen bitte mailen an: frbnytours@ny.frb.org www.newyorkfed.org/aboutthefed/visiting.html, ✆ 212-720-6130, 📠 212-720-7459.

Folgen Sie der Nassau Street bis zur Fulton Street, in die Sie links einbiegen. Kurz vor dem Broadway türmt sich ein Glasquadrant mit Kuppel auf. Das um Jahre verspätete und Millionen Dollar über dem vereinbarten Budget errichtete *Fulton Center* ist ein neuer Umsteigebahnhof, an dem zwölf U-Bahnlinien miteinander verbunden und in ein Einkaufszentrum eingebettet wurden.

Abstecher zum South Street Seaport

Am östlichen Ende der Fulton Street liegt der South Street Seaport. Seine schöne Lage am East River mit einem traumhaften Blick zur Brooklyn Bridge hat der historische Hafenbezirk mit schweren Sturmschäden und Überflutungen durch Hurrikan Sandy bezahlt. Erst jetzt kommt langsam wieder Leben in die kopfsteingepflasterten Straßenzüge. Mehrere Museen der Fulton Street und einige gastronomische Betriebe werden allerdings nicht wieder eröffnen, die Stadt hat die Zerstörung erneut als Chance begriffen und beherzt Neues geschaffen. So wurden der historische Fischmarkt und Pier 17 im Jahre 2014 vollständig saniert und bekamen ein modernes Gesicht.

Wenn Sie die Fulton Street in Richtung Osten gehen, gelangen Sie an die doppelspurige Water Street. Dort wacht wie ein Relikt aus der Vergangenheit ein weißer *Leuchtturm* über das Viertel, der an die Opfer des Titanic-Unglücks erinnern soll und den ehemaligen Flussverlauf des East River markiert. In den folgenden Straßenzügen fühlt man sich förmlich um 150 Jahre in die Vergangenheit zurückversetzt. Eine Reihe hübscher Backstein- und Granitgebäude aus dem Jahre 1813 steht an der rechten Straßenseite, dem sog. *Belgian Block,* in dem bis zum Sturm das Seaport Museum die maritime Geschichte New Yorks dokumentierte. Zu den Exponaten des Museums gehören auch die historischen Schiffe, die zwischen Pier 17 und 16 vor Anker liegen. Sie wurden durch Sandy zwar nur leicht beschädigt, doch fehlen derzeit die finanziellen Mittel, um sie als Museumsschiffe zu erhalten.

Das Marktgebäude gegenüber dem ehemaligen Museum war einst das Zentrum des New Yorker Fischgroßhandels. Nach Sandy zogen auch hier die alten Mieter aus. Ein Luxuskino mit 550 Sitzen wird gebaut, das im Sommer 2015 eröffnen soll.

Grandiose Kulisse – South Street Seaport

Überqueren Sie nun die mehrspurige South Street, um zum East River zu gelangen. Als Baustelle hat Pier 17 natürlich nicht viel zu bieten, doch war der Pier mit seiner veralteten Shoppingmall aus den 1980er Jahren auch vorher nicht gerade ein Highlight. Er kann von der Sanierung nur profitieren. In Planung ist ein moderner Einkaufs- und Vergnügungskomplex mit einem riesigen Dachgarten, der auch Raum für kulturelle Veranstaltungen bieten soll. Von hier oben wird man einen atemberaubenden Blick auf die Brooklyn Bridge haben. Außerdem soll ein moderner

Yachthafen mit einem 50 Stockwerke hohen Hotel direkt am Wasser entstehen. Schlendern Sie vorbei an den historischen Schiffen und der Anlegestelle der Circle Line und begeben Sie sich auf den vorbildlich sanierten Pier 15. Hier können Sie vor der Kulisse der Brooklyn Bridge entspannen, mit oder ohne Kaffe.

Informationen über die Bauprojekte und –fortschritte erhalten Sie unter www.southstreetseaport.com. Besuchen Sie auch den "Elevated Acre" auf dem Dach des Bürogebäudes 55 Water Street. Von hier haben Sie schon jetzt einen herrlichen Fernblick über den East River und die Brooklyn Bridge. (www.elevatedacre.com)

St Paul's Chapel

Am westlichen Ende der Fulton Street erreichen Sie wieder den Broadway, und zwar auf der Höhe der St Paul's Chapel (1766), die der Londoner Barockkirche St-Martin-in-the-Field am Trafalgar Square nachempfunden wurde. Sie ist das älteste Gebäude in New York, das kontinuierlich genutzt wurde, und New Yorks einzige Kolonialkirche. Das Mauerwerk besteht aus Glimmerschiefer, der in größeren Mengen auf der Insel Manhattan gewonnen wird. Das Innere wurde von Pierre L'Enfant, dem französischen Architekten und Stadtplaner Washingtons, im klassizistischen Stil entworfen. Die Kristallleuchter sind aus dem irischen Waterford, die berühmteste Sitzreihe war die Privatbank von George Washington. Obwohl die Kirche direkt gegenüber dem ehemaligen World Trade Center liegt, blieb sie bei den Terroranschlägen vom 11. September 2001 wundersamerweise unbeschädigt. Zwangsläufig wurde sie damals zur ersten Anlaufstelle für Helfer und für Menschen, die auf der Suche nach Angehörigen und Freunden waren. Tausende von Erinnerungsstücken wurden hier auf den Zaun gespießt, von denen heute viele in der Kirche ausgestellt sind. Die interaktive Ausstellung *Unwavering Spirit* ist ebenfalls ein bewegendes Zeugnis der Tragödie. Jeden dritten Mittwoch im Monat kann man zur Erinnerung an die Katastrophe das Labyrinth abschreiten, das zu diesem Zweck auf dem Kirchenboden ausgebreitet wird.

209 Broadway, Subway: Fulton St. Linien 2, 3, 4, 5, A, C, J, Z. ✆ 212-368-1600, www.trinitywallstreet.org. Der Eingang befindet sich auf der Rückseite (am Broadway-Eingang steht nämlich der Hochaltar). Mo–Sa 10–18 Uhr, So ab 7 Uhr.

Woolworth Building

Einen Block weiter nördlich kommen Sie bei Nr. 233 linker Hand an einem wunderschön dekorierten Gebäude vorbei, das für seine Architektur von den New Yorkern sehr verehrt wird: dem Woolworth Building. Frank Woolworth zahlte 1913 die Baukosten von 15,5 Mio. Dollar in bar! Es diente als Hauptquartier des Woolworth-Imperiums und erinnert ein wenig an die Houses of Parliament in London oder die Kathedrale von Chartre in Frankreich. So wäre jedenfalls zu erklären, weshalb dem Woolworth-Gebäude der Spitzname *Kathedrale des Kommerzes* verliehen wurde. Auch dieses Bauwerk war einmal das höchste von New York (von 1917 bis 1929). Cass Gilbert entwarf einen auffälligen Kupferturm, der in seltsamem Widerspruch zur terrakottaverkleideten Fassade steht. Die obersten 30 Stockwerke des Gebäudes wurden gerade in Luxusapartments umgestaltete. Das fünfgeschossige Penthouse soll $ 3000 pro Quadratmeter gekostet haben...

New York by Gehry

Um rund 25 m wird das historische Woolworth-Gebäude durch einen der spektakulärsten Neuzugänge in der New Yorker Skyline überstrahlt, das New York by Gehry. Das Hochhaus (8 Spruce Street) ist der erste Wolkenkratzer des Stararchitekten Frank Gehry (Guggenheim Bilbao, Disney-Konzerthalle Los Angeles) und gleichzeitig das höchste Wohnhaus der westlichen Hemisphäre. Stahlsilbern sticht der 265 m und 76 Stockwerke hohe Turm mit seiner Kräuselfassade in den Himmel. In ihm stecken 903 verschachtelte Mietwohnungen der Luxusklasse. Jedes Einzelteil dieses Baus entwarf Gehry selbst, von der Glas- und Edelstahlfassade außen bis zu den Türknöpfen und Wasserhähnen drinnen. Eine Drei-Zimmer-Wohnung kostet hier $ 7000 Monatsmiete, das Penthouse sogar $ 60.000, dafür hat man Zugang zum Fitnessstudio, zu einem Filmsaal, einer Bibliothek, einem Swimmingpool und dem glasüberdachten Grillplatz. Im Sockel befindet sich eine Schule, davor entstand ein Minipark – Konzessionen des Bauherrn, für die er von der Stadt die Höhenmeter genehmigt bekam und steuerfreie Kredite erhielt.

City Hall

Schlendern Sie jetzt durch den hübschen **City Hall Park** mit seinen Bänken und einem Brunnen, in dem George Washington 1776 die Unabhängigkeitserklärung verlas, zur City Hall, dem Herzstück des Civic Center District. Das älteste Rathaus der Nation, dessen Dach eine Statue der Justitia schmückt, markierte bei seinem Bau 1803–12 den nördlichen Abschluss der Stadt. Das erklärt, warum nur die Vorderfront kostbar mit Marmor und Granit gearbeitet wurde, während die Rückseite billiger Sandstein zierte. In den 1950er Jahren wurde die Fassade dann rundherum mit Sandstein verkleidet.

Man kann sich heute kaum vorstellen, dass dieses Gebäude das Rathaus der größten amerikanischen Metropole sein soll, in der der Bürgermeister und das Stadtparlament *(City Council)* ihren Sitz haben. Doch zu Baubeginn hatte New York gerade einmal eine Million Einwohner. Architekten waren der New Yorker John McComb Jr., dessen Vater

Grandioses Verwaltungsgebäude: Tweed Courthouse

schon die alte City Hall renoviert hatte, und der gebürtige Franzose Joseph Mangin, von dem die Old St Patrick's Cathedral in der Mott Street stammt. Beim Design der Fassade orientierte man sich stilistisch an der französischen Renaissance, innen am amerikanischen Klassizismus.

Die City Hall ist ein zweiflügliges Gebäude, dessen Mittelbau von einem Turm geschmückt wird. Das Innere wird dominiert von einer von zehn Säulen getragenen überkuppelten Rotunde und einer geschwungenen Doppeltreppe, die zu den Tagesräumen des City Council hinaufführt. Dort befindet sich auch der mit einem Deckengemälde ausgeschmückte *Governor's Room*, in dem man sich Porträts berühmter New Yorker Persönlichkeiten anschauen kann. Im *Blue Room* oder auf den Eingangsstufen finden die Pressekonferenzen der Stadt statt.

Die City Hall (im City Hall Park) kann man werktags nach Voranmeldung besichtigen (Mindestalter 15 J.). Für (kostenlose) Führungen muss man sich zwei Wochen vorher unter www.nyc.gov/html/artcom/html/tours/reserve_tour.shtml anmelden. Do 10 Uhr und Mi 12 Uhr (Mi keine Anmeldepflicht) ab Informationskiosk. Subway: City Hall, Linie R; Brooklyn Bridge/City Hall Linien 4, 5, 6, Chambers St. Linien J, Z. ✆ 212-788-2656.

Tweed Courthouse

Die Straße, die südöstlich des City Hall Parks verläuft, ist die Park Row. Sie war vor gut hundert Jahren die Zeitungsmeile New Yorks, wo auch die *Deutsche Staatszeitung* verlegt wurde. Direkt hinter der City Hall an der Chambers Street (52 Chambers Street, zw. Broadway und Center Street) befindet sich eines der großartigsten Verwaltungsgebäude der Stadt, der *Old New York County Court,* besser bekannt als *Tweed Courthouse.* Es enthält 30 monumentale Gerichtssäle und eine zentrale Rotunde, einen der schönsten Räume New Yorks (nicht öffentlich). Das historisierend romanische Gebäude ist das Vermächtnis des demokratischen Politikers William M. Tweed, der große Summen aus dem Budget für den Bau des Gerichts veruntreute, wofür er sich 1873 pikanterweise in einem der noch unfertigen Gerichtssäle verantworten musste. Die Bauzeit zog sich entsprechend über 20 Jahre hin (1861–81), die Kosten waren am Ende auf 11–12 Mio. Dollar angestiegen. Heute hat im Tweed Courthouse das *Department of Education* seinen Sitz.

52 Chambers Street zw. Broadway und Center St., hinter der City Hall. Führungen: an ausgewählten Freitagen um 12 Uhr. Das Mindestalter ist 15 J. Buchung wie City Hall. Subway: City Hall Linie R; Brooklyn Bridge/City Hall Linien 4, 5, 6; Chambers St. Linien J, Z.

Municipal Building

Sie stehen nun an der Chambers Street. In Richtung Osten haben Sie einen frontalen Blick auf ein weiteres bombastisches Verwaltungsgebäude der Stadt, das Municipal Building von 1914 (1 Center Street, Ecke Chambers Street). In dem Gebäude, das heute u. a. das *Department of Finance* beherbergt, arbeiten rund 2000 Beamte auf 93.000 m^2 und 25 Stockwerken. Es beeindruckte den russischen Diktator Stalin so sehr, dass er das Haupthaus der Universität von Moskau nach dessen Vorbild bauen ließ. Die Architekten McKim, Mead & White orientierten sich bei ihren Entwürfen an Stilelementen der italienischen und französischen Renaissance. Über der Kolonnade im Erdgeschoss mit ihren korinthischen Säulen befinden sich Reliefs der weltli-

Vorbild für die Uni von Moskau – das Municipal Building

chen Tugenden. Die 25 Stockwerke werden von einer Art Hochzeitskuchen gekrönt, auf dem in 177 m Höhe die Statue *Civic Fame* von Adolph Weinman thront. Sie hält eine Krone mit fünf Zacken, die für die fünf New Yorker Boroughs stehen. Im Erdgeschoss befindet sich der offizielle *New York City Store*, der von Taximodellen über T-Shirts, Anhänger und Tassen die Herzen aller Souvenirjäger höher schlagen lässt.

1 Center Street, Subway: Brooklyn Bridge/City Hall Linien 4, 5, 6. ✆ 212-386-0007; a856-citystore.nyc.gov/. Mo–Fr 10–17 Uhr.

African Burial Ground

Überqueren Sie die Chambers Street beim Surrogate's Court (Erbschaftsgericht), das 1899 als feuerfestes Stadtarchiv gebaut worden war, und biegen Sie in die Elk Street, die Sie bis zur Duane Street gehen. Hier stoßen Sie auf das wie eine Grabkammer mit Prozessionsrampe und Gedenkmauer gestaltete African Burial Ground Memorial. 1991 wurden bei Bauarbeiten für das Federal Office Building die Überreste von mehr als 400 Afrikanern entdeckt, die im 17. und 18. Jh. an dieser Stelle begraben wurden. Man vermutet, dass auf dem Areal um die 20.000 Menschen ihre letzte Ruhe fanden, etwa die Hälfte von ihnen waren Kinder unter zwölf Jahren. Aus den Untersuchungen ging weiter hervor, dass viele der hier bestatteten Erwachsenen kaum älter als 30 Jahre alt waren, als sie starben, die meisten litten an Unterernährung. In der Lobby des Ted-Weiss-Regierungsgebäudes 290 Broadway befindet sich ein Museum (Visitor Center), das einzige, das sich in New York ganz diesem Thema widmet. Zur Einführung wird ein 20-minütiger Film gezeigt, die Ausstellung selbst behandelt die Geschichte der Sklaverei wie auch der Sklaven in New York City und enthält neben Infotafeln, Bildern, Filmausschnitten und Artefakten auch Fundstücke der Grabungsstätte, etwa Münzen und Särge.

290 Broadway, zw. Duane und Elk Sts., Subway: City Hall, Linie R. ✆ 212-637-2019, www.africanburialground.gov. Visitor Center Mo–Fr 10–17 Uhr, Eintritt frei, aber Sicherheitskontrollen. Das Denkmal ist geöffnet von März bis Okt. Mo–Sa 9–17 Uhr. Kostenfreie Führungen von März bis Nov., ✆ 212-227-2026; www.afbg_parl_ranger@nps.gov.

Lower Manhattan → Karte S. 94/95

Profite durch menschliche Fracht – die Hauptstadt des Sklavenhandels

Die ersten afrikanischen Sklaven kamen mit den europäischen Siedlern im 17. Jh. nach Manhattan. Bald waren es rund 80 Menschen pro Tag, die aus ihrer Heimat hierher verschleppt wurden. Im 18. Jh. machten Sklaven ein Fünftel der Bevölkerung New Yorks aus, 40 % aller New Yorker Haushalte ließen wenigstens einen oder zwei für sich arbeiten. Auch der Aufbau der städtischen Infrastruktur geht maßgeblich auf Sklavenarbeit zurück: So holzten Sklaven Wälder ab, legten Sümpfe trocken, bauten Straßen, das erste Rathaus und sogar die Stadtmauer, nach der die heute weltberühmte Wall Street benannt ist. Das Geschäft mit der Sklaverei lief blendend und war höchst profitabel. Schiffseigner, Banken, ja selbst die Zeitungen, die die Anzeigen für die Sklavenauktionen veröffentlichten, verdienten daran. So ist es kein Wunder, dass die Sklaverei in New York erst im Juli 1827 und damit vergleichsweise spät verboten wurde (in Vermont z. B. wurde ein entsprechendes Gesetz bereits 1777 erlassen). Für die Stadt, die sich sonst eher als Speerspitze des Liberalismus sieht, ist dies ein bleibender Makel.

Die Türsteherin von New York

Statue of Liberty

Für viele Amerikaner ist die Freiheitsstatue das wichtigste Symbol des Landes. Sie war ein Geschenk der Franzosen, die damit die Vollendung ihrer Revolution auch jenseits des Atlantiks feiern und die Waffenbrüderschaft zwischen beiden Republiken fördern wollten. Im Museum erfährt man, dass Frédéric-Auguste Bartholdi das Monument eigentlich für den Eingang des Suezkanals in Alexandria entworfen hatte. Die englische Kolonialregierung lehnte jedoch dankend ab, und so wurde die „Freiheit, die die Welt erleuchtet" umgestaltet und dann den Amerikanern angeboten. Modell stand diesmal übrigens Eugenie Boyer, die Gattin des Nähmaschinenherstellers Isaac Singer.

Frankreich spendete die Statue, die New Yorker sollten ihr ein würdiges Podest errichten. Der Bau des Sockels entpuppte sich als genauso teuer wie der der Statue selbst, die Finanzierung konnte nur nach Verzögerungen und einem persönlichen Spendenaufruf von Joseph Pulitzer gesichert werden. Ihre Position auf Bedloe's Island, die später in Liberty Island umbenannt wurde, wurde gewählt, weil *Miss Liberty* nicht nur die Fackel der Freiheit hochhalten, sondern Seefahrern gleichzeitig als Leuchtturm den Weg weisen sollte.

Bartholdi hatte die Statue, deren eisenskelettartiges Innenleben von keinem Geringeren als Gustave Eiffel stammt, zunächst probeweise in Paris zusammengebaut und dann in 350 Einzelteile zerlegt, die über den Atlantik verschifft wurden. Die prunkvolle Einweihung fand schließlich am 28. Oktober 1886 unter Teilnahme des damaligen US-Präsidenten Grover Cleveland statt: zehn Jahre nach Plan, denn die Freiheitsstatue sollte ursprünglich zur Hundertjahrfeier der amerikanischen Unabhängigkeitserklärung fertig sein. Die Figur ist 92,99 m hoch und besteht aus 300 gehämmerten Kupferplatten, die 100 t wiegen und von Eiffels Stahlgerüst getragen werden, das noch einmal 125 t schwer ist. Man kann das Innere durch eine Glasscheibe bewundern. Bei ihrer

Restaurierung für 100 Mio. Dollar in den 1980er Jahren wurde die Fackel bereits zum zweiten Mal ersetzt. Die alte steht im Eingangsfoyer. Auserwählte mit einem zusätzlichen Ticket ($ 3 extra) dürfen in die Krone steigen, deren sieben Strahlen die sieben Kontinente und die sieben Weltmeere versinnbildlichen. Einer der Füße der Statue ruht auf zerbrochenen Ketten, die die Sklaverei symbolisieren. Von dort kann man der Lady unter den Rock schauen. Sie hält die Fackel als Symbol der Aufklärung in der rechten Hand und in der linken Hand die amerikanische Unabhängigkeitserklärung. Den Sockel ziert ein Gedicht von Emma Lazarus: „Kommt alle zu mir: die Müden, die Armen, die unterdrückten Massen, die es nach freier Luft gelüstet."

Statue of Liberty National Monument, ✆ 212-363-3200, www.nps.gov/stli. Karten gibt es zur Zeit der Recherche noch im Castle Clinton (→ S. 96/97), Besucher sollen in Zukunft aber im Pier A abgefertigt werden. Tägl. 8.30–17 Uhr außer dem 25. Dez. ✆ 212-344-7220; www.nps.gov/cacl Zeitsparend ist die Online-Bestellung über www. statuecruises.com.

Tipp: Wer ein gutes Foto von der Freiheitsstatue schießen will, sollte unbedingt früh morgens übersetzen, dann wird sie von der Sonne angestrahlt.

Tickets/Fähre: Lassen Sie sich unbedingt ein „pedestal ticket", ein zeitbegrenztes Ticket für die Innenbesichtigung, geben, das im Preis inbegriffen (aber schnell vergriffen) ist, nach dem Sie aber fragen müssen. In Urlaubszeiten lohnt sich die Vorbestellung unter ✆ 001-877-LADY-TIX oder www.statuecruises.com, denn ohne dieses *pedestal ticket* dürfen Sie nicht in die Statue hinein oder auf sie hinauf. Für den Aufstieg bis in die Krone zahlt der Besucher noch einmal $ 3 extra, wird aber bevorzugt schnell abgefertigt. Dieses Ticket bekommt man **nur** online. Besitzer eines *New York City Passes* haben **keine** Möglichkeit auf ein Upgrade. Die Fähre zur Statue of Liberty und nach Ellis Island fährt alle 25–30 Min. von der Anlegestelle vor dem Castle Clinton. Planen Sie 45 Min. Wartezeit ein für die Kontrollen. Der Fährverkehr beginnt um 8.30 Uhr (im Winter 9.30 Uhr) und endet um 17 Uhr. Der Preis beträgt derzeit $ 18, Senioren zahlen $ 14 und Kinder (4–12 J.) $ 9. Das Ticket beinhaltet den Besuch der Freiheitsstatue (inkl. Audioguide), die Weiterfahrt nach Ellis Island und den Eintritt ins Museum dort (inkl. Audioguide). Nach 14 Uhr müssen Sie sich aus Zeitgründen für eine der beiden Inseln entscheiden.

Innenbesichtigung: Alle Taschen, die größer als eine Kameratasche sind, müssen Sie in die Schließfächer an der Rückwand des Shops einschließen ($ 2). Erst dann können Sie die Sicherheitskontrollen passieren. Die alte Fackel begrüßt Sie im Erdgeschoss, im ersten Stock kommen Sie durch das Museum, das anschaulich über die Geschichte der Freiheitsstatue informiert, zum Fahrstuhl. Es sind 186 Stufen bis nach oben zur Aussichtsplattform, dem *observation balcony*, der auf 45 m Höhe liegt – sollte der Fahrstuhl mal wieder streiken. Beim Aussteigen können Sie einen Blick ins Innere der Statue werfen. Zur Krone geht es weitere 168 Stufen eine mitunter recht schmale Wendeltreppe hoch. Der Blick ist aber nicht wirklich besser als von der unteren Plattform. Es passen nur etwa 10 Pers. gleichzeitig auf die Krone. Vor dem Verlassen der Insel sollten Sie einmal die Promenade entlang um die Statue herumgehen.

Lower Manhattan → Karte S. 94/95

Ellis Island

Zwölf Millionen Einwanderer kamen an der Türsteherin von New York, der Freiheitsstatue und Mutter aller Immigranten, vorbei und wurden auf diesem Eiland zwischen 1892 und 1954 registriert, befragt, ärztlich untersucht und im Zweifelsfalle wieder abgeschoben. Unter den Immigranten von Ellis Island waren rund 860.000 Deutsche, knapp 650.000 Österreicher und Ungarn sowie etwas mehr als 1000 Schweizer. Seit 1976 ist die Insel zu besichtigen. 1990 eröffnete hier ein Museumskomplex mit Ausstellungen, einer Bücherei, zwei Theatern und einem Zentrum für Ahnenforschung. Immerhin 40 % aller Amerikaner stammen von einem der Einwanderer ab, die Ellis Island durchliefen. An Rekordtagen hofften hier bis zu 5000 Menschen auf eine bessere Zukunft. Welche Tragödien hinter den Statistiken stecken, vermittelt die Ausstellung sehr eindrucksvoll durch Zeitzeugenberichte, Briefe, Fotos und Interviews. Entgegen dem gängigen Mythos wurde das Gros der Antragsteller innerhalb von acht Stunden durchgeschleust, und die Verhältnisse in der Station waren vergleichsweise hygienisch und gesittet. Nur 2 % der Einreisewilligen kamen nicht weiter als bis zur Registrierungshalle mit ihrem wunderschönen Kachelgewölbe. Abgewiesen wurden Menschen mit ansteckenden Krankheiten, Kriminelle, Mittellose, allein stehende Frauen und Anarchisten. Sie wurden eingestuft als „politisch oder moralisch Fragwürdige". Unter den Namen der Zuwanderer an der *Wall of Honour* findet sich übrigens auch Bertold Brecht.

Insel der Tränen:
Einwandererstation Ellis Island

Besichtigung: Es gibt eine kostenfreie Audiotour (deutsch) und Park Rangers bieten stündl. auch kostenlose Führungen auf Englisch an. Außerdem wird kostenlos ein 30-minütiger Film mit dem Titel *Island of Hope, Island of Tears* gezeigt. Weitere Informationen unter www.ellisisland.org oder www.nps.gov/elis.

Praktische Infos

→ Karte S. 94/95

Information/Führungen

Alliance for Downtown New York, 120 Broadway Suite 3340, im NYPD Downtown Center, zw. Rector und Carlisle St., ✆ 212-5666700, www.downtownny.com. Sie unterhält Besucherkioske an der Südseite Bowling Green und 7 World Trade Center Plaza (wochentags 10–16.30 Uhr) und bietet die **Downtown Connection**, kostenfreie Busse, die mit 37 Haltestellen zwischen South Street Seaport am East River und Battery Park City verkehren. Tägl. 10–19.30 Uhr, wochentags alle 10 Min., am Wochenende alle 15 Min. Es gibt auch einen **Downtown Culture Pass**, der drei Tage lang ermäßigten Zugang zu zehn kulturellen Einrichtungen gibt. Preis: $ 30, erm. $ 15, Kind 6–12 J. $ 5. www.downtownculturepass.org. Eine gute Informationsquelle ist das **Downtown Magazine**.

Führungen von Wall Street Insidern zu verschiedenen Themenschwerpunkten bietet **Wall Street Walks**, tägl. 11 Uhr, Mo, Mi und Fr–So auch 13 Uhr, Fr zusätzlich 15 Uhr. Kosten: $ 25. ✆ 212-209-3370; www.wallstreetwalks.com.

Kostenlose Führungen veranstaltet Free Tours By Foot, die Guides leben nur vom Trinkgeld. Mo und Fr 10 Uhr, Sa 14 Uhr, Treffpunkt: am Charging Bull, 26 Broadway. ✆ 646-450-6831; www.freetoursbyfoot.com/new-york-tours/. Subway: Bowling Green, Linien 4, 5.

Information Kiosk City Hall, Broadway/Ecke Park Row; tägl. 10–17 Uhr, Karten und Infomaterial.

National Park Information Center Federal Hall, 26 Wall St., zw. William und Nassau St.; Mo–Fr 9–17 Uhr. Karten- und Infomaterial.

Essen und Trinken

Zeytuna's **9** World Cuisine Bazaar von Cookies über Salate und Pizza bis Sushi. Gerichte ab $ 8. Tische drinnen und draußen mit Blick auf die Federal Reserve Bank. Manchmal Jazz. Mo–Fr 7–23 Uhr, Sa/So 8–23 Uhr. 99 William St./Ecke Maiden Lane, ✆ 212-742-2436; www.zeytuna.com. Subway: Wall St. Linien 2, 3.

Open Kitchen **20** In diesem exklusiven Deli-Markt kann man einkaufen oder essen, alles von Suppen, Pastrami, Paella oder Sushi bis zum Kuchen. Der Laden hat täglich 24 Stunden geöffnet und eine große Außenterrasse. 15 William St. Ecke Beaver St., ✆ 212-785-5555. Subway: Wall St. Linien 2, 3; Broad Street Linie J. Bowling Green Linien 4, 5.

Champs Gourmet Deli **12** Untouristischer, schlichter Laden mit wenigen Tischen, internationale und typisch amerikanische Delikatessen von Bagels bis Hot Pastrami, Suppen und Salatbar. Mo–Fr 6-20 Uhr, Sa 7–15.30 Uhr. 71 Broadway, an Trinity und Rector St., ✆ 212-363-2100, www.champsdelinyc.com. Subway: Rector St. Linie R.

Delmonico's: das älteste Restaurant der Stadt

Das Auge isst mit ...

Ulysses Folk House 21 James Joyce würde es hier gefallen. Uriges Großpub mit Brunch im Freien ($ 20 inkl. Freigetränk) und Live-Musik am Samstagabend. Gern frequentiert von Wallstreet-Bankern nach dem Feierabend. Hier trifft Seafood auf Guinness. Tägl. 11–4 Uhr. 95 Pearl St./Ecke 58 Stone St., ✆ 212-482-0400, www.ulyssesnyc.com. Subway: Whitehall St. Linie R; Bowling Green Linie 5 oder South Ferry Linie 1.

Delmonico's 17 1837 vom Schweizer Kapitän Giovanni Del Monico als erstes Restaurant in Amerika gegründet (bis dahin gab es nur Tavernen...). Traditionelle amerikanische Küche, viele Geschäftsleute. Steak ($ 47–98) oder Hummer ($ 49). Mo–Fr 11.30–22 Uhr, Sa 17–22 Uhr, So geschl. 56 Beaver St., zw. William und South William St., ✆ 212-509-1144, www.delmonicosny.com. Günstiger isst man nebenan im Delmonico's Grill Room. Subway: Bowling Green Linien 4, 5 oder Broad St. Linien J, Z.

Gigino at Wagner Park 16 Kleines, aber elegantes, italienisch angehauchtes Café-Restaurant, schönes Design mit Freiluftterrasse und romantischem Blick auf die Freiheitsstatue. Hauptgerichte $ 15–32. So–Do 11.30–22.30 Uhr, Fr/Sa bis 23 Uhr. 20 Battery Pl. (am Hudson River), ✆ 212-528-2228, www.gigino-wagnerpark.com. Subway: Bowling Green Linien 4, 5.

Paris Café 11 Zur Wiedereröffnung nach Sandy wurde die Bar dieser historischen Taverne nach dem Original von 1873 wiederhergestellt. Die Spiegel von damals sind zwar halb blind, aber man sitzt hier gemütlich an Holztischen, bekommt ein "quick lunch" unter einer halben Stunde und dazu für nur $ 4 ein Bier. Hausgericht: Muscheln und Pommes ($ 15).Tägl. 11–4 Uhr. 119 South St. Ecke Peck Slip, ✆ 212-240-9797 www.theparistavern.com. Subway: Fulton St. Linien A, C, J, Z, 2, 3, 4, 5.

Les Halles 6 Die französische Brasserie ist berühmt für die Steaks (ab $ 21) mit Kartoffeln, aber auch Meeresfrüchte von den Märkten in Chinatown, französische Spezialitäten und Hamburger. Chefkoch und Fernsehstar Anthony Bourdain hat soeben einen neuen Comic veröffentlicht, GET JIRO! Darin geht es um VIP-besessene Restaurantgäste und mörderisch konkurrierende Köche. Hauptgerichte $ 16–35. Tägl. 7–24 Uhr. 15 John St. zw. Nassau St. und Broadway. ✆ 212-285-8585, www.leshalles.net. Subway: Cortlandt St. Linien N, R.

Pearl Street Diner 15 Seit 60 Jahren bereitet die griechische Familie Couliandis hier Rühreier, Cheeseburger, Gyros und Chicken Souvlaki zu. Wegen der Nähe zum Finanzdistrikt kommen auch viele Banker, v. a. zum Frühstück. Mo–Fr 6–21 Uhr, Sa/So 8–15 Uhr. 212 Pearl St./Fletcher St., ✆ 212-344-6620; www.pearldinernyc.com. Subway: Wall St. Linien 2, 3.

Trinity Place 7 Restaurant und Bar im Kellergewölbe einer Bank aus dem Jahr 1904, Zugang durch eine 35-Tonnen-Tresortür in einen langen Raum mit gedämpfter Beleuchtung, Mahagoni-Bar und dunkelroten Sitzecken. Sehr gutes Bar-Menü, Trinity-Käseplatte $ 15, Hauptgerichte ab $ 16. Mo–Fr 11.30–23 Uhr. 115 Broadway, Eingang von der Cedar St. aus, ✆ 212-964-

0939, www.trinityplacenyc.com. Subway: Cortlandt St. Linie R.

Nightlife siehe S. 52.

Einkaufen

Verschiedene Läden unter einem Dach findet man im **World Financial Center**, dem **Fulton Center** und nach Wiedereröffnung auch im **South Street Seaport**.

Century 21 **4** Inzwischen selbst eine Touristenattraktion, 16 Abteilungen mit Preisnachlässen von 25–75 %. Kaufhaus für Designerware mit Niveau. Alles von Haushaltswaren über Kleidung und Schuhen bis zu Kinderspielzeug. Mo–Mi 7.45–21 Uhr, Do/Fr bis 21.30 Uhr, Sa 10–21 Uhr, So 11–20 Uhr. 22 Cortlandt St., zw. Broadway und Church St., ✆ 212-227-9092, www.c21stores.com. Subway: World Trade Center Linie E. Zweigstellen in der Upper West Side und Brooklyn.

Abercrombie & Fitch **14** Herren- und Damen-Freizeitausstatter im Country-Stil. Wurde 1892 von David T. Abercrombie gegründet, um Camping-, Fischerei- und Jagdzubehör von hoher Qualität zu verkaufen. Der Laden stattete 1908 schon Präsident Theodore Roosevelt für seine Afrikasafari aus, später zählten Ernest Hemingway und der Duke of Windsor zu den Kunden. Spricht heute jüngeres Publikum an. Mo–Sa 10–19 Uhr, So 11–18 Uhr. 199 Water St. zw. Fulton und John Sts., ✆ 212-809-9000, www.abercrombie.com. Subway: Fulton St. Linien A, C, J, Z, 2, 3, 4, 5.

J & R Music World **2** Jeglicher Schnickschnack zur elektronischen Unterhaltung, von Computern über Kameras bis hin zu DVDs. Mo–Mi 10–19 Uhr, Do–Fr bis 19.30 Uhr, Sa–So 11–19 Uhr. 23 Park Row, ✆ 212-238-9000, www.jr.com. Subway: Fulton St. Linien A, C, J, Z, 2, 3, 4, 5.

Modell's Sporting Goods **1** Riesige Auswahl an Sportzubehör aller gängigen Marken, Geschenke und Accessoires. Seit 1889 in Familienbesitz. Mo–Fr 8.30–20 Uhr, Sa 10–19 Uhr, So 10–18 Uhr. 55 Chambers St. zw. Broadway und Elk St., ✆ 212-732-8484, www.modells.com. Subway: Chambers St. Linien J, Z.

Sonstiges

River to River Festival. Jeden Sommer (Mitte Juni–Mitte Juli) werden im Rahmen dieses Festivals mehr als 500 Konzerte und Kulturveranstaltungen in Downtown Manhattan geboten. Alles kostenlos! Infos und Programm unter www.rivertorivernyc.com.

Lower Manhattan → Karte S. 94/95

Eine Straße mit Geschichte und Charme – die Stone Street

Größtes Chinesenviertel der USA: China Town

Chinatown, Little Italy und NoLita

Der East Side District ist ein multikultureller Paradiesgarten, das Viertel der Immigranten, das Vorzimmer der USA. Am augenfälligsten sind seit vielen Jahren die Chinesen, deren Enklave unaufhaltsam wächst, während sich die Italiener in den vergangenen Jahrzehnten mehr und mehr aus Little Italy zurückgezogen haben. Zeugnisse ihrer Lebensart sind dennoch nicht ganz verschwunden, v. a. in kulinarischer Hinsicht.

Die ersten Chinesen kamen bereits in den 1850er Jahren ins Land, einige angelockt durch die Verheißungen des kalifornischen Goldrausches, andere als Wanderarbeiter, die beim Eisenbahnbau tätig waren. Die Einwanderer blieben meist unter sich, und so entstanden in vielen amerikanischen Städten kleine chinesische Enklaven. Bald war auch New York davon betroffen, denn nachdem sich der Traum vom schnellen Gold nicht erfüllt hatte, zogen viele Chinesen auf der Suche nach Arbeit durchs Land und siedelten sich andernorts an. Dennoch beginnt die eigentliche Geschichte von New Yorks Chinatown erst viel später, denn die chinesische Zuzugswelle verebbte, bevor die dortige chinesische Enklave nennenswerte Dimensionen erreicht hatte: Grund war der Erlass des *Chinese Exclusion Act* (1882), der einen kompletten Einwanderungsstopp verfügte und den bereits im Land befindlichen Chinesen – meist Männer, die zunächst ohne ihre Familien gekommen waren – massive Einschränkungen auferlegte. So war etwa der Nachzug von Frauen und Kindern verboten, was zur Folge hatte, dass die *Chinese Societies* fast reine Männergesellschaften blieben.

Der *Chinese Exclusion Act* sollte zunächst nur eine Laufzeit von zehn Jahren haben. Doch die beständig wachsenden Ressentiments gegenüber den oft zu Dumping-Löhnen eingestellten Arbeitern aus Fernost sorgten dafür, dass er Jahrzehnt um Jahrzehnt bestätigt und erst 1943 durch eine Quotenregelung ersetzt wurde. In der Folge stieg die Einwohnerzahl Chinatowns langsam, aber stetig an, bis die Anhebung der Quote im Jahr 1968 zu einer wahren Bevölkerungsexplosion führte. Der letzte große Ansturm schließlich wurde 1997 durch die Übergabe der britischen Kronkolonie Hongkong an China ausgelöst – er hält bis heute an. Inzwischen ist Chinatown mit rund 150.000 offiziell hier ansässigen Landsleuten (und geschätzten 100.000 Illegalen) die größte chinesische Gemeinde außerhalb des Mutterlandes. Die chinesische Bevölkerung New Yorks ist seit 1990 um 100 % gewachsen. Auch andere Asiaten, v. a. Vietnamesen, zieht es nach Chinatown. Viele Zuzügler leben jedoch wegen der hohen Mieten in einem der anderen fünf Chinatowns von New York oder in East Harlem. Insgesamt sollen geschätzte 660.000 Chinesen in der Stadt wohnen.

Auf Besucher machen die fernöstlichen Gerüche, das dichte Gedränge und Gewusel, die exotisch anmutenden Wahrsagerbuden und die farbenfrohen Werbeflächen mit chinesischen Schriftzeichen mächtig Eindruck. Man meint, in einer anderen Stadt, einer anderen Welt zu sein. Auch die mehr als 400 einschlägigen Restaurants, Imbisse und Garküchen tragen dazu bei, und vollends in Zweifel über seinen Aufenthaltsort gerät man spätestens dann, wenn die erstbeste McDonald's-Filiale in der Canal Street mit einem chinesischen Firmenschild grüßt (auch das Menü ist auf Chinesisch!). Dem „Rest der New Yorker Welt" geht das übrigens kaum anders. „Chinatown" – so beschreibt es etwa Paul Auster rückblickend – „war für mich wie Ausland, und jedes Mal, wenn ich dort durch die Straßen ging, überwältigte mich ein Gefühl von Fremdheit und Verlegenheit. Das war Amerika, aber ich verstand weder die Sprache der Leute noch den Sinn der Dinge, die ich sah."

Manhattans Chinesenviertel ist aber natürlich nicht nur ein liebenswerter bunter Tupfer auf dem New Yorker Stadtplan. Noch immer halten die dubiosen *Tongs* (→ Kasten) das Heft fest in der Hand, und noch immer werden zahllose Einwanderer illegal eingeschleust und als billige Arbeitskräfte gnadenlos ausgebeutet. Möglich ist dies auch, weil unglaubliche 55 % der Menschen hier kein Englisch sprechen und so an den Segnungen der Rechtsstaatlichkeit so gut wie keinen Anteil nehmen können.

Little Italy ist die kleinste ethnische Enklave New Yorks, böse Zungen sprechen sogar vom „italienischen Themenpark". Einst reichte das Viertel von der Canal Street bis zur Houston (sprich: *Hausten*) Street. Hier drängten sich um die 40.000 Italiener in winzige Wohnungen, die sechsstöckigen Häuser mit den markanten Feuerrettungsleitern an der Außenwand *(walk-up-buildings)* standen dicht an dicht. Dann wurde Little Italy von den Chinesen überrollt. Heute besteht es nur noch aus vier Blocks, in denen rund 5000 Italiener leben. Die meisten ihrer Landsleute wohnen mittlerweile in Brooklyn (Bensonhurst und Cobble Hill) und in der Bronx (Arthur Avenue). Die kopfsteingepflasterten Straßen sind allerdings voller italienischer Restaurants. Im Mai beim *St. Anthony Festival* und im September beim *Feast of San Gennaro* kommt echtes mediterranes Flair auf. Das winzige *Italian American Museum* widmet sich den Erfahrungen der südeuropäischen Einwanderer.

Tour-Info

Beim Spaziergang durch Chinatown trifft man auf nur wenige klassische Sehenswürdigkeiten, er spricht aber alle Sinne an. Doch Vorsicht: Am Samstag ist Chinatown völlig überlaufen.

Chinatown, Little Italy und NoLita → Karte S. 121

Stationen in Chinatown

Ausgangspunkt ist die **Canal Street** (Subway J, N, Q, R, Z, 6 Station Canal Street), die Lebensader von Chinatown und einer der lebhaftesten Straßenzüge Manhattans überhaupt: jede Menge Menschen und kaum weniger Läden und Straßenhändler, die ihre zum Teil schrillen Waren unter die Leute bringen wollen. Vor langer Zeit verlief hier ein Abwasserkanal (1808 gegraben), der seine stinkende Fracht aus einer Sammelstelle um die Franklin, Worth und Baxter Street bezog, um sie dann schlankweg ins Meer zu leiten. Geblieben ist davon glücklicherweise nichts außer dem Namen.

Biegen Sie links in die Center Street – die Ecke erkennen Sie an dem **Pagodenbau** mit Phönix und Drachen, der eines der vielen *Starbucks*-Cafés beherbergt. Ursprünglich residierte hier die *Golden Pacific National Bank,* die allerdings schon zwei Jahre nach der Fertigstellung des Gebäudes (1983) pleite ging. Ihre Gläubiger, überwiegend chinesische Privatleute, verloren dabei ihr gesamtes Hab und Gut. Gehen Sie die Center Street hinunter, überqueren Sie die Howard Street und Sie gelangen zu einem nagelneuen Museum mit einer Fassade aus Beton, Holz und Bronze. Hier ist eine Gemeindeinstitution zum nationalen Museum aufgestiegen.

Museum of the Chinese in America

Museum of the Chinese in America (MoCA)

Die chinesische Architektin Maya Lin hat für $ 12 Mio. eine ehemalige Maschinenfabrik zu einem modernen, kleinen Museum umgebaut. Vorbei an der „Journey Wall", wo die Geldgeber samt ihrer Herkunft und derzeitigen Wohnorte in einem Mosaik aus Bronzekacheln geehrt werden, gelangt man in einen Empfangsraum mit Café, der sich zu den sechs kleinen Galerien um einen Innenhof öffnet, wie es in chinesischen Häusern üblich ist. Die Ausstellungsstücke bilden ein Sammelsurium an Alltagsgegenständen, Briefen, Fotos und Kleidung und demonstrieren auch, was die Chinesen zur Alltagskultur Amerikas beigetragen haben: in kulinarischer Hinsicht u. a. durch Chop Suey, in sportlicher Hinsicht u. a. durch Michelle Kwan, die fünffache Eiskunstlauf-Weltmeisterin, und in musikalischer Hinsicht u. a. durch Yo-Yo Ma, einen weltberühmten Cellisten. Die Exponate werden durch interaktive Besucherkioske und Filmeinspielungen ergänzt und sind chronologisch vom 19. Jh. bis heute angeordnet. Sie geben auch einen verstörenden Einblick in die diskriminierenden Erfahrungen der ersten chinesischen Einwanderer, die ohne Familie ein sog. *Eight-Pound-Life* führten: täglich 16 Stunden Schufterei in einer

der vielen Wäschereien, in denen sie pausenlos acht Pfund schwere Bügeleisen stemmen mussten. Eines dieser noch mit Kohle beheizten Geräte bekommt man hier zu sehen.

215 Center St., zw. Howard und Grand Sts. Di, Mi und Fr–So 11–18 Uhr, Do bis 21 Uhr. Eintritt $ 7, erm. $ 3. Führungen Sa/So 14.30 Uhr. Führungen durch Chinatown April bis Dez. Sa 13 Uhr. $ 15, erm. $ 12. ✆ 212-619-4785, ✆ 212-619-4720, www.mocanyc.org. Subway: Canal St. Linien J, N, Q, R, Z, 6.

Columbus Park

Folgen Sie nun der Grand Street rechts und anschließend der Baxter Street wieder rechts zurück zur Canal Street. Kurz vor der Canal Street treffen Sie auf die *Church of the Most Precious Blood* (→ S. 127). Im September findet in ihrem Umkreis das größte Straßenfest des Viertels statt. Ein paar Meter weiter auf einer Verkehrsinsel der Canal Street steht ein **Informationskiosk**, in dem Sie sich mit einem Stadtplan und einem Couponheft eindecken können, das Ihnen Rabatte in Geschäften und Restaurants gewährt. Schlagen Sie sich nun links über die Canal Street noch einen Block weiter durch das Getümmel bis zur Mulberry Street, in die Sie rechts einbiegen. Vorbei an vielen Fischständen gelangen Sie so zum Columbus Park. Der Columbus Park, der 1887 zunächst unter dem Namen *Mulberry Park* eröffnet wurde, ist eine der wenigen Grünflächen des Stadtviertels. Er dient gleichzeitig als sozialer Treffpunkt und als Sportanlage mit Fußball-, Basketball- und Volleyballfeldern, auch Tai Chi wird hier praktiziert. An seinem nördlichen Rand steht der *Columbus Park Pavilion,* der lange Jahre vor sich hin gammelte. Heute dient er als Begegnungsstätte und Kulturzentrum, die wenigen Blumenrabatten hat man als asiatischen Garten angelegt.

So idyllisch wie heute ging es in der Gegend übrigens nicht immer zu. Bevor der Park entstand breitete sich hier einer der übelsten Slums von New York aus: *Five Points,* fünf Straßenzüge, in denen v. a. irische Einwanderer lebten, die in verschiedenen großen Wellen in die Stadt gespült worden waren. Auf engstem Raum traten hier – fast exemplarisch – die Schattenseiten der großen Erfolgsstory des Einwandererlandes USA zutage: Arbeitslosigkeit, Armut, Straßenelend, Prostitution, Kriminalität und nicht zuletzt ethnische Bandenkriege, in denen sich die Gangs der verschiedenen Einwanderernationen blutige Straßenschlachten lieferten. Nicht selten ging es aber auch gegen die *Natives,* die in den USA geborenen Amerikaner. So etwa am 4./5. Juli 1857, als sich die *Dead Rabbits,* eine berüchtigte irische Gang aus dem Viertel, und die *Natives* der *Bowery Boys* zwei Tage lang die Köpfe einschlugen. Cineasten werden sich in diesem Zusammenhang an Martin Scorseses Film *The Gangs of New York* erinnern, der vor dem Hintergrund der damaligen Ereignisse spielt. Scorsese wusste übrigens recht genau, wovon er erzählt: Er ist ein paar Straßen weiter in Little Italy geboren.

Eine Stadt in der Stadt

Chinatown ist quasi selbstverwaltet: Das soziale, kulturelle und wirtschaftliche Leben wird von gegenwärtig 60 Einzelorganisationen bestimmt, die unter dem Dach der 1883 als Hilfsorganisation für die Einwanderer gegründeten *Chinese Consolidated Benevolent Association (CCBA)* agieren. Zu diesem Netzwerk zählen auch die *Tongs* (wörtl. *Säle*), undurchsichtige Bruderschaften, die zwar meist völlig legale Organisationsstrukturen haben, denen aber gleichzeitig der Ruf anhaftet, kriminelle Kontakte zu pflegen bzw. mafiöse Untergrundstrukturen zu unterhalten. Die beiden mächtigsten Tongs namens *On Leong* und *Hip Sing* kämpfen immer wieder um die Vorherrschaft in Chinatown.

Vom Chatham Square über die Bowery ins Herz Chinatowns

Im Süden wird der Columbus Park von der Worth Street flankiert. Wenn Sie dort links einbiegen, gelangen Sie nach 50 m zum großen Chatham Square mit dem **Kimlau War Memorial**, einem Denkmal für die chinesischstämmigen Amerikaner, die ihr Leben im Zweiten Weltkrieg im Dienste der US-Armee verloren. Am Chatham Square treffen nicht weniger als neun Straßen aufeinander. Auf dem angrenzenden St James Place versteckt sich der älteste jüdische Friedhof der Stadt, *the First Shearith Israel Cemetery.* Hier fanden u. a. 18 jüdische Revolutionskämpfer ihre letzte Ruhe sowie der erste in den USA geborene Rabbi. Am Chatham Square beginnt auch die Bowery, die wie der Broadway, die „Mutterstraße" Manhattans, den Verlauf eines alten, später von den Holländern befestigten Indianerpfads nachzeichnet (die holländischen Siedler bauten hier ihre ersten Farmen = *bouwerijs,* daher der Name). Die Bowery, die sich von Chinatown bis hoch ins East Village erstreckt, vollzieht gerade einen Wandel zum Szeneboulevard, an dem das *New Museum* für moderne Kunst (→ S. 139) einen gehörigen Anteil hat.

Überqueren Sie nun den Chatham Square. Nach ein paar Metern auf dem East Broadway gehen Sie links durch die Catherine Street und gelangen so zum kleinen **Confucius Plaza** mit einer 1976 installierten Bronzestatue des Gelehrten.

Vom alten Meister Konfuzius sind es nur noch ein paar Schritte bis zur Keimzelle Chinatowns: Sie müssen nur die Bowery überqueren, und schon sind Sie in der Pell Street, die zusammen mit der Doyers Street und dem unteren Ende der Mott Street das ursprüngliche Areal von Chinatown bildete. Dieses Ghetto aus drei Blöcken war fast ausschließlich von Männern bewohnt, da die restriktive Einwanderungspolitik den Zuzug chinesischer Frauen unmöglich machte. Aber auch das Leben der fast schon sprichwörtlichen *bachelor men* (Junggesellen) von Chinatown selbst war streng reglementiert. So durften sie weder mit Weißen um Jobs konkurrieren noch diesen Bezirk unauthorisiert verlassen. Kein Wunder, dass dieses enge Milieu den Nährboden für allerlei halbseidene Aktivitäten lieferte und kriminelle Energien freisetzte, und so entstand bald eine Unzahl von Spielsalons, Freudenhäusern und Opiumhöhlen, die von den mafiaartigen Tongs kontrolliert wurden und zum Teil noch werden (→ Kasten S. 122). Dass es dabei nicht selten äußerst brutal zuging, belegt der volkstümliche Name des scharfen Knicks im Verlauf der Doyers Street. **Bloody Angle**, das „Blutige Eck“, wird er genannt, und tatsächlich war er Schauplatz vieler blutiger Bandenkämpfe, insbesondere der zwei großen Tongs *On Leong* und *Hip Sing.*

Chinesischer Quell der Weisheit – Konfuzius

Biegen Sie am **Edward Mooney House**, einem roten Backsteinhaus, das noch aus George Washingtons New Yorker Tagen stammt, in die Pell Street. Das Edward Mooney House wurde 1785 vom Fleischer selbigen Namens gebaut und gilt als das älteste Stadthaus New Yorks. Heute ist hier eine Filiale der *Summit Mortgage Bank* untergebracht. Die Pell Street trägt aus offensichtlichen Gründen den Beinamen „Haircut Street“. Lieber als eine neue Frisur würden Ihnen die Ladenbesitzer aber eine Akupunktur, Nacken- oder Fuß-Reflexzonenmassage verpassen, denn Massagesalons gibt es in dieser Straße sogar noch mehr als Frisiersalons.

In God We Trust

Große Fische zappeln nicht im Netz, wenn in den Sälen 129 und 130 des *Criminal Court Building* zu Gericht gesessen wird. In New York müssen Verdächtige innerhalb von 24 Stunden angeklagt werden. Wegen permanenter Überlastung tagt deshalb das Gericht montags bis freitags auch bis in die frühen Morgenstunden (So–Mi bis 1 Uhr, Do–Sa länger). Da die Verhandlungen öffentlich sind, trifft man hier mitunter auch auf Drehbuchautoren auf der Suche nach Inspiration, Psychologen beim Feldstudium oder einfach nur auf interessierte New-York-Besucher. Es gibt die übliche Sicherheitskontrolle! Wer mit den Richtern und Ganoven außerhalb des Gerichtes speisen möchte, gehe ins *Forlini´s*, 93 Baxter Street, tägl. 12–23.30 Uhr, ✆ 212-349-6779. Criminal Court: 100 Center St./Ecke Hogan St., ✆ 212-386-4500.

In der Mott Street

Wenn Sie die Pell Street hinabgehen, erreichen Sie die sehr lebhafte Mott Street. Hier siedelten sich einst die ersten chinesischen Einwanderer an, heute beherbergt die Straße beliebte Restaurants und Geschäfte.

Außerdem finden hier die farbenprächtigen **Umzüge während des chinesischen Neujahrsfestes (Lunar New Year)** statt (Ende Januar/Anfang Februar), und natürlich ist die Mott Street auch Standort des **ältesten Ladens** in Chinatown: *Quong Yuen Shing & Company* (Nr. 32) wurde 1891 von einem Einwanderer namens Lee Lok als Gemischtwarenhandlung eröffnet und fungierte dann im Lauf seiner langen Geschichte als eine Mischung aus Laden, Bank, Post und Nachbarschaftstreffpunkt. Nach dem 11. September 2001 konnte die Familie Lee ihr inzwischen ganz profan in *General Store* umbenanntes Geschäft wegen der ausbleibenden Touristen nicht mehr halten und musste es verkaufen. Heute heißt der Laden *Good Fortune Gifts* und verkauft allerlei asiatischen Kitsch, der allerdings in einigen der alten Holzregale und -schränke präsentiert wird. Das historische Ladenschild befindet sich nun im Museum of the Chinese in America.

Gegenüber dem Laden erhebt sich die **Church of the Transfiguration** (Nr. 25–29), die von englischen Lutheranern im

klassizistischen Stil, aber mit gotischem Maßwerk 1801 errichtet wurde. Als Baumaterial diente im Wesentlichen Manhattan-Glimmerschiefer, die gotischen Fenster sind in Brownstone eingefasst, der auffällige grüne Glockenturm, der erst 1853 aufgesetzt wurde, besteht aus Kupfer. Im selben Jahr ging die Kirche in den Besitz irischstämmiger Katholiken über, später wurde sie dann von der italienischen Gemeinde genutzt. Heute werden die Gottesdienste sowohl in Englisch, als auch in Kantonesisch und Mandarin gehalten, da sich hier die größte chinesische Katholikengemeinde in Amerika versammelt. Das Innere ist weiß verputzt mit filigranen Säulen und barocken Deckenmalereien. Das Gotteshaus ist eine wichtige Anlaufstelle für neue Einwanderer, die hier auch lebenspraktische Hilfen bis hin zu medizinischer Beratung und juristischem Beistand finden.

Von der Church of the Transfiguration geht's nun die Mott Street Richtung Norden zum Ausgangspunkt des Spaziergangs an der Canal Street. Auf dem Weg dorthin kommen Sie zunächst an einem besonderen kulinarischen Schmankerl vorbei, dem Süßwarenladen **Aji Ichiban** (linke Straßenseite). Er gehört zu einer Süßwarenkette aus Hongkong und bietet neben Schokolade in Kieselsteinform oder Weingummi in Hot-Dog-Gestalt auch getrocknete Mangoscheiben, Seealgen-Tempura oder getrockneten Fisch an. Wem der Anblick der Leckereien nicht reicht, kann das meiste vor Ort verkosten.

Folgen Sie der Mott Street zurück bis zur Canal Street. Dort bietet sich an deren östlichem Ende die Möglichkeit zu innerer Einkehr im **Mahayana Temple** (Nr. 133, direkt an der Manhattan Bridge), dem größten buddhistischen Tempel New Yorks. Die gelbe Fassade wird von einer Pagodenimitation mit einem Balkon verziert. Man gelangt durch ein Vestibül in den eigentlichen Tempel, der in einem grüngelben Ton gehalten ist und verführerisch nach Räucherstäbchen duftet. Bei Kerzenlicht erstrahlen mehr als hundert vergoldete Buddhafiguren. Es gibt drei Altäre, auf denen frisches Obst ausgebreitet ist und Schwimmkerzen brennen. Auf dem größten Altar thront ein vierköpfiger Buddha in einem schützenden Glaskasten. Gläubige, die ihre Opfergaben darbieten, zünden zuerst ein Räucherstäbchen an und halten es über ihren Kopf, wobei sie sich mehrfach verbeugen und Gebete murmeln. Danach wird das Räucherstäbchen in eine vor dem angebeteten Buddha platzierte Schale mit Sand gesteckt.

Chinatown, Little Italy und NoLita → Karte S. 121

Klein Italien zeigt die Farben der Trikolore

Stationen in Little Italy

Nördlich der Canal Street gelangen Sie nun von fernöstlichem Prunk in mediterrane Gefilde, nach *Klein Italien*. In den 1930er Jahren kamen 98 % der Viertelbewohner aus Rom, Neapel oder Palermo, heute stammen 80 % der Einwohner von Little Italy aus Asien. Dennoch reihen sich in den paar Straßen des Viertels italienische Restaurants und landestypische Geschäfte aneinander und finden sich an vielen Häuserwänden die Farben der italienischen Trikolore. Der nördliche Teil von Little Italy (NoLita) ist Symbol für einen Wandel hin zum Szenebezirk voller hipper Boutiquen und Restaurants. Dass Little Italy überhaupt noch existiert und nicht komplett von Chinatown überrollt wurde, ist den Touristen zu verdanken, die diese paar Straßen genauso häufig ansteuern wie das Greenwich Village. „Ethnic Tourism" liegt im Trend, wovon natürlich auch Chinatown und die ehemals jüdische Lower East Side profitieren. Little Italy wird mehr oder weniger künstlich am Leben erhalten, um nachfolgenden Generationen und Besuchern zeigen zu können, wie und was es einmal war: die älteste italienische Enklave der Stadt.

Neben italienischen Ristoranti und Delikatessenläden hat Little Italy noch ein ganz besonderes religiös-folkloristisches Spektakel zu bieten: *The Feast of San Gennaro*. Es ehrt den Schutzheiligen von Neapel, der in der Regierungszeit des römischen Kaisers Diokletian enthauptet wurde, nachdem er der Legende nach unverletzt aus einem glühenden Krater herausgetreten war und sich obendrein noch ein paar auf ihn gehetzte wilde Tiere brav zu seinen Füßen niedergelassen hatten, anstatt ihn aufzufressen. Im Zentrum der Verehrung steht sein in zwei Glasampullen im Dom von Neapel aufbewahrtes getrocknetes Blut, das sich zweimal jährlich im Rahmen eines großen Gottesdienstes vor den Augen der staunenden Gemeinde verflüssigt. Little Italy hat zwar kein Blutwunder zu bieten, gefeiert wird aber dennoch, zwar nur einmal im Jahr, dafür aber in Form eines tagelang andauernden Straßenfestes, das regelmäßig rund eine Million Schaulustige anlockt. Den Höhepunkt der Feierlichkeiten bildet der 19. September. Dann wird eine in der **Church of the Most Precious Blood** (113 Baxter Street) aufbewahrte Statue des Heiligen durch die Straßen des Viertels getragen. An den anderen Tagen steht weit Profaneres auf dem Programm, u. a. ein Cannoli-Wettessen (gefülltes Gebäck). Geleitet wird das *Feast of San Gennaro* seit 1995 übrigens von einer Bürgerinitiative, nachdem Bürgermeister Rudolph Giuliani Verstrickungen mit der Mafia vermutet und mit dem Verbot der Veranstaltung gedroht hatte.

An der Ecke zur Grand Street befindet sich in einer alten Bank das **Italian American Museum**. Bislang werden lediglich in einem einzigen Raum unterschiedliche Aspekte der Immigrantenschicksale beleuchtet sowie in kleinen Sonderausstellungen italienischer Alltag präsentiert (155 Mulberry Street, ✆ 212-965-9000, www.italianamericanmuseum.org. Sa 11–18 Uhr, So 12–18 Uhr, Eintritt: $ 10 als Spende/donation).

Museumsreif ist auch bald **John Jovino** (Nr. 183). Die Pistole als Ladenschild offenbart, was hier seit 1911 verkauft wird. Jovino ist der älteste Waffenhändler in New York, 1 % aller von der Polizei sicher gestellten Waffen aus Kriminalfällen der Stadt soll von hier stammen. Weit weniger brummte leider das Geschäft von *E. Rossi & Co* in der Grand Street (Nr. 191). Einst verkauften der inzwischen verstorbene Luigi Rossi und sein Sohn Ernie italienische Musik, italienische Küchenmaschinen und italienische Heiligenstatuen an Italiener. Heute gibt es hier allerlei Merkwürdigkeiten für Touristen, darunter Babylätzchen mit dem Aufdruck „Drück mich, ich bin Halbitaliener" und Mussolini-T-Shirts (www.italiannovelty.com).

Chinatown, Little Italy und NoLita → Karte S. 121

Fast so entspannt wie im Heimatland: Straßenszene in Little Italy

Stationen in NoLita

Ende der 1990er Jahre zogen immer mehr trendige Boutiquen (Sonnenbrillen, Schuhe, Kleidung, Handtaschen, Uhren, Parfum, Einrichtungsaccessoires), Restaurants und Bars in den Nordteil Little Italys – die Immobilienmakler schufen wieder einmal ein neues Viertel mit einem neuen Image: NoLita, North of Little Italy. Gemeint sind damit jene Straßenzüge, die von der Broome Street im Süden und der Houston Street im Norden wie auch von der Lafayette Street im Westen und der Bowery im Osten eingerahmt werden.

Um NoLita zu erkunden, gehen Sie an der übernächsten Querstraße, der Spring Street, rechts und biegen bei *Lombardi's*, einem weiteren Relikt aus italienischen Tagen, links in die Mott Street ein. Nach einem weiteren Block stoßen Sie auf die Prince Street und sehen vor sich die Gemeindekirche *St Patrick`s*, die einstige Old St Patrick's Cathedral.

Old St Patrick's Cathedral

Die dem Schutzheiligen Irlands geweihte Old St Patrick's Cathedral wurde 1809 nach Entwürfen von Joseph Mangin gebaut, der auch die City Hall schuf. Das 36 m lange, von außen sehr schlichte gotische Gotteshaus wurde zum Schutz vor antikatholischen Übergriffen durch die anglikanischen *Natives* hinter hohen Mauern errichtet. 1868 wurde die Kirche durch ein Feuer zerstört, und nach dem Wiederaufbau war der Bischofssitz längst in die 5th Avenue umgezogen (→ St Patrick's Cathedral, S. 216). Im Inneren fallen besonders die Fenster auf, die in Chartre, Birmingham und Boston hergestellt wurden. An der Westwand steht ein kleiner Altar mit einem handgeschnitzten, mit Goldblatt belegten Aufsatz. Die Ostseite ziert die historische Henry-Erben-Orgel von 1868. Auch Felix de Waldons Pieta ist des Innehaltens wert. Für Cineasten ist der Friedhof von Interesse: Dort trugen Robert De Niro und Harvey Keitel im Film *Mean Streets* (dt. *Hexenkessel*) ihre Auseinandersetzung aus.

260–264 Mulberry St./Ecke Prince St., Eingang in der Mott Street, Mo–Fr 8–17 Uhr, ✆ 212-226-8075, www.oldsaintpatricks.com. Subway: Prince St. Linien N, R.

Wenn Sie die Kirche verlassen, wenden Sie sich nach rechts in die Mott Street, biegen an der Ecke links in die Prince Street ein und laufen einen Block weiter, wo Sie links in die entzückende Elizabeth Street biegen, die mit ihren Lädchen und Bars den typischen NoLita-Straßencharme verbreitet. Sie erreichen an deren Ende die East Houston Street, der Sie links bis zur Subway folgen. An der Ecke Broadway/Lafayette Street haben Sie Anschluss an die Subway-Linien B, D, F und M.

Praktische Infos

→ Karte S. 121

Information/Führungen

Chinatown Visitor Information Kiosk, im Dreieck Canal, Walker und Baxter St. Tägl. 10–18 Uhr, an Feiertagen 10–15 Uhr. Faltblätter und Broschüren zu Restaurants, Geschäften und Veranstaltungen, Couponheft.

Websites: www.explorechinatown.com, www.littleitalynyc.com.

Essen und Trinken

Di Palo's Fine Foods **9** Seit 1910 bzw. vier Generationen importieren die Di Palos Waren aus Süditalien (Olivenöl, Pasta und mehr als 300 Sorten Käse) nach Little Italy. Mo–Sa 9–19 Uhr, So bis 17 Uhr. 206 Grand St./Mott St., ✆ 212-226-1033. www.dipaloselects.com. Subway: Canal St. Linie 6.

Chinatown Ice Cream Factory **13** Eine Legende besagt, dass die Chinesen das Speiseeis während der Tang-Dynastie erfunden hätten. Hier jedenfalls gibt es cremiges Eis mit einem Hauch Exotik im Geschmack. Probieren Sie Ingwer oder Lychee, Grüner Tee oder Rote Bohnen. Tägl. 11–22 oder 23 Uhr, je nach Wetter. 65 Bayard St., zw. Mott u. Elizabeth Sts., ✆ 212-608-4170, www.chinatownicecreamfactory.com. Subway: Canal St. Linie 6.

Lombardi's **4** Das Lokal eröffnete 1905 als America's First Pizzeria, die Pizzen gelten bis heute als die besten der Stadt. Das Original kostet $ 15,50 (groß $ 19,50). So–Do 11.30–23 Uhr, Fr–Sa bis 24 Uhr. 32 Spring St./Mott St., ✆ 212-941-7994, www.firstpizza.com. Subway: Canal St. Linien J, N, Q, R, Z, 6 oder Bowery Linien J, Z.

Dim Sum Go Go **22** Dieses Restaurant bereitet die kleinen, gefüllten Knödel so authentisch zu, dass Gäste angeblich aus dem Ausland anrufen, um einen Tisch reservieren zu lassen. Tägl. 10–23 Uhr. 5 East Broadway, zw. Chatham Sq. und Worth St., ✆ 212-732-0797; dimsumgogo.com. Subway: East Broadway Linie F.

Golden Unicorn Restaurant **21** Eines der populärsten Restaurants in Chinatown, sowohl für Dim Sum als auch für chinesisches Standard-Dinner. Auf drei Etagen, goldene Bezüge, goldene Gardinen und im Zentrum zwei Drachen, deren Augen leuchten. Zu empfehlen sind *sweet and sour chicken* oder *jumbo shrimps in black bean sauce*. Mo–Fr 10–22.30 Uhr, Sa/So ab 9 Uhr. 18 East Broadway, zw. Catherine und Market Sts., ✆ 212-941-0911. Subway: East Broadway Linie F.

New Bo Ky Restaurant **12** Hier gibt es verschiedene Nudelsuppen und herrliche hausgemachte Fleisch- und Fischbuletten. Kein besonderes Ambiente, aber schnell und günstig ($ 3,50–5). Nur Barzahlung. Tägl. 8–22 Uhr. 78–80 Bayard St., zw. Mott und Mulberry Sts., ✆ 212-406-2292; bokynyc.com. Subway: Canal St. Linien J, N, Q, R, Z, 6.

Joe's Shanghai **17** Ebenfalls spartanisch eingerichtet, probieren Sie unbedingt die *soup dumplings* (die Suppe ist im Knödel, nicht der Knödel in der Suppe) bzw. *Xiao Long Bao* (Teigtaschen), acht Stück für $ 4,65. Tägl. 11–23 Uhr. 9 Pell St., zw. Bowery und Mott St., ✆ 212-233-8888, www.joeshanghairestaurants.com. Subway: Canal St. Linien J, N, Q, R, Z, 6.

Vielleicht war sie ja Pizza-Bäckerin?

Joe's Ginger **16** Etwas mehr nach europäischem Geschmack geführter Ableger von Joe's Shanghai. Es gibt dieselben Dumplings, nur ohne Schlangestehen. Mo–Do 11–22.30 Uhr, Fr–Sa bis 23.30 Uhr, So bis 20 Uhr. 25 Pell St, nur wenige Schritte von Joe's Shanghai, ✆ 212-285-0999; www.joeginger.com. Subway: s.o.

Fuleen Seafood **19** Der Fisch kommt Hong Kong Style direkt aus den Aquarien auf den Teller, frischer geht es nicht, zimperlich darf man da natürlich nicht sein. Platz auf zwei Etagen, günstig und gut. Tägl. 11–24 Uhr. 11 Division St. zw. Catherine und Market Sts., ✆ 212-941-6888; www.fuleenrestaurant.com. Subway: Canal St. Linien J, N, Q, R, Z, 6.

Vincent's of Little Italy **11** Gegründet 1894 als Straßenverkauf, seit 1904 mit eigenen Räumlichkeiten. Eine echte Institution. An den Wänden hängen Fotos von Frank Sinatra, der hier seine eigene Pasta kochte, oder von berühmten Gästen wie Dean Martin und Robert De Niro. Spezialisiert auf Fisch und Meeresfrüchte. Man kann die berühmte Vincent's-Pastasoße übers Internet bestellen. Seafood $ 12,45–42,95, Pasta ab $ 9,75, Pizza ab $ 10,95. So–Do 11.30–24 Uhr,

Fr/Sa bis 1 Uhr. 119 Mott St., Eingang Hester Street, ✆ 212-226-8133. 02de1be.netsolhost.com. Subway: Grand St. Linien B, D.

››› **Lesertipp: Public** 3 „Restaurant und Essen sind hochwertig und trendig – ein Michelin-Stern spricht für sich" (Ilka und Dan Sauer aus Köln). Hauptgerichte $ 20–28 ohne Beilagen. Mo–Do 18–23 Uhr, Bar bis 1 Uhr, Fr 18–0.30 Uhr, Sa 11–15.30 und 18–24 Uhr, Bar bis 2 Uhr. Brunch Sa/So 10.30–15.30 Uhr ($ 24). 210 Elizabeth St. zw. Prince und Spring St., ✆ 212-343-7011, www.publicnyc.com. Subway: Spring St. Linie 6. ‹‹‹

Café Habana 2 Meist rappelvoller, winziger Kubaner/Mexikaner mit Take-away. Spezialität Maiskolben. Cuban Sandwich $ 8. Tägl. 9–24 Uhr. 17 Prince St./Ecke Elizabeth St., ✆ 212-625-2002, www.cafehabana.com. Subway: Spring St. Linie 6.

Tacombi 1 NoLita. Schräge Latino-Kneipe in einer Garage (die hieß Fonda Nolita) mit VW-Bus als Bar und Snacks wie Tacos (ab $ 3,95). So–Mi 11–24 Uhr, Do–Sa bis 1 Uhr. Frühstück Sa/So 9–13 Uhr. 267 Elizabeth Street zw. Prince u. Houston Streets, www.tacombi.com. Subway: Spring St. Linie 6 oder B'way-Lafayette Linien B, D, F, M.

Nightlife siehe S. 52 und 59.

Einkaufen

Yunhong Chopsticks 14 Hier wird das Stäbchen zur erschwinglichen Kunst. Tägl. 10.30–20.30 Uhr, 50 Mott St./Ecke Bayard St., ✆ 212-566-8828, www.happychopsticks.com. Subway: Canal St. Linien J, N, Q, R, Z, 6.

Posteritati 7 Cineasten finden hier per Computersuche originale Kinoposter (9000 an der Zahl!) von der Stummfilmzeit bis heute. Di–Sa 11–19 Uhr, So 12–18 Uhr. 239 Centre St., ✆ 212-226-2207, www.posteritati.com. Subway: Canal St. Linien J, N, Q, R, Z, 6.

Downtown Music Gallery 23 Bruce Lee Gallanter führt diesen winzigen Laden seit 1991 als Anlaufpunkt für Liebhaber experimenteller Avantgarde-Musik. Live-Auftritte jeden Sonntag 18 Uhr, Eintritt frei. Do–So 12–20 Uhr, Mo–Mi bis 18 Uhr. 13 Monroe St., zw. Market und Catherine Sts., ✆ 212-473-0043; www.downtownmusicgallery.com. Subway: Chambers St. Linien J, Z.

Warm 5 Boutique für lässige Sommermode und Artikel, als wäre man zum Surfen am Beach. Alles von befreundeten Designern und Künstlern der Besitzerin. Mo–Sa 12–19 Uhr, So bis 18 Uhr. ✆ 212-925-1200; www.warmny.com. 181 Mott St. zw. Kenmare und Broome Sts. Subway: Spring St. Linie 6.

China-Food-Lexikon

Dim Sum: „Chinesische Tapas", kleine Portionen dampfender Teigtaschen, Klöße und Reisrollen mit Hunderten von verschiedenen Füllungen. Sie entstanden in den chinesischen Teehäusern entlang der Seidenstraßen, um Reisende zu verköstigen. Wörtlich übersetzt heißt *dim sum* „ein Stück des Herzens".

Shabu-Shabu: japanisches Fleisch-Gemüse-Fondue, das man selbst in einer Suppe kurz garen lässt und mit Sesamsoße isst.

Ramen: eine japanische Nudelsorte, die eine Art Grundnahrungsmittel darstellt. Gängig in Suppen und neuerdings mit Burgern.

Dumplings: chinesische Ravioli mit verschiedenen Füllungen. Nach außen einfach, innen vielfältig.

Tapioca Bubble Tea: meist schwarzer, manchmal grüner Tee mit schwarzen, gummiartigen Geleeperlen, die von Zuckersirup oder braunem Zucker umhüllt sind. Die 30 Tapioca-Perlen pro Getränk haben rund 400 Kalorien!

Blick zurück ins Elend – das Tenement Museum

Lower East Side → Karte S. 133

Lower East Side

Die Lower East Side lebt von ihrer Vergangenheit als jüdisches Viertel und der Gegenwart als Szenekiez. Anfang des 20. Jh. war hier die weltgrößte jüdische Gemeinde angesiedelt. Zu ihrer Hinterlassenschaft zählen rund 300 Synagogen, von denen die meisten jetzt anderen Zwecken dienen, sowie einige jüdische Geschäfte und Delis. Die New Yorker Juden selbst wohnen heute in Williamsburg, Brown Heights oder Borough Park in Brooklyn.

Farmen und Landwirtschaft bestimmten die Lower East Side, bevor sich im späten 18. Jh. v. a. zwei Großgrundbesitzer, Henry Rutgers (ein Held der Unabhängigkeitskriege) und James Delancey, hier niederließen; nach beiden sind heute Straßen benannt. Anfangs dominierten Einfamilienhäuser das junge Stadtbild, bald schon jedoch war der Zuzug von Einwanderern so groß, dass mehr und mehr bis zu sechsstöckige Mietskasernen gebaut wurden. Zunächst kamen die hungernden Iren, die ihrer vernichtend schlechten Kartoffelernte entflohen waren, dann die Deutschen, die die Revolutionswirren von 1848 hierher verschlugen, und ab etwa 1870 schließlich in mehreren großen Einwanderungswellen die Juden, die die Lower East Side zu ihrem *Schtetel* machten und das Viertel am nachhaltigsten prägten. Die meisten von ihnen waren osteuropäischer Herkunft und hatten sich vor den Pogromen in Russland und den umliegenden Staaten in die Neue Welt geflüchtet. Wie die anderen Einwanderergruppen auch wurden sie nach ihrer Ankunft auf Ellis Island gezielt einem der bald aus allen Nähten platzenden Wohnblöcke in der Lower East Side zugewiesen, und zwar nach Nationalitäten geordnet: Russen wohnten neben Russen, Polen neben Polen und Ungarn neben Ungarn.

Insgesamt lebten um 1880 etwa 300.000 osteuropäische Juden in der Lower East Side, die zu einem der scheußlichsten Elendsviertel der Stadt geworden war, vergleichbar mit *Five Points* jenseits der Bowery (→ S. 122). Arbeit fanden sie in den Bekleidungsfabriken des Viertels, in denen sie tagaus, tagein unter elenden Bedingungen schuften mussten, um am Ende mit Hungerlöhnen abgespeist zu werden, die zum Leben kaum ausreichten. Nach der Arbeit kehrten sie zurück in eine der hiesigen Mietskasernen. Diese *tenements* genannten Gebäude waren in winzige, oft fensterlose Einzimmer-Wohnungen unterteilt, in die jeweils eine ganze Familie eingepfercht wurde – ohne Heizung, ohne fließend Wasser und überhaupt ohne sanitäre Einrichtungen, die einzige Toilette stand im Hof und musste von allen Mietern des Hauses geteilt werden. Ein authentisches Bild dieser Lebensbedingungen zeichnet das **Lower East Side Tenement Museum** in der Orchard Street, das man getrost zu den Highlights von Manhattan zählen kann.

Mit gut 520.000 Menschen erreichte die Einwohnerzahl der hiesigen jüdischen Gemeinde 1910 ihren Höhepunkt. Danach begann der Exodus. Binnen einer Generation und damit weit schneller als andere Einwanderergruppen hatten die osteuropäischen Juden die Integration in die amerikanische Gesellschaft geschafft. Viele Einwandererkinder waren die soziale Rangskala hochgeklettert und kehrten nun dem Ghetto ihrer Eltern den Rücken. Schon 1915 lag das Zentrum des jüdischen Manhattan nicht mehr in der Lower East Side, sondern in East Harlem. Und wer es sich leisten konnte – und das wurden im Laufe der Jahre immer mehr – verließ das Viertel über die Williamsburg Bridge (die entsprechend *Jewish Highway* genannt wurde) in Richtung Brooklyn.

Heute ist vom jüdischen Erbe nicht viel übrig geblieben. Die meisten Synagogen werden inzwischen von anderen Glaubensgemeinschaften genutzt, und die, die noch ihrem ursprünglichen Zweck dienen, haben meist Probleme, die vorgeschriebene Anzahl von zehn Personen für den täglichen Gottesdienst (Minyan) zusammenzubekommen. Immerhin hat sich am East Broadway (Nr. 311–313, zwischen Dickstein und Grand Streets) noch ein rituelles Bad („Ritualarium" oder „Mikvah" auf jüdisch) halten können, das 1996 unter den wachsamen Augen eines Rabbis sogar grundsaniert wurde. Orthodoxe jüdische Frauen müssen es traditionell vor ihrer Hochzeit, nach einer Geburt und nach jeder Menstruation aufsuchen. Auch Yeshivas (religiöse Schulen) für insgesamt 270 Schüler gibt es noch, ebenso ein Altenwohnheim für jüdische Senioren *(Bialystoker Home for the Aged)*, und eine jüdische Wochenzeitung namens *Der Algemeyner Zhurnal.*

Das sind hier jedoch die letzten Enklaven jüdischen Lebens, der Wandel der Lower East Side zum Szeneviertel ist fast abgeschlossen. Heute bekommt man in hippen Boutiquen und angesagten Restaurants leichter ein paar gebrauchte Cowboystiefel als eine Kippa und eher Tapas als koscheres Pastrami.

Lexikon jüdischer Speisen

Bagels – Hefeteigbrötchen mit Loch, die vor dem Backen kurz gekocht werden

Bialys – Bagels ohne Loch

Matzos – dünne Weizenkräcker

Knishes – gefüllte Kartoffelklöße

Pickles – sauer Eingelegtes

Die Atmosphäre ist in etwa vergleichbar mit Teilen Ostberlins gleich nach dem Fall der Mauer. Einige Straßenzüge vermitteln noch den leicht abgewetzten Charme des Arbeiterviertels, das für so viele der Start in ein neues Leben war. Doch überall wird renoviert, saniert,

modernisiert, und die Szene aus Künstlern, Musikern und urbanem Stadtvolk eröffnet immer neue Bars und Läden, Edelrestaurants und Hotels. Mit dem **New Museum of Contemporary Art** entstand an der Bowery ein Museum, dessen Besuch Freunde zeitgenössischer und avantgardistischer Kunst nunmehr wunderbar mit einem Einkaufsbummel oder abendlichem Streifzug durch die Bars und Restaurants verbinden können (→ Abstecher). Dem Beispiel folgend haben sich jüngst auch rund ein Dutzend neue Galerien in der Lower East Side niedergelassen.

Tour-Info

Drei klassische Sehenswürdigkeiten – zwei Museen und eine Synagoge – und dazu jede Menge Gelegenheiten zum Shoppen, Schauen und Schlemmen – das bietet der Spaziergang durch die Lower East Side. Auch der Einkaufsbummel durch die witzigen und schicken Boutiquen lohnt. Beachten Sie aber, dass am Samstag die jüdischen Einrichtungen geschlossen sind.

Stationen

Sie starten an der Haltestelle Grand Street (Linien B, D) am **Sara D. Roosevelt Park** auf dem Mittelstreifen zwischen Chrystie und Forsythe Street. Der Park entstand zwischen 1932 und 1936 an der Stelle von sieben dicht an dicht stehenden Mietskasernen, sog. *lung blocks*, in denen das „jüdische Asthma", die Tuberkulose, grassierte. Der Abriss der Häuser stand im Zusammenhang mit Präsident Roosevelts New-Deal-Politik, zu deren sozialpolitischem

Maßnahmenkatalog auch die Verbesserung der desolaten Wohnverhältnisse von Arbeiterfamilien und die Beseitigung der städtischen Slums zählte. Da sowohl Abriss als auch Bau des Parks im Rahmen staatlicher Arbeitsbeschaffungsmaßnahmen erfolgten, profitierten die Arbeiter der Lower East Side in doppelter Weise von diesem Projekt, was Präsident Roosevelt eine ernorme Popularität bei der vorrangig jüdischen Bevölkerung des Viertels einbrachte. Ein Bonmot aus diesen Tagen bringt es auf den Punkt. Die Juden, so hieß es, haben drei Welten: *di velt, yene velt and Roose-velt* ... Benannt wurde der Park nach Roosevelts Mutter, die auf einem Landsitz an der Chrystie Street um die Ecke aufgewachsen war. Heute wird der Park von Sport- und Spielplätzen dominiert und als grüne Lunge der Lower East Side genutzt.

Eldridge Street Synagogue

Wenn Sie nun die Grand Street Richtung Osten gehen, kommen Sie bald zur Eldridge Street, biegen dort rechts ein und folgen ihr vorbei an unzähligen Internet-Cafés, Beauty-Salons und dem runden Betonbau der Emma-Lazarus-Highschool (spezialisiert auf Englisch-Kurse für Immigranten und benannt nach der jüdischen Dichterin, die das Gedicht „The New Colossus“ für die Freiheitsstatue verfasste) bis zu einer Synagoge. Die *Eldridge Street Synagogue* stammt aus dem Jahr 1886 und war das erste jüdische Gotteshaus Amerikas, das für die osteuropäischen Einwanderer gebaut wurde; zuvor hatte der Gottesdienst in Privatgebäuden oder ehemaligen Kirchen stattgefunden. Die Architekten, die Brüder Peter und Francis Herter, stammten aus Deutschland. Sie entwarfen weitere 50 Gebäude in der Lower East Side. Die Mischung aus maurischen, romanischen und gotischen Stilelementen macht die aus Backstein und Terrakotta gebaute Synagoge zur schönsten von Manhattan. Achten Sie auf das Rosenfenster über dem Hauptportal und innerhalb dieses Fensters auf die zwölf runden, kleineren Fenster, die die zwölf Stämme Israels repräsentieren. Darunter befinden sich hinter fünf romanischen Bögen fünf Fenster, die die fünf Bücher Mose darstellen sollen. Überhaupt gibt es auf jeder Seite der Synagoge viele Fenster, da die meisten der Gläubigen im 19. Jh. ihren Alltag in finsteren Fabriken und noch finstereren Wohnungen verbringen mussten und man sie mit Licht verwöhnen wollte. Wenn man das 21 m hohe Gewölbe betritt, sieht man gegenüber an der Ostwand (in Richtung Jerusalem) einen Schrein, in dem die Thora-Rollen aufbewahrt werden. Die Wände sind handbemalt und teilweise mit Trompe-l'Œil-Malereien verziert, die Fenster mit Vorhängen darstellen, aus denen man auf ein idealisiertes Jerusalem blickt. Auch viele der Holzsäulen wurden bemalt, sodass sie wie Marmor aussehen. Da Männer und Frauen in orthodoxen Synagogen wie dieser getrennt sitzen müssen, gibt es einen Balkon, der Letzteren vorbehalten war. Die Synagoge wurde für rund 10 Millionen Dollar renoviert, nennt sich seitdem **Museum of Eldridge Street** und beherbergt heute ein Kulturzentrum und einen Geschenkeshop. High-Tech History Tables mit berührungsempfindlichen Monitoren erklären die Geschichte der Synagoge.

12 Eldrige St., zw. Canal und Division Sts., ✆ 212-219-0888, 📠 212-966-4782, www.eldridgestreet.org. Führungen (Architektur bzw. Geschichte der Synagoge) So–Do 10–17 Uhr, Fr 10–15 Uhr (Führungen 10–16 Uhr). Eintritt: $ 10, Senioren $ 8, Kinder bis 18 J. $ 6, Mo 10–12 Uhr frei. Subway: Grand St. Linien B, D.

Vom East Broadway über den Straus Square zum Seward Park

Überqueren Sie nun die Division Street in Richtung der Hochbahn. Diese Straße war einst die Meile der *moths* (Motten), wie man die kleinen Textilunternehmen nannte, die den (meist in deutschen Händen befindlichen) Großunternehmen am Broadway zulieferten. Die Profite waren minimal, die Löhne entsprechend karg und die Arbeitszeiten lang. Ab und zu kamen *shtarker* (Schlägertrupps) vorbei, um Druck zu machen. Beschäftigt wurden in diesen Betrieben meist orthodoxe Juden aus der gleichen Region wie die Besitzer. Religiöse Bindungen und die Loyalität zum Landsmann sollten dabei helfen, Proteste und Aufruhr zu unterbinden. Auch heute noch gibt es hier Textilunternehmen, in denen die Zuwanderer auf Billiglohnbasis arbeiten.

Biegen Sie nun links in den East Broadway, der wegen der vielen Einwanderer aus der chinesischen Provinz Fuzhou auch „Little Fuzhou" genannt wird. Sie überqueren die belebte Pike Street und landen an einem kleinen Platz. Der hieß eigentlich *Rutger's Square*, wurde aber 1931 nach Nathan Straus umbenannt, der als Miteigentümer von Macy's erheblich zum Erfolg des inzwischen größten Kaufhauses der Welt beitrug. Auffällig ist der Schriftzug am ehemaligen Verlagsgebäude der Tageszeitung „Jewish Daily Forward" auf der Südseite des Platzes (Nr. 173–175), die zu Spitzenzeiten eine Auflage von 250.000 Exemplaren erreichte. Die Terrakottafassade ist mit der Fackel, dem Symbol des Sozialismus, geschmückt. Heute sind in dem zehnstöckigen Gebäude 29 Luxuswohnungen (Condos) untergebracht. Nördlich des Straus Squares befindet sich der **Seward Park**, für dessen Bau weiträumig Gebäude abgerissen und 3000 Menschen umgesiedelt werden mussten. Der Park eröffnete 1903 und verfügte als eine der ersten New Yorker Grünanlagen über Freizeiteinrichtungen wie eine Turnhalle und eine öffentliche Badeanstalt. Benannt wurde er nach dem New Yorker Senator William Henry Seward, der sich u. a. für die Abschaffung der Sklaverei eingesetzt und als Außenminister 1867 auch den Kauf von Alaska in die Wege geleitet hatte. Das Areal wurde in seiner Geschichte oft Versammlungsort für streikende Arbeiter der Textilindustrie, die hier mehrfach für höhere Löhne und einen Achtstundentag auf die Barrikaden gingen. Er wurde Anfang des neuen Jahrtausends mit neuen Spielplätzen, Bänken und Blumenbeeten versehen.

Bummel durch die Lower East Side

Wenn Sie an der Westseite des Parks die Essex Street hinaufgehen, kommen Sie an einigen neuen Bars und Cafés vorbei, bevor Sie auf einen letzten alteingesessenen Laden stoßen: Bei **Pickle Guys** 28 (Nr. 49) gibt es seit 1910 saure Gürkchen oder eingelegte Zwiebeln, Tomaten, Paprika und Sauerkraut (So–Do 9–18 Uhr, Fr 9–16 Uhr). Von dort ist es nicht mehr weit bis zur Einmündung in die Grand Street. In dieser Straße befanden sich noch 1910 sage und schreibe 73 Trinkwasserbrunnen, deren Wasser mit Kohlensäure versetzt war („jüdischer Champagner" genannt). Fast hundert Jahre lang fand man hier auch Brautausstatter, bei denen man Hochzeitskleider mieten konnte, wenn ein Kauf das Budget überstieg.

Lohnenswert ist ein kulinarischer Abstecher nach rechts um die Ecke zur Bäckerei **Kossar's Bialys**. Hier werden rund 6000 jüdische Teigwaren verschiedener Art pro Tag hergestellt, 30 % werden im Laden selbst verkauft, der Rest wandert in die Gourmetmärkte Manhattans.

Weiter geht es anschließend die Grand Street hinunter bis zur Orchard Street, in die Sie rechts einbiegen. Bevor die Gegend mehr und mehr besiedelt wurde, gab es hier tatsächlich einen Obstgarten, heute bietet die Orchard Street v. a. eines: Einkaufsmöglichkeiten, wobei ganze Straßenabschnitte von edlen, gar nicht billigen Boutiquen erobert wurde. Einst war die Gegend um die

Lower East Side → Karte S. 133

Hester Street berühmt für ihren *Chazzer Market,* was irreführenderweise „Schweinemarkt" bedeutet. Dabei konnte man von den hiesigen *pushcarts* (Schubkarren) alles kaufen, nur eben kein Schweinefleisch. Dafür gab es Früchte, Gemüse, Fisch, Kleidung, Brillen, Schreibwaren, Knöpfe, Unterwäsche und vieles mehr. Bei Tagesanbruch versammelten sich die Neuankömmlinge hier im Viertel in der Hoffnung, einen der schlecht bezahlten Billiglohnjobs abzubekommen. Den Straßenverkauf von den Schubkarren aus, bei dem um die Wette gefeilscht wurde, ließ Anfang der 1930er Jahre Bürgermeister La Guardia verbieten. Als Ersatz eröffnete er den Essex Street Market (s. u.). Bummeln Sie ruhig noch ein bisschen durch die Orchard Street, in der sich bis heute die meisten Geschäfte ballen. Viele haben als *mom'n'pops*-Geschäfte (Tante-Emma-Läden) begonnen und sind noch immer in Familienbesitz, andere sind nagelneu, flippig und fallen in die Kategorie der Designershops. Man kann aber auch noch immer gute Schnäppchen finden, v. a. was Taschen, Schuhe, Koffer und Kleidung wie z. B. Kunstpelze angeht. Wer dann reif ist für eine Pause, sollte im entspannten und freundlichen **Dudleys** einkehren, wo es vormittags von 9 bis 2 Uhr gute Drinks und Kleinigkeiten zu essen gibt. Vom Coffee Window kann man Kaffee auch mitnehmen.

Gestärkt und ausgeruht können Sie sich nun auf eine Führung durch das wirklich sehenswerte *Lower East Side Tenement Museum* begeben.

Lower East Side Tenement Museum

97 Orchard Street war nur eine von Hunderten von Wohnbaracken, die für die immer neu nach Manhattan strömenden Einwanderer errichtet worden waren. Lukas Glockner, ein deutscher Immigrant, eröffnete die Unterkunft 1863 und hoffte auf das große Geschäft. Er wurde nicht enttäuscht. Zwischen der Eröffnung und der Schließung des Hauses im Jahr 1935 nannten 7000 Menschen aus 25 Nationen diese 22 Wohnungen in der Orchard Street ihr Zuhause und bescherten ihm eine gute Rendite. Bis Ende der 80er Jahre stand das Gebäude weitgehend leer, dann wurde es zum *National Historic Place* erklärt und Schritt für Schritt in ein Museum umgewandelt.

Die faszinierende Zeitreise in die dunklen Tage der Lower East Side ist nur im Rahmen einer Führung möglich. Es gibt dabei verschiedene Themenführungen, so z. B. eine Führung durch das Gebäude und seine original restaurierten Wohnungen und Läden (die neueste Shop Tour ist besonders empfehlenswert) oder beispielsweise die Führung Meet the Residents, während der kostümierte Schauspieler Charaktere ehemaliger Bewohner darstellen. So nehmen Sie etwa an den Geburtsfeierlichkeiten für Max Levine teil, der im Schneiderladen seiner polnischen Eltern zur Welt kam, oder am Schicksal einer jungen Jüdin namens Victoria Confino, deren Familie ursprünglich aus Kastoria im heutigen Griechenland stammte und 1910 nach New York ausgewandert war. Das Konzept aller Touren ist es, die Lebens- und Wohnverhältnisse der Arbeiter und ihrer Familien anhand von dokumentierten Einzelschicksalen zu illustrieren und interaktiv erlebbar zu machen. Zu diesem Zweck haben die Verantwortlichen über tausend Objekte aus dem persönlichen Besitz der einst hier Wohnenden zusammengetragen und die Erinnerungen derjenigen aufgezeichnet, die noch über ihre Kindheit in 97 Orchard Street berichten konnten. Außerdem gibt es Führungen durch das Viertel, kulinarische Führungen und an bestimmten Tagen Theatervorführungen, Lesungen und Vorträge oder Kunstinstallationen.

Tickets und Laden: 103 Orchard St., Buchung: ✆ 877-975-3786. **Museum:** ✆ 212-982-8420, www.tenement.org. Besichtigung nur mit Führung (verschiedene Themen): tägl. 10.30–17 Uhr alle 15–30 Min. Eintritt $ 25, erm. $ 20. Food of the Lower East Side $ 45, erm. $ 40. **Shop**: Fr–Mi 10–18.30 Uhr, Do 10–20.30 Uhr. Subway: Delancey/Essex St. Linien F, J, M, Z.

Besuch bei „Harry und Sally"

Überqueren Sie nun die mehrspurige Delancey Street, an der Ihnen ein markanter Wolkenkratzer aus blauschimmernden Glaspanelen in die Augen stechen wird, der entsprechend „Blue" heißt und Wohnungen birgt. Mit seinen 17 Stockwerken, der bauchigen Form und der auffälligen Farbe will er so gar nicht hierher passen und hat deshalb für hitzige Kontroversen gesorgt. Biegen Sie dann einen Block weiter rechts in die Rivington Street.

Das **Babeland** bei Hausnummer 94 halten viele New Yorker für den frauenfreundlichsten oder gar besten Sexshop der Stadt. Hinter der Ludlow Street stoßen Sie gegenüber vom Hotel Rivington auf eine andere Versuchung, den kleinen Süßwarenladen **Economy Candy**, wo seit 1937 Bonbons, Schokolade, Waffeln, Kekse und andere Leckereien verkauft werden.

Aus einem viel umfangreicheren Sortiment können Sie sich bedienen, wenn Sie weiter bis zur Essex Street vorgehen: An der rechten Ecke (im Block zur Delancey Street) erwartet Sie der überdachte **Essex Street Market**, der 1939 auf Initiative des damaligen Bürgermeisters La Guardia eingerichtet wurde und den zuvor hier angesiedelten offenen Straßenmarkt ersetzte.

Nach dem Besuch des Marktes geht es weiter die Rivington Street entlang. An der Kreuzung mit der Norfolk Street befindet sich *Streit's*. Die Familie Streit produziert seit 1925 sog. Matzen, eine Art koscheres Knäckebrot, wie auch andere koschere Backwaren.

Gehen Sie die Rivington Street bis zum nächsten Block und biegen nun links in

die Suffolk Street, die nächste wieder links in die Stanton Street und gleich danach rechts in die Norfolk Street. Nach wenigen Metern erreichen Sie die knallbunte Fassade der **Angel Orensanz Foundation**. Das neogotische und älteste Synagogengebäude New Yorks (aus dem Jahr 1849 und dem Kölner Dom nachempfunden), in dem sich einst 1500 Gläubige versammelten, bezog 1986 der Bildhauer Angel Orensanz und verwandelte es in ein Kunstforum. Seit 1992 pflegt eine Stiftung sein Erbe und veranstaltet u. a. das Heinrich-Heine-Festival und vierteljährliche Kunstinstallationen. Sie gibt auch das vierteljährliche Kunstmagazin *Artscape* heraus. Das 2006 eröffnete Museum

Älteste Synagoge der Stadt – Angel Orensanz Foundation

präsentiert Zeichnungen, Skulpturen und Videomaterial, im Erdgeschoss bietet eine zeitgenössische Kunstgalerie lokalen Talenten eine Plattform. Auch heiraten kann man hier, was Sarah Jessica Parker und Matthew Broderick 1997 taten.

172 Norfolk St., ✆ 212-529-7194, www.orensanz.org. Mo–Fr 10–17 Uhr. Eintritt frei. Subway: Delancey/ Essex St., Linien F, J, M Z.

Nach diesem Ausflug in die Kunst folgen Sie der Norfolk Street bis zur East Houston Street, um in den Genuss von noch mehr Kunst zu kommen. Der Wohnblock (Nr. 250) mit der großen Uhr und einer Leninstatue auf dem Dach (seit 1994) rechts auf der anderen Straßenseite trägt passenderweise den Namen „Red Square" und war 1989 eines der ersten neuen Apartmenthäuser hier. Die Leninskulptur von Yuri Gerasimov wurde nach dem Untergang der Sowjetunion in einer Datscha vor den Toren Moskaus gefunden, dem Bildhauer abgekauft und mit Blick auf die kapitalistische Wall Street 1994 hier aufgestellt. Zusätzlich versah man die Lobby mit avantgardistischer Kunst, um kritische Stimmen zu besänftigen. Unbedingt anschauen, auch den Fahrstuhl (bitte den Concierge um Erlaubnis fragen)!

Wenn Sie der East Houston Street Richtung Westen folgen, stoßen Sie zwei Blocks weiter an der Ecke zur Ludlow Street auf das berühmte **Katz's Delicatessen**, wo Sally aus dem Hollywoodstreifen *Harry und Sally* ihren Orgasmus demonstrieren durfte und wo dieser Spaziergang endet.

Wenn Sie nach diesem letzten Höhepunkt noch immer vor Energie sprühen, machen Sie die Straßenzüge der Ludlow, Orchard, Rivington und Stanton Street weiter unsicher oder gehen Sie die East Houston Street Richtung Westen bis zur Subwaystation 2 Avenue, wo Sie Anschluss an die Linie F haben.

Abstecher: New Museum of Contemporary Art

Der siebenstöckige (und 53 m hohe) Neubau eines japanischen Architektenteams ähnelt einem wirren Stapel weißer Kisten, die mit einem silbrig glänzenden Aluminiumgewebe verkleidet wurden. Auch innen ist das New Museum of Contemporary Art absichtlich „roh“. Polierte Betonböden, hohe Fenster, unverputzte Decken und unverkleidete Stahlträger geben Raum für vier öffentliche Galerien auf drei Stockwerken, wo Wechselausstellungen und internationale Kooperationen neue Ideen und Visionen zeitgenössischer Künstler zur Diskussion stellen. Super Buchladen und Café.

235 Bowery an der Prince St. zw. Stanton und Rivington Sts., ✆ 212-219-1222, www.newmuseum.org. Mi und Fr–So 11–18 Uhr, Do bis 21 Uhr. Sky Room im siebten Stock nur Sa/So geöffnet. Führungen Mi–Fr 12.30 Uhr, Sa/So 12.30 und 15 Uhr. Eintritt $ 16, erm. $ 14, Studenten $ 10, bis 18 J. frei. Subway: Bowery Linien J, Z.

New Museum of Contemporary Art

Praktische Infos

→ Karte S. 133

Information/Führungen

Lower East Side Visitor Center, Mo–Fr 10–18 Uhr Sa/So 12–17 Uhr. 54 Orchard St., zw. Heester und Grand Sts., ✆ 212-226-9010, www.lowereastsideny.com. Verschiedene Touren zum Download. April bis Nov. So 11 Uhr kostenlose Führungen (3 Std.); Treffpunkt ist Katz's Delicatessen, 205 E. Houston St. April bis Okt. (außer Aug.) So 13 Uhr Galerienspaziergang; Treffpunkt am LES Visitor Center, 54 Orchard St.

Essen und Trinken/Nachtleben

Katz's Delicatessen **5** New Yorks ältester Deli, 1888 von russischen Immigranten gegründet, aber nicht koscher. Neben Meg Ryan alias Sally drehte hier auch Johnny Depp, der als Donnie Brasco im gleichnamigen Film bei Katz's seinen FBI-Kontaktmann traf. Zu essen gibt es natürlich auch was, z. B. Pastrami aus eigener Herstellung, fragen Sie nach *„moist“* ($ 16,95). Riesige Portionen! Mo–Mi 8–22.45 Uhr, Do bis 2.45 Uhr, Fr/Sa 24 Std., So bis 22.45 Uhr. 205 East Houston St./Ludlow St., ✆ 212-254-2246 oder kostenfrei 800-4-HOTDOG, www.katzdelicatessen.com. Subway: 2 Ave. Linie F.

Freeman's **8** Restaurant und Bar (an die Theke passen nur zwölf Leute) im Stil einer Jagdhütte mit ausgestopften Hirschköpfen und Schwänen an der Wand. Tägl. 11–23.30 Uhr, Brunch Sa–So 10–16 Uhr. Versteckt am Ende der Sackgasse Freeman's Alley, geht ab von der Rivington St., ✆ 212-420-0012, freemansrestaurant.com. Subway: 2 Ave. Linie F.

Congee Village Restaurant and Bar **22** Das geschmackvolle Bambusdekor verbreitet tatsächlich chinesischen Dorfcharakter in zwei Restauranträumen. Original kantonesische Küche, z. B. *Congee*, eine Art chinesischer Reisporridge. Der Hausdrink Mao-tai ist stärker als Wodka oder Sake. Von Speisen, die nur auf Chinesisch auf der Karte stehen, besser die Finger lassen! So–Do 10.30–0.30 Uhr, Fr–Sa bis 2 Uhr. 100 Allen St., zw. Delancey und Broome Sts., ✆ 212-941-1818, www.congeevillagerestaurants.com. Subway: Delancey/Essex St. Linien F, J, M, Z.

Il Laboratorio del Gelato **9** Ganze 75 Sorten Eis und Sorbet aus eigener Herstellung. Gilt bei vielen New Yorkern als die stadtbeste Eisdiele. Nicht gerade günstig, ein Schälchen mit zwei Geschmacksrichtungen $ 4,50. Mo–Do 7.30–22 Uhr, Fr bis 24 Uhr, Sa 10–24 Uhr, So 10–22 Uhr. 188 Ludlow St., zw. Stanton und E. Houston Sts., ✆ 212-343-9922, www.laboratoriodelgelato.com. Subway: Grand St. Linien B, D oder Delancey/Essex St. Linien F, J, M, Z.

Clinton Street Bakery **15** Familiengeführtes Brunch-Restaurant mit köstlichen Süßspeisen (Blueberry Pancakes, $ 13!) und herzhaften Eierspeisen. Achtung: Nichts für Eilige, abends einfacher! Nur Bargeld. Mo und Di abends Wein zum halben Preis (nur Flaschen). Hauptgerichte ab $ 30. Mo–Fr 8–16 Uhr, 16–17 Uhr nur Cafébetrieb und 18–23 Uhr, Brunch Sa 9–16 und So 9–18 Uhr. Sa auch 18–23 Uhr, sonntagabends geschl. 4 Clinton Street zw. Stanton und Houston Sts., ✆ 646-602-6263; clintonstreetbaking.com. Subway: Delancey/Essex St. Linien F, J, M, Z.

The Meatball Shop **10** Den Fleischsklops, die Boulette, die Frikadelle – den Meatball eben, gibt es "nackt", in verschiedenen Geschmacksrichtungen, im Brötchen, auf die Stulle verteilt oder auf dem Salat thronend ($ 7–9). Danach ein leckeres Eis ($ 5) und glücklich ist der Kunde. Die Macher des Meatball Shop sind zu Ruhm gekommen und haben zwei weitere Läden in Greenwich und Brooklyn eröffnet. Do–Sa 12–4 Uhr, So–Mi bis 2 Uhr. 84 Stanton St./Allen St., ✆ 212-982-8895; themeatballshop.com. Subway: Ave. 2 Linie F.

Dudleys **27** Ein Café-Restaurant-Bar zum Chillen, es gibt amerikanisch-australische Speisen, innovative Cocktails und gute Beats. Tägl. 9–2 Uhr. 51 Orchard Street zw. Grand und Broome Sts., ✆ 212-925-7355; dudleysnyc.com. Subway: Delancey/ Essex St. Linien F, J, M, Z.

Nightlife siehe S. 52/53, 59/60 und 63.

Schmeckt seit 1888 – Katz's Pastrami Sandwich

Hier gibt's Bagels ohne Loch

Lower East Side → Karte S. 133

Einkaufen

Kossar's Bialys 29 Eine von drei Bialys-Bäckereien in New York (zwei sind in Brooklyn). Das Rezept stammt aus Polen, die Vorfahren der jetzigen Besitzerin sind aus Aschaffenburg. Mo–Fr und So 6–19.30 Uhr, Sa bis Mitternacht. 367 Grand St./Essex St., ✆ 212-473-4810, www.kossarsbialys.com. Subway: Delancey/Essex St. Linien F, J, M, Z.

Russ & Daughters 3 Geräucherter Fisch, Salate, Kaviar und mehr. Gegründet 1914, geführt in der vierten Generation. Mo–Fr 8–20 Uhr, Sa 8–19 Uhr, So 8–17.30 Uhr. 179 East Houston St., zw. Allen und Orchard Sts., ✆ 212-475-4880, www.russanddaughters.com. Subway: 2 Ave. Linie F.

Essex Street Market 21 Seit 75 Jahren kann man hier günstig Lebensmittel aus aller Welt, Haushaltsgegenstände oder Kleidung kaufen. Beliebt ist das **Essex Restaurant** (jüdisch-latino mit Malnächten), Mo–Di 17–24 Uhr, Mi 17–0.30 Uhr, Do bis 1 Uhr, Fr bis 3 Uhr, Sa 11–3 Uhr, So 11–24 Uhr; www.essexnyc.com). Nett ist auch das **Shopsin's Restaurant** (eine West-Village-Institution, Mi–Sa 9–14 Uhr, So 10–14 Uhr, Stall 16, www.shopsins.com) und die Kunstgalerie **Cuchifritos** (Di–So 11–18 Uhr, www.artistsalliynceinc.org/cuchifritos-gallery-2/cuchifritos). Mo–Sa 8–19 Uhr, So 10–18 Uhr. 120 Essex St., ✆ 212-312-3603, essexstreetmarket.com. Subway: Delancey/ Essex St. Linien F, J, M, Z.

Economy Candy 17 Seit 60 Jahren Süßwaren. Mo und Sa 10–18 Uhr, Di–Fr und So 9–18 Uhr. 108 Rivington St., zw. Essex und Ludlow Sts., ✆ 212-254-1832, www.economycandy.com. Subway: Delancey/Essex St. Linien F, J, M, Z.

The Hoodie Shop. Abgefahrene Sweatshirts mit Kapuzen (Hoodies), Mo–Sa 11–21 Uhr, So 12–19 Uhr. ✆ 646-559-2716; shop.thehoodieshop.com. 181 Orchard St. zw. E Houston und Stanton Sts.,. Subway: Delancey/Essex St. Linien F, J, M, Z.

Yonah Schimmel Knishery 2 In diesem unscheinbaren, etwas vergilbten Café mit Zeitungsausschnitten und einer dreckigen amerikanischen Fahne an den Wänden werden seit 1910 Knishes, nach Belieben süß oder würzig gefüllte Krapfen, verkauft. Auch hausgemachte Getränke. So–Do 9–19 Uhr, Fr–Sa 9–21 Uhr. 137 E. Houston St., zw. 1st und 2nd Aves., ✆ 212-477-2858, www.yonahschimmel.com. Subway: 2 Ave. Linie F; Bleecker St. Linie 6, Bowery Linien J, Z.

Seit 2001 sind sie Helden: die New York Feuerwehr

SoHo und TriBeCa

Greifen Sie sich Ihr Gucci-Täschchen und schlüpfen Sie in Ihre Manolo-Blahnik-Schuhe! Denn SoHo, wo mittlerweile fast jede Boutique wenigstens einen Downtown-Ableger unterhält, ist wie eine große Bühne: Man präsentiert sich und schaut anderen dabei zu. Mitten unter Ihnen ist die von Galerie zu Galerie hoppende Kunstschickeria – bzw. das, was davon übrig geblieben ist: Zwar ist SoHo immer noch ein Viertel mit enormem kreativen Potential, aber große Teile der Künstlerkarawane sind inzwischen wegen der hohen Mieten nach Chelsea oder ins benachbarte TriBeCa weitergezogen.

SoHo umfasst ungefähr eine Quadratmeile. Der Stadtteil war vor seiner Neuerfindung als hippes Galeristenviertel unter dem Namen *South Village* bekannt. Anfang des 19. Jh. hatte sich hier noch weitgehend Ackerland ausgebreitet, danach wurde das Gebiet zum Wohnviertel frei gewordener Sklaven. Später entwickelte sich das South Village dann zur beliebten Adresse der Upper Class, der teure Läden und Kaufhäuser wie *Lord & Taylor* oder *Tiffany* folgten. Dann jedoch zog das gehobene Bürgertum nordwärts, und South Village lag im Niemandsland zwischen dem alten Zentrum (Downtown) und dem neuen, aufstrebenden Zentrum (Uptown). In den verlassenen Straßenzügen wurden Warenhäuser, Fabriken und Büros gebaut. Weil es die billigste Konstruktionsweise war, arbeitete man mit vorgefertigten, reich ornamentierten Gusseisenfassaden *(cast-iron)*, von denen die meisten heute denkmalgeschützt sind. Nirgendwo sonst auf der Welt gibt es mehr Zeugnisse dieser Bauweise als in SoHo.

Die Spuren des Verfalls waren bald nicht mehr zu übersehen. Während die Bausubstanz bröckelte, standen die Holzfußböden und Balken der Warenhäuser so oft in Flammen, dass die Neighborhood als *Hell's Hundred Acres* (Hundert-Hektar-Hölle) in Verruf kam. Die Stadtverwaltung beschloss entnervt, das ganze Viertel abreißen zu lassen. Doch hatte sie nicht mit den Künstlern und Galeristen gerechnet, die inzwischen illegal in die großen Fabriketagen eingezogen waren. Heute bekannte Künstler wie Chuck Close, Frank Stella, Richard Serra und Cindy Sherman lebten alle in solchen Hippie-Studios, die mit den Buchstaben AIR für *Artist in Residence* gekennzeichnet waren, damit die Feuerwehr auch zum Löschen kam und nicht fälschlicherweise Leerstand vermutete und untätig blieb. Der Protest der Kreativen fruchtete, und 1971 wurde SoHo offiziell zum *residential*, zum Wohngebiet, erklärt (→ Kasten). In Anlehnung an den Künstlerbezirk in London bekam der Stadtteil einen neuen Namen: *South of Houston*, kurz *SoHo*.

Nachdem die Künstler und Galeristen SoHo vor dem Abriss gerettet hatten, dauerte es gar nicht lange, und der rebellische Schick des Viertels zog immer mehr Gutbetuchte in die Lofts. Die astronomischen Preise verdrängten schließlich ausgerechnet die kreativen Pioniere vom Markt, denen SoHo seinen Erfolg zu verdanken hatte. Dieses vielerorts zu beobachtende Phänomen wird seitdem der *SoHo-Effekt* genannt. Heute hat SoHo mit die höchsten Mieten von New York: ein Studio kostet durchschnittlich 1600 Dollar im Monat, für eine Dreizimmerwohnung müssen Sie um die 6000 Dollar hinblättern.

Ähnliches gilt inzwischen für **TriBeCa**, was für *Triangle Below Canal Street* steht. Ende des 19. Jh. hatte der Bezirk den South Street Seaport als kommerziellen Schifffahrtshafen abgelöst. Vor allem Lebensmittel wie Gemüse, Fleisch und Milchprodukte lagerten in Dutzenden von Lofts, um auf dem Washington Market Absatz zu finden. Während des Immobilienbooms der 1980er Jahre zogen dann die Galerien und Cafés langsam auch südlich der Canal Street ein, und viele der Lagerhäuser wurden in Wohnungen umgestaltet. Es gibt inzwischen vier verschiedene denkmalgeschützte *historic districts* in TriBeCa. Die Straße mit den schönsten gusseisernen Fassaden ist die Leonard Street.

SoHo und TriBeCa → Karte S. 146/147

Stadtplanung auf Amerikanisch

Die Städte Nordamerikas unterscheiden sich grundlegend von denen Europas, da Traditionen hier nur eine geringe Rolle spielen und die meisten Metropolen erst im 19. Jh. entstanden sind. Sie sind daher weniger um Marktplätze, Kirchen oder Rathäuser herum gewachsen, sondern wurden eher uniform am Reißbrett entworfen.

Für die Stadtplanung von New York City ist das *Department of City Planning* zuständig. Ihr wichtigstes Planungsinstrument nennt sich *zoning*. In Form von *zoning resolutions* und *zoning maps* wird vorgeschrieben, was gebaut werden darf und was nicht. Die Stadtgebiete werden nach ihrer zulässigen Nutzung in drei Funktionsbereiche unterteilt: *residential area* (Wohngebiet), *commercial area* (Einkaufs- und Bürogebiet) und *manufacturing area* (Industriegebiet). Die jeweiligen Bauvorschriften bestimmen den Charakter des Viertels, denn sie regeln u. a., wie hoch bzw. groß ein Gebäude im Verhältnis zur Grundstücksgröße sein darf, welche Fläche eines Grundstückes maximal bebaut werden darf bzw. wie viele Wohnungen zulässig sind. Sie bestimmen außerdem den Abstand von Gebäuden und Straßen, die Anzahl der Parkplätze und die Art der Beschilderung. Eingeführt wurden die Bauvorschriften 1916 nach der Errichtung des monströsen Equitable Building am Broadway in Lower Manhattan, das mit seinen 45 Stockwerken den Menschen in den darunter liegenden Straßen das Licht nahm (→ S. 103).

Die Wegbereiter für den Aufstieg TriBeCas in die Top-Liga der In-Bezirke waren Promis: Hier lebten oder leben u. a. der Politiker John F. Kennedy Jr., der Schauspieler Harvey Keitel und der MTV-Vorstand Tom Freston. Robert De Niro hat nicht nur seine Produktionsfirma *TriBeCa Films* hier angesiedelt, sondern er veranstaltet auch alljährlich in der zweiten Maiwoche ein Filmfestival. Außerdem ist er stolzer Besitzer des Edelrestaurants *TriBeCa Grill* und der Luxusherberge *Greenwich Hotel*. Inzwischen gibt es ein großes gastronomisches Angebot der gehobeneren Klasse und feine Läden.

Tour-Info

Schwerpunkte dieses Spaziergangs sind Galerien, noble Läden und die Gusseisenarchitektur aus dem 19. Jh. Am eindrucksvollsten ist der Besuch am Samstag, denn dann ist hier am meisten los (vielleicht zu viel). Sonntag und Montag sind keine guten Tage, da dann fast alle Galerien geschlossen sind.

Stationen in SoHo

Ausgangspunkt ist die Subway-Station Prince Street (Linien N, R).

Den Broadway säumt eine Reihe wunderbarer Geschäfte, die allerdings so manch alteingesessene Kunst- und Kulturinstitution verdrängt haben. Kommerz schlägt meist die Kunst, manchmal gehen sie aber auch eine Symbiose ein. Ein gutes Beispiel dafür ist **Prada** **19** am Broadway, Ecke Prince Street. Der niederländische Architekt Rem Koolhaas, der die Niederländische Botschaft in Berlin und das Kunsthaus Rotterdam entworfen und auch das alte Guggenheim Museum umgebaut hat, schuf hier ein museumsreifes Geschäft in den ehemaligen Räumen des Guggenheim SoHo. Wenn man den 3000 m^2 großen Laden (Epicenter) betritt, wird man von einer fast haushohen Woge aus Holz erfasst – der Boden wellt sich wie ein Ozean bei Orkanböen. Man steigt die steile Treppe hinab und gelangt in die Verkaufskatakomben mit Schuhen, Taschen – und Touristen. Viele kommen natürlich aus Schaulust und nicht, um 850 Dollar für ein Paar Sandalen auszugeben (zum Schlussverkauf im Juli und Dezember vielleicht etwas weniger).

575 Broadway/Prince St., ✆ 212-334-8888. Mo–Sa 11–20 Uhr, So 12–19 Uhr. www.prada.com. Subway: Prince St. Linien N, R.

Sollte Ihnen nach einer Erfrischung zumute sein, kehren Sie gegenüber bei **Dean & DeLuca** ein und beobachten Sie das Treiben auf SoHos belebtester Kreuzung. Von einem der Fensterplätze sehen Sie gegenüber das **Little Singer Building (Nr. 561)**, das ein Paradebei-

Cast-Iron – aus einem Guss

Die Möglichkeit, Eisen zu gießen, leitete eine architektonische Revolution ein. Derart vorgefertigte Einzelelemente ließen sich kostengünstig zu einer Fassade zusammensetzen. Bauunternehmer konnten diese Massenfertigungen aus dem Katalog aussuchen. Dabei entstanden Fassaden mit großartigen Verzierungen und Ornamenten, die nach einem Farbanstrich so aussahen, als wären sie aus dem sehr viel teureren Sandstein gefertigt: die perfekte Täuschung. Nun konnte man billiger und höher bauen als zuvor, sich größere Fenster leisten, und wenn die Mode wechselte, tauschte man einfach die Fassade aus.

Aus einem Guss – Cast Iron Architektur

spiel für gelungene Cast-Iron-Architektur (→ Kasten) abgibt. Das Büro- und Fabrikhaus mit seinen wunderbaren grün angestrichenen, gusseisernen Balkonen, den Terrakotta-Paneelen und riesigen Fenstern wurde 1904 von Ernest Flagg für das Nähmaschinenimperium *Singer* gebaut und fand viele Nachahmer. Wie der Beiname „Little" schon andeutet, war es ursprünglich nur das Nebengebäude der Firma, das Haupthaus stand am unteren Broadway, war 40 Stockwerke hoch und wurde skandalöserweise 1967 abgerissen. Verpassen Sie nicht die Seitenfassade des Little Singer Building in der Prince Street.

Vom Broadway geht es nun links in die Spring Street, wo Sie an der nächsten Kreuzung unbedingt im *MoMA Design Store* stöbern sollten. Biegen Sie danach beim *Balthazaar* rechts in die Crosby Street, in der ein paar hübsche Einrichtungs-Designergeschäfte auf Sie warten. Hier geht es vergleichsweise ruhig zu, wie überhaupt die Gegend östlich des Broadway zwischen Lafayette und Elizabeth Street, zwischen SoHo und NoLita (North of Little Italy) etwas unaufgeregter und auch weniger touristisch ist.

Kurz vor der Broome Street können Sie durch den Hintereingang ins Warenhaus *Bloomingdales* zum Shoppen entschwinden (Sie landen dann direkt in der Parfüm-Abteilung).

Biegen Sie anschließend rechts in die Broome Street ein und folgen Sie dieser bis zum Broadway. Hier stoßen Sie auf berühmte, im venezianischen Stil mit Gusseisenfassade erbaute **Haughwout Building** (sprich: *Hauwaut*) (488 Broadway, Ecke Broome Street). Das von John P. Gaynor entworfene fünfstöckige Gebäude schrieb Geschichte, weil dort 1856 der erste absturzsichere Personenfahrstuhl der Stadt installiert wurde. Die dampfbetriebene Neuheit wurde von Elisha Otis gebaut und war der technische Grundstein für den bald beginnenden Siegeszug der Wolkenkratzer. Der Bau selbst stellt die dekorativen Möglichkeiten zur Schau, die gusseiserne Fassaden boten, und trägt daher den Beinamen *Pantheon*

SoHo und TriBeCa → Karte S. 146/147

der Gusseisenarchitektur. Eine Eisenuhr hängt an der dem Broadway zugewandten Fassade, die 92 Fenster hat. Das Haus ist benannt nach seinem ersten Besitzer, Edgar V. Haughwout, der hier Einrichtungsgegenstände verkaufte. Eine der prominenteren Kundinnen war Präsidentengattin Mary Todd Lincoln, die ihr Geschirr fürs Weiße Haus bei Haughwout erwarb. Heute bringt hier *bebe* Klamotten an den Mann bzw. die Frau.

Die Südostecke dieser Kreuzung (486 Broadway) schmückt ein Gebäude im romanisch-maurischen Stil mit runden Bögen, in dem einst die *Mechanics and Traders Bank* ihren Sitz hatte. Überqueren Sie den Broadway und biegen Sie an der nächsten Kreuzung (bei Kate Spade und Gourmet Garage) rechts in die Mercer Street ein. In Haus Nr. 84 im neunten Stock hat eine der einflussreichsten Künstlerinnen Amerikas, die Fotografin Cindy Sherman, ihr Loft-Studio. Für eine Serie ihrer Fotos legte das MoMA Anfang des Jahrtausends schlappe $ 10 Mio. Dollar auf den Tisch.

Überqueren Sie die Spring Street und achten Sie auf die fantastische Architektur zu Ihrer Linken. 101 Spring Street ist nämlich ein weiteres **Meisterwerk der Gusseisenarchitektur**, ein 1870 im Renaissancestil errichtetes Geschäfts- und Bürogebäude mit riesigen Lofts, das ab 1950 zahlreiche Künstler anlockte. Darunter war auch der amerikanische Minimalist Donald Judd, der das Gebäude erwarb und hier bis zu seinem Tod 1994 wohnte.

Da Sie sich parallel zum Broadway bewegen, kommen Sie an so mancher Ladenrückseite vorbei, z. B. von Hugo Boss. An der nächsten Kreuzung sollten Sie nun aber wirklich mal bei **Fanelli's Café** pausieren. Gegründet 1847, gilt es als eines der ältesten Cafés der Stadt. In den 1920er Jahren überlebte es als Speakeasy, in dem illegal Alkohol ausgeschenkt wurde.

Essen & Trinken (S. 151/152)
14 Blue Ribbon
18 Housing Works Bookstore Café
20 Fanelli's Café
25 Dean & DeLuca
35 Balthazar
40 Antique Garage
45 Bubby's
47 Tribeca Grill
48 Nobu
51 The Square Diner (S. 50)

Nachtleben
1 SOB's (S. 63)
2 The Room (S. 55)
5 Pegu Club (S. 54)
12 Ear Inn (S. 55)
13 The Anchor (S. 60)
24 Pravda (S. 55)
46 anotheroom (S. 56)
49 Bubble Lounge (S. 55)
52 Puffy's Tavern (S. 55)

Einkaufen
4 Bond No 9 (S. 152)
8 Badichi Belts (S. 152)
9 The North Face (S. 148)
11 Legacy (S. 152)
17 Apple Store SoHo (S. 152)
19 Prada (S. 144)
21 Madonna & Co. (S. 67)
23 Morgane Le Fay (S. 67)
29 Puma Superstore (S. 67)
30 MoMa Design Store (S. 153)
31 Joe's Jeans (S. 153)
32 What Goes Around Comes Around (S. 152)
34 Kate Spade (S. 67)
37 Bloomingdale's SoHo (S. 68)
38 Loopy Mango (S. 153)
41 Eileen´s Special Cheesecake (S. 153)
42 Pearl River Mart (S. 153)
43 Scoop (S. 67)
50 Pearl Paint (S. 152)

Sonstiges
3 Pop International Galleries (S. 148)
6 New York Earth Room (S. 148)
7 Martin Lawrence Galler
(S. 148)
10 Louis K. Meisel (S. 148)
15 Franklin Bowles (S. 149)
22 The Broken Kilometer (S. 150)
26 OK Harris (S. 149)
27 Performing Garage (S. 14
36 Drawing Center (S. 148)
39 Artists Space Gallery (S. 148)

Übernachten (S. 40/41)
16 Trump SoHo Hotel
28 Crosby Street Hotel
33 James Hotel SoHo
44 Greenwich Hotel

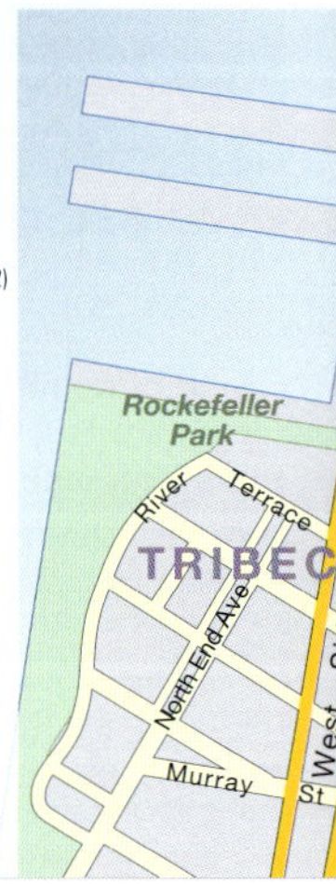

Um den Spaziergang fortzusetzen, biegen Sie links in die Prince Street ein. Direkt an der Kreuzung zur Greene Street (und gegenüber vom Apple Store) erwartet Sie ein Bau, der die typische Architektur des Viertels auf ganz besondere Weise präsentiert. Das Eckhaus 112 Prince Street ist Real- und Scheinarchitektur zugleich – die Ostseite stellt eine gemalte Kopie der realen Gusseisenfassade der Vorderfront dar. Die perfekte Illusion ist das Werk von Richard Haas, der sich hier 1975 mit einem Trompe-l'œil verewigt hat. Im Grunde gibt es eine Umkehrung der

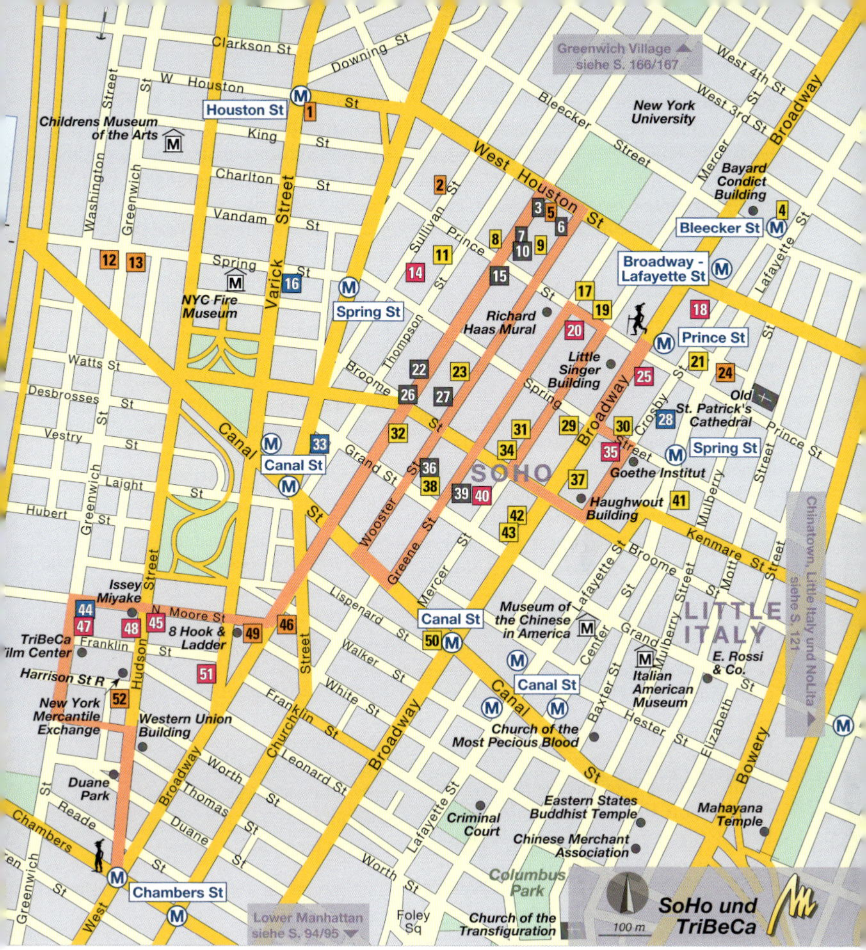

Verhältnisse wider, denn eigentlich wurden die gusseisernen Fassaden gebaut, um die Illusion einer wesentlich teureren Steinfassade zu schaffen. Schauen Sie sich das **Richard Haas Mural** – übrigens nur eine von vielen Wandmalereien des Künstlers in den USA (www.richardhaas.com) – in Ruhe an.

Die **Greene Street**, in die Sie nach links einbiegen, bildet ein Eldorado ganz anderer Art: Hier stehen 50 Gebäude mit Gusseisenfassaden auf nur fünf Blocks verteilt, 13 davon in einer von keinem anderen Gebäude unterbrochenen Reihe. Daran, dass sie einst allesamt Gewerbegebäude waren, in denen sich Lagerhallen, Manufakturen oder Textilfabriken befanden, erinnern noch die *loading docks* und die Kellerdeckel im Gehsteig, durch die die Waren ins Gewölbe geschafft wurden. Zwei besonders schöne Gebäude sind die *Queen* und der *King of Greene Street* von 1872. Beide wurden für das damals expandierende Haushaltswarengeschäft *Gardner Colby* gebaut. Architekt war Isaac F. Duckworth, der das „Königspaar" im neobarocken Stil mit säulenverzierten Fassaden entwarf. Den *King of Greene Street* finden Sie bei Nr. 72–76, nachdem Sie die Broome Street überquert haben (linke Straßenseite). Sein noch hübscheres Pendant, die *Queen of Greene Street,* ziert die Hausnr. 28–30 im Abschnitt zwischen Canal und Grand Street (ebenfalls links).

Bevor Sie dort sind, zwischen Broome und Grand Street, können Sie noch einen Blick in die **Artists Space Gallery 39** werfen, die sich im dritten Stock des Hauses Nr. 38 Greene Street befindet. Artists Space widmet sich jungen, noch unentdeckten Talenten, die oft über Ausschreibungen für Gruppenausstellungen zu bestimmten Themen entdeckt werden. Die 1972 gegründete nichtkommerzielle Einrichtung, die auch Workshops ausrichtet und Stipendien an Nachwuchskünstler vergibt, ist einer der Veteranen der Kunstszene SoHos. Viele der hier ausgestellten Werke kann man auch kaufen.

38 Greene St./Grand St., dritter Stock, ✆ 212-226-3970, ✆ 212-226-7036, artistsspace.org. Mi–So 12–18 Uhr. Subway: Canal St. Linien A, C, E.

Wenn Sie von der Greene Street nach rechts in die Canal Street einbiegen, gelangen Sie an der nächsten Kreuzung auf die Wooster Street, die einzige noch mit Originalkopfsteinpflaster ausgestattete Straße, die Sie nun rechts hinauflaufen. Hinter der Grand Street stoßen Sie linker Hand auf die **Performing Garage 27**, eine experimentelle Off-Off-Broadway Theaterbühne, und das **Drawing Center 36**, das 1977 von einer Kuratorin des Museums of Modern Art gegründet wurde und auf zwei Etagen Zeichnungen junger Künstler mit Schwerpunkt Lateinamerika ausstellt

Drawing Center, 35 Wooster St. zw. Grand und Broome Sts., ✆ 212-219-2166, www.drawingcenter.org, Mi, Fr–Sa 12–18 Uhr, Do bis 20 Uhr. $ 5, erm. $3, Do 18–20 Uhr frei. Subway: Canal St. Linien A, C, E oder 1.

Abenteuerlustige werden im Abschnitt zwischen Prince und West Houston Street noch einmal richtig fündig. Auf Weltenbummler wartet hier nämlich ein Outlet der Firma **The North Face 9**, künstlerisch Interessierte sollten hingegen bei Hausnr. 141 klingeln (2B) und in den ersten Stock (2nd floor) hinaufgehen. Im dortigen **New York Earth Room 6** lagert seit 1977 auf einer Fläche von 335 m² – Sie ahnen es schon – Erde, und zwar stolze 197 m³ Erde. Das Kunstwerk ragt 56 cm in die Höhe und stammt von Walter De Maria.

141 Wooster St. zw. Houston u. Prince Sts., ✆ 212-989-5566, ✆ 212-989-4055, www.earthroom.org. Nur Mitte Sept. bis Mitte Juni, Mi–So 12–18 Uhr, Mittagspause 15–15.30 Uhr. Subway: Prince St. Linien N, R.

Nach diesem kleinen Ausflug ins Erdreich biegen Sie von der Wooster Street links in die Housten Street und an der nächsten Kreuzung links in den West Broadway, der wiederum eine gelungene Mischung aus Kunst und Kommerz darstellt. Pop-Art-Fans werden gleich in zwei Galerien fündig: in den **Pop International Galleries 8** und in der Auktionsgalerie mit den „big names", der **Martin Lawrence Gallery 7**, die weitere zehn Ausstellungsorte in den USA ihr Eigen nennt.

Pop International Galleries Inc., 473 W Broadway/Houston St., ✆ 212-533-4262, www.popinternational.com. Mo–Sa 10–19 Uhr, So 11–18 Uhr. Subway: Prince St. Linien N, R.

Martin Lawrence Gallery, 457 W Broadway/Houston St., ✆ 212-995-8865, www.martinlawrence.com. Mo–Sa 10–19 Uhr, So 11–19 Uhr. Subway: Prince St. Linien N, R.

Wenn Sie schließlich noch wissen möchten, wo Charlotte aus der Kultserie „Sex and the City" ihren Galerie-Arbeitsplatz hatte, werden Sie einen Abstecher nach links in die Prince Street machen müssen. **Louis K. Meisel Gallery 10** heißt die Antwort, was ein wenig überrascht, gilt Meisel doch als wissenschaftliches Schwergewicht. Er ist Sprachrohr des amerikanischen Fotorealismus und hat drei einschlägige Standardwerke zum Thema herausgegeben. Seine hyperrealistischen Gemälde entstehen meist auf der Grundlage von Dias, die auf oft großformatige Leinwände projiziert und überaus detailgenau auf diese übertragen werden. Das Ganze ist natürlich nicht Selbstzweck oder virtuose Fingerübung des Künstlers, sondern kritische Auseinandersetzung mit den modernen, durch die Fotografie überformten Sichtweisen auf die Realität. Was Charlotte wohl hierher verschlagen hat?

141 Prince St. zw. W Broadway und Wooster St., ✆ 212-677-1340, ✆ 212-533-7340, www.meiselgallery.com. Sept. bis Juni Di–Sa 10–18 Uhr. Juli und Aug. nur nach Vereinbarung. Subway: Prince St., Linien N, R.

Trotz der Invasion der Nobelausstatter und Verlockungen von *Just Cavalli, Donna Karan New York, Emporio Armani* und *Ralph Lauren* hat sich ein weiterer großer Galerist auf dem West Broadway gehalten: **Franklin Bowles** **15**. Bowles, ein Kunsthändler aus San Francisco, hat sowohl alte Meister (z. B. Rembrandt) und Weltklassiker (z. B. Picasso, Matisse, Miró) als auch moderne Künstler wie LeRoy Neiman und Larry Horowitz im Programm – die Galerie ist eine beliebte Anlaufstelle bei Sammlern. So waren hier schon 100 handkolorierte Zeichnungen von Marc Chagall zu sehen sowie Zeichnungen und grafische Arbeiten von Salvador Dalí.

Besonders umtriebig ist auch der Direktor von **OK Harris** **26**. Ivan C. Karp leitet die Galerie seit 1969 und präsentiert hier alle sechs Wochen fünf neue Werkschauen verschiedener Künstler, in erster Linie Gemälde, Skulpturen und Fotografien. Karp ist ständig auf der Suche nach neuen Talenten und innovativen künstlerischen Konzepten. Wenn Sie also etwas in petto haben, machen Sie ein Foto Ihrer Arbeit und schicken Sie es ihm zu. Sollte der Meister Gefallen finden, können Sie mit einer Einladung rechnen ...

Franklin Bowles, 431 W Broadway, ✆ 212-226-1616, ✆ 212-226-3131, www.franklinbowlesgallery.com. Tägl. 11–19 Uhr. Subway: Prince St. Linien N, R.

Optische Täuschung: das Richard Haas Mural

OK Harris, 383 W Broadway, ✆ 212-431-3600, ✆ 212-925-4797, www.okharris.com. Di–Sa 10–18 Uhr, Juli Di–Fr 12–17 Uhr, Ende Juli–4. Sept. geschlossen. Subway: Prince St. Linien N, R.

Wenn Sie sich zwischendurch nach all dem schönen Schein und Sein etwas erden möchten, empfiehlt sich ein Abstecher ins **New York City Fire Museum**: Hier werden Sie von echten Feuerwehrmännern begrüßt. Zu sehen bekommen Sie u. a. ein Feuerlöschfahrzeug von 1790, den Doppeldecker, der bei der Eröffnung der Freiheitsstatue 1886 dabei war, historische Ausrüstungsgegenstände und ebensolche Zeitungsartikel. Ernst wird es beim Thema 9/11: Das Museum erinnert an die 343 *brothers*, die bei ihrem Einsatz im World Trade Center ihr Leben verloren, lässt Augenzeugen der Katastrophe zu Wort kommen und zeigt ein Video mit dem Titel *First 24 Hours*, das das gesamte Ausmaß der Tragödie dokumentiert.

278 Spring St. zw. Varick und Hudson Sts., ✆ 212-691-1303, ✆ 212-924-0430, www.nycfiremuseum.org. tägl. 10–17 Uhr. Eintritt $ 8, erm. $ 5. Subway: Spring St. Linie 6.

SoHo und TriBeCa → Karte S. 146/147

Zurück auf dem West Broadway begegnet Ihnen im nächsten Block auf der linken Seite ein alter Bekannter: Walter De Maria und seine zweite Installation im Viertel. Sie trägt den Namen **The Broken Kilometer** 22 und besteht aus 500 Messingrohren, die in einem großen weißen Raum in fünf parallelen Reihen zu je 100 Stück wohlgeordnet aufgereiht sind.

393 W Broadway zw. Spring und Broome Sts., ✆ 212-989-5566, 212-989-4055, www.brokenkilometer.org. Sept. bis Juni Mi–So 12–18 Uhr (15–15.30 Uhr geschl.). Subway: Spring St. Linie 6.

Hier kann man den Spaziergang an der Subway-Station Canal Street beenden (Anschluss an die Linien A, C und E).

Sollten Sie immer noch Puste haben, entdecken Sie gleich im Anschluss die Highlights von TriBeCa.

Stationen in TriBeCa

TriBeCa beginnt unmittelbar südlich der Canal Street. Sie können also Ihren Spaziergang durch SoHo einfach auf dem West Broadway weiter nach Süden fortsetzen oder separat mit der Subway anreisen und bei der Station Canal Street aussteigen. Bleiben Sie auf dem West Broadway bis zur North Moore Street, in die Sie rechts einbiegen. Wer diesen Spaziergang separat zu SoHo unternimmt und noch keine „Cast Iron Architektur" bewundert hat, sollte durch die architektonisch schönen Straßenzüge des Viertels bummeln und bis zur Leonard Street weitergehen, dort links einbiegen, am Broadway links gehen und erneut links über die Franklin Street wieder zum West Broadway zurückkommen. Alle anderen kommen an der North Moore Street an einer wichtigen Location für Cineasten vorbei: der **Feuerwehrstation 8 Hook & Ladder** (Nr. 14 N. Moore St.), wo die Ghostbusters des gleichnamigen Films ihr Hauptquartier hatten. An der nächsten Kreuzung zur Hudson Street hat *Bubby's Restaurant* inzwischen auf 24-Stunden-Dienst umgestellt, und *Issey Miyake* verkauft noch immer seine Edelfummel im Edelladen. Rechter Hand konnte sich das Nobelrestaurant *Nobu* halten, das zu den teuersten Japanern der Stadt zählt. Einen Block weiter gelangen Sie auf die Greenwich Street, wo Sie an der nächsten Ecke (Nr. 375) auf das in einer alten Kaffeefabrik untergebrachte **TriBeCa Film Center** treffen. Es wurde u. a. von Robert De Niro gegründet, dessen Restaurant **Tribeca Grill** sich im Erdgeschoss befindet. Der Filmjetset wird auch durch das *TriBeCa Grand Hotel* zum Kommen animiert, das extra einen privaten Vorführraum unterhält. Gehen Sie nun links die Greenwich Street hinunter. Wenige Meter weiter schreibt die **Harrison Street Row** Geschichte. Dabei handelt es sich um einen Block alter Händlerhäuser aus dem frühen 19. Jh., die vom Apartment-Komplex *Independence Plaza* überschattet werden. Die meisten der aus unverputzten

Auf Geisterjagd – Ghost Busters Hauptquartier

Ziegeln im Federal Style erbauten Häuser standen ursprünglich an der Washington Street im Village, wurden aber in den späten 1970er Jahren dort abgebaut, hierher verlegt und restauriert, um sie als Wohnraum zu vermieten. Bis zu dem Zeitpunkt, als man begann, die Mieten zu subventionieren, standen sie allerdings leer. Heute gibt es eine lange Warteliste. Apropos Mieten: TriBeCa hat inzwischen SoHo als teuerste Neighborhood Manhattans abgelöst.

Biegen Sie an der Jay Street links ein und folgen Sie dieser bis zur Hudson Street. Dort sollten Sie unbedingt einen Blick in die Lobby des *Western Union Building* werfen (Hudson Street Nr. 60). Das im Art-déco-Stil errichtete Gebäude stammt aus den Jahren 1928–30, für seinen Bau wurde Backstein in 19 verschiedenen Farbschattierungen verwendet.

Anschließend gehen Sie die Hudson Street in südlicher Richtung weiter und erreichen so den bereits 1797 eröffneten schattigen **Duane Park**, ein idyllisches kleines Fleckchen Grün mit historischen Bänken und Laternen.

Von hier ist es nicht mehr weit bis zur Chambers Street, wo Sie Anschluss an die Subway-Linien 1, 2 und 3 haben.

Praktische Infos

→ Karte S. 146/147

Essen und Trinken/ Nachtleben

Dean & DeLuca 25 Joel Dean und Giorgio DeLuca halten sich zugute, den amerikanischen Geschmack kultiviert und verfeinert zu haben. Ihr Ruf basiert auf der Qualität der Ware. Inzwischen werden auch alle möglichen Küchenartikel verkauft. Es gibt zwei Märkte und drei Cafés in New York – dieses hier ist das Original von 1977. Mo–Fr 7–20 Uhr, Sa-So ab 8 Uhr. 560 Broadway/ Ecke Prince St., ✆ 212-226-6800, www.deandeluca.com. Subway: Bleecker St. Linie 6 oder B'way/Lafayette St. Linien B, D, F, M.

Antique Garage 40 Dieses Restaurant in einer alten Autowerkstatt hat Charme. Seit der Eröffnung 2003 wurden hier schon Brooke Shields, Sean Penn und Kevin Spacey bedient. Mediterran-türkische Küche, meist an fünf Tagen Live-Musik. Hauptgerichte Lunch $ 14–24, Dinner $ 24–34. Mo–Fr 12–23 Uhr, Sa/So 11–24 Uhr. 41 Mercer St. zw. Grand und Broome Sts., ✆ 212-219-1019, www.antiquegaragesoho.com. Subway: Canal St. Linien A, C, E.

Fanelli's Café 20 Angeblich das zweitälteste Restaurant in New York, in jedem Fall eine Institution. Der Besitzer Sasha Moe wuchs in SoHo auf und übernahm das Café kürzlich vom Vater. Wer sich nicht hinsetzen will, kann Barfood oder Suppen auch zum Mitnehmen kaufen, etwa Gemüse-, Tomatencreme- oder kubanische Schwarze-Bohnen-Suppe. Günstig. So–Do 10–1.30 Uhr, Fr/Sa bis 4 Uhr. 94 Prince St./Mercer St., ✆ 212-226-9412. Subway: Prince St. Linien N, R.

Blue Ribbon 14 Die Besitzer Bruce und Eric Bromberg kochen selbst, das Menü umfasst vom Burger ($20) über Paella oder Lammkeule bis zur Matzoh Ball Soup ($ 13,50) alles, was das Herz begehrt. Auch Käsefondue und umfangreiche Rohkostbar. Tägl. 16–4 Uhr. 97/119 Sullivan St. zw. Spring und Prince Sts., ✆ 212-274-0404, www.blueribbonrestaurants.com. Subway: Spring St. Linien C, E. Im gleichen Straßenblock befindet sich auch die kleine, aber kreative **Blue Ribbon Sushi Bar**, tägl. 12–2 Uhr. 119 Sullivan St., ✆ 212-343-0404. Außerdem gibt es eine Bäckerei mit Weinbar im Keller in der 14/15 Downing St. und ein Sushi-Lokal in Midtown.

Balthazar 35 Der Laden kann sich vor dem Ansturm am Wochenende kaum retten – französischen Backwaren und Bistro-Gerichten sei Dank. Frühstück Mo–Fr 7.30–11.30 Uhr, Sa/So 8–9 Uhr (nur kontinentales Frühstück), Brunch Sa/So 9–16 Uhr. Lunch Mo–Fr 12–17 Uhr, Dinner Mo–Do 18–24 Uhr, Fr–Sa bis 1 Uhr, So 17.30–24 Uhr. 80 Spring St./Crosby St., ✆ 212-965-1414, www.balthazarny.com. Subway: Prince St. Linien N, R.

Tribeca Grill 47 Medienveranstaltungen und Kinopremierenfeiern haben dem Restaurant, im Volksmund nur „The Grill" genannt, einen gewissen Ruhm verschafft. Investoren sind u. a. Sean Penn, Bill Murray und Ed Harris. Zwei Stockwerke, Mahagoni-Bar. Kunst von Robert de Niros Vater. Chefkoch Steven Lewandowskis Menü lehnt sich an verschiedene ethnische Küchen an. Hauptgerichte $ 31–50. Mo–Fr 11.30–17 Uhr und 17.30–22.30 Uhr (Fr bis 23.30 Uhr), Sa nur 17.30–23.30 Uhr, So 11–15.30 Uhr und 17.30–22 Uhr. 375 Greenwich St./Franklin St., ✆ 212-941-3900, www.myriadrestaurant group.com/tribeca_grill.php. Subway: Franklin St. Linie 1.

Bubby's 45 Angeblich wurde hier schon J.Lo beim Lunch gesichtet. Zu empfehlen ist der sonntägliche Brunch. Das Essen ist einfach und gut und man ist stolz auf die Herkunft der Zutaten von regionalen Farmen. Probieren Sie das Slow-Cooked Pit Barbecue ($ 26) oder die *Matzoh Ball Soup* ($ 10). 24 Std. geöffnet, Brunch Sa/So 9–16 Uhr, Midnight Brunch 23–7 Uhr. Ableger auch in Dumbo/Brooklyn. 120 Hudson St./North Moore St., ✆ 212-219-0666, www.bubbys.com. Subway: Franklin St. Linie 1. ■

Nobu 48 New Yorks Top-Sushi-Restaurant. Koch Nobuyuki Matsuhisa kreierte 1994 eine innovative japanische Küche, die von New York aus die Welt eroberte. Inzwischen gibt es auch ein Nobu in London und noch zwei weitere in Manhattan. So früh wie möglich reservieren, sonst müssen Sie ausweichen auf Nobu Next Door, das ist etwas preisgünstiger und man kann nicht reservieren, also gleiche Chance für alle! Lunch und Lunch to go Mo–Fr 11.45–14.15 Uhr. Dinner tägl. 17.45–22.15 Uhr, Sa bis 23.15 Uhr. 105 Hudson St./Franklin St., ✆ 212-219-0500, www.nobu restaurants.com/new-york/experience/intro duction/. Subway: Franklin St. Linie 1.

Housing Works Bookstore Café 18 Die Wohltätigkeitsorganisation hilft Menschen, die von Aids und Obdachlosigkeit betroffen sind und hat für ihren Buchladen einen berühmten Koch engagiert, der das Café mit großem Erfolg und Zuspruch betreibt. Es werden lokale Zutaten der Saison verwandt, Sandwiches, Suppen, Kuchen und Sa/So Brunch. Mo–Fr 10–21 Uhr, So 10–17 Uhr. 126 Crosby St. zw. Prince und W Houston Sts., 212-334-3324, www.housingworks.org/bookstore/. Subway: Broadway/Lafayette Linien B, D, F, M.

Nightlife siehe S. 54-56, 60/61 und 63/64.

Einkaufen

Apple Store SoHo 17 Im umgebauten ehemaligen Postamt an der Prince Street. Mo–Sa 9–12 Uhr, So bis 19 Uhr. 103 Prince St. zw. Mercer und Greene Sts., ✆ 212-226-3126, www.apple.com/retail/soho. Subway: Prince St. Linien N, R.

Badichi Belts 8 Wählen Sie selbst zwischen Dutzenden von Schnallen und nicht weniger Leder in verschiedenen Farben und lassen Sie sich ihren Gürtel maßschneidern. Auch ein schönes Mitbringsel. Tägl. 10.30–20 Uhr. 159 Prince St. zw. W Broadway und Thompson St., ✆ 212-533-2107, www.badichibelts.com. Subway: Prince St. Linien N, R. Mehrere Outlets.

Pearl Paint 50 Künstlerbedarf auf sechs Stockwerken, selbst der Dilettant möchte am liebsten kreativ werden. Mo–Fr 9–19 Uhr, Sa ab 10 Uhr, So 10–18 Uhr. 308 Canal St./Mercer St., ✆ 212-431-7932, www. pearlpaint.com. Subway: Canal St. Linien N, Q, R oder 6 oder A, C, E.

What Goes Around Comes Around 32 Die Secondhand-Boutique wurde 1993 von zwei College-Freundinnen gegründet, die ein Jahrzehnt lang die Welt bereisten und seitdem ihr Sammelsurium an hochqualitativen Klamotten und Kuriositäten hier verkaufen. Mo–Sa 11–20 Uhr, So 12–19 Uhr. 351 West Broadway zw. Broome und Grand Sts., ✆ 212-343-1225, www.whatgoesaroundnyc. com. Subway: Spring St. Linien C, E.

Legacy 11 Seit mehr als 30 Jahren werden hier Kleidung, Accessoires, Schuhe, Taschen und Schmuck aus erster und aus zweiter Hand sowie aus einer eigenen Designlinie feilgeboten. Rita Brookoffs Devise: Mix it up! Tägl. 12–19 Uhr, 109 Thompson St. nahe Prince St., ✆ 212-966-4827, www.legacy-nyc.com. Subway: Spring St. Linien C, E.

Bond No 9 4 In diesem kunstfertigen kleinen Laden in NoLita gibt es das schönste Souvenir New Yorks für Damen: eigenkreierte Düfte zum Thema New York, die auch wirklich gut und kostbar riechen und daher ihren Preis haben. Sehr schwer und süßlich ist Chinatown, eher blumig und leicht sind Sag Harbour und The Scent of Peace. 50 ml um die $ 200. 9 Bond St. zw. Lafayette St. und Broadway. ✆ 877-273-3369 und ✆ 212-228-1732; www.bondno9.com. Subway: Bleecker St. Linie 6.

Joe's Jeans 31 Hier gibt es in Sachen Jeans mehr, was das Herz begehrt, alleine 55 Farben Denims sind im Angebot. 77 Mercer St. zw. Spring und Broome Sts., ✆ 212-925-5727; www.joesjeans.com. Subway: Spring St. Linie 6 oder Prince St. Linien N, R.

Loopy Mango 38 Die Wolle, die hier verkauft wird, ist selbst produziert, dazu gibt es Zubehör, Wollprodukte und antike Möbel. Wunderschöner Laden für Freunde der Handarbeiten. Mo–Sa 11–19 Uhr, So 12–18 Uhr. 78 Grand St., zw. Wooster und Greene Sts. ✆ 212-343-7425; www.loopymango.com. Subway: Canal St. Linien J, N, Q, R, Z und 6.

Bloomingdale's SoHo 37 → Shopping.

MoMA Design Store 30 Der erste MoMA Store war 1939 ein kleiner Tisch in der Lobby des Museums. Richard Gluckman hat diesen Laden hier entworfen. Möbel, Küchenartikel, Schmuck und Spiele. Schön für Geschenke und Mitbringsel. Im Basement jetzt große Buchabteilung und ein Ableger von Muji. Mo–Sa 10–20 Uhr, So 11–19 Uhr. 81 Spring St./Ecke Crosby St., ✆ 646-613-1367, www.momastore.org. Subway: Prince St. Linien N, R oder Spring St. Linie 6.

Pearl River Mart 42 40 Jahre alte Institution. Das chinesische Warenhaus hatte früher seinen Sitz in Chinatown, wo es eigentlich auch hingehört: Bambusrollos, Papierlampen, Hausschuhe, elegante Teekannen, Stäbchen, Kräuter und Arzneien, Feng-Shui-Ausrüstung und einfach alles, was das chinesische und touristische Herz begehrt. Mit Wasserfall und Café, das 40 Sorten Tee serviert. Die Preise sind nach wie vor moderat. Tägl. 10–19.20 Uhr. 477 Broadway/Broome St., ✆ 212-431-4770, www.pearlriver.com. Subway: Spring St. Linie 6.

Eileen's Special Cheesecake 41 Kleine Bäckerei mit himmlischen Käsekuchen in einem Dutzend verschiedener Geschmacksrichtungen. Mo–Fr 9–21 Uhr, Sa/So 10–19 Uhr. 17 Cleveland Pl., ✆ 212-966-5585. www.eileenscheesecake.com. Subway: Spring St. Linie 6.

Puristische Qualität – Issey Miyake

Sonstiges

TriBeCa Film Festival. Seit 2002 findet in der zweiten Maiwoche dieses von Robert De Niro und Jane Rosenthal initiierte Filmfestival statt, das jedes Jahr größer wird und nicht nur die besten neuen Filme aus aller Welt präsentiert (fast alles Premieren), sondern auch Nebenveranstaltungen wie das Family Festival oder die TriBeCa Talks organisiert. Zu den Vorführungen erscheint meist der Regisseur mit einigen Darstellern. TriBeCa Film Center, 375 Greenwich St. zw. North Moore und Franklin Sts., ✆ 212-941-2400, tribecafilm.com/festival.

Short Film Festival. Provokant und unterhaltsam sollen die Kurzfilme sein, die im Rahmen dieses Festivals alljährlich im September drei Tage lang im Kulturzentrum Y92 in TriBeCa präsentiert werden. 200 Hudson St. zw. Vestry und Desbrosses Sts., www.nycshorts.com.

Genialer Faltenwurf – die neue Coopers Union

East Village

Das East Village liegt zwischen der 14th und der Houston Street und ist New Yorks buntestes Schaufenster für freche Mode und kurzlebige Trends. Es besitzt noch so etwas wie eine anarchische Subkultur, ist Heimstatt experimenteller Bühnen und schriller Kunst. Die Kunstgalerien in East Village spielten eine entscheidende Vorreiterrolle bei der Etablierung moderner amerikanischer Künstler. Hier bekamen Newcomer wie Keith Haring und Jeff Koons erstmals eine Plattform.

Das Viertel, das (noch) nicht ganz so kommerziell und glatt ist wie seine Konkurrenten SoHo, TriBeCa oder Chelsea, ist gewissermaßen eine „Auskoppelung" aus der Lower East Side. Ersonnen wurde der Name von findigen Immobilienmaklern, die ganz bewusst Assoziationen zum Greenwich Village und seinem Image als Künstler- und Boheme-Viertel wecken wollten. Seine Blütezeit erlebte der auf diese Weise geadelte Stadtbezirk in den 1980er Jahren, als im berühmten, nunmehr geschlossenen CBGB-Club Rockbands wie die *B-52s, Blondie* und die *Talking Heads* Karriere machten und Transvestiten auf den Tischen des Pyramid Club tanzten. Danach geriet das Viertel in die Negativschlagzeilen, weil es im Zuge der Stadterneuerung bei der Räumung von Obdachlosenlagern am Tompkins Square Park zu spektakulären Krawallen kam.

Die Straße St Mark's Place, die vom Tompkins Square nach Westen verläuft, war traditioneller Treffpunkt für Punks, Künstler und Beatniks – doch das ist Geschichte. Heute lebt sie vom Tourismus.

Der östliche Teil des East Village hingegen hat sich seine Authentizität ein Stück weit bewahrt. Bis vor wenigen

Jahren galt dieser Teil Manhattans noch als extrem gefährlich. Hier in der sog. *Alphabet City,* wo die Avenues Buchstaben statt Ziffern tragen, gibt es noch sozialen Wohnungsbau und niedrige Mieten, es ist der Bezirk der Gemeinschaftsgärten und der subversiven Gegenkultur, wo man sich wilde Tattoos, Piercings und schrille Haarfarben verpassen lassen und günstig essen kann. Die letzte Entwicklung ließ die ABCs zum Zentrum von *Loisaida* werden, dem Teil der Lower East Side, der überwiegend von Latinos bewohnt wird. Avenue C wurde entsprechend umgetauft.

Die zahlenmäßig stärksten ethnischen Minderheiten in East Village sind derzeit die Ukrainer, die mit Gotteshäusern, Geschäften, Restaurants und einem eigenen Museum vertreten sind, und die Inder. Der Block 6th Street zwischen 2nd und 1st Avenues ist bekannt als *Curry Lane* oder *Little Bombay*. Es leben jedoch auch viele Juden, Afroamerikaner, Lateinamerikaner und Japaner hier.

Außerdem ist die New York University nicht weit, sodass sich zwischen den Vorlesungen viele Studenten am Astor Place aufhalten, wo auch die *Cooper Union,* eine der angesehensten Kunst- und Architekturschulen, Vorlesungen für Studenten hält. Die werden sicher stolz sein auf die spektakulären Gebäude am Astor Place und Cooper Square, die gerade erst komplett neu gestaltet und mit mehreren autofreien, begrünten Plazas versehen wurden. Geblieben ist zum Glück das Wahrzeichen, der *Alamo,* ein 4,5 m hoher schwarzer Stahlwürfel. Alte Welt findet man auch noch um die Ecke im *McSorley's Old Ale House,* einem urigen Pub, das sein eigenes Bier braut.

Tour-Info

Dieser Spaziergang ist nachmittags empfehlenswert, da morgens im East Village nicht viel los ist. Ausgangspunkt ist die Ecke Bleecker/Lafayette Street, die Sie mit der Subway-Linie 6 oder B, D, F und M erreichen (Station Bleecker Street bzw. B'way-Lafayette Street).

East Village → Karte S. 156/157

Stationen

Old Merchant's House

Die erste Station des Spaziergangs, das Museum im Old Merchant's House, erreichen Sie, wenn Sie die Lafayette Street bis zur East 4th Street vorgehen und dort rechts abbiegen. Das Ziegelhaus im Greek-Revival-Stil wurde 1832 für den Kaufmann Seabury Tredwell gebaut. Anschauen kann man sich das elegante Wohnzimmer mit Mahagoni-Türen, die mit Himmelbetten ausgestatteten Schlafzimmer des Hausherrn und seiner Frau, sowie die Küche, in der für zehn Familienmitglieder und vier Hausangestellte gekocht werden musste – und nicht nur das: am Ofen steht eine Wanne, in der sich die Kinder der Angestellten waschen konnten. Insgesamt bekommt man einen guten Einblick in die Wohnverhältnisse der Mittelschicht im 19. Jh.

29 E 4th St. zw. Lafayette St. und Bowery, ✆ 212-777-1089, www.merchantshouse.org. Do–Mo 12–17 Uhr. Führung um 14 Uhr. April bis Nov. auch So 13 Uhr. Eintritt $ 10, erm. $ 5. Subway: 8 St./NYU Linien N, R.

Joseph Papp Public Theater

Ein Stück weiter auf der Lafayette Street gelangen Sie zum Joseph Papp Public Theater. Hier war einst die 1849 eröffnete Bibliothek der Astors untergebracht, die erste kostenlose öffentliche Bibliothek der Stadt. Finanziert wurde sie aus dem Nachlass von John Jacob Astor, dessen soziales Image damit ein wenig aufgebessert werden sollte. Der Gründer des berühmten Familienclans hatte sein Vermögen im

Pelzhandel gemacht und galt als ungebildeter Kapitalist und Spekulant, der jedermann über den Tisch gezogen hatte einschließlich den Präsidenten. Seine Gewinne hatte er in Immobilien investiert, wodurch er einer der reichsten Männer Amerikas geworden war. Die Bestände dieser Bibliothek sind in der New York Public Library (→ S. 207/208) aufgegangen. Der Umbau zum Theater erfolgte 1967–1976. Der Theaterdirektor und Produzent Joseph Papp gründete u. a. das *New York Shakespeare Festival* im Central Park und produzierte Kassenschlager wie *A Chorus Line*. Im Public Theater fand auch die Weltpremiere des Musicals *Hair* statt. Gespielt werden heute zeitgenössische Stücke amerikanischer Autoren, aber nach wie vor auch Musicals und viel Shakespeare. Im Herbst 2012 war auch die umfangreiche Renovierung des Theaters abgeschlossen, seitdem heißt das Foyer nach einem der Geldgeber: Ford Foundation. **Joe's Pub** im Keller ist ein renommierter Veranstaltungsort für Live-Musik und andere Performances, das weniger wie ein Pub denn wie ein elegantes und intimes Dinner-Theater wirkt und erstklassige Shows präsentiert. Einen guten Ruf hat auch das Restaurant **The Library** auf dem Zwischenstockwerk Mezzanine (→ Essen & Trinken).

The Public Theatre, 425 Lafayette St. zw. E 4th St. und Astor Pl., ✆ 212-539-8500, www.publictheater.org. Kasse: So/Mo 14–18 Uhr, Di–Sa bis 19.30 Uhr. **Joe's Pub**, selbe Adresse, ✆ 212-967-7555 (tägl. 10–19 Uhr), www.joespub.com. Tägl. 18–2 Uhr, $ 12–30, $ 12 Verzehr Minimum. Subway: Astor Pl. Linie 6 oder 8 St.NYU Linien N, R.

Colonnade Row

Gegenüber finden Sie die etwas heruntergekommene Colonnade Row, die New Yorker Version des Londoner Regent's Park. Vier von einst neun prächtigen Villen im Greek-Revival-Stil, erbaut 1833, stehen noch. Damals bildeten sie die nordöstliche Grenze der Stadt und machten Lafayette Place zu einer der teuersten Wohngegenden Manhattans. Die Häuser wurde von Seth Geer gebaut, der für die Säulenkolonnade Marmor verwendete, der von den Gefangenen des berüchtigten Sing-Sing-Gefängnisses gebrochen wurde. Millionäre wie John Jacob Astor und Cornelius Vanderbilt finanzierten den Bau mit großer Gewinnspanne. Berühmte Bewohner der Colonnade Row waren Washington Irving und Charles Dickens.

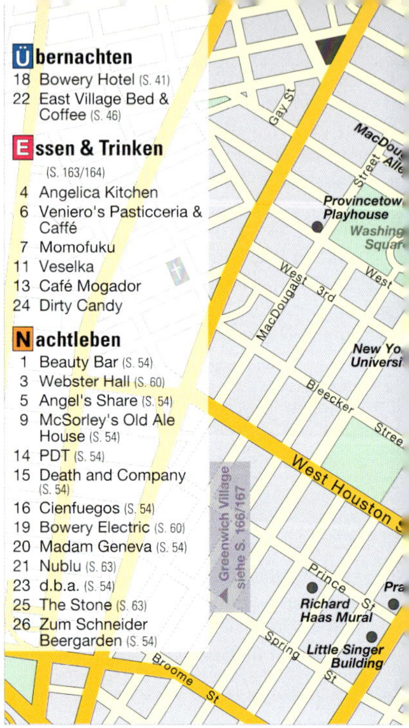

Astor Place Theater/ Astor Place

Seit 1968 befindet sich in der Colonnade Row das Astor Place Theater. Dieses Theater begann mit Aktionen gegen Kulturkommerz, heute ist es Teil davon. Das Theater tourt mit seiner Show der *Blue Man Group* (→ Kasten S. 158) durch die ganze Welt.

Bleiben Sie auf der Lafayette Street bis zum Astor Place. Bevor er in den Besitz seines Namensgebers John Jacob Astor überging, befand sich hier Jacob Sperrys Botanischer Garten. Ab 1825 ließen sich hier vorwiegend wohlhabende Bürger nieder. Der Astor Place wurde komplett neu gestaltet und mit mehreren autofreien und begrünten Plazas versehen. Auf der Subway Plaza befindet sich der Eingang zur Subway, auf der Alamo Plaza steht der 1967 von Bernard Rosenthal aufgestellte schwarze Stahlwürfel **Alamo.** Seit seiner Sanierung 2005 lässt er sich leider nur noch sehr schwer um die eigene Achse drehen. Bevor Sie den Würfel erreichen, kommen Sie am glitzernden *Astor Place Tower* vorbei, einer 21-stöckigen Wohnanlage des Architekturbüros Gwathmey Siegel, die den Namen „Sculpture for Living" erhielt. Die Baulücke hinter dem Alamo, wo einst das Cooper Union Engineering Building stand, wurde mit einem zwölfstöckigen Bürohochhaus aus Glas und Granit des japanischen Architekten Fumihiko Maki gefüllt (51 Astor Place), der auch den Tower 4 am World Trade Center entworfen hat. Hier hat nun IBM seine Büros. Die *Cooper Union* hat für den Verlust einen Neubau bekommen (*41 Cooper Square*), der ihrem Schöpfer sicher gefallen hätte, so innovativ wie er Kunst, Architektur und Ingenieurswissenschaften vereint. Sie werden den Bau im letzten Abschnitt unseres Spazierganges bestaunen können.

Astor Place Theater, 434 Lafayette St. zw. Astor Pl. und E 4th St., ✆ 212-307-4100, www.blueman.com. Tickets: 1-800-BLUE-MAN. Kartenverkauf: Tägl. 12–19.45 Uhr. Subway: 8 St./NYU Linien N, R.

Cooper Union Foundation Building

Der dunkelrote Sandsteinbau gegenüber dem neuen Bürokomplex ist das

Cooper Union Foundation Building. Es ist eines der wenigen noch erhaltenen Brownstone-Häuser mit Stahlgerippe. Diese bis heute kostenlose Unterrichtsstätte wurde 1859 vom Erbauer der ersten amerikanischen Dampflokomotive errichtet, um begabten Kindern einkommensschwacher Familien eine angemessene Schulbildung zu ermöglichen. Es war das erste College, das beiden Geschlechtern und Kindern jeglicher Hautfarbe offenstand. Der Bauherr Peter Cooper hatte als Sohn eines Arbeiters nicht mehr als ein einziges Jahr Schulbildung genossen, wurde aber dennoch ein erfolgreicher Unternehmer. Er machte mit einer Klebstoff-Fabrik und einer Eisengießerei ein Vermögen. Gelehrt werden hier Architektur, Ingenieurswesen und Kunst. Alle Studenten erhalten ein Stipendium. Thomas Edison und Felix Frankfurter waren hier eingeschrieben. Das Stahlgerippe des fünfstöckigen Bauwerks besteht übrigens aus Eisenbahnschienen. In der Great Hall des Gebäudes sprach 2010 Präsident Barack Obama zum Thema Finanzkrise.

Alter Würfel vor neuem Hochhaus - Alamo und Astor Place Tower

Stuyvesant Street

Gehen Sie nun an der 3rd Avenue einen Block nach links bis zur Stuyvesant Street. Diese Straße, in die Sie rechts einbiegen, ist sicher eine der malerischsten Straßen von New York. Hier ließ einst der erste Gouverneur der Stadt, Peter Stuyvesant, seine Farm bauen. Stuyvesant Street war der Eingang zu seinem Anwesen, das sich bis zum East River erstreckte. Die Nachfahren Stuyvesants wohnten hier bis ins 19. Jh. Das **Stuyvesant Fish House** in der Nr. 21 wurde für dessen Ur-Ur-Urenkelin Elizabeth und ihren Ehemann Nicholas Fish gebaut. Es steht neben einer Gruppe von 16 klassischen Brownstone-Häusern, die dem Architekten James Renwick Jr. zugesprochen werden

Die Blue Man Group

Die Show der Blue Man Group ist inzwischen so bekannt, dass es bereits 30 Blue Men und 50 Musiker gibt, um die Shows in verschiedenen Städten der USA und in Europa zeigen zu können. Auf der Bühne bieten drei hinter blauen, haarlosen Masken versteckte Darsteller einen wilden Hexenkessel aus Rockmusik (mit Liveband), Comedy und Akrobatik. *Actionkunst* oder *Neo-Vaudeville* nennen sie das, Thema ist oft die Grenze zwischen Kunst und Kommerz. Da fliegen einem Blue Man schon mal unglaublich viele Kreidebälle in den weit geöffneten Schlund, aus dem er dann eine Skulptur hochwürgt und diese gelassen mit einem Preisschild über mehrere Tausend Dollar versieht. Nicht jedermanns Sache, aber ganz sicher sehr interessant!

Hier liegen die Stuyvesants: St Mark's in the Bowery

(Nr. 23–35) und zusammen mit Nr. 114–128 East 10th Street das sog. *Renwick Triangle* bilden.

St Mark's in the Bowery

An diesen historischen Backstein-Reihenhäusern vorbei kommen Sie an der 10th Street Ecke 2nd Avenue zur Kirche St Mark's in the Bowery. Die Episkopal-Kirche (ausländischer Zweig der englisch-anglikanischen Kirche), 1799 im klassizistischen Stil gebaut und um einen Turm im Greek-Revival-Stil sowie einen romanischen Portikus ergänzt, ersetzte eine von Peter Stuyvesant 1660 auf seinem Land errichtete kleine Kapelle, in deren Kellergewölbe seine sterblichen Überreste ruhen und die vieler seiner Nachfahren. In den 1960er Jahren bezog die Kirche politisch Stellung und öffnete sich für Künstler und politische Vereine. Das Gotteshaus diente seither auch als Aufführungsstätte für Kunstprojekte und als Versammlungsort. 1966 wurde hier das *Poetry Project* gegründet, dem sich einige der prominentesten Dichter jener Tage anschlossen und das am 1. Januar eine beliebte Lesung veranstaltet, die elf Stunden dauert. Das Danspace Project folgte 1974 und zeigt mehrere Tanzvorführungen im Jahr.

Zum Tompkins Square Park

Gehen Sie nun die 2nd Avenue, die einmal der jüdische Broadway New Yorks mit einem knappen Dutzend Theatern war (weshalb man im Boden eingelassene Ehrungen für jüdische Hollywoodgrößen findet), nach rechts und biegen einen Block weiter nördlich in die 11th Street ein. Hier haben viele Secondhandläden ihr Auskommen und am anderen Ende der Straße wird man von italienischem Flair und Delikatessen überrascht. Berühmt etwa ist **Veniero's Pasticceria & Caffé**. Gleich daneben ist **Russo's**. An der 1st Avenue befindet sich das **Islamic Council of America**, eine der mehr als 100 Moscheen für die rund 600.000 in New York lebenden Muslime. Madina Masjid ist eine der ältesten der Stadt und die einzige im East Village. Sie wurde 1976 von Einwanderern aus Bengali gegründet, denen viele der indischen Restaurants in der East 6th

East Village → Karte S. 156/157

Street gehörten. Einen Block weiter südlich treffen Sie an der Ecke 10th Street auf das **Theater for the New City**, ein Gemeindekulturzentrum, das Dramen, Lyriklesungen, Musik, Tanz und radikal politische Aufführungen bietet und dieses Theater zu einer unangepassten Produktionsstätte macht, die immer für Überraschungen gut ist. Im Jahr werden hier 30 bis 40 Premieren amerikanischer Autoren aufgeführt, wofür das Theater bereits mit einem Pulitzer-Preis ausgezeichnet wurde.

155 1st Ave. zw. 9th und 10th Sts., ✆ 212-254-1109, www.theaterforthenewcity.net. Subway: 1 Ave. Linie L.

Von dort gehen Sie einen Block die 10th Street entlang und am **Russisch-Türkischen Badehaus** **12** vorbei. Seit 1892 kann man hier ohne großen Luxus und ohne hohe hygienische Ansprüche schwitzen und sich massieren lassen. Es gibt ein russisches Dampfbad, einen Fitnessraum, eine Holzsauna, ein Solarium und eine Sonnenterrasse.

268 10th St. zw. 1 Ave. und Ave. A, ✆ 212-674-9250. www.russianturkishbaths.com. Mo, Di, Fr 12–22 Uhr, Mi 14–22 Uhr und 10–14 Uhr (nur Frauen), Do 17–22 Uhr und 12–17 Uhr (nur Männer), Sa 9–22 Uhr, So 14–22 Uhr und 8–14 Uhr (nur Männer). Eintritt $ 35; Subway: 1 Ave. Linie L.

Rechts die Avenue A entlang – Sie befinden sich jetzt in der Alphabet City – landen Sie einen Block weiter am **Tompkins Square Park**, wo es sich nett auf einer Bank rasten lässt. Daniel Tompkins war Gouverneur von New York, US-Vizepräsident und erklärter Gegner der Sklaverei. 1833 schenkte die Familie Stuyvesant dieses Gelände der Stadt zur öffentlichen Nutzung, und der Platz wurde zum Zentrum des East Village. Mitte des 19. Jh. siedelten sich hier v. a. Deutsche an, *Little Germany* entstand. Ein Unglück beendete die Existenz von Klein-Deutschland: Der Ausflugsdampfer *General Slocum* geriet am 15. Juni 1904 in Brand und sank innerhalb von 15 Minuten. Auf dem Schiff befanden sich rund 1300 deutsche Frauen und Kinder. Nur wenige überlebten, und die deutsche Gemeinde New Yorks hat sich von diesem Schock nie wieder erholt. Die meisten zogen weg vom Tompkins Square, verstärkt nach Norden. Die Lücke füllten osteuropäische Juden. In der Mitte des Platzes erinnert ein Denkmal an diesen Vorfall.

So friedlich wie heute ging es hier im Park selten zu. Der Platz galt lange als Brutstätte radikaler Gedanken und als Plattform für Proteste. Hier wurde gegen Polizeigewalt, den Vietnamkrieg und die amerikanische Einwanderungspolitik sowie für die Rechte Homosexueller, Obdachloser und vieler anderer demonstriert. Im August 1988 kam es zu den *Tompkins Square Park Police Riots,* als während der Räumung des Parks von Obdachlosen eine Reihe von Demonstranten und Schaulustige von nervösen Polizisten niedergeknüppelt wurden. Der Vorfall wiederholte sich 1995, diesmal richtete sich die Polizeigewalt gegen eine Gruppe von radikalen Hausbesetzern. Heute findet im Tompkins Square Park jährlich im Mai ein *Drag-Festival (drag = dressed as girl)* unter dem Namen **Howl-Festival** statt, benannt nach einem Gedicht des Beat-Poeten Alan Ginsberg. Bekannter ist es noch unter seinem alten Namen *Wigstock-Festival* in Anlehnung an Woodstock. Acht Tage lang werden Tanz, Musik, Lesungen und Fun geboten, und die *Drag Queens* zeigen ihre ausgeflippten Perücken.

Federation of East Village Artists: 228 E 6th St., www.eastvillagehowler.blogspot. com.

Die meisten Gebäude rund um den Platz stammen aus dem 19. Jh. Inzwischen kosten viele Wohnungen hier am Park bereits 2000 Dollar Monatsmiete. Auf der Ostseite an der Avenue B Nr. 151 steht übrigens das **Charlie Parker House**. Der Musiker war 1920 in Kansas City geboren worden, lebte aber hier von 1950 bis 1954 mit seiner Partnerin

Bürger nehmen Einfluss: Museum zur Graswurzelbewegung

East Village → Karte S. 156/157

Chan Richardson und den gemeinsamen drei Kindern. Er wird mit einer Plakette an der Hausfassade, dem Charlie Parker Boulevard und dem jährlichen Charlie Parker Jazz Festival (Infos unter www.cityparksfoundation.org unter dem Stichpunkt *The Arts*) am Tompkins Square geehrt.

Abstecher zum Museum of Reclaimed Urban Space (MORUS)

In einem ehemaligen besetzten Haus haben sich die politischen Aktivisten und Basisinitiativen des Viertels (die sog. Graswurzelbewegung) ein Denkmal gesetzt. Das kleine Museum besteht aus zwei Räumen und dokumentiert die Rückeroberung des öffentlichen Raumes durch die Bürger selbst. Sie können sich einer Führung durch zahlreiche Gemeinschaftsgärten, Recyclingprojekte und Bienenzuchten des East Village anschließen, die in den Hinterhof-Betonwüsten entstanden sind. Im Museum dokumentieren Filme, Fotos und Medienberichte den Kampf um eine fahrradfreundlichere Stadt, auch die Geschichte der Occupy-Wall-Street-Bewegung findet hier ein Forum.

155 Avenue C zw. 9th und 10th Sts., Di und Do–So 11–19 Uhr. Eintritt frei, Führungen $ 20. ✆ 646-833-7764; www.morusnyc.org. Subway: 1 Ave. Linie L.

Entlang der Straße St Mark's Place

In der Straße St Mark's Place, vom Park aus Richtung Westen, gibt es geballt schräge Geschäfte für Klamotten und Musik. Die Mauern bergen Geschichten, die von Kunst bis Gewalt sämtliche Auswüchse eines liberalen Stadtteils einschließen.

Links vor der 1st Avenue, bei **Nr. 96–98**, wurde Led Zeppelins Albumcover für *Physical Graffiti* fotografiert. Das dort ansässige Café nennt sich daher wortspielerisch „Physical Graff*itea*". Gleich dahinter an der Ecke zur 1st

Avenue bei **Nr. 132** schenkte einst die **St Mark's Bar** Hochprozentiges aus, verewigt im Musikvideo zu dem Stones-Song *Waiting on a Friend.* Jetzt sind Sie Gast der **V-Bar**. Auf der anderen Straßenseite finden Sie das **Theater 80 St Mark's** von 1967. Es verfügt über 160 Sitzplätze, diente zwischenzeitlich als Kino und wird seit 1993 wieder überwiegend als Theater bespielt, bietet aber auch Musik und Kunstevents (www.theatre80.net). Wer sich für das New York der 20er und 30er Jahre begeistert, kann das **Museum of the American Gangster** besuchen – „Der Pate" lässt grüßen. Dem Besucher wird zunächst ein Film über die Prohibition (als Alkoholausschank verboten war und geheime Bars, sog. „Speakeasys", Riesenumsätze einfuhren) gezeigt, dann wird er kenntnisreich durch die Exponate geführt. Es gibt nur zwei Ausstellungsräume, aber seien Sie gewiss: Die Betreiber wissen auf diesem Gebiet mehr, als Sie je zu fragen wagten.

80 St. Marks Place, erste Etage die Treppe zwischen Theater 80 und dem Speakeasy hoch, tägl. 13–18 Uhr, Eintritt: $ 20, erm. $ 12, Speakeasytour $ 5. ✆ 212-228-5736, www.museumoftheamericangangster.com. Subway: 1st Ave. Linie L. oder Astor Pl. Linie 6.

Kein Flohmarkt, sondern Dreharbeiten in St Mark's Place

Im selben Block auf der rechten Seite befand sich einst die **Galerie 51X** (Hausnr. 51), die 1981 dabei half, eine Kunstszene im East Village zu etablieren. Sie war auf Graffiti-Kunst spezialisiert. Ihre Tür mit Tags (Unterschriften und Symbolen) von Keith Haring, Basquiat und Johnny Rotten wurde im Jahr 2000 für 15.000 Dollar verkauft.

Ukrainian Museum und McSorley's Old Ale House

Gehen Sie nun die Second Avenue zwei Blöcke links am **Orpheum Theater** vorbei. Hier läuft seit 1994 (!) *Stomp*, nonverbales Rhythmustheater, das kleine, lustige Episoden des Alltags erzählt und einen Siegeszug um die Welt angetreten hat. Die Geräusche werden mit Hilfe verschiedener Haushaltsgegenstände erzeugt, etwa mit Mülltonnen, Töpfen oder Sperrmüll, zu den so entstehenden Rhythmen wird getanzt, gesteppt, gewirbelt.

Biegen Sie nun rechts in die 6th Street ein. Wer ein spezielles Interesse für Kunst aus der Ukraine pflegt, sollte das kleine, aber feine **Ukrainian Museum** besuchen, das auf drei Etagen Volkskunst, traditionelle Kostüme und Textilien, vor allem Teppiche (Kelims) aus dem zweitgrößten und krisengeschüttelten Land der ehemaligen Sowjetunion zeigt. Reges Interesse wecken v. a. die *pysanky*, große bemalte Ostereier, die der Legende nach das Böse besiegen, wenn sie nur genug bemalt werden.

Orpheum Theater: 126 2nd Ave. zw. 7th und 8th Sts., www.orpheumtheater.com. Tickets: $ 75–279. www.stomponline.com. Subway: Astor Pl. Linie 6.

Ukrainian Museum: 222 E 6th St. zw. 2nd und 3rd Aves., ✆ 212-228-0110, www.ukrainianmuseum.org. Mi–So 11.30–17 Uhr. Eintritt $ 8, erm. $ 6. Subway: Astor Pl. Linie 6.

Bestimmt ist Ihnen schon längst die glänzende Rückseite eines wagemutigen Neubaus ins Auge gesprungen. Diese perforierte Metallhaut gehört zur neuen Cooper Union und heißt nach dem Chemie-Ingenieur Albert Nerken, der der Cooper Union einst $ 7,5 Mio. gestiftet hat. Es wurde von dem kalifornischen Architekten Thom Mayne entworfen und erweckt den Eindruck, als breche es stellenweise auf und „das Innere würde sich nach außen kehren, während sich die schillernde Außenhaut mittels Faltenwurf gegen die Vertikalität zu sträuben scheint" (Baunetz. de). In dem Bau sind drei Fakultäten auf neun Stockwerken untergebracht.

Gehen Sie an seiner Rückseite zur 7th Street. Der byzantinische Kirchenbau, rechts an der Ecke ist die *St George Ukrainian Catholic Church,* die ein schönes Mosaik am Eingang aufweisen kann, das Jesus Christus vor zwei Kathedralen in Lviv und Kyiv zeigt.

Gegenüber bietet sich das unschwer als Pub zu erkennende *McSorleys Old Ale House* für ein die Tour abschließendes Pint an. Es ist eines der ältesten Irish Pubs in New York und war eines der letzten, die daran festhielten, Frauen den Zutritt zu verweigern (bis 1970). Hier scheint die Zeit seit hundert Jahren stehen geblieben zu sein, man betritt das Pub noch durch Schwingtüren!

Zur nächsten Subway-Station müssen Sie zum **Cooper Square** gehen, auf dem die Statue von Peter Cooper steht. Sie wurde von einem seiner Studenten, Augustus Staint-Gaudens, gefertigt. Drehen Sie sich um, um noch einmal den aggressiven Neubau der Cooper Union zu bewundern. Wenn Sie Ihre Augen ein wenig weiter die Bowery hinunterwandern lassen, fällt Ihnen sicher ein weiterer spektakulärer Neubau auf, der 21-stöckige Glaspalast des *Standard Hotel* von Carlos Zapata.

Zurück am Astor Place haben Sie Anschluss an die Subway-Linien N, R oder 6.

Praktische Infos

→ Karte S. 156/157

Information

East Village Visitor Center: 75 E 4th St., Di–Sa 13–18 Uhr mit Café und kostenfreiem WLAN. eastvillagevisitorcenter.com.

Tour East Village, So, Mi und Fr 12 Uhr (East Village), Sa und Do 14 Uhr (The Mafia), So 11 Uhr (The Bowery), 12 Uhr (Jewish Mob), 14 Uhr (Chinatown/Five Points). $ 20; Reservierung erforderlich unter www.leshp.org/walking-tours, Infos unter ✆ 347-465-7767.

Essen und Trinken/Nachtleben

Veniero's Pasticceria & Caffé **6** Italienische Bäckerei, die seit 1894 Cannolis, Napoleons, Erdbeer-Shortcakes und Mini Pastries herstellt. So–Do 8–24 Uhr, Fr/Sa bis 1 Uhr. 324 E 11th St./1st Ave., ✆ 212-674-7070, www.venierospastry.com. Subway: 1 Ave. Linie L.

Cafe Mogador **13** Besonders schön ist der Patio, drinnen gediegen marokkanisch mit Kerzenschein und Schwarz-Weiß-Fotos des Landes an den Wänden. Marokkanisch ist auch die Küche, es gibt natürlich Hummus, Couscous und Tagine. Frühstücks-Special $ 10. So–Do 9–1, Fr–Sa bis 2 Uhr. 101 St Mark's Pl. nahe 1st Ave., ✆ 212-677-2226; cafemogador.com. Subway: Astor Pl. Linie 6 oder 1 Ave. Linie L.

Angelica Kitchen **4** Veteran aus Hippie-Zeiten für Gesundheitsbewusste und Vegetarier (Walnuss-Linsen-Pastete und Dragon Bowls, asiatische Suppen). Fast alle Gerichte Bio und unter $ 15. Tägl. 11.30–22.30 Uhr. 300 East 12th St., zw. 1st und 2nd Ave., ✆ 212-228-2909, www.angelicakitchen.com. Subway: 1 Ave. Linie L oder 3 Ave. Linie L.

Veselka **11** Bei Club-Besuchern und Nachteulen beliebtes ukrainisches Café-Restaurant, existiert seit 50 Jahren. Morgens gibt es Kaffee und Eier, auch Pancakes, Burger und Pies, sonst landestypische Spezialitäten wie Pirogen (eine Art Ravioli), Borschtsch (Kohlsuppe) oder Kielbasa (Eintopf aus Schweineschulter mit Kraut). Hauptgerichte $ 10–14. 24 Stunden geöffnet. 114 2nd Ave./Ecke 9th St., ✆ 212-228-9682, www.veselka.com. Subway: Astor Pl. Linie 6.

Momofuku 7 Asiatische Nudelbar in minimalistischem Design, Snacks $ 2–6, kleine Gerichte $ 8–15. Mo–Fr 12–16.30 Uhr, Sa/So 12–16 Uhr und So–Do 17.30–23 Uhr, Fr–Sa bis 2 Uhr. 171 First Avenue zw. 10th und 11th Sts., www.momofuku.com. Subway: Astor Pl. Linie 6 oder 1 Ave Linie L.

Dirty Candy 24 Das einzige von Michelin empfohlene vegetarische Restaurant der Stadt tischt wirklich abwechslungsreiche und vollmundige Gemüsegerichte auf. Hauptgerichte um die $ 20. Di und Mi 17.30–22 Uhr, Do–Sa bis 22.30 Uhr (letztes Seating). 430 E 9th St. zw. Ave A und 1 Ave., ✆212-228-7732, www.dirtycandynyc.com. Subway: Astor Pl. Linie 6 oder 2 Ave. Linie F.

Nightlife siehe S. 54, 60 und 63.

Einkaufen

Reciprocal Skateboard 10 Die Skateboards wurden von einheimischen Künstlern bemalt, aber auch alle wichtigen Pro-Brands wie Girl Chocolate, Traffic und Death Wish. Einarmige Banditen zum Gambeln. 402 E 11th St./1st Ave., tägl. 10–20 Uhr. ✆ 212-388-9191, www.facebook.com/reciprocalskateboards. Subway: Astor Pl. Linie 6.

Turntable Lab 17 Alles für den DJ in einem winzigen Laden. Technik (die wichtigsten Brands für Plattenspieler, Mixer, Synthesizer etc.), Accessoires, Kopfhörer, Magazine, LPs, CDs und Klamotten. Mo–Fr 13–21 Uhr, Sa 12–20 Uhr, So 12–18 Uhr. 120 E 7th St. nahe Ave. A, ✆ 212-677-0675, turntablelab.com. Subway: Astor Pl. Linie 6.

Halloween Adventure 2 Alles zum gruseligen Verkleiden, auch Zauberzubehör. Mo–Sa 11–20 Uhr, So 12–19 Uhr. 104 4th Ave. zw. 11th u. 12th Sts., ✆ 212-673-4546, www.newyorkcostumes.com. Subway: 14 St./Union Sq. Linien L, N, Q, R, 4, 5, 6.

Trash and Vaudeville 8 Punkiger Klamottenladen, in dem sich schon Iggy Pop ausstaffiert hat. Mo–Do 12–20 Uhr, Fr 11.30–20.30 Uhr, Sa bis 21 Uhr, So 13–19.30 Uhr. 4 St. Mark's Pl. zw. Cooper Sq. und Astor Pl.; ✆ 212-982-3590; www.trashandvaudeville.com. Subway: Astor Pl. Linie 6.

Die Bar im McSorley's

Typisch – Wohnhäuser mit Feuerleitern

Greenwich Village

Greenwich Village mutet neben den Wolkenkratzern Manhattans noch immer wie ein heimeliges Dorf an. Doch seit Jahrzehnten lebt sich hier eine inspirierende Künstlerszene aus, v. a. im Literatur- und Musikbereich. "The Village" gilt als Hauptquartier der New Yorker Boheme. Studenten um den Campus der New York University (NYU) wohnen Tür an Tür mit Schwulen um die Christopher Street und Italo-Amerikanern um die Kirche Our Lady of Pompeii.

Greenwich Village (sprich: Grennitsch), gelegen zwischen 14th Street und Houston Street, Hudson River und Broadway, war schon vor der Bebauung des restlichen Manhattan besiedelt. Die Straßen sind deshalb nicht nummeriert und rasterförmig angelegt: Hier biegen und kreuzen, krümmen und schneiden sie sich noch, und sie haben ihre alten Namen behalten. An ihren Schnittpunkten befinden sich oftmals kleine Parks.

Das ehemals kleine Dorf expandierte erst, als eine Gelbfieberepidemie 1822 viele New Yorker aus Downtown vertrieb. Das Viertel, damals noch patriotisch *Washington Square* genannt, galt als vornehmer Wohnbezirk. Seit Beginn des 20. Jh. entwickelte sich das Village dann zum Mekka der Alternativkultur. Neue Ideologien, politische Bewegungen und gestalterische Ideen kamen oft aus dem kreativen Genpool seiner Bewohner, Greenwich kultivierte die Unangepasstheit. Kunstgalerien und Theater, kleine Druckereien und Verlage machten auf, um diese Ideen zu verbreiten. So wurde *The Village Voice* 1955 als erste und größte alternative Wochenzeitung in einer Zweizimmerwohnung am Sheridan Square gegründet.

Treibende Kräfte und Ikonen des Village waren Exzentriker wie Joe Gould und Eugen O'Neill. Gould war Harvard-Absolvent und Dauergast in den Village-Kneipen. Er behauptete, mit einer Geschichte Amerikas aus Sicht des gewöhnlichen Mannes an einem Meisterwerk der Weltliteratur zu arbeiten, und brachte doch nie eine Zeile aufs Papier. 1942 wurde er zum Thema eines Zeitungsartikels und stieg daraufhin zur Touristenattraktion auf. Sein Leben wurde im Jahr 2000 von Stanley Tucci unter dem Titel *Joe Gould's Secret* verfilmt.

Eugene O'Neill hatte auch die Harvard-Uni besucht, bevor man ihn meistens betrunken in den Spelunken des Viertels antraf. Er verarbeitete seine schlimmen Kindheitserlebnisse, die er in zerrütteten Familienverhältnissen gesammelt hatte, zu Theaterstücken, die ihm vier Pulitzer-Preise einbrachten. Er war auch der erste amerikanische Schriftsteller, der mit dem Nobelpreis für Literatur ausgezeichnet wurde.

Auch radikale Intellektuelle wie John Reed bereicherten die Szene. Reed ging nach Russland, wurde zum Freund Lenins, erlebte die russische Oktoberrevolution hautnah mit, schrieb darüber den Roman *The ten days that shook the World* und liegt an der Kreml-Mauer neben anderen Bolschewisten begraben. Ebenso wird Marcel Duchamp unwiderruflich mit dem Village in Verbindung gebracht. Er kletterte 1913 mit Freunden auf den Triumphbogen am Washington Square und ließ von dort bunte Luftballons in den Himmel steigen, die die *Unabhängige Republik Greenwich Village* proklamierten.

In den 1950er Jahren wählte dann die sog. *Beat Generation* den Bezirk zu ihrem Stützpunkt, die einen sorg-, manche würden auch behaupten: rücksichtslosen Umgang mit der Literatur pflegte und gegen das Establishment rebellierte. Die Literatur von Jack Kerouac, Allen Ginsberg, William S. Burroughs oder William Morris sind Beispiele dafür.

Sonstiges (S. 178)
15 HUB Fahrradverleih
31 Comedy Cellar

Essen & Trinken (S. 175 – 177)
4 Tea & Sympathy
5 The Corner Bistro
6 Tartine
9 Magnolia Bakery
11 The Spotted Pig
14 The Strip House
16 Gobo
20 Waverly Restaurant (S. 50)
22 Babbo
23 Knickerbocker Bar & Grill
24 John's Pizzeria
26 Commerce Restaurant
28 MiYabi
29 Joe's Pizzeria
32 Caffé Reggio
33 Do HWA
34 Café Wha? (S. 174)
36 Minetta Tavern

Nachtleben
3 Art Bar (S. 53)
8 The Village Vanguard (S. 61)
10 White Horse Tavern (S. 54)
13 Smalls (S. 62)
17 Bongo (S. 53)
18 Arthur's Tavern (S. 62)
25 Cornelia Street Cafe (S. 62)
27 Blue Note Jazz Club (S. 61)
30 Wine Spot (S. 53)
35 Westway (S. 60)
37 Zinc Bar (S. 62)
38 The Dove Parlour (S. 53)
42 Madame X (S. 53)
43 Temple Bar (S. 53)

Einkaufen (S. 177/178)
1 Flight 001
21 Bleecker Street Records
39 Chess Forum
40 Stella Dallas
41 The Market

Übernachten
2 The Jane (S. 45)
7 The Jade Hotel (S. 41)
12 Larchmont Hotel (S. 44)
19 The Marlton Hotel (S. 43)

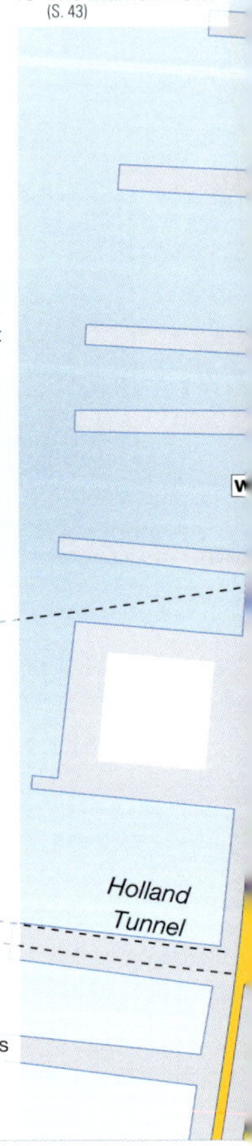

Zur dauerhaften intellektuellen Aufbruchstimmung beigetragen hat sicherlich auch die Nähe zur New York University, die in Greenwich ihren Hauptcampus unterhält. Diese Nähe war und ist bis heute auch fruchtbar für das Nachtleben im Village, das sich um die Bleecker Street konzentriert, wo das Who is Who der Folkmusik seine Wurzeln hat. Dass Bob Dylan im Village lebte, ist weithin bekannt. Aber auch drei der vier Mitglieder der Ma-

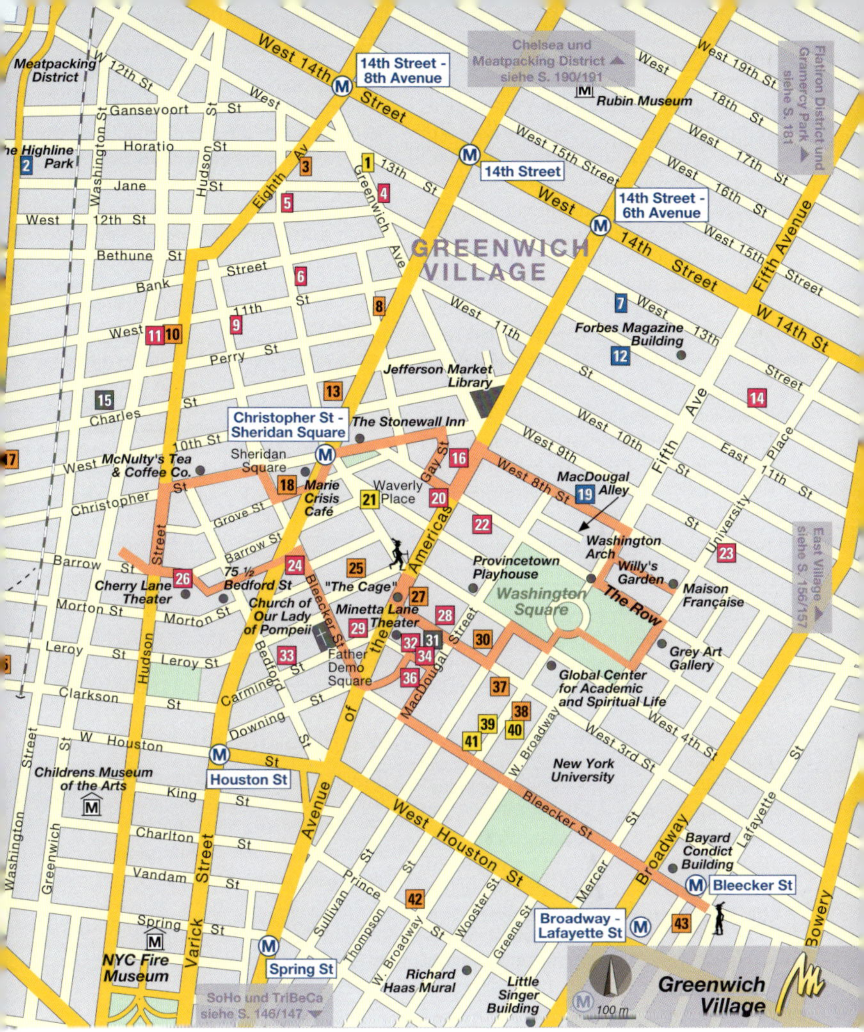

mas and the Papas kommen von hier. Die Clubs von Greenwich verhalfen Joan Baez, Bill Cosby, Art Garfunkel, Frank Zappa und vielen anderen Superstars zum Aufstieg.

Auch die Schwulenbewegung nahm im Village ihren Anfang, als ihre Geburtsstunde gelten die *Stonewall Riots,* eine Serie von gewalttätigen Auseinandersetzungen zwischen Homosexuellen und der Polizei. An die damaligen Ereignisse, die nach einer Bar in der Christopher Street benannt sind, erinnerte ursprünglich die *Christopher Street Day Parade,* die jährliche Schwulen-Parade, die Nachahmer in aller Welt gefunden hat. Heute ist sie die Pride Parade und ein schrilles Spektakel, mit dem sich die Schwulengemeinde New Yorks feiert. Ebenso grell ist inzwischen auch die *New York's Village Halloween Parade* am 31. Oktober, die ca. 50.000 bunt verkleidete Teilnehmer hat und rund 2 Mio. Schaulustige anzieht.

Wenn man Richtung Osten weitergeht, kommt man nach NoHo. Das bedeutet „North of Houston (sprich Hausten) Street" und ist eine der vielen Wortneuschöpfungen der Immobilienmakler, die meinten, dem Viertel damit ein attraktiveres Profil geben und es besser vermarkten zu können. NoHo erstreckt sich ungefähr von der Houston Street im Süden bis zur Bowery bzw. 3rd Avenue im Osten und dem Broadway im Westen. Hier gibt es auch einen denkmalgeschützten *historic district,* der rund 125 Gebäude umfasst, die aus der Zeit von 1850 bis 1910 stammen, als diese Gegend v. a. für Lagerhäuser und Großmärkte bekannt war. In diese Warehouses sind die Boutiquen und die Kreativen von SoHo und aus dem Village herübergeschwappt. Sie veranstalten zweimal im Jahr zusammen mit einigen Modeinstituten und Colleges den *NoHo NY Art Walk,* zu dem sie ihre Studios und Werkstätten für Neugierige öffnen.

Tour-Info

Dieser Rundgang führt Sie durch idyllische Wohnstraßen, belebte Amüsiermeilen und historische Viertel voller Brownstone-Häuser und Gusseisenfassaden. Ausgangspunkt ist die Subway-Station West 4 Street/Washington Square, die sie mit den Linien A, B, C, D, E, F und M erreichen.

Stationen

Wenn Sie aus der Subway kommen, stehen Sie an der Kreuzung zur West 4th Street vor einem 6 m hohen Drahtgitterzaun, dahinter befinden sich mehrere winzige Basketballfelder (halb so groß wie ein reguläres Spielfeld). Dies ist der berühmte „Cage" (Käfig), der international durch Sportwerbung bekannt wurde (Nike) und wo u. a. das New Yorker Streetball-Turnier der Amateure stattfindet. Im Sommer spielt hier seit fast 40 Jahren die West Fourth Street Summer Pro-Classic League, zu der Talentscouts in Scharen anreisen, um Nachwuchs zu rekrutieren.

Jazzclub Blue Note

Nach wenigen Metern auf der 6th Avenue Richtung Süden biegen Sie links in die West 3rd Street ein und kommen nach ein paar Schritten am Jazzclub Blue Note (→ S. 61) vorbei, auf dessen Bühne schon George Benson, Ray Charles, Natalie Cole oder Dizzie Gillespie gestanden haben – für Jazzfans ein Muss. Das Konzept eines intimen Musikclubs mit Restaurantbewirtung war so erfolgreich, dass sich das internationale Franchisenetz des Blue Note inzwischen bis nach Japan erstreckt. Auch heute noch ist es hier am Wochenende immer brechend voll, geboten wird bester Mainstream-Jazz.

Washington Square

Biegen Sie links ein in die Mcdougal Street und Sie erreichen mit dem Washington Square das Herz von Greenwich Village. Einst Sumpfgebiet und Jagdrevier der ersten Siedler, dann Friedhof, auf dem im 18. und 19. Jh. mehr als 10.000 Menschen bestattet worden sein sollen, Duellplatz und Hinrichtungsort (die Ulme in der Nordwestecke des Parks soll ein Galgen gewesen sein), wurde der Platz in den 1820ern zum Exerzierplatz für militärische Paraden, bevor der Geldadel hierherzog. Im 19. Jh. ballte sich die Avantgarde Amerikas in den Straßen um den Washington Square. Außer Edgar Allen Poe lebten hier auch Mark Twain und Henry James, der den Roman *Washington Square* hier verfasste, der unter dem Titel *The Heiress* (Die Erbin) auf die Bühne kam. John Dos Passos floss in den Washington Mews um die Ecke der Roman *Manhattan Transfer* aus der Feder. Dort hatte auch der Maler *Edward Hop-*

per, einer der bekanntesten amerikanischen Realisten des 20. Jh., sein Zuhause.

Der Washington Square Park (einer der bekanntesten der 1900 New Yorker Parks) mit seinen 37.000 m² ist der Schrittmacher des Village und ein beliebter Treffpunkt. Der Kinderspielplatz lockt viele New Yorker Familien in ihrer Freizeit hierher, Hundefreunde gewähren ihren Vierbeinern in den zwei Dog Runs (Hundeauslaufstellen) Auslauf, wochentags nehmen Angestellte am zentralen Brunnen ihr mittägliches Picknick ein, und Artisten zeigen dort ihr Können. Viele Studenten der umliegenden NYU nutzen den Platz, auf dem auch die jährliche Diplomfeier stattfindet, als erweiterten Campus, während Schachspieler über den Tischen in der Südwestecke der Anlage brüten. Dazu gesellen sich natürlich auch Touristen, die sich gern ihre Zeit von den Straßenkünstlern und Akrobaten vertreiben lassen. Die meisten Gebäude um den Washington Square gehören der **New York University (NYU)**, einer Privatuni, die 1831 als Antwort auf die Columbia University gegründet worden war. Heute umfasst die Universität 14 Fakultäten und Colleges an sechs verschiedenen Orten in Manhattan und kommt auf eine Studentenzahl von rund 55.000. Akademische Schwerpunkte sind Film, Literatur, Medizin und Jura.

An der Südseite des Washington Square (Ecke Thompson Street) steht mit dem „Global Center for Academic and Spiritual Life" der neueste Immobilienzuwachs der NYU, ein markanter, indisch anmutender Bau, in dem die verschiedenen Religionen der Studentengemeinschaft ein Zuhause finden. Das Center hat mehrere interne Verbindungen zum benachbarten „Kimmel Center for University Life", der zentralen Sammelstelle für studentische Aktivitäten, deren Cafeteria 2009 Schauplatz von Studentenprotesten gegen zu hohe Studiengebühren und für mehr Transparenz in der Finanzierung der Uni war.

Im Herzen des kreativen Univiertels: der Triumpfbogen am Washington Square

In dem Neubau befindet sich auch eines der größten Theater der Stadt, das „Skirball Center for the Performing Arts". Beide Gebäude sind Teil eines Masterplans, die Quadratmeterzahl der NYU bis 2031 zu verdoppeln, sodass dann insgesamt 560.000 m² zur Verfügung stehen.

Klassischer geht es an der Nordseite des Washington Square zu. Dort zieht der monumentale Triumphbogen **Washington Arch** die Aufmerksamkeit auf sich. Er besteht aus weißem Marmor und ersetzte 1892 einen hölzernen Triumphbogen, der 1889 aufgestellt worden war, um das hundertjährige Jubiläum von George Washingtons Ernennung zum ersten Präsidenten der Vereinigten Staaten zu feiern. Der Architekt Stanford White baute ihn nach dem Vorbild des Arc de Triomphe in Paris und schmückte seine Nordseite mit zwei Statuen von George Washington – eine zeigt ihn in Kriegszeiten als General, die andere in Friedenszeiten als Präsident.

Am Brunnen vor dem Triumphbogen führt ein Weg Richtung Osten am Garibaldi-Denkmal vorbei (der italienische Freiheitskämpfer lebte 1848–54 in New York) zur **Grey Art Gallery**. Als Kunstmuseum der New York University legt diese Galerie den Schwerpunkt auf die soziokulturellen Zusammenhänge menschlichen Kulturschaffens, das hier gesammelt, restauriert, dokumentiert und ausgestellt wird. Die Sammlung reicht vom späten 19. Jh. bis zum Ende des 20. Jh. und beinhaltet so unterschiedliche Werke wie Picassos Büste der Sylvette bis hin zum Buntglasfenster aus Frank Lloyd Wrights Haus in Buffalo.

Sieht aus wie Neuschwanstein – die Jefferson Market Library

Die Wechselausstellungen berücksichtigen alle Genres von Malerei über Architektur bis zu Videoinstallationen.

100 Washington Sq. East, ✆ 212-998-6780, nyu. edu/greyart. Di, Do und Fr 11–18 Uhr, Mi bis 20 Uhr, Sa bis 17 Uhr. Eintritt $ 3 (Spende). Subway: W 4 St/Wash. Sq. Linien A, B, C, D, E, F, M.

Gehen Sie nun entlang der Nordseite des Platzes, wo ein Ensemble von Stadthäusern im Greek-Revival-Stil (klassizistisch) aus den 1830er Jahren unter dem Namen **The Row** bekannt geworden ist. Auch hier gehören die meisten Gebäude der NYU.

Nördlich des Washington Square

An der 5th Avenue, die hier ihren Anfang nimmt, gibt es nach ein paar Metern einen Privatweg zur Rückseite des Washington Square North Nr. 7–13. Den Zugang bildet ein mit weißen Säulen verzierter Portikus, der in den kleinen, attraktiven **Willy's Garden** führt. Dort steht eine *Statue von Miguel de Cervantes*, ein Geschenk des Bürgermeisters von Madrid aus dem Jahre 1724.

Abstecher: Forbes Magazine Building

Wenn Sie die 5th Avenue bis zur East 12th Street hinaufgehen, treffen Sie auf das Forbes Magazine Building. Das klassizistische Gebäude mit seinen Art-déco-Elementen beherbergte einst das Macmillan Publishing House (Herausgeber von *Vom Winde verweht*, 1936). Jetzt ist hier Malcolm Forbes' skurrile, bunt gemischte Sammlung untergebracht, die u. a. mehr als 500 Modellboote aus den Jahren 1870 bis 1950 umfasst. Im Raum *On Parade* stehen Tausende von Zinnsoldaten in Reih und Glied. Es gibt auch Monopoly-Spiele aus aller Welt und andere Memorabilia zu sehen.

Forbes Galleries: 62 5th Ave./12th St., ✆ 212-206-5548, www.forbesgalleries.com.

Längst nicht mehr kontrovers – emanzipierte Liebende

Di-Sa 10–16 Uhr, Do nur für Gruppen. Eintritt frei. Subway: 14 St.-Union Sq. Linien L, N, Q, R, 4, 5, 6.

Wer kein Interesse an diesem Abstecher hat, biegt von der 5th Avenue links in die West 8th Street ab und bummelt hier weiter. Einst eine lebendige Gasse und eine der Haupteinkaufsstraßen des Village mit zahlreichen Buchläden, Schuhgeschäften, Boutiquen und Antiquitätenläden, spürt man heute die Konkurrenz der szenigeren Bleecker Street. Aus den meisten Läden sind Restaurants geworden.

An der Avenue of the Americas (6th Ave.) angelangt, sehen Sie rechter Hand die gotische *Jefferson Market Library* vor sich. Diese Kopie von Neuschwanstein wurde von Frederick Clarke Withers und Calvert Vaux entworfen. Das Gebäude war einst Markt, dann Gefängnis und Gerichtsgebäude, heute dient es als Bibliothek. 1906 wurde hier über den Millionär Harry K. Thaw zu Gericht gesessen. Er war angeklagt, den Architekten Stanford White, einen der Begründer der Beaux-Arts-Bewegung in Amerika und Designer des Washington Arch, ermordet zu haben. Nach dem Prozess wurde das Gebäude bis 1945 nicht mehr genutzt und sollte abgerissen werden. Die Einwohner finanzierten jedoch selbst die Restaurierung und den Umbau zur Bibliothek nach den Plänen von Giorgio Cavaglieri. 1967 konnte sie eröffnen. Zwischen 9 und 21 Uhr schlägt die Uhr im Turm zu jeder vollen Stunde.

Biegen Sie links in die Avenue of the Americas und gleich einen Block weiter, beim **Waverly Restaurant** 20 (→ S. 50, Diners), rechts in die Straße **Waverly Place**, die ihren Namen 1833 zu Ehren von Sir Walter Scott nach dessen Roman *Waverly* erhielt.

An der nächsten Ecke gehen Sie rechts in die **Gay Street**, wo sich ehemals Stallungen befanden. Hier ließen sich v. a. Afroamerikaner nieder, die hauptsächlich als Hausangestellte für Familien am nahe gelegenen Washington Square arbeiteten, und die Straße wurde zu einer Art Ghetto. Im 18. Jh. wohnte hier sogar ein Bürgermeister

Greenwich Village → Karte S. 166/167

von New York, Jimmy Walker, und während der Prohibition waren die Speakeasies gut frequentiert.

Christopher Street

Die Gay Street stößt nun passenderweise auf die Christopher Street, die seit den 1960er Jahren für die Schwulenbewegung steht. Die Christopher Street ist die älteste Straße des Village, die in Ost-West-Richtung verläuft, sie wurde schon Anfang des 18. Jh. befahren. Kurz vor der 7th Avenue gelangen Sie zum berühmten **Stonewall Inn** bei Nr. 53. Hier hatte die Emanzipationsbewegung der Schwulen mit der berühmten Straßenschlacht vom 27. bis 29. Juni 1969 ihren Anfang genommen. Die dreitägigen Ausschreitungen zwischen der Polizei und den Homosexuellen führten zur Gründung der Gay-Liberation-Bewegung. Auslöser war eine diskriminierende Routineüberprüfung des Lokals, der sich die Schwulen widersetzten. Nach der Befreiungsschlacht traf in wilden Partynächten im Stonewall Inn „die Bronx auf Brooklyn", wie man zu sagen pflegte, und drum herum entstand die berühmteste Schwulenenklave der Welt.

Christopher Park

Gegenüber vom Stonewall Inn treffen Sie auf den Christopher Park, eine winzige Grünanlage, wie sie für New York typisch ist. Sie ist mit einem über 130 Jahre alten Zaun umgeben und hat außer ein paar Bäumen, Beeten und Bänken auch eine Statue und ein Kunstwerk zu bieten: Die Statue stellt Philip Henry Sheridan dar, den einstigen Oberbefehlshaber der amerikanischen Armee, dem der Ausspruch zugeschrieben wird: „Nur ein toter Indianer ist ein guter Indianer."

In den 1990er Jahren löste die Installation zweier Skulpturen von George Segal im Park eine Kontroverse aus. Sie zeigen zwei gleichgeschlechtliche Paare: die Männer stehen und die beiden Frauen sitzen. Sie sind leicht zu übersehen, wenn neben ihnen Einheimische jeden Geschlechts, jeder Hautfarbe und aller Altersklassen ihre Lunchpause oder einfach nur die Sonne genießen.

Vom Christopher Park zum Hudson River

Die südlich des Parks parallel zur Christopher Street verlaufende Straße ist die Grove Street. Ihr folgen Sie nun geradeaus über die 7th Avenue. Auf der rechten Straßenseite sorgen das **Marie's Crisis Café** und **Arthur's Tavern** für allabendliche Unterhaltung. Die winzige Klavier-Kellerbar befindet sich in dem Haus, in dem 1809 der geistige Gründervater der USA Thomas Paine starb. Der gebürtige Engländer stritt nicht nur für die Unabhängigkeit Amerikas, sondern auch für die Abschaffung der Sklaverei und die Einhaltung von Menschenrechten. Benannt ist die Bar nach Paines *Crisis Papers*, einer ab 1776 veröffentlichten Reihe politischer Schriften.

Über die Bleecker Street mit ihren hübschen Cafés und kleinen Antiquitätenläden, in die Sie nach rechts einbiegen, gelangen Sie dann links wieder in die Christopher Street. Wenn Sie gut zu Fuß sind und das Wetter schön ist, lohnt es sich, die Christopher Street bis zum **Hudson River** Richtung Westen zu Ende zu gehen, wo man sich am Wasser bei den neu renovierten *Christopher Street Piers* erholen kann (auch die Toiletten und der Erfrischungskiosk kommen vielleicht gelegen). Statten Sie unterwegs bei Nr. 109 **McNulty's Tea and Coffee Company** mit einer Riesenauswahl an Tee und Kaffee einen Besuch ab.

Wenn Ihnen eher nach einem kühlen Bier zumute ist, gehen Sie alternativ die Hudson Street vier Blöcke nach Norden zur legendären **White Horse Tavern** an der 11th Street (→ S. 54). Dieses Pub ist v. a. dafür bekannt, dass sich hier 1953 der walisische Dichter Dylan Thomas mit 18 Whiskys an einem Abend zu Tode trank. Er kollabierte auf dem Bürgersteig, fiel ins Koma und verstarb am nächsten Tag im Krankenhaus. Die Wände schmücken einige Porträts des jungen Wilden.

Die Commerce Street entlang

Den Spaziergang setzten Sie fort, indem Sie in die Hudson Street nach links einbiegen. Hier verlief ursprünglich einmal das Ufer des gleichnamigen Flusses. Nach zwei Blöcken wenden Sie sich hinter dem Hudson Diner wieder links in die Barrow Street. (Diese Straße können Sie auch von den Piers zurücklaufen und sich der Tour hier wieder anschließen.) Sie stoßen nach wenigen Metern auf die Commerce Street, in die Sie beim **Commerce Restaurant** (Nr. 50) rechts einbiegen. Vor sich sehen Sie das **Cherry Lane Theater**. Das Theater ist in einer alten Scheune untergebracht und wurde 1924 von Edna St. Vincent Millay gegründet. Seitdem ist es eine Konstante im Off-Broadway-Bereich, es gilt als das älteste durchgängig bespielte Theater Manhattans. In den 1920ern war es oftmals das Premierentheater für Stücke von Samuel Beckett, Eugene Ionesco, Edward Albee und Harold Pinter. Barbra Streisand arbeitete hier als Einweiserin, bevor sie berühmt wurde.

Um die Ecke in der Bedford Street steht bei Nr. 75 ½ das schmalste Haus New Yorks. Seine Maße sind 2,9 m mal 9,1 m. Es füllt einen ehemaligen Häuserdurchgang zu den früheren Stallungen.

Italienisches Flair in der Bleecker Street

Folgen Sie der Commerce Street bis zur South 7th Avenue, die Sie nach links gehen und überqueren. Gleich an der nächsten Kreuzung biegen Sie rechts in die Bleecker Street ein. Der nun folgende Teil der Bleecker Street ist eine alte italienische Neighborhood mit einigen Eisdielen, vielen Delikatessengeschäften und noch mehr Restaurants. Los geht es mit der Fleischerei **Ottomanelli & Sons** (Nr. 285 links), wo inzwischen sogar Straußenfleisch verkauft wird. Es folgt **John's Pizzeria** (Nr. 278 auf der rechten Straßenseite, → Essen & Trinken), das Originalrestaurant von 1929, das sich zu einer Kette mit vier Zweigstellen gemausert hat. Hier gibt es keine „slices" (Pizzastücke), sondern nur ganze Pizzen. Italienisches Ambiente vermitteln auch die Fleischer und Lebensmittelhändler **Faicco's** (Nr. 260 rechts) und **Murrays Cheese** (Nr. 264 rechts), wo seit 1940 italienische, spanische und französische Käsesorten angeboten und in der angrenzenden *Cheese Bar* (Di–Fr 12–17, So–Di 17–22, Mi–Sa bis 24 Uhr, Sa/So 10–17 Uhr Brunch) auch verkostet werden. Auf der gegenüberliegenden Straßenseite verkauft **Rocco's Pastry Shop** (Nr. 243 links) seit 1974 Backwaren und Espresso.

Nr. 75 ½: das schmalste Haus

Wer seinen Körper genährt hat und nun der Seele etwas Gutes tun will, findet an der Ecke zur Carmine Street die weiß verputzte Kirche **Our Lady of Pompeii**, die 1926 gebaut wurde und innen mit viel Marmor, Gold und Fresken den Prunk einer italienischen Renaissancekirche ausstrahlt. Der Kirchturm sieht aus wie eine mehrstöckige Hochzeitstorte und ist nicht mittig aufgesetzt, sondern zur Straßenecke angebracht. Jeden Sonntag wird hier die Messe noch auf Italienisch gelesen.

Greenwich Village → Karte S. 166/167

Little Africa

Eigentlich stehen Sie nun schon fast auf dem **Father Demo Square**, wo Sie mit einem Eis in der Hand oder einem Stück Pizza gemütlich in der Sonne sitzen können. Vater Antonio Demo diente der Kirche Our Lady of Pompeii 35 Jahre lang als Pastor. Gehen Sie geradeaus weiter und biegen gegenüber (beim American Apparel-Laden) an der 6th Avenue und Bleecker Street links in die Minetta Street, die auf die Minetta Lane führt. Diese ehemalige „Speakeasy alley" folgt dem Lauf des Flüsschens Minetta, der noch unter dem Pflaster fließt. Vor der Besiedlung durch die Holländer befand sich an diesem Gewässer ein indianisches Fischerdorf namens *Seppanikan*. **Minetta Lane und Minetta Street** wurden dann vor dem Bürgerkrieg zur größten afroamerikanischen Gemeinde New Yorks und entsprechend als *Little Africa* bekannt. Das *Minetta Lane Theatre* (Nr. 18–22) ist eine klassische Off-Broadway-Bühne, an der kleinere Produktionen den Sprung ins Rampenlicht proben.

Lange ist es her – hier trat Bob Dylan erstmals auf

Kneipen mit Geschichte in der MacDougal und Bleecker Street

Am Ende der Minetta Lane landen Sie wieder in der MacDougal Street, in die Sie rechts einbiegen. Die MacDougal Street ist benannt nach Alexander MacDougal, einem britischen Piraten, der zum rechtschaffenen New Yorker Händler wurde, Mitbegründer der im Unabhängigkeitskrieg agierenden *Sons of Liberty* war, ein antibritisches Propagandablatt schrieb und dafür 1770 ins Gefängnis wanderte. Im Unabhängigkeitskrieg diente er als General Mayor und repräsentierte New York im Kongress. Er wurde schließlich der erste Präsident der Bank of New York. In der neueren Zeit war die MacDougal Street die Hauptmeile der neuen Alternativkultur und das erste Zentrum der Schwulen- und Lesbenkultur, bevor die Christopher Street ihr den Rang ablief.

An der Ecke befinden sich rechts die **Minetta Tavern** und links das **Café Wha? 34**. Die Minetta Tavern (→ Essen & Trinken) wurde 1937 als italienisches Restaurant eröffnet. In ihrem Vorgänger, dem Black Rabbit, wurde 1923 das internationale Monatsmagazin *Readers Digest* gegründet. Später trafen sich in der Minetta Tavern literarische Größen wie Ezra Pound, E. E. Cummings und Ernest Hemingway. Auch Joe Gould soll hier an seiner *Oral History of the World* (nicht) gearbeitet haben. Das Restaurant kommt im Film *Jimmy Blue Eyes* als Gangsterlokal *La Trattoria* vor. Ironischerweise wurde der Besitzer im Jahr 2000 verhaftet, weil er einen Drogenring kontrollierte. Unter neuer Bewirtschaftung gelang der Institution eine Art Wiedergeburt. Das Café Wha? kann zwar nicht ganz an alte Erfolge anknüpfen, ist jedoch bis heute eine beliebte Kellerbar für Livebands (cafewha.com). Hier spielte schon Bob Dylan 1961 seine ersten öffentlichen Konzerte, auch Jimi Hendrix wurde hier 1966 entdeckt und 2012 gab die Hardrockband Van Halen einen Privatauftritt.

NoHo

An der nächsten Ecke geht es links wieder in die Bleecker Street, die Sie nach NoHo führt. Mitte des 19. Jh. war die Bleecker Street ähnlich berüchtigt wie die Bowery, in der sie endet. Ein Neuanfang fand jedoch Anfang des 21. Jh. statt, als Modedesigner wie Marc Jacobs und Ralph Lauren sich zwischen W 10th und W 11th Streets die Ehre gaben. Dieser weiter westlich gelegene Abschnitt ist geprägt von den Studentenwohnungen der NYU, die zwischen 1956 und 1958 in der Straße La Guardia Place errichtet wurden und in ihrer Monstrosität der noch jungen Denkmalschutzinitiative Munition verschafften. Zwischen den Silbertürmen des **University Village**, erbaut als Komplex mit Innenhof vom modernistischen Architekten I. M. Pei im Jahr 1966 steht weitgehend unbekannt und unbeachtet eine riesige kubistische Skulptur: *Bust of Sylvette*, nach einer Vorlage von Pablo Picasso 1970 von einem norwegischen Bildhauer ausgeführt.

Die Mercer Street, die Sie kreuzen, und auch die Greene Street waren übrigens die bestbesuchten Rotlichtbezirke der Stadt mit legendären Drag Clubs wie der Columbia Hall oder The Slide, die es mit ihren Orgien regelmäßig in die Klatschspalten der Boulevardpresse schafften.

Terracotta Fassade des Bayard-Condict-Buidlings

Überqueren Sie nun den Broadway und halten bei Nr. 65 an für ein Foto vom **Bayard-Condict-Building**. Es ist das einzige Gebäude in New York, das vom Chicagoer Architekten Louis Sullivan gebaut wurde, der als erster in Amerika Wolkenkratzer errichtete. Das Bauwerk mit der schönen Terrakotta-Dekoration ist denkmalgeschützt.

Von der Lafayette Street, in der David Bowie und Iman ein „bescheidenes“ Loft bewohnen, geht auch die trendigste Straße NoHos mit gewagter Architektur und Designerläden ab: die *Bond Street.*

An der Lafayette Street haben Sie Zugang zur Subway-Linie 6 oder den Linien B, D, F und M.

Praktische Infos

→ Karte S. 166/167

Information

Die Village Alliance unterhält eine sehr informative Webseite: villagealliance.org.

Ortsansässige Schauspieler veranstalten wöchentliche Rundgänge, sog. **Literatur-Pub-Crawls**, die in der White Horse Tavern beginnen. Jeden Samstag um 14 Uhr. Reservierungen: ✆ 212-613-5796. Preis: $ 20, erm. $ 15. literarypubcrawl. com.

Essen und Trinken

Knickerbocker Bar and Grill **23** Recht große Portionen amerikanischer Delikatessen zu moderaten Preisen. Ihre Austern, aber v. a. die saftigen 28 oz (knapp 800 g) T-Bone-Steaks ($ 42,50), untermalt mit Jazzmusik, machen die Knickerbocker Bar zu einem beliebten Treffpunkt im Village. Die Wände sind mit Holzpaneelen verkleidet und mit historischen Erinnerungsstücken wie alten Zeitungen und Karikaturen behängt. Hauptgerichte ab $ 17,75. Tägl. ab 11.45 Uhr, Küche Di–Do bis 1 Uhr, Fr/Sa bis 2 Uhr, So/Mo bis 24 Uhr, Live-Jazz Fr und Sa ab 21.45 Uhr ($ 3,50). 33 University Pl./Ecke 9th St., ✆ 212-228-8490, www.knickerbockerbarandgrill.com. Subway: 8 St/NYU Linien N, R.

Babbo **22** Eines der bekanntesten Restaurants des Village mit ungewöhnlicher italienischer Küche (eigenes Kochbuch). Sehr intim, gemütlich und teuer. Hauptgerichte $ 23–48. Di–Sa 11.30–13.30 Uhr und Mo-Sa 17.30–23.15 Uhr sowie So 17–22.45 Uhr. 110 Waverly Pl. zw. 6th Ave. und MacDougal St., ✆ 212-777-0303, www.babbonyc.com. Subway: W 4 St./Wash. Sq. Linien A, B, C, D, E, F, M.

Gobo **16** Wer nicht reserviert, steht Schlange bei diesem vegetarischen Asiaten, der „Essen für die fünf Sinne" produziert. Eine riesige Auswahl an kleinen und großen Portionen, alles aus Bioprodukten bis hin zum Bier oder Saft. Hauptgerichte $ 6–21. Tägl. 11.30–23 Uhr, Fr–Sa bis 1 Uhr und auf Wunsch glutenfreies Brunch 11.30–16 Uhr, $ 20. 401 Avenue of the Americas, nahe 8th St., ✆ 212-255-3902, www.goborestaurant.com. Subway: W 4 St./Wash. Sq. Linien A, B, C, D, E, F, M. Zweigstelle auch in der Upper East Side.

The Corner Bistro **5** Legendär für seine Hamburger und Pommes. Günstiges Bier und eine Jukebox. Hat sich in Jahrzehnten nicht groß verändert. Mo–Sa 11.30–4 Uhr, So ab 12 Uhr. 331 W 4th St./Ecke Jane St., ✆ 212-242-9502, cornerbistrony.com. Subway: 8 Ave. Linie L.

Tartine **6** Intimes französisches Bistro mit Bäckerei und Kerzenschein, man muss sich seinen eigenen Alkohol mitbringen. Meistens voll, leider keine Reservierung möglich. Brunch für $ 15,50. Nur Barzahlung. Mo–Fr 9–16 und 17.30–22.30 Uhr, Sa/So ab 10 Uhr, So auch 17.30–22 Uhr. 253 W 11th St./Ecke W 4th St., ✆ 212-229-2611; www.tartinecafenyc.com. Subway: Christopher St./Sheridan Sq. Linie 1.

Commerce Restaurant **26** Wunderschön restaurierte Art-déco-Gaststätte, historische Wandgemälde und Bar aus den 1940er Jahren. Amerikanische Küche mit europäischem Einschlag, Hauptgerichte $ 19–39. Mo–Do 17.30–23 Uhr, Bar bis 24 Uhr; Fr bis 23.30 Uhr, Bar bis 1 Uhr, Sa 12–23.30 Uhr (Bar bis 1 Uhr) und So 11–21.30 Uhr, Brunch bis 16 Uhr. 50 Commerce St./Barrow St., ✆ 212-524-2301; www.commercerestaurant.com. Subway: Christopher St./Sheridan Sq. Linie 1.

Tea & Sympathy **4** Englischer Teashop und Restaurant mit Plastiktischdecken, serviert werden frische Scones (englisches Teegebäck) und perfekt gebrühter Tee, aber auch Würstchen und Kartoffelbrei (bangers & mash). Mo–Fr 11.30–22.30 Uhr, Sa/So ab 9.30 Uhr. 108 Greenwich Ave., zw. 12th und 13th Sts., ✆ 212-989-9735; teaandsympathynewyork. com. Subway: 14 St. Linien 1, 2, 3.

MiYabi **28** Sushi und mehr zu günstigen Preisen. Lunch mit fünf Stück, Miso-Suppe und Salat $ 9,95. Mo–Do 11–23.30 Uhr, Fr 11–24 Uhr, Sa 12–24 Uhr, So 12–23.30 Uhr. 121 W 3rd St. zw. MacDougal St. und 6th Ave., ✆ 212-228-1688; www.myabisushiny.com. Subway: W 4 St./Wash.Sq. Linien A, B, C, D, E, F, M.

Caffé Reggio **32** Das älteste Kaffeehaus im Village, seit 1927. Schöne Atmosphäre, man sitzt an Marmortischen auf Gusseisenstühlen. Soll als erstes Haus in New York Cappuccino serviert haben. Es gibt auch Herzhaftes wie Crêpes, Omelette und Pasta. Die Toilette ist nichts für Leute mit langen Beinen! Mo–Do 8–3 Uhr, Fr/Sa 8–4.30 Uhr, So 9–3 Uhr. 119 MacDougal St. zw. Minetta Lane und 3rd St., ✆ 212-475-9557; www.cafereggio.com. Subway: W 4 St/Wash. Sq. Linien A, B, C, D, E, F, M.

Minetta Tavern **36** Der Dinosaurier unter den Bars und Restaurants in Greenwich, beliebt bei Einheimischen und Touristen zugleich. Gediegene Kneipenatmosphäre mit Holzvertäfelung und verblichenen Karikaturen an der Wand. Neu-amerikanische Küche mit Michelin-Stern, Hauptgerichte ab $ 19 (Minetta Burger) bis $ 59 (New York Strip). Lunch Mi–Fr 12–15 Uhr, Dinner Mo–Sa 17.30–1 Uhr, So bis 24 Uhr. Sa/So Brunch 11–15 Uhr. 113 MacDougal St./Minetta Lane, ✆ 212-475-3850, www.minettatavern.com. Subway: W 4 St./Wash. Sq., Linien A, B, C, D, E, F, M.

Joe's Pizzeria **29** Ideal, um sich abends ein Pizzastück zu genehmigen, am besten auf die Hand. Es ist dünn und knusprig und kostet ab $ 2,75, Belag. Ben Affleck und Spiderman sollen hier schon gewesen sein. Tägl. 10–4 Uhr. 7 Carmine St., zw. Bleecker St. und 6th Ave., ✆ 212-366-1182, www.joespizzanyc.com. Subway: W 4 St./Wash. Sq. Linien A, B, C, D, E, F, M.

The Strip House 14 Steakrestaurant für Verliebte, dunkelrot und plüschig, die Steaks sind so zart, dass sie auf der Zunge zergehen. Leider auch teuer (New York Strip $ 45, Trüffelspinat $ 12). So–Mo 17–22 Uhr, Di–Do bis 23 Uhr, Fr/Sa bis 23.30 Uhr. 13 E 12th St., ✆ 212-328-0000, www.striphouse.com. Subway: 14 St./Union Sq. Linien L, N, Q, R, 4, 5, 6. Drei weitere Locations, eine gleich nebenan.

The Spotted Pig 11 Das gemütliche Gastro-Pub wurde auch 2014 wieder mit Michelin-Stern ausgezeichnet, darum immer voll. Amerikanische und italienische Küche. Hamburger für $ 21. Gute Weinliste. Lunch Mo–Fr 12–15 Uhr, Bar Menue tägl. 15–17 Uhr, Dinner tägl. 17.30–2 Uhr, Brunch Sa/So 11–15 Uhr. 314 W 11th St./ Greenwich St., ✆ 212-620-0393, www.thespottedpig.com. Subway: Christopher St./ Sheridan Sq. Linie 1.

Do HWA 33 Koreanisches Barbecue, Mitinhaber ist Quentin Tarantino, weshalb Harvey Keitel, Wesley Snipes und Uma Thurman hier schon gegessen haben. Oft ist ein DJ an den Turntables. Probieren Sie die Fischplatte, die man selbst am Tisch zubereitet. Hauptgerichte $ 14–28, Lunch ab $ 11,95, BBQ ab $ 21. Mo–Fr 12–16 Uhr und Mo, Di und So 17–22 Uhr, Mi und Do bis 23 Uhr, Fr und Sa bis 23.30 Uhr. 55 Carmine St./ Bedford St., ✆ 212-414-2815, www.dohwanyc.com. Subway: Houston St. Linie 1.

John's Pizzeria 24 Nur ganze, leckere italienische Pizzen. Cash only, keine Reservierungen. Pizza ab $ 14,50. Mo–Do 11.30–23.30 Uhr, Fr bis 24 Uhr, Sa bis 0.30 Uhr, So 12–23.30 Uhr. 278 Bleecker St., zw. 7th Ave. und Jones St., ✆ 212-243-1680, www.johnsbrickovenpizza.com. Subway: W 4 St./Wash. Sq. Linien A, B, C, D, E, F, M.

Magnolia Bakery 9 Hier gibt es u. a. die *Cupcakes* (Muffins mit einer Krone aus Buttercreme für $ 3,25) aus „Sex and the City". So–Do 9–23.30 Uhr, Fr/Sa bis 0.30 Uhr. 401 Bleecker St./W 11th St., ✆ 212-462-2572, www.magnoliabakery.com. Subway: W 4 St./Wash. Sq. Linien A, B, C, D, E, F, M.

Nightlife siehe S. 53/54 und 60-62.

Einkaufen

Flight 001 1 Der Laden für originelle Reiseaccessoires, die ins Handgepäck passen – vom Kofferanhänger bis zum Reisespiel. Mo–Sa 11–20 Uhr, So 12–18 Uhr. 96 Greenwich Ave. zw. W 12th und W 13th St., ✆ 212-989-0001; www.flight001.com/locations/. Subway: 14 St. Linien 1, 2, 3.

Chess Forum 39 Unglaubliche Sammlung an Schach- und Backgammonbrettern und witzigen Figuren aus „Star Wars", „Herr der Ringe" oder Walt-Disney-Filmen. Alles nur erdenkliche Zubehör. Tägl. 11–24 Uhr. 219 Thompson St., zw. Bleecker und Great Jones St., ✆ 212-475-2369, www.chessforum.com. Subway: W 4 St./Wash. Sq. Linien A, B, C, D, E, F, M. Für Nachtschwärmer ist schräg gegenüber der Chess-Shop 24 Std. geöffnet.

Stella Dallas 40 Secondhandklamotten für erwachsene Hippies aus den 1940er bis 1960er Jahren, gut vor allem für Partykleider. Tägl. 12.30–19.30 Uhr, 218 Thompson Street, ✆ 212-674-0447; Subway: W 4 St./Wash. Sq. Linien A, B, C, D, E, F, M.

The Market 41. Designer und Kunsthandwerker aus New York finden hier einen Verkaufsraum, der wie ein schicker Basar daherkommt. Von Kleidung über Schmuck,

Greenwich Village → Karte S. 166/167

Bücher und handgemachte Seifen kann man hier Unikate finden und junge Talente unterstützen. Mi–Fr und So 12–20 Uhr, Sa 11–21Uhr. 159 Bleecker St. zw. Sullivan und Thompson Sts., www.themarketnyc.com. Subway: Bleecker St. Linie 6 oder B, D, F, M.

Bleecker Street Records 21 Ein seltener Überlebender des stadtweiten Plattenladensterbens. Hier findet man neueste Rock- und R&B-CDs neben Jazz und Blues auf CD oder Vinyl. So–Do 11–22 Uhr, Fr/Sa bis 23 Uhr. 239 Bleecker St. nahe Carmine St., ✆ 212-255-7899, www.bleeckerstreetrecordsnyc.com. Subway: W 4 St./Wash. Sq. Linien A, B, C, D, E, F, M. Zur Zeit der Recherche gab es Gerüchte, der Laden müsse umziehen in die 188 W 4th St. zw. Jones und Barrow Sts.

Sonstiges

Fahrradverleih HUB 15 (Hudson Urban Bicycles). Günstiger als die Konkurrenz direkt am Fluss, $ 5/Std. (Wochenende $ 7) oder $ 30/Tag (Wochenende $ 35). Tägl. 10–20 Uhr, 139 Charles St. zw. Greenwich u. Washington Sts., ✆ 212-965-9334; www.hubcycles.com. Subway: Christopher St./Sheridan Sq. Linie 1.

Comedy Cellar 31 Comedy Club, wo viele amerikanische Stand-up-Komödianten ihre ersten Witze rissen. Olive Tree Café und Bar im Haus (tägl. 11–4 Uhr). Shows So–Mi 20, 21.45 und 23.30 Uhr, Mo und Di 20 und 22 Uhr, Do vier Shows in zwei Veranstaltungsräumen, Fr fünf und Sa sechs Shows. Preis: $ 10–24, zwei Getränke Minimum. 117 MacDougal St. zw. W 3rd St. und Minetta Lane, ✆ 212-254-3480, www.comedycellar.com. Subway: W 4th St. Linien A, B, C, D, E, F, M.

Gay Pride Day (Christopher Street Day Parade). Findet seit 1969 jedes Jahr Ende Juni statt mit stadtweiten Veranstaltungen wie Tanz und Paraden. Der Hauptmarsch führt von der 5th Ave./Ecke 2nd St. zur Christopher Street. Info: Heritage of Pride Inc., 154 Christopher St., Suite 1D, ✆ 212-80-PRIDE, ℡ 212-807-7436, www.nycpride.org/events.

Village Halloween Parade. Nächtlicher Umzug mit mehr als 50 Bands, Puppen, Kostümen und Tanz. Los geht es am 31. Oktober um 19 Uhr an der 6th Ave./Spring St. Ende gegen 22 Uhr. Info: www.halloween-nyc.com.

Washington Square Outdoor Art Exhibit. Wird seit 80 Jahren zweimal im Jahr veranstaltet: am Memorial-Day-Wochenende Ende Mai und dem darauffolgenden Anfang Juni sowie am Labour-Day-Wochenende Anfang September und dem Wochenende danach. Info: ✆ 212-982-6255, www.wsoae.org.

Essen wie in Italien auf der Bleecker Street

Der Union Square verbindet den Broadway mit Park Avenue

Flatiron District und Gramercy Park

Der Flatiron District rund um den Union Square bietet Architekturerlebnisse und gutes Shopping. Er gilt als „kreativer Korridor", seit sich hier zahlreiche Medienunternehmen, Modelagenturen und Fotostudios angesiedelt haben. Im Bezirk Gramercy kann man Theodore Roosevelts Geburtshaus besuchen oder sich im Museum of Sex über die Geschichte der Erotik in New York aufklären lassen.

Der Namensgeber des Bezirks, das Flatiron Building, hat die für New Yorker Verhältnisse fast bescheidene Zahl von 20 Stockwerken und war dennoch einmal das höchste Gebäude der Stadt – kein Wunder, es war auch eines ihrer ersten Hochhäuser. Es hat die Form eines Dreiecks, das – mit etwas gutem Willen betrachtet – so aussieht wie ein Bügeleisen (= *flat iron*). Manche Bewunderer vergleichen es auch mit einem Dampfer, der die 5th Avenue hinunterschippert. Es steht am Madison Square Park, wo sich bis 1928 die berühmte Sportarena *Madison Square Garden* befand (zum heutigen Standort → S. 202/203). Heute wird die dortige Kreuzung außer von dem markanten Flatiron Building noch vom *Metropolitan Life Insurance Tower* überragt, dem wiederum der nagelneue Wohnturm des Architekturbüros Cetra/Ruddy Konkurrenz macht.

In den 90er Jahren erwarben sich die Straßenzüge um das Flatiron Building den Beinamen *Silicon Alley,* doch die Dotcom-Läden haben inzwischen wieder den traditionelleren Firmen der Medienbranche sowie Designershops Platz gemacht. Im 19. Jh. waren die 5th und die 6th Avenue auf dieser Höhe als *Ladie's Mile* bekannt, weil hier die Damen der besseren Gesellschaft das erste Mal die Gelegenheit hatten, ohne männliche Begleitung zum Einkaufsbummel loszuziehen. In der Nacht traf man auf dieser Meile andere Ladys – die aus den Luxusbordellen.

Gibt dem Bezirk seinen Namen: Flatiron, das Bügeleisen

Heute herrschen mittelpreisige Ladenketten und gute Möbel- und Einrichtungshäuser vor. Am Union Square, wo 1854 mit der **Academy of Music** das erste Opernhaus eröffnet hatte, findet seit 1976 der berühmte **Greenmarket** statt. Vor Weihnachten verwandelt sich der Platz in einen beliebten Kunsthandwerksmarkt. Auf der angrenzenden Park Avenue South befinden sich viele Sushi-Bars und einige der angesagtesten Restaurants der Stadt.

Einige Blöcke östlich vom Union Square liegt der **Gramercy Park**, nach dem der gleichnamige Wohnbezirk benannt ist. Er ist bis heute der einzige Privatpark New Yorks, nur die Anwohner und Gäste des Gramercy-Park-Hotels erhalten einen Schlüssel. In den eleganten klassizistischen Villen drum herum wohnten Politiker wie Samuel J. Tilden, einst Gouverneur von New York, sowie einige Künstler wie O. Henry oder Eugene O'Neill. Theodore Roosevelt wurde in Gramercy Park geboren, sein Geburtshaus (eine Nachbildung) dient heute als Museum. Abends traf man sich in **Pete's Tavern**, wo man auch jetzt noch in rustikalem Ambiente einen picheln kann.

Tour-Info

Dieser verhältnismäßig kurze Spaziergang führt Sie in eine eher untouristische Gegend New Yorks, was ihn für Besucher mit etwas mehr Zeit attraktiv macht. Startpunkt ist der Union Square, den Sie mit den Subway-Linien N, R, Q, L, 4, 5 oder 6 erreichen.

Stationen

Union Square

An dieser historisch wichtigen Schnittstelle trafen einst der Broadway und die Bowery zusammen. Dank der Nähe zur Uni, dem *Greenmarket* und den angrenzenden Lebensmittelläden herrscht hier stets lebhaftes Treiben. Traditionell ist der Union Square auch einer der Haupt-

schauplätze New Yorks für Demonstrationen und politische Kundgebungen.

Der Platz wurde 1839 als Park eröffnet und wird nach wie vor dominiert vom *Reiterstandbild George Washingtons* am Südende und einer *Statue Abraham Lincolns* am Nordende. Beide stammen von Henry Kirke Brown (1814–1886). Berühmt ist v. a. die Washington-Statue, die den General bei seiner triumphalen Rückkehr in die Stadt darstellt, nachdem die britischen Truppen ihre siebenjährige Besetzung New Yorks beendet hatten. Browns *Lincoln* stieß dagegen zumindest bei seinen Zeitgenossen auf wenig Gegenliebe: man hätte ihn gerne heroischer gehabt. Zu den beiden Helden der US-amerikanischen Geschichte gesellt sich *Mahatma Gandhi*, dessen Statue seit 1986 in der Südwestecke im *Ghandi Garden* steht.

Wenn Sie aus der Subway kommen, achten Sie gleich an der Südseite (Nr. 1 Union Square) auf das **Metronome**, eine Installation von Kristin Jones and Andrew Ginzel. Das Kunstwerk wurde im September 1999 enthüllt, hat 3 Millionen Dollar gekostet und soll die „Nichtgreifbarkeit von Zeit" illustrieren. Das geschieht u. a. mit Hilfe einer 15-stelligen Digitaluhr, deren linker Stellenteil *die Zeit bis* und deren rechter Stellenteil *die Zeit seit* Mitternacht angibt. Wenn Sie also die Folge 070437000235616 vor Augen haben, bedeutet das, es ist 7.04 Uhr vormittags, nämlich 7 Stunden 4 Minuten und 37 Sekunden nach Mitternacht und 16 Stunden 56 Minuten und 23 Sekunden bis Mitternacht. Alles klar?

Auf der Ostseite des Platzes kommen Sie an der **New York Film Academy** vorbei. Dieses Gebäude von 1929 war letztes

Hauptquartier der berüchtigten *Tammany Hall,* die mit zum Teil erheblicher krimineller Energie Wählerstimmen für die Demokratische Partei einkaufte und damit so manchen Politiker ins Amt hievte. Einer der Führer dieser keineswegs illegalen, weil subtil im Hintergrund agierenden Organisation war William M. Tweed, der in den 1870er Jahren in einen der größten Bauskandale New Yorks verwickelt war (→ S. 110). Heute befindet sich hier die Hauptstelle der Film- und Schauspielschule, die Kurse für Regisseure, Schauspieler, Drehbuchschreiber, Cutter, Comiczeichner und Computeranimateure anbietet.

Um den Gramercy Park

Gehen Sie zur nordwestlichen Ecke des Platzes, wo der 1987 verstorbene Pop-Art-Künstler **Andy Warhol** sein Studio, die berühmte „Factory“, hatte (im Decker Building, 33 Union Square). Warhol hat oft und gerne an dieser Stelle Ausgaben seines "Interview"-Magazins verteilt und war 1968 auch an dieser Stelle angeschossen worden. Die Geschichte um das Attentat wurde 1996 unter dem Titel „I shot Andy Warhol“ verfilmt. Einkaufen ging Warhol am liebsten bei Bloomingdales. Ein Bloomie hat der Bezirk nicht zu bieten, aber gönnen Sie sich doch einen nicht minder „himmlischen“ Bummel durch **ABC Carpets,** eines der besten Einrichtungshäuser von New York. Im Basement lohnt der kulinarische Abstecher zu *ABC Kitchen*. Was 1897 als Straßenverkauf begann, genießt heute Weltruhm. Der weitere Weg führt Sie rechts in die 19th Street hinein, deren schönster Abschnitt sich zwischen Irving Place und 3rd Avenue erstreckt. Wegen der zu Beginn des 20. Jh. nach Entwürfen von Frederick J. Sterner hübsch restaurierten Häuser wird er auch *Block Beautiful* genannt. Besonders auffällig ist das Haus Nr. 141: Dort prangen Jockey-Figuren an der Wand, die der Sportreporter Ted Husing hier anbringen ließ.

An der vergleichsweise heruntergekommenen 3rd Avenue angekommen, biegen Sie links ein, gehen die Nächste wieder links, und bald sind Sie am Gra-

Schauplatz für Demonstrationen und Versammlungen: der Union Square

mercy Park angelangt. In der klassizistischen ehemaligen Quäker-Meeting Hall befindet sich heute die **Brotherhood Synagogue** – in ihrem Gärtchen wurde eine Gedenkstätte für die Opfer des Holocaust und eine weitere für die Toten von 9/11 errichtet. Das Gebiet um den Gramercy Park war einst ein „kleiner, krummer Sumpf" am Nordrand der Stadt, auf Niederländisch *Krom Moerasje*, woraus *Gramercy* wurde. Der Rechtsanwalt Samuel B. Ruggles kaufte das Areal im Jahr 1831, ließ es trockenlegen und bepflanzen. Auf den Grundstücken drum herum entstanden zum Teil prächtige Stadtvillen, deren Besitzer das exklusive Recht zur Parkbenutzung erhielten – wer nicht dazugehörte, bekam keinen Schlüssel für das umzäunte Idyll. Das ist bis heute so geblieben, sodass Sie auf einen Besuch des einzigen Privatparks New Yorks verzichten müssen. Es sei denn, Sie residieren im Gramercy-Park-Hotel oder sind zufällig am 1. Mai in New York, denn dann ist der Park für ein paar Stunden öffentlich zugänglich.

Die Gramercy Park Avenue South Nr. 15 beherbergt den **National Arts Club** im historischen Tilden Mansion, das von Calvert Vaux entworfen wurde, einem der Begründer des Central Park. Samuel J. Tilden war Gouverneur von New York und hatte sich 1876 als Präsidentschaftskandidat beworben. Der exklusive Privatclub wurde 1898 gegründet und ist gleichzeitig eine Galerie, in der Arbeiten von Nachwuchskünstlern ausgestellt werden, die von Skulpturen bis zu Fotografien reichen. Die Ausstellungen sind auch für Nichtmitglieder geöffnet, wenn gerade keine Veranstaltung läuft.

15 Gramercy Park South/Ecke 20th St., ✆ 212-475-3424, www.nationalartsclub.org.

Haus Nr. 16 ist die Heimat des **Players Club**, der 1888 von dem seinerzeit berühmten Schauspieler Edwin Booth gegründet wurde (dessen Bruder John

Gewaltfreier Protest: Widerstandskämpfer Mahatma Gandhi

Wilkes Booth, ebenfalls Schauspieler, erlangte übrigens traurige Berühmtheit als Mörder von Abraham Lincoln). Der Players Club war der erste amerikanische *Gentlemen's Club* nach englischem Vorbild und sollte Schauspieler und andere Künstler mit (möglichst) hochgestellten Persönlichkeiten bürgerlicher Berufe zusammenbringen, um so das Negativimage zu korrigieren, das den Künstlern und insbesondere den Schauspielern immer noch anhaftete. Eine Statue des Shakespeare-Darstellers, die ihn in seiner Paraderolle als Hamlet zeigt, steht übrigens im Zentrum des Parks.

Theodore Roosevelts Birthplace

Auf der 20th Street geht's jetzt an der Längsseite der Gramercy-Parkanlage entlang über die Kreuzung Park Avenue South mit ihren zahlreichen Restaurants zum Geburtshaus des einstigen

Flatiron District und Gramercy Park → Karte S. 181

Präsidenten Theodore „Teddy" Roosevelt. Was Sie sehen, ist allerdings ein Nachbau von 1923, das Original war 1916 abgerissen worden. Dort hatte Roosevelt – der einzige aus New York stammende Präsident der USA überhaupt – von seiner Geburt 1858 bis zum Alter von 14 Jahren gelebt. Für die Gestaltung der Räumlichkeiten konnten zum Teil noch die Originalmöbel beschafft werden, vieles – auch andere Memorabilien – stammt von Roosevelts Frau Edith und seiner Schwester.

Roosevelt war der 26. Präsident der Vereinigten Staaten und kam 1901 als Vizepräsident ins Amt, nachdem Amtsinhaber William McKinley einem Attentat zum Opfer gefallen war. Mit einem Antrittsalter von 42 Jahren ist er bis heute der jüngste Präsident der US-amerikanischen Geschichte. Eine besondere Ehre wurde ihm postum zuteil, als sein Porträtkopf zusammen mit denen Washingtons, Jeffersons und Lincolns in den Fels des Mount Rushmore gehauen wurde. Und noch eine Ehre gebührt ihm: Der berühmte Teddybär ist nach ihm benannt. Ausgangspunkt dieses ungewöhnlichen Taufaktes war eine Karikatur in der *Washington Post*, die den jagdbegeisterten Präsidenten mit einem kleinen Grizzlybären zeigte. Die wiederum soll einen Brooklyner Ladeninhaber veranlasst haben, einen kleinen Plüschbären als *Teddy's bear* zum Mittelpunkt seiner Schaufensterdekoration zu machen – angeblich mit ausdrücklicher Billigung des Präsidenten. Weltweit bekannt wurde der Teddybär dann durch die Knopf-im-Ohr-Firma Steiff, aber das ist wieder eine andere Geschichte.

28 E 20th St. zw. Park Ave. South u. B'way, ✆ 212-260-1616, www.nps.gov/thrb. Di–Sa 9–17 Uhr. Eintritt frei, Besuch nur mit Führung: 10–16 Uhr jede Stunde außer um 12 Uhr. Subway: 23 St. Linie 6.

Madison Square Park

Wenn Sie nun weiter bis zum Broadway gehen und dort rechts einbiegen, kommen Sie zum Madison Square Park, in dessen Zentrum eine Statue an den ehemaligen Gouverneur und Außenminister William Henry Seward erinnert (der Mann, der den Russen für 7 Millionen Dollar Alaska abgekauft hat). Der Park liegt an der Schnittstelle zwischen Downtown und Midtown und findet seit Einzug der Burgerbude Shake Shack und der Aufstellung neuer Bänke sowie der Schaffung eines Spielplatzes und eines Skulpturengartens durchaus Beachtung. Von hier hat man einen guten Blick sowohl auf das Empire State Building (→ S. 203-206) als auch auf das 87 m hohe **Flatiron Building**, das als einer der ersten Skyscraper New Yorks 1902 nach Plänen von Daniel H. Burnham im Neorenaissancestil gebaut wurde. Wegen seiner ungewöhnlichen Form zählt es zu den beliebtesten Fotomotiven der Stadt. 1910 befanden sich hier die Büros der *Socialist Labour Party*, aus der fast alle Linksparteien Amerikas hervorgegangen sind. Als *Daily Bugle Building* und Sitz der gleichnamigen Zeitung wurde das Flatiron im Film *Spiderman* auch cinematografisch verewigt. Wer sich das „Bügeleisen" mit Musikbegleitung anschauen will, sollte den Madison Square Park im Sommer bei einem der kostenlosen Open-Air-Konzerte besuchen.

Auch die Ostseite des Parks wird von einem der schönsten Hochhäuser der New Yorker Skyline dominiert, vom 1909 nach einem Entwurf von Stanford White fertiggestellten **Metropolitan Life Tower**. Sie erkennen es an seiner vergoldeten Spitze und den vier Uhren (an jeder Seite zwischen dem 25. und dem 27. Stockwerk eine). Mit seinen 213 m Höhe stellte es nicht nur das Flatiron Building deutlich in den Schatten, sondern war für ein paar Jahre sogar das höchste Gebäude der Welt. Wer schon einmal in Venedig war, wird deutliche Parallelen zum Glockenturm am dortigen Markusplatz feststellen. Seit 2002 ist die Spitze ähnlich wie die des Empire State Buildings nachts beleuchtet, der Tower soll bis 2015 von Marriott International in ein Boutique-Hotel verwandelt werden. Zwar nicht höher, aber in seiner schlanken Eleganz ebenfalls bemerkenswert ist der neue Wohnturm des Architekturbüros Cetra/Ruddy, One Madison Park. 90 Condos (Apartments) befinden sich in einer Art aufeinandergestapelter, hervorstehender Glaskisten aus dunkler Bronze, die jeweils fünf bis sechs Stockwerke hoch sind. Auch dieser Skyscraper am Madison Square hat wohl das Zeug, eine Ikone in der Stadtsilhouette zu werden. So schön all diese Ausblicke auf die umliegende Wolkenkratzerlandschaft auch sind – der Madison Square Park wird v. a. mit sportlichen Ereignissen in Verbindung gebracht. So fand hier 1845 das erste Baseballspiel der Stadt begeisterte Zuschauer. Von 1853 bis 1856 ging es dann sportlich-artistisch zu, als eine Art Zirkus, das *Hippodrome,* mehr als 10.000 Menschen am Tag unterhielt. Darauf folgte eine Arena, in der in erster Linie Radrennen stattfanden und die den heute schon legendären Namen *Madison Square Garden* erhielt. Nach Zwischenstationen in einigen Nachfolgebauten an verschiedenen Standorten zog „The Garden“ 1968 auf das Gelände der ehemaligen Pennsylvania Station in der 7th Avenue (→ S. 202-203). Sport, aber nur Denksport, können Sie seit 2012 an der Nordseite des Parks im **Museum of Mathematics** betreiben. Dieses in seiner Art einzige Museum richtet sich an 10- bis 14-Jährige, denen dort interaktiv Grundlagen angewandter Mathematik vermittelt werden.

11 E 26th St. zw. Madison und Fifth Aves., ✆ 212-542-0566, momath.org. Tägl. 10–17 Uhr, erster Mi im Monat nur bis 14.30 Uhr. Eintritt $ 16, erm. $ 10. Subway: 23 St., Linien N, R.

Am Madison Square Park haben Sie Anschluss an die Subway-Linie R.

Markante Gesellschaft – der Metropolitan Life Tower mit One Madison Park

Sie können aber auch noch einen kleinen Abstecher über die 5th Avenue zum **Museum of Sex** machen, das, wie wohl alle Sexmuseen der Welt, erzieherische und aufklärerische Ansprüche für sich geltend macht. Tatsächlich informiert es über Themen wie illegale Abtreibungskliniken oder die Stonewall-Schwulenkrawalle in Greenwich Village von 1969 – ob das nur der seriöse Rahmen für die unvermeidlichen Hardcore-Exponate ist, entscheiden Sie am besten selbst. Vorher sollten Sie aber einen Blick auf den Eintrittspreis werfen ...

233 5th Ave./Ecke 27th St., ✆ 212-689-6337, www.museumofsex.com. So–Do 10–20 Uhr (letzter Einlass 19.15 Uhr), Fr/Sa bis 21 Uhr (letzter Einlass 20.15 Uhr). Eintritt $ 17,50 plus Steuer, erm. $ 15,25 plus Steuer. Subway: 28 St. Linie 6 oder Linien N, R, W.

Praktische Infos

→ Karte S. 181

Essen und Trinken/Nachtleben

ABC Kitchen 15 Michelin-Koch Jean-Georges Vongerichten bringt hier Produkte von der Farm auf den Tisch, er ist dem Fair Trade und der Slow-Food-Bewegung verpflichtet. Hauptgerichte $ 18–20, Pasta und Pizza $ 16–24. Mo–Fr 12–15 Uhr, Mo–Mi 17.30–22.30 Uhr, Do bis 23 Uhr, Fr/Sa bis 23.30 Uhr und So bis 22 Uhr. Brunch Sa/So 11–15.30 Uhr. 35 E 18th St. ✆ 212-475-5829; www.abchome.com/abc-kitchen/. Subway: 14 St./Union Sq. Linien L, N, Q, R, 4, 5, 6. ■

The Coffee Shop 19 23 Stunden täglich werden hier in Diner-Atmosphäre oder auf der Straßenterrasse Gerichte mit brasilianischem Einschlag serviert. Wegen der Sonnenlage am Union Square etwas überteuert, aber entspannt und mit gutem Frühstück (ab $ 9,95). 29 Union Sq. (Westseite), ✆ 212-243-7969; thecoffeeshopnyc.com. Subway: 14 St./Union Sq. Linien L, N, Q, R, 4, 5, 6.

Gramercy Tavern 14 Der in Frankreich und Tokio geschulte Chef de Cuisine Michael Anthony kauft gerne auch auf dem Greenmarket ein, um eine saisonabhängige, bodenständige Küche zu kreieren. 4-Gänge-Menü (nach 17.30 Uhr) $ 48. Keine Reservierung möglich. So–Do 12–23 Uhr, Fr/Sa bis 24 Uhr. 42 E 20th St. zw. Broadway und Park Ave. South, ✆ 212-477-0777, www.gramercytavern.com. Subway: 23 St., Linien 6 oder N, R, W.

Pete's Tavern 18 1864 eröffnet, „verkleidete" sich Pete's während der Prohibition als Blumenladen. Alte-Welt-Charme, rustikal und gemütlich. Fisch, Pasta, Salate. Hamburger um $ 10. Tägl. 11–2.30 Uhr. 129 East 18th St./ Irving Pl., ✆ 212-473-7676, www.petestavern.com. Subway: 14 St./Union Sq., Linien L, N, Q, R, 4, 5, 6.

Pure Food and Wine 20 Das Rohkost-Restaurant (vegan) serviert seit über zehn Jahren raffinierte Bio-Gerichte, und da Rohkost hier Spaß macht, gibt es auch Cocktails und Wein. Tägl. 12–16 Uhr und 17.30–23 Uhr. 54 Irving Place zw. 17th und 18th Sts., ✆ 212-477-1010; oneluckyduck.com/pages/pure-food-and-wine/. ■

One Lucky Duck 21 Saftbar und veganer Imbiss derselben Betreiber, direkt um die Ecke. Tägl. 9–23 Uhr, 125½ East 17th Street/Irving Pl., ✆ 212-477-7151; www.oneluckyduck.com. Subway: 14 St./ Union Sq. Linien 4, 5, 6, N, Q, R, L.

Casa Mono 22 Innovative Tapas-Bar, aber auch Steaks (alles Bio). Am besten sitzt man an der Bar und beobachtet, wie das Essen zubereitet wird. 600 Weine. Hauptgerichte $ 10–25. Tägl. 12–24 Uhr. 52 Irving Pl., zw. 17th und 18th St., ✆ 212-253-2773; www.casamononyc.com. Die **Bar Jamon** direkt nebenan ist bis 2 Uhr geöffnet, monatliche Weinproben. Subway: 14 St./ Union Sq. Linien L, N, Q, R, 4, 5, 6.

Eisenberg Sandwich 7 Seit 1929 werden hier Sandwiches und Fast-Food-Klassiker verkauft. Das teuerste ist das Corned Beef Pastrami Combo Reuben-Sandwich (Corned Beef , Pastrami und Sauerkraut auf Roggenbrot) für $ 11. Mo–Fr 6.30–20 Uhr, Sa 9–18 Uhr, So 9–17 Uhr. 174 5th Ave. nahe 22nd St., ✆ 121-675-5096. eisenbergsnyc.com. Subway: 23 St. Linien N, R, W.

Irving Farm Coffee Roasters 16 Mal was anderes als die Superkette Starbucks! Der Kaffee stammt von der eigenen Farm, dazu gibt es herzhafte Snacks wie Sandwiches, Bagels Frühstück und Salate. Gerichte $ 2–10,95. Mo–Fr 7–22 Uhr, Sa/So 8–22 Uhr. 71 Irving Pl., zw. 18th und 19th Sts., ✆ 212-995-

5252, www.irvingfarm.com. Subway: 14 St./ Union Sq. Linien L, N, Q, R, 4, 5, 6.

Shake Shack 6 Spitzen-Burger aus Bio-Angus-Rind oder vegetarisch, Hot Dogs, Pommes und Frozen Custard. Verzehr im Freien. Cash only. Hamburger $ 3,75, Shack Stack $ 8,95. Auch Wein und Bier. März–Okt. tägl. 11–23 Uhr, Nov. bis Feb. tägl. 11–19 Uhr. Madison Ave. /Ecke 23rd St., ✆ 212-889-6600, www.shakeshack.com/location/madison-square-park/. Noch acht weitere Ableger. Subway: 23 St. Linien N, R, W oder 6.

Nightlife siehe S. 56/57, 61 und 64.

Einkaufen

Greenmarket 17 Mo, Mi, Fr, Sa 8–18 Uhr auf dem Union Square (North und West Plazas). www.grownyc.org/greenmarket/manhattan-union-square.

Strand Bookstore 29 New Yorks größter Secondhand-Buchladen. Kostbare Erstausgaben im drei Stock. Seit über 75 Jahren in Familienbesitz. Mo–Sa 9.30–22.30 Uhr, So ab 11 Uhr. 828 Broadway/12th St., ✆ 212-473-1452, www.strandbooks. com. Subway: 14 St./Union Sq. Linien L, N, Q, R, 4, 5, 6.

ABC Carpets 15 *Der* Einrichtungsladen schlechthin. Nirgendwo anders auf der Welt gibt es mehr Teppiche zur Auswahl. Auch sonst findet man hier alles für die Wohnung. Terence Conran verkauft neuerdings im Untergeschoss. Mo–Mi und Fr/Sa 10–19 Uhr, Do bis 20 Uhr, So 11–18.30 Uhr. ABC Kitchen ist ein sehr gutes Bio-Edelrestaurant im Haus, → Restaurants. 888 Broadway, zw. 18th und 19th Sts., ✆ 212-473-3000, www.abchome.com. Subway: 14 St./ Union Sq. Linien L, N, Q, R, 4, 5, 6.

Burlington Coat Factory 27 → Einkaufen S. 68.

Idlewild Books 12 Spezialisiert auf internationale Reiseliteratur (100 Länder und alle 50 US-Staaten) und verwandte Belletristik. Auch Lesungen und Diskussionen sowie Unterricht in verschiedenen Fremdsprachen. In dem 2008 eröffneten Geschäft findet man original Buntglas und Stühle des Idlewild Flughafens, dem Vorgänger von JFK Airport. Mo–Do 12–19.30 Uhr, Fr/Sa bis 18 Uhr, So bis 17 Uhr. 12 W 19th St. nahe 5th Ave., ✆ 212-414-8888, www.idlewildbooks.com. Subway: 23 St. Linien F, V oder N, R, W.

Abraham Lincoln, 16. Präsident der USA

Forbidden Planet 28 Erste Adresse für Science-Fiction-, Horror- und Fantasy-Bücher, Comics, Mangas, Toys und Merchandise. So–Di 9–22 Uhr, Mi–Sa bis 24 Uhr. 840 Broadway/13th St., ✆ 212-473-1576, www.fpnyc.com. Subway: 14 St./Union Sq. Linien L, N, Q, R, 4, 5, 6.

Sonstiges

Kostenlose Stadtteilführung. Jeden Sonntag um 11 Uhr, 90 Min., Treffpunkt Madison Square Park/Ecke 23rd St. am Broadway. ✆ 212-741-2323-12 oder 212-741-2323-14. www.flatironbid.org. Oder Sa 14 Uhr, Treffpunkt Union Square Abraham Lincoln Statue/16th Street. ✆ 212-517-1826; www.unionsquarenyc.org.

WAYRA-Fuerza Bruta 24 Die weltbekannte Krawall-Akrobatik-Show aus Argentinien produziert mit Nebel, Wassertanks, Stroboskoplicht und wummernden Beats beim Zuschauer viel Adrenalin. Di–Do 20 Uhr, Fr/Sa 19 und 22 Uhr, So 19 Uhr. $ 99. Daryl Roth Theater, 101 E 15th St./Union Sq. East, ✆ 212-239-6200; www.fuerzabrutanyc.com. Subway: 14 St/Union Sq. Linien L, N, Q, R, 4, 5, 6.

Kreativität ganz ohne Preisschild – im Galerienviertel

Chelsea und Meatpacking District

Einst urbanes Niemandsland, weht heute der Hauch von großem Geld durch die Straßen dieses Galeristen- und Flanierviertels. Mit Clubs, Kunst und Kommerz gelang Chelsea Ende der 1990er Jahre der Aufstieg zum Szeneviertel, mit dem Umzug des Whitney Museums an die High Line wird es endgültig auch zum Mekka der zeitgenössischen Kunstszene. Das Publikum ist bunt gemischt und auf der Suche nach Spaß und Lifestyle.

„Die Rolle des Künstlers in New York besteht darin, ein Viertel so attraktiv zu machen, dass die Künstler es sich nicht mehr leisten können, dort zu leben", beschrieb der langjährige Bürgermeister Ed Koch den SoHo-Effekt (→ S. 143). Nach der Veredelung von SoHo zog die Subkultur nach Chelsea weiter, wo sich nun die Galerien ballen. Spätestens mit der Eröffnung der High Line (→ S. 194/195) liegt Chelsea fraglos im Trend und immer neue Luxusmietshäuser entstehen.

Einst stand hier eine Farm der ersten Siedler, um die herum sich in den 1830ern eine Art Vorstadt von Manhattan entwickelte. Ein englischer Marineoffizier benannte die Gegend nach dem berühmten Krankenhaus für Armeeangehörige in London: Chelsea. Zwei Generationen später gelangte ein Großteil der Grundstücke in den Besitz seines Enkels, des Pädagogen Clemens Clark. Der wollte aus Chelsea ein Wohnviertel für die Mittelklasse machen, das – so seine testamentarische Verfügung – weitgehend frei von Gewerbebetrieben bleiben sollte. Tatsächlich sind aus dieser Zeit noch zahlreiche historische Häuser erhalten geblieben, der *Historic District* erstreckt sich von der 20th bis zur 22nd Street (zwischen der 8th und 10th Avenue). Eine Ausnahme bildet der *Meatpacking District* zwischen 9th und 11th Avenues. Hier zerlegen seit Generationen Schlachter und Metzger Rinder, Schafe, Pferde und Schweine in handliche Portionen, die dann in Container verladen und in die Restaurants der Stadt transportiert werden. Schlachthaus um Schlachthaus macht nun dicht, um als Ausstellungsraum einer Galerie, Modegeschäft oder Bar-Restaurant wiedereröffnet zu werden. Homosexuelle (im Volksmund und in einem Comic auch „Chelsea Boys" genannt) waren die Ersten, die sich auf ihrer Suche nach bezahlbarem Wohnraum in Chelsea niedergelassen haben. Ihrem Fitnesswahn ist auch die Existenz der **Chelsea Piers** zu verdanken, des größten Sportkomplexes der Stadt auf den Landestegen am Hudson River.

Wer die Kunst sehen will, die in Chelsea ausgestellt wird, sollte sich zwischen der 20th und der 29th Street umschauen. In die einstigen Scheunen, stinkenden Garagen und verfallenen Warenhäuser zogen rund 350 Galerien ein, weshalb das *Gallery-Hopping* von einer Vernissage zur nächsten kaum logistische Probleme bereitet. 2015 soll das *Whitney Museum of Arts* aus der Upper East Side in sein neues Renzo-Piano-Gebäude an der High Line umziehen. Kulturhungrige finden außerdem einige bekannte Off-Broadway-Theater in Chelsea, etwa *Sleep No More* (→ Sonstiges) im Hotel McKittrick. Der Bereich zwischen 16th und 26th Streets hat sich im letzten Jahrzehnt in eine beliebte Einkaufsgegend mit Boutiquen, Platten- und Secondhand-Buchläden verwandelt. Die 23rd Street wirbt für sich gar als *Fashion Row,* wo Promis wie Debbie Harry („Blondie") oder die Fotografin Annie Leibovitz zum Straßenbild gehören. Ein Geheimtipp ist das **Rubin Museum**, das sich der Kunst aus dem Himalaja widmet. Sehr gut bummeln und essen gehen kann man auch im *Chelsea Market* im Meatpacking District.

Tour-Info

Dieser Spaziergang ist hauptsächlich ein Galerienbummel. Die beste Zeit dafür ist samstags oder donnerstagnachmittags, wenn viele Aussteller die Werke ihrer neuen Künstler präsentieren. Auch ein abendlicher Ausflug in die Bars und Restaurants lohnt sich. Ausgangspunkt ist die Subway-Station 23rd Street, die Sie mit der Linie 1 erreichen.

Chelsea und Meatpacking District → Karte S. 190/191

Stationen

Gehen Sie zunächst die 23rd Street von der 7th Avenue in Richtung Westen am denkmalgeschützten **Hotel Chelsea** vorbei, das auf unbestimmte Zeit geschlossen ist. Das zehnstöckige Haus wurde seit 1905 als Hotel genutzt und gern von Künstlern frequentiert, die die Rechnung mit ihren Bildern begleichen durften. Leonard Cohen setzte dem Quartier mit seinem Song *Chelsea Hotel No. 2* sogar ein musikalisches Denkmal. Das Chelsea war aber auch Schauplatz einer großen Liebestragödie: Im Drogenrausch erstach Sid Vicious, Bassist der Sex Pistols, am 12. Oktober 1978 in Zimmer 100 seine Freundin Nancy Spungen.

Weiter geht es dann links in die 8th Avenue und zwei Blöcke südlich rechts in die 21st Street. Sie sind nun im denkmalgeschützten *Historical District,* einer hübschen Wohngegend mit klassizistisch-griechisch und italienisch anmutenden Stadtvillen sowie dem neogotischen *Union Theological Seminar,* das den Colleges von Oxford nachempfunden wurde und einen wunderschönen Garten (the Close) besitzt. Das ehemalige Gästehaus eröffnete im September 2013 als High Line Hotel.

In den Straßenzügen zwischen 10th und 11th Avenues unterhalb der Güterzugtrasse der **Highline** (→ S. 194/195), einer wunderbaren Parkanlage auf einer Hochbahntrasse, befindet sich das Galerienviertel, das wir nun durchbummeln werden. Haben Sie kein Interesse an Gegenwartskunst, können Sie entweder an der 23rd Street oder der 26th Street gleich auf die Highline gelangen und in Richtung Meatpacking District schlendern. Alle anderen gehen unter der

Essen & Trinken (S. 197/198)
13 The Half King
15 Don Giovanni
18 The Empire Diner
34 Spice Market
35 The Standard Grill
36 Dos Caminos
37 La Bagatelle
38 Pastis

Nachtleben
2 The Gallow Green (S. 56)
4 Marquee (S. 60)
22 Avenue (S. 56)
25 Highline Ballroom (S. 64)
26 Terroir at the Porch (S. 56)
27 Bathtub Gin (S. 56)
28 GLounge (S. 56)
32 Top of the Standard (S. 56) und Le Bain (S. 60)
33 The Brass Monkey (S. 56)
41 Plunge (S. 56)
42 The Raven (S. 60)
43 Cielo (S. 60)

Einkaufen (S. 198)
16 Comme des Garçons
23 Black Comme des Garçons
29 Jeffrey New York
30 Anthropology
40 Tory Burch
44 Christian Louboutin

Gallerien/Austellungen
1 Sleep No More (S. 198)
3 Cheim & Reid (S. 194)
5 Marlborough Gallery (S. 194)
6 Gagosian Gallery (S. 190)
7 The Pace Gallery - 534 West 25th Street (S. 193)
8 Agora (S. 194)
9 Mary Boone Gallery (S. 193)
10 The Pace Gallery - 510 West 25th Street (S. 193)
11 Andrea Rosen Gallery (S. 192)
12 Marianne Boesky (S. 192)
14 Sonnabend Gallery (S. 192)
17 Matthew Marks Gallery (S. 192)
19 Eyebeam (S. 191)
20 Paula Cooper Gallery (S. 190)
21 Gagosian Gallery (S. 190)

Übernachten
24 Colonial House Inn (S. 44)
31 Dream Hotel Downtown (S. 41)
39 Hotel Gansevoort (S. 40)

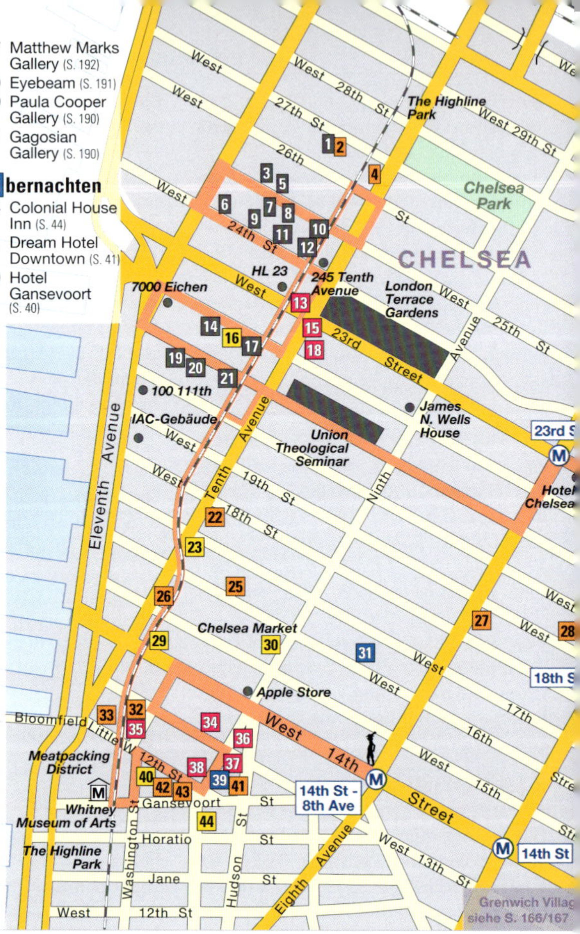

Highline hindurch. Auf der linken Straßenseite findet sich eine der beiden **Gagosian Galleries** in Chelsea **6** und **21**. Larry Gagosian, der schon seit Langem eine Galerie in der Madison Avenue betreibt (neuerdings mit einem Verkaufsladen für Kunstbücher, Kataloge und Limited Editions), erwarb im Jahre 2000 zunächst ein kathedralenartiges Gebäude in der 24th Street, bevor er in diesen Backsteinbau in der 21st Street expandierte. Eröffnung feierte er mit einer riesigen Stahlinstallation von Richard Serra, es folgten Ausstellungen mit Anselm Kiefers Stahlbücherregalen und Damien Hirsts Stuhl in einem Aquarium. 2014 waren hier Werke von Julian Schnabel zu sehen.

Ein Stückchen weiter, ebenfalls auf der linken Straßenseite, stellt **Paula Cooper** **20** aus, die in Chelsea gleich mit drei Ausstellungsräumen vertreten ist, einer weiteren sogar in dieser Straße (auf der rechten Straßenseite Nr. 521 im zweiten Stock). Ihre erste Galerie eröffnete Mrs. Cooper 1968 in SoHo mit einer provokanten Anti-Vietnamkrieg-Ausstellung, 1996 zog sie nach Chelsea um. Der Schwerpunkt ihrer Exponate liegt auf konzeptioneller und minimalistischer Kunst.

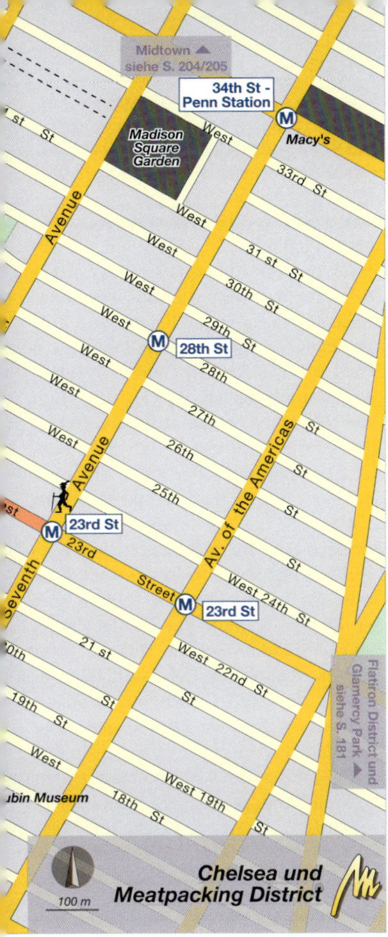

Kurz vor der 11th Avenue hält das Kunst- und Technologiezentrum **Eyebeam** 19 die Stellung, eine Mischung aus Ausstellungsgelände und Schule. Gegründet wurde die Non-Profit-Einrichtung 1996 vom Filmemacher John S. Johnson. Sie hat sich der kreativen Nutzung neuer Technologien und der medialen Kunst verschrieben, organisiert Ausstellungen, vergibt Stipendien an Künstler und stellt ihnen Studios sowie die benötigte Ausrüstung zur Verfügung.

Gagosian Gallery: 555 W 24th St., ✆ 212-741-1111 und 522 W 21st St., ✆ 212-741-1717, www.gagosian.com. Di–Sa 10–18 Uhr.

Paula Cooper Gallery: 534 W 21st St., 521 W 21st St., zweiter Stock, und 197 10th Ave., ✆ 212-255-1105. Mo–Fr 10–17 Uhr.

Eyebeam: 540 W 21st St., zw. 9th und 10th Ave., ✆ 212-937-6580, www.eyebeam.org. Di–Sa 12–18 Uhr.

An der 11th Avenue angelangt, dem nicht gerade einladend anmutenden vierspurigen West Side Highway, erheben sich gegenüber die blauen Industriegebäude des **Chelsea Piers Sports Complex**. Von außen wirken die Bauten ähnlich trist wie der Highway, hinter der Fassade verbirgt sich aber ein Paradies für Sportler aller Art. Auf 500.000 m^2 Fläche kann man golfen, Rollschuh und Schlittschuh laufen, sich an Kletterwänden in die Höhe winden, in Fitnessstudios schwitzen, im Schwimmbad seine Bahnen ziehen oder sich auf der Sonnenterrasse ausruhen – es ist einfach für jeden etwas dabei. Die Landestege am Hudson River (Pier 59, 60, 61 und 62) wurden Anfang des 20. Jh. gebaut. Hier legten die eleganten Passagierdampfer der *Cunard* und der *White Star Line* an – auch die *Titanic* wäre 1912 hier eingelaufen. Als jedoch in den 1930er und 40er Jahren die Schiffe immer länger wurden, baute man nahe der 44th Street neue Landestege, und die Chelsea Piers verrotteten. In den 1990er Jahren wurde das Gelände verkauft und einige Zeit später mit der riesigen Sport- und Freizeitanlage bebaut.

Hudson River zw. 17th und 23rd Sts., ✆ 212-336-6000, www.chelseapiers.com.

Einen Block weiter nördlich geht es in die 22nd Street. Achten Sie in diesem Straßenzug auf die 18 jungen Eichen und die Basalt-Steinsäulen daneben (rechter Bürgersteig). Es handelt sich hierbei um eine Initiative der *Dia Art Foundation* und die Fortsetzung von Joseph Beuys' **„7000 Eichen"**-Installation, die er für die Documenta 7 in Kassel 1982 erdacht hatte.

Hinter eher anonymem Milchglas verbirgt sich die **Sonnabend Gallery** **14** der in Rumänien geborenen und 2007 verstorbenen Galeristin Ileana Sonnabend, die in New York eine Legende ist. Sie kaufte die Galerie ihres ersten Ehemanns Leo Castelli und eröffnete in den 1960er Jahren in Paris und New York ihre ersten eigenen Ausstellungsräume. Sie war auch die Erste, die amerikanische Pop-Art nach Europa brachte, etwa Andy Warhol und James Rosenquist. Ileana Sonnabend vertrat viele Minimalisten und machte Furore mit dem Performancekünstler Vito Acconci, der im Rahmen einer Ausstellung ankündigte, zwei Wochen lang unter seiner Installation zu masturbieren. Auch Jeff Koons enthüllte hier seine pornografische Bildhauerserie zusammen mit seiner damaligen Gattin, dem italienischen Pornostar Cicciolina.

Ein kleines Stück weiter vertritt die (in dieser Straße gleich zweimal vorhandene) **Matthew Marks Gallery** **17** in ihrem garagenartigen, verglasten Großraum einige „Topscorer" der zeitgenössischen Kunst, darunter Jasper Johns, Lucian Freud, Willem de Kooning, Nan Goldin und Robert Adams. Die Bilder gehen oft als Leihgaben an Museumsausstellungen. Ein Muss!

Im Eisenbahnbogen der Highline strahlt unter der verblassenden Werbung für eine Autowerkstatt *Comme des Garçons* mit den funkelnden Fassaden der Galerien um die Wette. Denn der glitzernde Tunnel aus blank geputztem Aluminium führt Sie nicht etwa ins Herz einer weiteren Galerie, sondern in die golden verkleideten Verkaufsräume des Designerlabels. Da seine Modemarke für viele unerschwinglich ist, hat Designer Rei Kawakubo im Meatpacking District noch einen günstigeren Laden für rezessionsgeplagte Shopaholics eröffnet: *Black Comme de Garçons* (→ Einkaufen S. 198)

Sonnabend Gallery: 536 W 22nd St., ✆ 212-627-1018, www.sonnabendgallery.com. Di–Sa 10–18 Uhr.

Matthew Marks Gallery: 522 W 22nd St. (weitere Galerien: 526 W 22nd St, 502 W 22nd St. und 523 W 24th St.), ✆ 212-243-0200, www.matthewmarks.com. Di–Sa 10–18 Uhr.

Zurück auf der 10th Avenue lockt ein chromblitzender Klassiker der Dinerkultur zu einer Kunstpause. Das *Empire Diner* ist ein etwas prätentiöser Schnellimbiss für mittlere Geldbeutel und größere Egos (→ Essen S. 50). An der 23rd Street türmt sich Neil Denaris Neubau des 14-stöckigen **HL 23** (HL für High Line, 23 für 23. Straße) über der stillgelegten Eisenbahntrasse High Line Park auf. Etwa hundert Jahre zuvor entstand der ganze Block rechter Hand bis zur 24th Street, der aus mehreren riesigen Art-déco-Apartmentgebäuden in Backstein besteht: die **London Terrace Gardens**. Mit diesen Bauten erfüllte sich der Donald Trump der 1920er Jahre, Henry Mandel, seinen Traum vom größten Wohnblock der Welt. Die Bewohner der 1665 Apartments können auf dem Dach einen Pool, Gärten und eine Sonnenterrasse genießen. Als in den 1930er Jahren die Wirtschaftskrise über die Welt hereinbrach, geriet das Projekt jedoch zum finanziellen Desaster: Mandel war ruiniert und sprang vom Dach seines Apartmenthauses in den Tod.

Schwenken Sie am markanten 245 Tenth Street Glitzerkasten (→ S. 195) links in die 24th Street ein. **Marianne Boesky** **12** lebt nicht nur für, sondern auch mit bzw. über ihrer Kunst (in Räumen oberhalb ihrer Galerie). Hier in Chelsea zeigt sie die Werke ihrer jungen Künstler, die drei Etagen in der Upper East Side sind den Klassikern vorbehalten.

Andrea Rosen **11** gilt als Fürstin der Galeristenszene von Chelsea. Sie verwaltet u. a. den Nachlass des kubanischen Konzeptkünstlers Félix González-Torres, der 1990 bei ihr seine erste Einzelausstellung hatte. Der mit dem Turner-Preis ausgezeichnete deutsche Fotograf Wolfgang Tillmans stellt ebenfalls hier aus.

Chelsea Piers

Kurz vor der 11th Avenue sollten Sie noch der **Mary Boone Gallery** 9 einen Besuch abstatten, deren Besitzerin ebenfalls Kunstgeschichte geschrieben hat. Als Forum für junge Künstler in den 1970er Jahren gegründet, führte ihre Galerie zunächst den Kunstboom der 80er Jahre in SoHo an. Sie vertrat so exzentrische Künstler wie David Salle und Julian Schnabel und veranstaltete Einzelausstellungen mit Werken von Anselm Kiefer und Sigmar Polke. Noch immer verursacht sie Kontroversen – einmal wurde sie gar verhaftet, weil sie scharfe Munition des Künstlers Tom Sachs ausstellte.

Marianne Boesky: 509 W 24th St., ✆ 212-680-9889, www.marianneboeskygallery.com. Di–Sa 10–18 Uhr.

Andrea Rosen Gallery: 525 W 24th St. zw. 10th und 11th Ave., ✆ 212-627-6000, www.andrearosengallery.com. Di–Sa 10–18 Uhr, im Sommer Di–Sa 10–18 Uhr.

Mary Boone Gallery: 541 W 24th St./10th Ave., ✆ 212-752-2929, www.maryboonegallery.com. Di–Sa 10–18 Uhr.

Zurück zur 10th Avenue geht es über die 25th Street, wo vor allem **Cheim & Reid,** die **Marlborough Gallery** und **The Pace Gallery** 7 und 10 sehenswert sind. Die Pace-Galerie gibt es schon seit mehr als 50 Jahren. Zunächst organisierte sie in Boston Pop-Art-Ausstellungen, später zog sie dann nach New York um. In den 1990er Jahren tat sich ihr Gründer und Präsident Marc Glimcher mit Guy Wildenstein zusammen. Wildenstein stammt aus der gleichnamigen einflussreichen Kunsthändlerdynastie, deren erste Galerie 1875 in Paris gegründet wurde und die seit fünf Generationen Werke von Michelangelo bis Picasso an Sammler in aller Welt liefert. PaceWildenstein wurde so zu einer der mächtigsten New Yorker Galerien überhaupt. Seit 2010 jedoch gehen die beiden wieder eigene Wege und unter dem neuen Namen The Pace Gallery hat Glimcher fast alle gemeinsamen Räumlichkeiten übernommen und ist stark expandiert. The Pace Gallery vertritt mehr als 40 Gegenwartskünstler – darunter die deutschen Tim Eitel und Carsten Nicolai – und ist für museumswürdige, historische Werkschauen bekannt. Die Webseite wurde jüngst zu einer Enzyklopädie des eigenen Archives ausgebaut. 2014 gab es eine viel beachtete Retrospektive der Nacktfotografien des gerade verstorbenen Chuck Close.

Wer vor allem Pop-Art schätzt, kann in der 25th Street mit **Agora** 8 eine Fundgrube entdecken.

Cheim & Reid 3 wurde 1997 von John Cheim und Howard Reid gegründet und verschafft internationalen Jungkünstlern aus den Bereichen Malerei, Zeichnen, Bildhauerei und Fotografie Erfolg, in dem er sie an weltbekannten Ausstellungen wie der Documenta oder gut kurierten Gruppenausstellungen teilnehmen lässt. Die Galerie betätigt sich auch als Händler für die Werke von Koryphäen wie Mark Rothko, Jean-Michel Basquiat oder Andy Warhol.

Wohl kaum zum Laufen – Schuhwerk mit Konzept

Die renommierte **Marlborough Gallery** 5 nebenan belegt zwei Etagen im Chelsea Arts Tower. 1949 in London gegründet, wurden u. a. Henry Moore, Francis Bacon, Ben Nicholson und viele andere Größen vertreten. Es folgten Expressionisten und Vertreter der deutschen Moderne. Heute gibt es Zweigstellen der Galerie in der New Yorker Broome Street (331 zwischen Bowery und Christie Sts.), Madrid, Monaco und Santiago. Die Galerie **Agora** wurde 1984 gegründet, um jungen, neuen Künstlern Hilfestellung zu geben und das Einleben in New York zu erleichtern. Sie ist Herausgeberin der Zeitschrift „ARTisSpectrum" und veranstaltet alljährlich den *Chelsea International Fine Art Wettbewerb*.

The Pace Gallery: 510 W 25th St., ✆ 212-255-4044, und 534 W 25th St., ✆ 212-929-7000, www.thepacegallery.com. Im Winter Di–Sa 10–18 Uhr, im Sommer Mo–Fr 10–18 Uhr.

Cheim & Ried: 547 W 25th St., ✆ 212-242-7727; www.cheimread.com. Di–Sa 10–18 Uhr.

Marlborough Gallery: 545 W 25th St., ✆ 212-255-4638634; www.marlboroughchelsea.com. Di–Sa 10–17.30 Uhr.

Agora: 530 W 25th St., 1. OG, ✆ 212-226-4151; www.agora-gallery.com. Di–Sa 11–18 Uhr.

Highline Park

An der 10th Avenue gehen Sie nun rechts weiter bis zur 26th Street, wo Sie Zugang zum *Highline Park* haben (www.thehighline.org). Gebaut wurde die High Line 1929, um die 10th Avenue vom Lkw-Verkehr zu entlasten, der sie in eine gefürchtete *Death Avenue* verwandelt hatte, dann lag sie Jahrzehnte lang brach. Nun ist sie von der Gansevoort Street bis zur 30th Street in einen 3 km langen Park und Spazierweg umgestaltet worden und hat damit eine

Oase über den Dächern der Stadt geschaffen, die Investoren magisch anzieht und eine Design-Revolution ausgelöst hat. Auf der Eisenbahntrasse wurden mehr als 300 einheimische Wildgrassorten gepflanzt, Kunst installiert und zahlreiche hölzerne Liegestühle und Sitzmöbel aufgestellt, die unterwegs Platz zum Verweilen und die Möglichkeit bieten, einen Blick auf den spannendsten Architekturmix zu werfen, den New York derzeit zu bieten hat. Tausende Menschen kommen nun jedes Wochenende her, fast 4 Mio. sind es im Jahr. Ein Nachteil des Hype um den Park sind die explodierenden Immobilienpreise: Seit seiner Eröffnung stiegen sie um mehr als 100 %.

Auf Ihrem Bummel Richtung Süden passieren Sie gleich eines der auffälligsten neuen Penthäuser oder „Condominiums", wie die Apartmenthäuser mit Eigentumswohnungen hier genannt werden: **„245 Tenth Street"** auf Höhe der 25th Street. Das in Brooklyn ansässige Büro *Della Valle Bernheimer* verwendete für die schimmernde Fassade gestanzte Lochbleche und Glas, sodass sie wie ein Kunstwerk mit Licht und Schatten spielt. Nächster Blickfang ist das 14-geschossige **HL23** von Neil Denari direkt an der Parkpromenade auf Höhe der 23rd Street. Der grazile, aerodynamische Bau aus Aluminium und Glas scheint förmlich über dem Park zu schweben und „schwillt" dabei nach oben hin an, wodurch bei den oberen Stockwerken zusätzliche Grundfläche gewonnen wird. Etwas weiter auf Höhe der 18th Street gibt es gleich zwei architektonische Highlights zu bestaunen. Der 23 Stockwerke hohe „Berg magischer Spiegel" zwischen Highline und Hudson River stammt vom französischen Stararchitekten *Jean Nouvel*, der sein Gebäude als das ingenieurstechnisch höchstentwickelte von New York bezeichnet. Es heißt **„100 11th"** und sieht ein bisschen aus wie ein transparentes Domino oder Schachbrett, was

Anstoß in die Moderne: der Highline Park

der raffinierten Verwendung von teils farbigen Glaselementen zu verdanken ist, die von Aluminium und Stahlrahmen getragen werden. Einige Wohnungen haben über 400 m^2 Fläche und kosten mehr als 18 Mio. Dollar. Gleich daneben sehen Sie eine Art „gestrandeten Eisberg" (Glaszeitung). Es ist die weiß eingefärbte, irgendwie wabernde Struktur des **IAC-Gebäudes** (Inter Active Corp, ein Medien-Konglomerat, in dessen Vorstand Chelsea Clinton, die Tochter von Bill, sitzt) von *Frank Gehry*. Der Bau sieht von jeder Seite anders aus, mal symmetrisch und scharfkantig, mal fließend als Reihung von Falten und Knicken, jedenfalls immer auffällig und interessant. Es gibt auch Alteingesessenes an der Highline: An der 16th Street etwa können Sie einen Blick auf den **Chelsea Market** werfen (kein Zugang von der Highline), einen aus 18 Gebäuden bestehenden Backsteinkomplex, in dem einst eine Keksfabrik untergebracht war. Heute ist er eines der beliebtesten Einkaufsziele für Foodies. Jüngster Neubau an der Highline ist das **Whitney Museum of Arts** von Renzo Piano, das mit seinen knapp 5000 m² doppelt so groß ist wie sein Vorgänger auf der Museumsmile und das neue Tor zu High Line darstellt. Der massive, achtstöckige Block, der sich nach oben hin in Terrassen verjüngt, wurde bereits mit einem klobigen Kreuzfahrtschiff verglichen. Auf den Terrassen soll ein Skulpturenpark eingerichtet werden. Für wechselnde Sonderausstellungen ist eine großzügige, ca. 1600 m² große Ausstellungsfläche geplant, die ohne Säulen auskommt – die größte dieser Art in ganz New York. Die Biennale 2016 soll bereits in diesen Räumlichkeiten stattfinden.

Chelsea Market: 75 9th Ave., zw. 15th und 16th St., www.chelseamarket.com. Mo–Sa 7–22 Uhr, So 8–21 Uhr. Subway: 14th St., Linien A, C, E.

Whitney Museum of Arts: Zur Zeit der Recherche gab es noch keine Auskunft über Eröffnungsdatum oder andere Besucherinformationen. Bitte konsultieren Sie die Webseite: www.whitney.org. Gansevoort Ecke Washington Streets.

Meatpacking District

Die Straßen zu Füßen der Highline gehören zum **Meatpacking District**, dessen industrieller Charme inzwischen die perfekte Spielwiese für teure Labels und ihre Klientel abgibt. Wenn Sie durch das neue *Standard*-Hotelgebäude kommen, das abgewinkelt dasteht, um seine kräftige Sockelkonstruktion zu zeigen, die förmlich einen Spagat über die Zugtrasse macht, sind Sie fast am Ende der Highline angekommen. Hinunter gelangen Sie an der Gansevoort Street, Ecke Washington Street beim neuen *Whitney Museum of American Art* (→ oben).

In den einstigen Lagerhallen buhlen bereits die ersten Designerläden um Kundschaft, etwa *Ted Baker, Tony Burch, Trina Turk,* oder *Diana von Fürstenberg.* Bei schönem Wetter kann man sich im Biergarten des *Standard Grills* eine Pause gönnen, bevor es zum atmosphärischen Schaufensterbummel weitergeht. Schlendern Sie die Little West 12th Street hoch bis zur Greenwich Street, entlang an einigen exklusiven Restaurants wie dem *Spice Market.* Wenn Sie die Atmosphäre mögen, gehen Sie die West 13th Street zurück und wieder die West 14th Street hoch, um bei *Hugo Boss* und dem *Apple Store* (Ecke 9th Avenue) in die Fenster zu schauen. Bevor Sie die Subway an der 14th Street/8th Avenue besteigen, sollten Sie unbedingt durch den *Chelsea Market* bummeln. Sie haben dann Anschluss an die Linien A, C, E und L.

Abstecher: Rubin Museum of Art

Dieses weniger bekannte, aber einzigartige und gemeinnützige Museum konzentriert sich ganz auf die Kunst aus dem Himalaja, überwiegend aus Tibet. Die Ausstellungen auf fünf Stockwerken geben eine brillante Einführung in die Symbolik und Bedeutung der meist religiösen Kunst des Landes, erklären die verwendeten Techniken und Materialien und zeigen die Bedeutung dieser Kunst für die Gesellschaften Nepals, Tibets und Bhutans. Auch Indien, die Mongolei und China werden berücksichtigt. Die Werke reichen von weiblichen Buddhas bis hin zu den Wandmalereien des geheimen Tempels des Dalai Lama (Lukhang Murals) oder „verrückten" Göttern. Die Museumssammlung enthält rund 2000 Werke vom 2. Jh. bis heute. Die Räume werden auch oft für Wanderausstellungen genutzt.

150 W 17th St. zw. 6th und 7th Aves. Mo und Do 11–17, Mi 11–21, Fr 11–22, Sa/So 11–18 Uhr, Eintritt $ 15, erm. $ 10, Audioguide $ 3. Fr 18–22 Uhr frei, am ersten Mo des Monats für Senioren frei. ✆ 212-620.5000; www.rubinmuseum.org. Subway: 14 St. Linien 1, 2, 3 oder 18 St. Linie 1.

Der Biergarten des Standard Grill

Praktische Infos

→ Karte S. 190/191

Essen und Trinken/Nachtleben

Chelsea Market. Mehr als 35 Gastrobetriebe, die sich auch gegenseitig beliefern, locken in diesen beiden Blocks mit kulinarischen Leckerbissen. Dazwischen reihen sich ausgefallene Designerläden, darüber sind Büros und Medienfirmen untergebracht. Der gesamte Komplex ist sehr stylisch mit vielen Sitzmöglichkeiten und Kunstwerken, ein allumfassender Genuss. Mo–Sa 7–21 Uhr, So 10–20 Uhr. 75 9th Ave zw. W 15th und W 16th Sts., 212-243-6005; www.chelseamarket.com. Subway: 14 St. Linien A, C, E.

Don Giovanni 15 Italiener mit Holzkohleofen und Straßenplätzen, unprätentiös, gemütlich und bezahlbar (Pizzen von $ 9,95–24,95). So–Do 11.30–24 Uhr, Fr/Sa bis 1 Uhr. Brunch Sa/So 11–15 Uhr. 214 10th Ave., nahe 23rd St., ✆ 212-242-9054, www.dongiovanni-ny.com/location-chelsea.php. Subway: 23 St. Linien C, E.

The Standard Grill 35 Biergarten, Bistro, Grill und Bar in einem. So–Mi 7–3 Uhr, Do–Sa bis 4 Uhr. 848 Washington St./W 13th St., ✆ 212-645-4100, www.thestandardgrill.com. Subway: 14 St. Linien A, C, E oder 8 Ave. Linie L.

The Empire Diner 18 Die 2014 von einer Fernsehköchin wiedereröffnete Art-déco-Ikone der gehobenen Dinerkultur mit schwarz-weißem Schachbrett-Boden und Kerzen auf dem Tisch. Bessere Dinerküche mit Variationen wie Zwiebelsuppe, aber auch den Klassiker. Mo–Fr 11–16 Uhr, Sa/So 10–16 Uhr und So–Do 17–23 Uhr, Fr/Sa bis 1 Uhr. 210 10th Ave. zw. 22nd und 23rd Sts. ✆ 212-596-7523; www.empire-diner.com. Subway: 8 Ave. Linie L.

The Half King 13 Freundliches Pub mit Lesungen montags, Fotoausstellungen, Straßenterrasse und Garten. Bodenständiges Essen (z. B. Beef & Guiness Casserole). Mo–Fr 11–4 Uhr (Küche schließt um Mitternacht), Sa/So 9–4 Uhr, Brunch bis 16 Uhr. 505 W 23rd St./10th Ave., ✆ 212-462-4300; www.thehalfking.com. Subway: 23 St. Linien C, E.

Spice Market 34 Starkoch Jean-Georges Vongerichten ließ sich bei seinem fünften

Lokal in New York von den asiatischen Straßenverkäufern inspirieren. Das riesige Restaurant ist gemütlich mit viel Holz und Antiquitäten ausgestattet und gleicht einem balinesischen Tempel. Südostasiatische und Thai-Küche, exotisch mit viel Ingwer, Papaya und Koriander. Hauptgerichte $ 17–36. Unbedingt reservieren. So–Mi 11.30–24 Uhr, Do–Sa bis 1 Uhr, Lounge jeweils eine Std. länger. 403 W 13th St. zw. 9th Ave. und Washington St., ✆ 212-675-2322, www.spicemarketnewyork.com. Subway: 14 St. Linien A, C, E.

Dos Caminos 36 Mexikanisches Restaurant auf drei Ebenen, Teil einer derzeit sehr erfolgreichen und szenigen Restaurantkette. Tacos, Empanadas, Ensaladas und viel Guacamole mit hausgemachten Tortilla-Chips. Hauptgerichte $ 13–22. So–Mi 11.30–22 Uhr, Do bis 23 Uhr, Fr/Sa bis 1 Uhr, Bar bis 2.30 Uhr. 675 Hudson St./14th St., ✆ 212-699-2400, www.doscaminos.com. Subway: 14 St. Linien A, C, E.

Bagatelle 37 Das französische Bistro serviert schnelle Snacks für gehobenes Meatpacking-Publikum und verwandelt sich abends in eine coole Lounge, an den Wochenenden in einen Brunch-Party-Club. Der Pancake Bagatelle kostet $ 18. 1 Little W 12th St./9th Ave. ✆ 212-488-2110; www.bagatellenyc.com. Subway: 14 St. Linien A, C, E.

Pastis 38 Grundsolide französische Bistro-Küche mit provenzalischem Einschlag, Restaurant mit Sommerterrasse. Nach aufwendiger Renovierung wurde es 2015 wieder eröffnet. Hauptgerichte $ 21–40. Mo–Mi 8–1, Do 8–2, Fr 8–2.30, Sa 10–2.30, So 10–1 Uhr. 9 9th Ave./Little West 12th St., ✆ 212-929-4844, www.pastisny.com. Subway: 14 St. Linien A, C, E.

Nightlife siehe S. 56, 60 und 64.

Einkaufen

Comme des Garçons 16 Die Kleidung des japanischen Designers Rei Kawakubo gleicht mehr architektonischen Modellen. Sie wird von der Modeelite getragen. Mo–Sa 11–19 Uhr, So 12–18 Uhr. 520 W 22nd St. zw. 9th und 10th Aves., ✆ 212-604-9200. Subway: 23rd St., Linien C, E.

Der preiswertere **Black Comme des Garçons** 23 befindet sich in der 112 10th Ave./17th St., ✆ 212-463-8100; www.blackcdgny.blogspot.com. Di–Sa 11–19 Uhr. Subway: 18 St. Linie 1.

Tory Burch 40 Die amerikanische Designerin ist die Ex-Gattin von Fahrradprofi Lance Armstrong und hat einst für Harper's Bazaar und Vera Wang gearbeitet. Sie machte sich 2004 selbstständig und besitzt inzwischen 36 Geschäfte. Mo–Sa 11–19 Uhr, So 12–18 Uhr. 38–40 Little West 12th St zw. Washington St. und 9th Ave. ✆ 212-929-0125; www.toryburch.com. Subway: 14 St. Linien A, C, E.

Jeffrey New York 29 Exklusives Miniwarenhaus voller Designerklamotten bekannter (Prada) und weniger bekannter Namen (Michael Kors). Ähnliches Segment wie Bergdorf Goodman oder Barneys, nur cooler. Mo–Mi und Fr 10–20 Uhr, Do bis 21 Uhr, Sa bis 19 Uhr, So 12.30–18 Uhr. 449 W 14th St./Washington St., ✆ 212-206-1272, www.jeffreynewyork.com. Subway: 14 St. Linien 1, 2, 3.

Christian Louboutin 44 Seine femininen Pumps mit den roten Sohlen sieht man auf jedem roten Teppich dieser Welt. Mo–Sa 11–19 Uhr, So 12–18 Uhr. 59 Horatio St./Greenwich St., ✆ 212-255-1910, www.christianlouboutin.com. Subway: 14 St., Linien A, C, E.

Anthropology 30 Diese erfolgreiche, mittelpreisige Ausstattungskette (überwiegend Kleidung) beweist wirklich Menschenkunde. Ein Einkauf hier erspart den Besuch beim Flohmarkt, recht blumig-romantisch. Mo–Sa 7–22 Uhr, So 8–21 Uhr. 75 9th Ave. (Chelsea Market) zw. 15th und 16th Aves., ✆ 212-6203116; www.anthropology.com. Subway: 14 St. Linien A, C, E.

Sonstiges

Sleep No More 1 Die britische Theatergruppe Punchdrunk hat ein Lagerhaus zum fiktiven Hotel samt Bar, Restaurant und Dachterrasse umgebaut. Der Besucher erhält eine venezianische Maske und wandelt frei durch die schummrigen vier Stockwerke, wobei er immer wieder auf Spielszenen aus Macbeth trifft, die wortlos, aber dramaturgisch anspruchsvoll und manchmal interaktiv in verschiedensten Räumen ausgespielt werden. Es geht um Liebe und Eifersucht, Mord und Totschlag. Eine bahnbrechend neue Theatererfahrung, die durchaus gruselt und anstrengt. 530 W 27th St. zw. 10th und 11th Aves., ✆ 866-811-4111; www.mckittrickhotel.com. Subway: 23 St., Linien C, E.

Zieht Foodies magnetisch an:
der Chelsea Market

Fast wie Kino – die berühmte Skyline vom Empire State Building

Midtown

Midtown Manhattan ist das Viertel, das den hochgesteckten Erwartungen an New York zu hundert Prozent gerecht wird. Hier findet der Erstbesucher fast alle Sehenswürdigkeiten, die er aus der Werbung oder dem Kino kennt. Vom Empire State Building oder dem Rockefeller Tower haben Sie grandiose Ausblicke über das Häusermeer. Wenn Ihnen davon nicht schwindelig wird, dann vielleicht von den Preisen in der 5th oder Madison Avenue. Einer der Hauptanziehungspunkte für Touristen ist auch der berühmte Times Square. In der anschließenden West Side mit der 42nd Street, dem Broadway und der 7th Avenue können Sie Weltklassetheater und -konzerthallen besuchen.

Topattraktion von East Midtown ist für fast alle Besucher das **Empire State Building**, das an der Ecke 33rd Street und 5th Avenue stolze 443 m in die Höhe ragt. Nach dem Einsturz des World Trade Centers war es bis zum Sommer 2012 das höchste Gebäude der Stadt, dann hat es das One World Trade Center (1WTC) wieder überholt. An Berühmtheit kann es mit diesen beiden sonst nur noch das **Chrysler Building** aufnehmen, das als eines der schönsten Art-déco-Hochhäuser Manhattans gilt und das Goldene Zeitalter des Automobilbaus feiert. Aus den goldenen Zeiten der Eisenbahn stammt der **Grand Central Terminal** gleich daneben, der peinlich genau renoviert wurde und Architekturkritiker aus aller Welt in Begeisterung versetzt.

Das kommerzielle Leben des Stadtteils pulsiert entlang der berühmten **5th Avenue**, die unzählige Male in Film und Musik verewigt wurde. Sie erwarb sich ihren legendären Ruf Anfang des 20. Jh., als die neue Upper Class hier eine Reihe prächtiger Stadtvillen bauen ließ. Zu ihren Protagonisten zählten die Vanderbilts, die durch den Betrieb von Dampfschiffen und den Bau der Eisenbahn zu Reichtum gelangt waren, die Astors, die ein Hotel- und Medienimperium befeh-

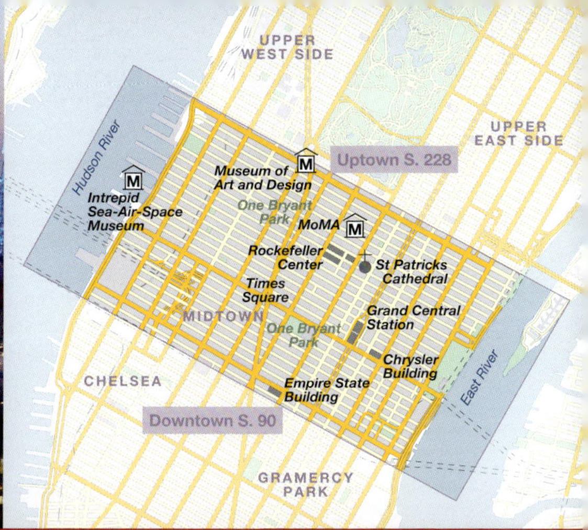

ligten, oder die Goulds, die mit den Vanderbilts um die Kontrolle über die Eisenbahnen konkurrierten. Als nach dem Ersten Weltkrieg die betuchten Familien nach Norden in die Upper East Side umzogen, überließen sie ihre Luxushäuser den Herstellern von Luxusgütern. Die Villa des Millionärs Morton F. Plant – Banker, Segler und Besitzer mehrerer Baseballteams – bezog *Cartier*. Wenn Sie die 5th Avenue in Richtung Central Park entlangspazieren, kommen Sie unweigerlich an Dutzenden Nobelgeschäften wie *Lord & Taylor, Saks, Tiffanys* oder *Bergdorf Goodman* und Edeldesignern wie *Gucci, Versace* oder *Prada* vorbei.

Die 7th Avenue und der Broadway treffen sich am **Times Square**, der „berühmtesten Kreuzung der Welt“. Der gesamte Times Square District mitsamt angrenzendem Theaterviertel am *Great White Way* (→ Kasten) ist das Herz des amerikanischen Showbiz und das Mekka der Unterhaltungsindustrie: neonbunt, trubelig, glamourös.

Ein Vergnügen ganz anderer Art und der kulturelle – allerdings kaum weniger lebhafte – Höhepunkt eines Bummels durch Midtown ist der Besuch des **Museum of Modern Art (MoMA)**, das die umfassendste Sammlung moderner Kunst in der Welt zeigt. Die gewagte Architektur des Museumsbaus verlangt selbst Kunstverächtern Respekt ab.

Musikfreunde werden die **Radio City Music Hall** im Art-déco-Stil aufsuchen wollen, die 1932 mit Charlie Chaplin und Arturo Toscanini eröffnete und über eine fast 6000 Zuschauer fassende Konzerthalle verfügt. Besinnlicher geht es in der **St Patrick's Cathedral** zu, dem Sitz des New Yorker Erzbischofs. Politisch Interessierte wiederum wird es hinter die Kulissen der **United Nations** am East River ziehen (Achtung, nur noch nach Voranmeldung!).

Tour-Info

Midtown ist das Filetstück Manhattans. Wenn Sie nur einen Tag Zeit haben, wird Ihnen nichts anderes übrigbleiben, als für die Besichtigungen und Besuche persönliche Schwerpunkte zu setzen. Auf keinen Fall auslassen sollten Sie aber den Times Square, der trotz oder gerade wegen des Andrangs zu einem New-York-Besuch einfach dazugehört – können 35 Millionen Touristen im Jahr irren? Aber im Ernst: das größenwahnsinnige Lichtermeer ist schier überwältigend.

Eine Straße macht Theater

Es gibt zwar in jedem der fünf New Yorker Boroughs eine Straße namens Broadway, doch der „Breite Weg" von Manhattan ist mit Abstand der berühmteste. Er ist nicht nur die längste, sondern auch die älteste Straße von New York. Der Broadway zieht sich in Nord-Süd-Richtung zum Teil noch entlang einer ehemaligen Handelsroute der Indianer vom Bowling Green in Lower Manhatten über die ganze Insel und verläuft dann als *New York–Albany Post Road* weiter bis nach Albany, der Hauptstadt des Staates New York. Dort, wo der Broadway andere Avenues kreuzt, sind mehr oder weniger bekannte Plätze entstanden, darunter der Union Square, der Madison Square, der Columbus Circle oder der Times Square. Um den Times Square finden Sie den berühmtesten Abschnitt des Broadways; dort wird er wegen der vielen Leuchtreklamen für die Theater und Kinos seit Anfang des 20. Jh. *The Great White Way* genannt. Wer es als Schauspieler, Regisseur oder Produzent an den Broadway schafft, darf seinen Durchbruch feiern. Die hier gezeigten Theaterstücke und Musicals heißen schlicht *broadway plays*.

Von Macy's zum Grand Central Terminal

Wenn Sie aus der Subway-Station 34th Street (B, D, F, M, N, Q, R) aussteigen, befinden Sie sich am **Herald Square**. Dieser Platz wurde nach der Tageszeitung *New York Herald* benannt, die ihren Verlagssitz zwischen 1893 und den 1920er Jahren hier in der 35th Street hatte.

Macy's

An der westlichen Ecke des Herald Square finden Sie New Yorks und angeblich der Welt (Eigenwerbung) größtes Kaufhaus: Macy's. Es ist seit mehr als einem Jahrhundert eine New Yorker Institution, die Einkaufstüten mit dem roten Stern als Logo sind aus dem Stadtbild nicht mehr wegzudenken. Firmengründer Rowland Hussey Macy war ursprünglich Kapitän eines Walfangbootes. Im Oktober 1857 gründete er einen kleinen Gemischtwarenladen, der am ersten Tag einen Umsatz von stolzen 11,06 Dollar machte. Heute werden allein im Hauptgeschäft an der 34th Street auf 198.500 m² Fläche eine halbe Million Waren angeboten. Seine gewaltige Expansion verdankt Macy's, das 1896 von Nathan und Isidore Strauss übernommen wurde (Letzterer starb 1912 beim Untergang der Titanic), u. a. seiner stets innovativ-kreativen Arbeit im Bereich Werbe- und Verkaufsstrategien. So heizte es als erstes Kaufhaus bereits 1862 sein Weihnachtsgeschäft mit dem Einsatz eines Santa-Claus-Darstellers an und investierte ebenfalls schon früh in aufwendige Schaufensterdekorationen. Darüber hinaus organisiert Macy's eine Reihe publikumswirksamer Events, darunter alljährlich Macy's Flower Show im Frühjahr, im Oktober eine große Thanksgiving-Parade sowie einige Feuerwerksveranstaltungen, u. a. zum Unabhängigkeitstag.

Macy's 59 151 W 34th St./Herald Sq., ✆ 212-695-4400, www1. macys.com. Mo, Do und Fr 9–21.30 Uhr, Di bis 22 Uhr, Mi bis 23 Uhr, Sa 10–21.30 Uhr, So 11–20.30 Uhr. Subway: 34 St./Herald Sq. Linien B, D, F, M, N, Q, R.

Abstecher: Madison Square Garden

Die Penn Station, die als ein architektonisches Meisterwerk galt, wurde 1963 abgerissen, um den Weg freizumachen für den neuen Standort des legendären Madison Square Garden. Die heutige Penn Station, die täglich 750 Züge passieren, liegt 15 m unter dem Freizeit- und Bürokomplex versteckt. In der Arena finden Kultur- und Sportveranstaltungen statt – von Rockkonzerten und Zirkusabenden bis zu Eishockey-, Basketball- und Tennismatches. Das jüngst für fast 1 Milliarde Dollar umgebaute Stadion kann man auch im Rahmen der All Access Tour besichtigen.

4 Pennsylvania Plaza, 7th Ave. zw. 31st und 33rd Sts., ✆ 800-653-8000 (Ticketmaster), www.thegarden. com. Führungen 10.30–15 Uhr alle halbe Stunde, $ 34,45, erm. $ 23,95, Kind $ 22,95. Tour-Hotline: ✆ 212-465-6080. Subway: 34 St/Penn Station Linien 1, 2, 3, LIRR.

Empire State Building (ESB)

Von Macy's ist es nicht weit zu einem *der* Wahrzeichen New Yorks, dem Empire State Building an der Kreuzung 33rd Street, 5th Avenue (der Eingang, der Sie direkt zum Fahrstuhl und Kartenverkauf für die Aussichtsplattformen führt, liegt rechts um die Ecke an der 5th Avenue). Das 443 m (ohne Mast und Antenne 381 m) hohe Gebäude schafft es zwar nicht mehr in die Top Ten der Welt, von hier kann man an klaren Tagen jedoch noch immer 130 km weit ins Umland sehen. Die Pläne zum Bau des Empire State Building gehen auf eine Initiative des Vizepräsidenten von General Motors, John J. Raskob, zurück. Er wollte seinen Rivalen Chrysler in den Schatten stellen, dessen gleichnamiger Art-déco-Bau bereits ein paar Monate früher an den Wolken gekratzt und einen imposanten Welthöhenrekord aufgestellt hatte (→ S. 209). Raskob wollte aber nicht nur höher bauen, sondern auch schneller. Beides gelang ihm: In nur 14 Monaten stampften die Arbeiter dort, wo einst das Waldorf-Astoria-Hotel gestanden hatte, eine gewaltige Konstruktion aus dem Boden, die die 319 m des Chrysler

443 m Art déco – das Empire State Building

Building locker übertrumpfte. Als das ESB am 1. Mai 1931 eröffnet wurde, waren 60.000 t Stahl verbaut, 100 km Wasserleitungen verlegt und 6500 Fenster eingesetzt worden. Oben prangte ein gigantischer Mast, der ursprünglich als Ankerplatz für Zeppeline aus Europa konzipiert worden war. Die wohlhabenden Gäste aus der Alten Welt sollten – so der listige Plan – unmittelbar nach ihrer Ankunft mit Expressfahrstühlen heruntergebracht werden, um sich möglichst schnell ins Einkaufsgetümmel an der 5th Avenue stürzen zu können. Doch der Traum vom gigantischen „Luftbahnhof der kurzen Wege" war nach zwei gescheiterten Andockversuchen schnell ausgeträumt. Und auch sonst lief längst nicht alles nach Plan, denn trotz einer kostspieligen Werbekampagne hatte man bis zur Eröffnung nicht mehr als 46 % der Bürofläche vermieten können. Das ESB galt als wirtschaftlicher Flop – bis es touristisch entdeckt wurde.

Midtown → Karte S. 204/205

Übernachten

10 The Warwick (S. 42)
17 Hotel 414 (S. 43)
21 St. Regis (S. 41)
38 Broadway@Times Square (S. 44)
40 Muse Hotel (S. 42)
42 Grace (S. 43)
46 The Hotel at Times Square (S. 44)
49 Casablanca (S. 42)
51 Pod 51 (S. 45)
52 Roosevelt (S. 42)
61 Hotel Metro (S. 42)
62 Pod 39 (S. 45)
63 Hotel Stanford (S. 44)
64 La Quinta Hotel (S. 44)
65 NYMA - New York Manhattan Hotel (S. 44)
66 Herald Square Hotel (S. 44)
68 Urban Oasis (S. 46)
70 Ace Hotel Chelsea (S. 42)

Essen & Trinken (S. 225/226)

2 Carnegie Delicatessen
3 Burger Joint
7 Chipotle
12 Serendipity 3
15 Ellen's Stardust Diner (S. 50)
22 Bocca Restaurant
34 John' s Pizzeria
36 Junior's Cheesecake
37 Margon
39 Sardi's Restaurant
43 Carmines
44 Virgil's Real Barbeque
45 B.B. King Blues Club
47 Osteria al Doge
48 Madison Diner (S. 50)
50 Red Flame Coffee Shop
54 Oyster Bar
58 Sakagura (S. 58)
67 Hangawi (S. 50)
69 Zen Palate (S. 50)

Einkaufen (S. 226/227)

1 Barneys (S. 68)
5 Apple Store (S. 68)
6 Bergdorf Goodman (S. 68)
8 Niketown
9 Tiffany & Co.
13 Henri Bendel (S. 69)
18 Manolo Blahnik
19 Sony Plaza North Store
23 Uniqlo
25 Rudy's Music Shop
29 Disney Store
31 One Shubert Alley
32 Manhattan Art & Antique Center
33 Nintendo World Store
35 Saks (S. 69)
41 Toys 'R Us
53 NFL Store at Draft
56 B & H Pro-Video-ProAudio
57 Lord & Taylor (S. 69)
59 Macy's (S. 202)

Nachtleben

4 Flute Bar & Lounge (S. 57)
11 Iridium Jazz (S. 62)
14 Pacha (S. 61)
16 Salon de Ning (S. 57)
20 The Modern (S. 57)
24 The Copacabana (S. 57)
26 The View Lounge (S. 57)
27 Birdland Jazz Club (S. 62)
28 Rainbow Room (S. 225)
30 L'Ybane (S. 57)
45 B.B. King Blues Club (S. 225)
55 The Bar Downstairs (S. 57)
58 Sakagura (S. 58)
60 Sankeys (S. 61)

Midtown
150 m
Central Park siehe S. 259
Upper East Side siehe S. 231
Flatiron District und Gramercy Park siehe S. 181
59th Street - Columbus Circle
Columbus Circle
AOL Time Warner Center
USS Maine Denkmal
Museum of Art and Design
Chess & Checkers House
Heckscher Playground
Wollman Rink
WC
Dairy Visitor Center
Wildlife Center
Zeughaus
Children's Zoo
Temple Emanu-El
Hunter College
Seventh Regiment Armory
The Pond
Knickerbocker Club
810 Fifth Avenue
57th St - 7th Ave
One 57
Marlborough Gallery
Carnegie Hall
59th St - 5th Ave
Metropolitan Club
Plaza Hotel
Pulitzer Fountain
Lexington Ave - 63rd Street
59th Street - Lexington Ave
Bloomingdales
Trump Tower
432 Park Avenue
7th Ave
New York Visitor Center
Brill Building
MoMA
Berlin Wall
Radio City Music Hall
Rockefeller Center
Top of the Rock
St Patrick's Cathedral
Seagram Building
Central Synagogue
Lipstick Building
Duffy Square und tkts
Music Row
Times Square Alliance
Nintendo World
NBC Experience
Metropolitan Museum of Art Store
Diamond Row
St Bartholomews Church
51st St
International Center of Photography
Waldorf Astoria Hotel
Bank of America
Met Life Building
42nd St - Bryant Park
One Bryant Park
5th Avenue
West 42nd Street
New York Public Library
Grand Central Terminal
42nd St - Grand Central
Chrysler Building
Deutsches Generalkonsulat
United Nations
Museum of Tolerance
Generalkonsulat der Schweiz
Pierpont Morgan Library
Empire State Building
Tudor City
East River
St Vartans Park
East 42nd Street
East 57th Street
Central Park South
West 57th Street
East 34th Street
Broadway
Seventh Avenue
Avenue of the Americas
Fifth Avenue
Madison Avenue
Park Avenue
Lexington Avenue
Third Avenue
Second Avenue
First Avenue
United Nations Plaza

Heute haben es rund 35.000 Besucher pro Tag (ca. drei Millionen pro Jahr) auf ihrem Programm, ein kräftiges Zubrot auf die ohnehin schon immensen Mieteinnahmen, die das Gebäude erzielt.

Vom unteren Concourse Deck, das Wartende in einer interaktiven Ausstellung über die jüngsten energiesparenden und umweltfreundlichen Umbauten informiert, die aus dem grauen einen grünen Riesen machten, gelangt man mit einem der 73 Aufzüge (Gesamtschachtlänge 111 km) zunächst bis zum 80. Stockwerk. Hier befinden sich ein Souvenirladen und die Ausstellung "Dare to Dream", die in Fotos und Architekturmodellen den Bau des Empire State Building dokumentiert. Mit einem weiteren Fahrstuhl geht es dann zur ersten Aussichtsplattform im 86. Stockwerk in 320 m Höhe, wo man den gigantischen Ausblick entweder unter freiem Himmel oder hinter Glas geschützt genießen kann. Für rund $ 15 mehr kann man in einen weiteren Aufzug umsteigen, der bis zum vollständig verglasten 102. Stockwerk fährt (373 m). Dort hatte Fay Wary ihr letztes Rendezvous mit dem Riesenaffen King Kong. Die oberen 30 Stockwerke des ESB sind zwischen 21 Uhr und 2 Uhr morgens erleuchtet, oft in verschiedenen Farbkombinationen, die zu Feiertagen Flagge bzw. Nationalfarben zeigen.

Kinohelden

Sollten Sie nicht hoch fahren wollen, schauen Sie sich wenigstens die dreistöckige Lobby an: ein Augenschmaus aus 9290 m² Marmor und Granit, 22 Karat Gold und den jüngst restaurierten Art-déco-Deckengemälden. Wenn man sie von der 5th Avenue aus betritt, wird der Blick unweigerlich auf das Aluminium-Relief am anderen Ende des Saales gelenkt. Es zeigt das Empire State Building vor der Karte des Staates New York, der den Beinamen *Empire State* trägt. In einem der Schaukästen sitzt ein stoffeliger King Kong, inzwischen stand das ESB in mehr als 100 Filmen auf der Besetzungsliste.

250 5th Ave. zw. 33rd und 34th Sts., ✆ 212-736-3100, www.esbnyc.org. Tägl. 8–2 Uhr (letzter Aufzug um 1.15 Uhr). Do–Sa 22–1 Uhr Live-Musik (Saxophon). Aussichtsplattform 86. Etage: $ 29, erm. $ 26, Kinder 6–11 J. $ 23, jüngere kostenlos; Express: für alle $ 50. Bis zur 102. Etage: $ 46, erm. $ 43, Kinder $ 40. Express: für alle $ 67. Veranstaltungen: Hochzeiten am Valentinstag, Run-up im Februar, bei dem die Teilnehmer die 1576 Stufen bis zum 86. Stockwerk in einem Wettrennen zurücklegen. Subway: 34 St./Herald Sq. Linien B, D, F, M, N, Q, R oder 33 St. Linie 6.

The Morgan Library

Vom ESB geht's nun die Madison Avenue nach Norden zum ersten von mehreren literarischen Zielen: der *Pierpont Morgan Library* (an der 36th St.). Sie präsentiert eine beeindruckende Sammlung seltener Manuskripte, Drucke, Bücher und anderer Schriftdokumente und ist inzwischen weit mehr als eine bloße Bibliothek. Zu den Kostbarkeiten zählen eine Gutenberg-Bibel, vier Erstausgaben von Shakespeare-Werken, Manuskripte von Byron, Keats und Dickens, Papyrusrollen aus Ägypten, assyrische Schrifttafeln und vieles mehr. Aber auch Architekturbegeisterte kommen auf ihre Kosten: Gebaut wurde die Library ursprünglich 1903–06 von den Architekten McKim, Mead & White für den Bankier John Pierpont Morgan im Stil eines Renaissancepalastes. In den folgenden Jahren kamen zwei weitere Gebäude dazu, das *Annex* und das *Morgan House*. Renzo Piano hat die drei Gebäude zwischen 2000 und 2006 durch Glas- und Stahlkonstruktionen miteinander verbunden.

Der Eingang liegt in der Madison Avenue und führt Sie direkt in einen knapp 20 m hohen, verglasten Innenhof (mit Café), von dem aus Sie die alten Büchereigebäude über Glastreppen oder einen Fahrstuhl erreichen. Man hat einen wunderbaren Blick auf die Rückseite des Renaissancepalastes, dessen Fassade aus rosafarbenem Marmor nach dem Vorbild der römischen Villa Medici entworfen wurde. Die anderen beiden Glaspavillons von Piano beherbergen Galerien und Büros. Etwa die Hälfte des Neubaus befindet sich allerdings unter der Erde, etwa die *Gilder Lehrmann Hall*, ein Vortragssaal aus rotem Kirschholz, sowie die Lager für die Sammlung.

29 E 36th St./Madison Ave., ✆ 212-685-0008, www.themorgan.org. Di–Do 10.30–17 Uhr, Fr bis 21 Uhr, Sa 10–18 Uhr, So 11–18 Uhr. Eintritt $ 18, erm. $ 12 inkl. Audioguide (nur englisch), Fr 19–21 Uhr frei. Lunchen kann man im Café oder Dining Room. Subway: 33 St. Linie 6.

Bryant Park und New York Public Library

Nach Verlassen der Morgan Library gehen Sie die 37th Street Richtung Westen bis zur Fifth Avenue, in die Sie rechts einbiegen. Nach drei Blöcken kommen Sie zur New York Public Library auf der linken Straßenseite. Bei schönem Wetter lohnt es sich, einmal außen herumzugehen und einen Streifzug durch den Bryant Park zu unternehmen, der nach dem Schriftsteller und Herausgeber der *Evening Post*, William Cullen Bryant, benannt ist. 1853

One Bryant Park: Bank of America

war der Park – damals noch unter dem Namen *Reservoir Square* – Schauplatz der ersten New Yorker Weltausstellung. Der für diesen Zweck nach dem Londoner Vorbild gebaute *Crystal Palace* war so feuerfest wie die Titanic unsinkbar und brannte 1858 nieder. Heute sind die 39.000 m^2 Parkfläche wie ein französischer Garten mit heckengesäumten Wegen durchzogen. Man kann die Pracht von Blumenbeeten genießen, sich am Brunnen abkühlen, auf einem Karussell fahren (im Winter Schlittschuhlaufen) oder sich einfach nur auf Klappstühlen im Schatten der Platanen ausruhen. Zwischen Juni und September findet ein Filmfestival mit Klassikern vergangener Jahrzehnte statt (kostenlos). Imposant erhebt sich an der

Nordwest-Ecke der 370 m hohe Neubau **One Bryant Park** der *Bank of America.* Er ist das zweithöchste Bürohochhaus der Stadt, allerdings ist die Spitze allein 78 m hoch. Der Bau mit der unverwechselbaren Silhouette und einer prägnanten Krone hat nicht nur wegen seiner minimalistischen Architektur, sondern auch für sein ökologisches Konzept Lob eingeheimst. Der Skyscraper hat deckenhohe Isolierscheiben, nutzt Regenwasser und soll fast vollständig aus recyclebaren Materialien gebaut worden sein. 45 % des verwendeten Zements bestehen aus Flugasche. Diese Vorzeigearchitektur, die sanft zur Umwelt ist, schufen die New Yorker Architekten Cook & Fox.

Völlig im Kontrast dazu steht die altehrwürdige *New York Public Library,* an deren Eingang Sie zwei imposante Löwen namens *Patience* und *Fortitude* (Geduld und Tapferkeit) erwarten. Im Zuge der Umbenennung der New York Library in *Stephen A. Schwarzman Building* nach dem Stifter von über $ 100 Millionen zur Renovierung des Hauses heißen die Löwen im Volksmund nunmehr „Schwarzman's kittens" – „Schwarzmanns Kätzchen". Der Bau geht auf die Initiative des einstigen New Yorker Gouverneurs Samuel J. Tilden (1814–1886) zurück. Er war der Ansicht, dass einer Metropole wie New York eine groß dimensionierte öffentliche Bibliothek gut zu Gesicht stünde, und hinterließ den Stadtvätern einen beträchtlichen Teil seines Vermögens, der nach seinem Tod in einen entsprechenden Fonds einging. In den 1890er Jahren konnte man dann die Betreiber der zwei kleineren bereits bestehenden öffentlichen Bibliotheken New Yorks, der Astor und der Lenos Library, dafür gewinnen, ihre jeweiligen Bestände in die neu zu schaffende Zentralbibliothek einfließen zu lassen. Mit dem Bau beauftragt wurden die beiden Beaux-Arts-Architekten John M. Carrère und Thomas Hastings, die auch die Inneneinrichtung bis ins Detail mitgestalteten: von den Marmorwänden über die Stühle und Leitern bis hin zu den Abfalleimern. Die Bibliothek umfasst 36 Millionen Objekte, darunter mehr als elf Millionen Bücher, die knapp 130 km Regale füllen. Einige der ältesten Stücke sind eine Gutenberg-Bibel und ein Globus von 1519. Für ein Lektüreintermezzo stehen zwei Cafés zur Verfügung. Außerdem finden zahlreiche interessante Wechselausstellungen statt.

Stephen A. Schwarzman Building, 5th Ave./42nd St., ✆ 917-275-6975, www.nypl.org. Mo–Sa 10–18 Uhr, So 13–17 Uhr. Eintritt frei, kostenlose Führungen Mo–Sa 11 und 14 Uhr, So nur 14 Uhr. Subway: 42 St/Bryant Pk. Linien B, D, F, M.

Abstecher: International Center of Photography (ICP)

Das ICP ist Schule und Galerie zugleich. Die Schule gilt als eine der renommiertesten Fotoakademien der Welt mit Schwerpunkt Fotoreportage. Sie wurde in den 1960er Jahren als Verein für „Concerned Photography" gegründet. Viele ihrer Zulieferer wie Werner Bischof, Robert Capa (dessen Bruder Cornell zu den Gründern des Instituts gehörte) oder Dan Weiner wurden in Ausübung ihres Berufes getötet. Um ihre Arbeit im Bewusstsein der Öffentlichkeit zu halten, wurden hier ihre Werke gezeigt. In der ständigen Ausstellung heute befinden sich rund 100.000 Aufnahmen internationaler Fotografen. Die Präsentationen sind überschaubar, aber abwechslungsreich und eröffnen immer wieder neue Blickwinkel auf historische und zeitgenössische Themen. Hier will man inspirieren und aktuelle und sozialkritische Bezüge herstellen.

1133 Ave. of the Americas/43rd St., ✆ 212-857-0000, www.icp.org. Di–Do 10–18 Uhr, Fr bis 20 Uhr, Sa/So 10–18 Uhr. Eintritt $ 14, erm. $ 10, Fr 17–20 Uhr und Kinder unter 12 J. frei. Subway: 42 St./Bryant Pk. Linien B, D, F, M.

Die Stahlkrone des Chrysler über dem Grand Central Terminal

Midtown → Karte S. 204/205

Blick zum Chrysler Building

319 m ragt das Chrysler Building, das nahezu alle anderen Wolkenkratzer in Sachen Schönheit aus dem Rennen schlägt, in den Himmel. Von unten sieht das schwarz-weiße Art-déco-Backsteingebäude vergleichsweise schlicht aus, denn mit bloßem Auge kann man die seine Spitze zierenden metallenen Kühlerhauben, Kotflügel und Radkappen (basierend auf dem Chrysler-Modell von 1929) kaum erkennen. Aus der Ferne jedoch erhebt sich diese wunderbare Stahlkrone selbst an trüben Tagen noch funkelnd über der Stadt.

Entstanden ist das Gebäude im Rahmen eines der erbittertsten Wettläufe in der Baugeschichte New Yorks: Der Autozar Walter Chrysler hatte seinen Architekten William van Alen angewiesen, das höchste Gebäude der Stadt zu bauen. Exakt den gleichen Auftrag hatte auch van Alens einstiger Partner Craig Severence, der seinerseits mit dem Bau der *Bank of Manhattan* in der Wall Street den Höhenrekord anpeilte. Als Severence Wind davon bekam, dass Chrysler mit der Konstruktion der Nickel-Chrom-Kuppel auf einer Höhe von 282 m fertig war, machte er bei 283 m Schluss. Doch dann kam der gegnerische Coup: In nur 90 Min. wurde die Chrysler-Kuppel mit einer 56 m hohen Spitze versehen – van Alen konnte durch diesen Geniestreich den Sieg für sich verbuchen. Den Höhenrekord hielt das Chrysler Building allerdings nur ein knappes Jahr, dann wurde es vom Empire State Building abgelöst. Die Firma Chrysler hat das Büro- und Verwaltungsgebäude übrigens schon vor mehr als 50 Jahren verlassen.

405 Lexington Ave., zw. 42nd u. 43rd Sts. Subway: Grand Central-42 St. Linien 4, 5, 6, 7, S, Metro-North.

Grand Central Terminal

Nun aber zum *Grand Central Terminal*. Er hat Höhenrekorde nie angestrebt.

Hoffentlich fahren die Züge pünktlich – Bahnhofsuhr des Grand Central Terminal

Dafür ist er der größte Bahnhof der Welt – auch ein Superlativ. Vor allem ist der prächtige Jugendstilbau aber ein bestauntes Meisterwerk grandioser Architektur, das viele Funktionen erfüllt: Hier kann man seinen kulinarischen Appetit, Shoppinggelüste und das Fernweh stillen. Der Bahnhof ist der Nachfolger des *Grand Central Depot*, das Cornelius Vanderbilt, eines der Finanzgenies des jungen Amerika, hier zwischen 1869 und 1871 errichten ließ. Der Bauernsohn war nach rücksichtslos geführten Preiskriegen zunächst zum größten Dampfschiffreeder Amerikas aufgestiegen, bevor er sich die Eisenbahn unter den Nagel riss. Klar, dass der reichste Mann Amerikas den größten Bahnhof der Welt wollte.

Das heutige, um vieles größere und prächtigere Gebäude bekam Vanderbilt, der 1877 starb, allerdings nicht mehr zu Gesicht. Dafür aber kamen am Tag der Eröffnung, dem 2. Februar 1913, sage und schreibe 150.000 Schaulustige, um das Ereignis zu feiern. Der Beaux-Arts-Bau mit seinen riesigen Marmortreppen, den kolossalen Fenstern und dem (heute manchmal per Lasershow ange-

strahlten) Himmel mit 2500 Sternen und Planeten in der kathedralenartigen Kuppel war ein Hit. Er hat bis heute nichts von seiner Faszination verloren und kann nach der umfangreichen Renovierung nun u. a. mit Ess-Ständen und Restaurants, darunter der berühmten *Oyster Bar* und *Michael Jordans Steak House*, einer Reihe von Cocktail Lounges sowie 50 Geschäften aufwarten. Neben der offenkundigen Eleganz und Schönheit birgt das Gebäude jedoch auch seine Geheimnisse: Im Obergeschoss des Bahnhofes ist das *Campbell Apartment* untergebracht, das Luxusbüro des Tycoons John W. Campbell aus den 1930ern, das dem Saal eines Florentiner Palastes aus dem 13. Jh. nachempfunden wurde. Es dient als Bar und Club (Mo–Do 12–1 Uhr, Fr–Sa 12–2 Uhr, So 15–23 Uhr) und wird für private Veranstaltungen vermietet. Es gibt auch eine *Whispering Gallery*, die schon viele Herren auf den Knien beim Heiratsantrag gesehen hat. Im Untergrund verbirgt sich ein Tunnelsystem mit einem Geheimzugang zum Waldorf-Astoria-Hotel, den Präsident Franklin D. Roosevelt oft genutzt haben soll. Die Ostgalerie wurde im Dezember 2011 komplett von der Firma *Apple* in Beschlag genommen, die hier ihren fünften Laden in New York eröffnet hat (→ Shopping). Irgendwie beängstigend ...

42nd St./Vanderbilt Ave. Audioguides (auch auf Deutsch) gibt es an ausgewiesenen Schaltern am Main Concourse ($ 8), ✆ 917-566-0008. Die Municipal Art Society veranstaltet Führungen durch den Bahnhof. Tägl. 12–20 Uhr, $ 20, erm. $ 15. Treffpunkt ist der Tour-Schalter im Main Concours (www.mas.org./tours). Fr um 12.30 Uhr startet im Sculpture Court gegenüber dem Bahnhof an der East 42nd St. eine 90-minütige Führung kostenfrei (www.grandcentralpartnership.org/things-to-do/tours). Es ist keine Anmeldung erforderlich. www.grandcentralterminal.com. Subway: Grand Central – 42 St. Linien 4, 5, 6, 7, S und Metro-North.

Abstecher

Museum of Tolerance: Nach dem Vorbild des gleichnamigen Museums in Los Angeles kämpft das Simon Wiesenthal Center, eine globale jüdische Menschenrechtsorganisation, auch in New York mit modernen Mitteln *gegen* Antisemitismus, Hass, Terrorismus und Rassismus und *für* soziale Verantwortung, Versöhnung und gegenseitigen Respekt. Eine interaktive Ausstellung will zu kritischem Denken anregen, es wird z. B. die Macht der Sprache an Fallbeispielen von Martin Luther King über John F. Kennedy bis hin zu Adolf Hitler und Osama Bin Laden veranschaulicht. Ein Teil der Ausstellung dokumentiert den Holocaust, ein anderer prangert Menschenrechtsverletzungen an.

Mo–Fr 10–17 Uhr, Nov–März Fr nur bis 15.30 Uhr, Eintritt: $ 15, erm. $ 12, Studenten $ 10. 226 E 42nd St. zw. 2nd und 3rd Aves., ✆ 212-697-1180; www.museumoftolerancenewyork.com. Subway: Grand Central – 42nd St., Linien 4, 5, 6, S.

United Nations: Wenn Sie das UN-Gebäude am East River besuchen, verlassen Sie New York – zumindest völkerrechtlich gesehen. Denn das Hauptquartier der United Nations und deren 7 ha großes Gelände gehören formal gar nicht zu New York, sondern sind im Besitz der Staatengemeinschaft. Entsprechend verfügt man hier über eigene Sicherheitskräfte, eine eigene Feuerwehr und eine eigene Post mit eigenen Briefmarken. Drei der vier Hauptgebäude des Komplexes, die Generalversammlung, das Konferenzgebäude und ein 39-stöckiges Sekretariatsgebäude, wurden zwischen 1947 und 1953 von einem internationalen Architektenteam um Le Corbusier, Oscar Niemeyer und Wallace K. Harrison gebaut (die Deutschen Ludwig Mies van der Rohe und Walter Gropius wurden – so kurz nach dem Krieg – wegen ihrer Nationalität nicht berücksichtigt). Das vierte Gebäude, die nach dem zweiten UN-General-

Midtown → Karte S. 204/205

sekretär benannte Dag-Hammarskjöld-Bibliothek, kam 1961 hinzu. Das Grundstück, auf dem die Gebäude stehen, stellte der Milliardär John D. Rockefeller II zur Verfügung. Er hatte es zuvor für 8,5 Mio. Dollar gekauft und die ursprüngliche Bebauung – vornehmlich Schlachthäuser und Brauereien – abreißen lassen. Das Außengelände ist als Parkanlage mit Brücken und Wegen angelegt, die nach internationalen Friedensaktivisten und Friedensnobelpreisträgern benannt wurden und von zahlreichen Skulpturen gesäumt sind.

Gegründet wurden die United Nations im Juni 1945 als Nachfolgeorganisation des Völkerbundes. Derzeit gehören ihr 193 Mitgliedsstaaten an, deren Fahnen in alphabetischer Reihenfolge entlang des Grundstückes wehen (nicht bei Frost!). Ihre wichtigsten Aufgaben sind die Sicherung des Weltfriedens, die Einhaltung des Völkerrechts und der Schutz der Menschenrechte. Zu den UN-Hauptorganen zählen die Generalversammlung, eine Art Parlament, in der jeder Mitgliedsstaat einen Sitz und eine Stimme hat; das Sekretariat mit dem Generalsekretär an der Spitze, der in der öffentlichen Wahrnehmung so etwas wie der Repräsentant der Gesamtorganisation ist; der Sicherheitsrat, das mächtigste Organ, von dessen fünf ständigen (China, Russland, Frankreich, Vereinigtes Königreich und die USA) und zehn nichtständigen Mitgliedern z. B. völkerrechtlich bindende Sanktionen wie Handelsembargos verhängt oder sogar militärische Interventionen angeordnet werden können. Hinzu kommt der Internationale Gerichtshof, der als völkerrechtliches Schiedsgericht fungiert. Sein Sitz ist in Den Haag, wie überhaupt die UN mit Genf, Nairobi und Wien noch drei weitere Außenstellen unterhält.

Zur Zeit der Recherche war die 2,2 Milliarden Dollar teure Renovierungsphase noch nicht abgeschlossen, darum könnten sich die Zugangsmodalitäten noch einmal ändern. Wichtig ist jedoch, dass sich alle Besucher für eine Besichtigung des New Yorker Hauptsitzes **vorab online anmelden** müssen. Ohne dieses Online-Ticket kommen Sie nur bis zum Visitor Center und Shop, wo man keine Karten kaufen kann. Dort sollten Sie sich 30 Min. vor Beginn Ihrer Führung einfinden (Ein-

Symbol für den Weltfrieden – Knoten im Revolverlauf vor der UN

gang 47th Street) und müssen dann die Sicherheitskontrollen passieren. Auf dem Weg zur Generalversammlung kommen Sie an der Bronzeskulptur *"Let us beat swords into plowshares"* (Schwerter zu Pflugscharen), einem Geschenk der Sowjetunion von 1959 vorbei, und an einem Stück der *Berliner Mauer*. In der Lobby der Generalversammlung werden verschiedene Ausstellungen gezeigt. Die Tour führt von dort durch die Versammlungsräume der einzelnen Räte, sofern keine Sitzungen stattfinden: Meistens bekommen Sie den Sitzungssaal des Sicherheitsrats mit dem eindringlichen Wandgemälde eines Phönix, der hinter dem Halbrund der Rednertische aus der Asche steigt, zu sehen; manchmal wird auch der Saal des Treuhandrats gezeigt, über dessen Sitzreihe die Statue einer Dame beide Arme ausbreitet und einen Vogel fliegen lässt – Symbol für die Treuhandgebiete, die in die Unabhängigkeit entlassen werden. Oder Sie sehen den Saal des Wirtschafts- und Sozialrates mit seiner unvollendeten Decke, die an die vielen noch unerledigten Aufgaben erinnern soll. Es folgt der Besuch von Ausstellungen zur Friedenssicherung, Entkolonialisierung und zum Problem der Landminen. Besonderen Eindruck machen einige der Kunstwerke (allesamt Geschenke von Mitgliedsstaaten) wie der belgische Wandteppich, der genug Faden enthält, um damit zweimal die Erde zu umwickeln, oder die chinesische Elfenbeinstatue, an der 100 Menschen zweieinhalb Jahre lang gearbeitet haben.

1st Ave., zw. 42nd und 47th Sts., ✆ 212-963-7539, visit.un.org. **Tickets müssen online gekauft werden**. Für Anfragen nutzen Sie bitte die E-Mail tourunhq@un.org. Führungen Mo–Fr 9.15–16.45 Uhr. Eintritt $ 18, erm. $ 11, Kinder 5–14 J. $ 9 plus Buchungsgebühr. Man kann auch im Dining Room der Delegierten lunchen, Mo–Fr 11.30–14.30 Uhr, nur nach Anmeldung. Das Buffet kostet $ 34.99. Subway: Grand Central – 42 St. Linien 4, 5, 6, 7, S und Metro-North oder 51St. Linie 6.

Midtown → Karte S. 204/205

Vom Grand Central Terminal zum Rockefeller Center

Nach der Tour durch den Grand Central Terminal nehmen Sie keinen Geheimgang, sondern folgen den Schildern zur 45th Street durch das *Met-Life*-Gebäude und den West Helmsley Walk. Am anderen Ende tauchen Sie in der Park Avenue wieder auf, einem majestätischen Boulevard mit breiten Bürgersteigen und Verkehrsinseln und eine der beliebtesten Wohn- und Geschäftsadressen New Yorks. Von den 1830er bis in die 1890er Jahre jedoch lebte es sich hier eher ungemütlich, da die Straßenbahnlinie in der Mitte der Straße verlief, die damals noch 4th Avenue genannt wurde. Die Kreuzungen waren mit Brücken für den Querverkehr überbaut, und die Häuser standen auf Pfählen, damit sie beim Vorbeifahren der Züge nicht so vibrierten.

Met Life Building

Wenn Sie sich umdrehen, erhaschen Sie einen Blick auf das *Met Life Building*, durch das Sie gerade gekommen sind. Es ist so wuchtig, dass es die Sicht auf die Rückseite des Grand Central Terminal versperrt. Eingefleischte New Yorker nennen es nach seinem ursprünglichen Besitzer noch immer PanAm Building, obwohl es schon 1991 von der *Metropolitan Life Insurance Company* übernommen wurde. Als das knapp 250 m hohe Gebäude 1963 fertig war (zum Architektenteam gehörte auch Walter Gropius), verfügte es über 65 Fahrstühle und 21 Rolltreppen – das war damals Rekord. Bis 1977 befand sich sogar ein Hubschrauberlandeplatz auf dem Dach.

Nach einem Unfall, bei dem vier Passagiere und ein Passant ums Leben gekommen waren, wurde er geschlossen.

Diamond Row

Biegen Sie nun links in die 47th Street ein und überqueren Sie sowohl die Madison als auch die 5th Avenue. Dort werden Sie von diamantförmigen Laternen begrüßt, denn Sie gelangen jetzt in die Diamond Row, wo sich die größten Diamantenbörsen des Landes befinden. 90 % aller Diamanten Amerikas kommen über New York ins Land, fast immer durch die Diamond Row, in der etwa 4000 Unternehmen in diesem Gewerbe tätig sind, die rund 22.000 Leute beschäftigen und 24 Mrd. Jahresumsatz machen. Die Geschäfte im Erdgeschoss sind eigentlich ausschließlich für die Touristen da. Der echte Handel mit losen Diamanten vollzieht sich in den Clubs und Exchanges. Dominiert wird das Geschäft von chassidischen Juden (→ Fahrradtour Brooklyn S. 283 ff.), in großen Organisationen wie dem Diamond Dealers Club in Nr. 30 gibt es sogar einen Gebetsraum und ein koscheres Restaurant. Wer seine Geschäfte vom eigenen Büro aus tätigt, hat Überwachungskameras installiert, und jeder Besucher muss mindestens drei Hochsicherheitstüren passieren, um zum Diamantenhändler vorzudringen. Vorsicht ist eben auch die Mutter der Juwelierstube.

Rockefeller Center

Nehmen Sie jetzt eine Abkürzung durch die Plaza Arcade (bei Hausnr. 27 gegenüber der Fifth Avenue Jewellers Exchange) hinüber zum **Rockefeller Plaza**, wo Sie auf die *Nintendo World* und die *NBC Experience* des gleichnamigen Nachrichtensenders stoßen, bevor Sie sich im eigentlichen Gebäudewirrwarr des riesigen Rockefeller Center Komplexes befinden. Dessen unteres Geschoss (Lower Plaza oder Concourse Level) bildet im Winter eine Eislaufbahn und ist der Standort des berühmten Weihnachtsbaums, im Sommer stellen Restaurants und Bars hier ihre Stühle raus. Sie müssen unbedingt ein Foto von Paul Manships vergoldeter Statue des Prometheus schießen. Das Rockefeller Center erstreckt sich zwischen der 48th und der 51st Street, besteht aus insgesamt zwölf Hochhäusern, mehreren Plätzen und einem unterirdischen Einkaufszentrum. Der größte Teil davon wurde in den 1930er Jahren errichtet, lediglich die Hochhäuser an der 6th Avenue sind später entstanden. Bauherr und Namensgeber des Projekts war John D. Rockefeller Jr., der das Gelände 1928 für 80 Jahre von der Columbia-Universität gepachtet hatte, ursprünglich, um dort ein neues Opernhaus für die *Metropolitan Opera* zu errichten (der Pachtvertrag wurde kürzlich zur Erleichterung von Mitsubishi, dem inzwischen größten Aktionär der Betreiberfirma, bis 2069 verlängert). Deren Spielstätte lag damals am Broadway (zwischen der 39th und 40th Street) und damit relativ weit entfernt von den bevorzugten Wohnorten ihrer meist wohlhabenden Klientel, die sich in der noblen Gegend um die Park Avenue angesiedelt hatte. Doch der Börsencrash von 1929 und die Weltwirtschaftskrise machten den Planern einen Strich durch die Rechnung: Die *Met* zog sich aus dem Projekt zurück, und Rockefeller musste neu überlegen, was er mit dem Gelände anstellen sollte. Pointiert ausgedrückt hieß die Lösung „Kommerz statt Kunst", und so wurde anstelle eines neuen Musentempels der damals größte private Geschäfts- und Amüsierkomplex der Welt gebaut – mit Büros, Apartments, Geschäften, Restaurants, Kinos, Clubs und allen erdenklichen Serviceeinrichtungen.

Direkt vor Ihnen türmt sich das 259 m hohe *GE Building* im Art-déco-Stil auf, in dem einige Schwergewichte der Medienbranche zu Hause sind, darunter die Nachrichtenagentur *Associated*

Studiotour gefällig?

Press und der Fernsehsender *NBC*, der von hier aus einige seiner wichtigsten Sendungen ausstrahlt, die *NBC Today Show*. Linker Hand befindet sich der Eingang zur Aussichtsplattform **Top of the Rock**. (Die Tickets gibt es online, an einem Verkaufsstand auf der Plaza oder um die Ecke in der 50th Street.) Von drei Plattformen im 67. Stock, 69. Stocke (verglast) und 70. Stock (open-air) haben Sie auf max. 260 m Höhe einen Panoramablick über ganz Manhattan einschließlich des Empire State Building. Im September 2014 hat auch der berühmte *Rainbow Room* mit der *Bar Sixtyfive* wiedereröffnet.

Top of the Rock: 30 Rockefeller Plaza/ W 50th St., zw. 5th und 6th Ave., ✆ 212-698-2000, www.topoftherocknyc.com. Eingang

50th Street. Tägl. 8–24 Uhr, letzter Aufzug 23 Uhr. Eintritt $ 29, Senioren $ 27, Kinder 6–12 J. $ 18, Sonnenaufgang und -untergang (zwei Besuche an einem Tag) $ 42, Kind $ 24. www.topoftherocknyc.com/visitor. Rainbow Room: So Brunch, Mo Dinner, Sixtyfive: Mo–Fr 17–24 Uhr; ✆ 212-632.5000; www.rainbowroom.com. Subway: 47–50 St/Rockefeller Ctr. Linien B, D, F, M.

Von der St Patrick's Cathedral zur Carnegie Hall

St Patrick's Cathedral

Über die Rockefeller Plaza gelangen Sie nun zur 5th Avenue, an der die größte römisch-katholische Kirche der Vereinigten Staaten und Sitz der Erzdiözese von New York steht: die St Patrick's Cathedral. Doch obwohl sie stolze 120 m lang ist und ihre Zwillingstürme 100 m in die Höhe ragen, wirkt sie neben den Wolkenkratzern geradezu winzig. Gebaut wurde sie zwischen 1858 und 1878 für die damals etwa 200.000 Gläubige starke katholische Gemeinde New Yorks, die meisten davon irischer Herkunft. Als Bischofskirche löste sie die Old St Patrick's Cathedral in der Mulberry Street (→ S. 128) ab, die seither als einfache Gemeindekirche dient. Äußerlich erinnert St Patrick's an die großen europäischen Kathedralen wie den Kölner Dom. Als Baumaterial verwendete der Architekt James Renwick kostbares weißes Marmor, einige der großen Buntglasfenster ließ er in Chartre fertigen. Im Inneren der mit 2400 Sitzplätzen ausgestatteten Kirche, das man durch massive Bronzetüren betritt, fällt u. a. der mit einem Bronze-Baldachin versehene Hochaltar ins Auge. In der Krypta liegen die Erzbischöfe von New York begraben, sechs davon waren Kardinäle. Deren breitkrempige Kardinalshüte hängen über den Grabstätten von der Decke. Gegenüber der Kathedrale steht die zwei Tonnen schwere Art-déco-Statue des Atlas, der die Welt auf seinen Schultern trägt.

Atlas stemmt die Welt – oder das Rockefeller Center

14 E 51st St. (Eingang 5th Ave., zw. 50th und 51st Sts.), ✆ 212-753-2261, www.saintpatrickscathedral.org. Mit Download einer Cathedral Tour App. Tägl. 6.30–20.45 Uhr, Shop 8.30–20 Uhr. Eintritt frei. Subway: 47–50 Sts./Rockefeller Ctr. Linien B, D, F, M.

Radio City Music Hall

Profaneren Bedürfnissen dient seit den 1930er Jahren die **Radio City Music Hall**, deren Neon-Schriftzug Sie an der 6th Avenue leuchten sehen. Sie gelangen dorthin, indem Sie der West 50th Street in Richtung Westen weiter folgen. In der Music Hall finden Musicals und Konzerte statt, zuvor diente der 1932 als Varieté-Theater im Art-déco-Stil errichtete Bau viele Jahre lang als Premierenkino. Das Auditorium fasst knapp 6000 Menschen und ist außer-

Reinstes Art Deco: Radio City Music Hall

halb der Spielzeiten im Rahmen von Führungen zu besichtigen. Aus den Anfangstagen überdauert haben die berühmten *Rockettes,* die als Amerikas beste Ballett-Truppe gelten und immer noch innerhalb besonderer Revueveranstaltungen um Weihnachten und im Frühjahr (*Christmas* und *Spring Spectaculars*) hier auftreten.

1260 6th Ave./50th St., ✆ 212-307-7171, www.radiocity.com. Führungen tägl. 11–15 Uhr alle halbe Std., $ 24,45, erm. $ 19,50. ✆ 212-247-4777, Ticketmaster 800-745-3000. Subway: 47-50 Sts./Rockefeller Ctr. Linien B, D, F, M.

Museum of Modern Art (MoMA)

Gehen Sie die 6th Avenue bis zur 53rd Street, in die Sie rechts abbiegen. Der gesamte Block wird inzwischen dominiert von *dem* Wegbereiter für moderne Kunst und Publikumsmagneten der Stadt, dem Museum of Modern Art (MoMA). Als Kunstwerk für die Kunst wurde das neue MoMA des japanischen Architekten Yoshio Taniguchi nach seiner Wiedereröffnung gefeiert, der Andrang ist seither so gewaltig, dass bereits über die nächste Museumserweiterung entschieden wurde: Das Gebäude des inzwischen umgezogenen Folk Museums nebenan soll abgerissen und durch einen neuen Glasbau ersetzt werden. Kritiker schimpfen immer lauter über die Kommerzialisierung des MoMa als "seelenloses Kunstkaufhaus" (→ Kasten), und tatsächlich muss man Glück haben, um hier noch in einen intimen Dialog mit der Kunst eintreten zu können.

Dabei traf das MoMA bei seiner Eröffnung nur den Geschmack und das Interesse einer Minderheit. Es war das erste Museum der Welt, das sich gänzlich der modernen Kunst widmete. Entsprechend sind alle Klassiker des 20. Jh. vertreten, darunter Picasso, Klimt, Kandinsky, Gauguin, van Gogh, Matisse, Cézanne, Toulouse-Lautrec oder Chagall. Dazu kommen die Surrealisten wie Miró, Dalí, Magritte, Picabia oder

Midtown → Karte S. 204/205

Duchamp, die italienischen Futuristen, die amerikanischen Pop-Art-Künstler und, und, und. Die Entstehung des MoMA verdanken die New Yorker einer Gruppe von fortschrittsgläubigen Mäzenen um John D. Rockefeller Jr., die die vom konservativ-traditionellen Kunstbetrieb geprägten New Yorker mit etwas Gewagterem beglücken wollten.

Die Ausstellungsfläche des MoMa erstreckt sich über drei Gebäude, die durch den Skulpturengarten miteinander verbunden sind. Links und rechts der großen Fensterfront, die einen Blick auf den Skulpturengarten und den Zutritt ermöglicht, werden wechselnde zentrale Werke der Sammlung gehängt. Draußen begrüßen u. a. Pablo Picassos Ziege, Alberto Giacomettis Tall Figure oder Auguste Rodins Skulptur von Balzac die Besucher. Vom sechsstöckigen Atrium, in dessen Mitte wechselnde Skulpturen, etwa der *Zerbrochene Obelisk* von Barnett Newman oder Arthur Youngs *Hubschrauber Bell-47D1* den Blick auf sich ziehen, gelangt man zu den einzelnen Galerien. Sie sind chronologisch geordnet, die ältesten Werke befinden sich ganz oben. Im sechsten Stock werden wechselnde Sonderausstellungen gezeigt, die Etagen 5 und 4 präsentieren Gemälde und Skulpturen, wobei sich die Amerikaner in der vierten Etage ballen. Der dritte Stock ist Architektur und Design, Zeichnungen und der Fotografie gewidmet. Seit 2012 sammelt das Museum auch Computerspiele als Teil der Design-Abteilung. Im zweiten Stock wird Künstlern der Gegenwart ein Forum geboten, darüber hinaus findet man hier die Abteilungen *Kunstdrucke, Buchillustrationen* und *Multimedia*. Am besten fahren Sie mit dem Fahrstuhl in die oberste, die sechste Etage und arbeiten sich dann nach unten vor. Dabei eröffnen sich auch immer wieder spannende Blicke in das Atrium.

11 W 53rd St., zw. 5th und 6th Aves., ✆ 212-708-9400, www.moma.org. Tägl. 10.30–17.30 Uhr außer Fr 10.30–20 Uhr, von 16–20 Uhr Eintritt frei. Tägl. 9–10.15 Uhr kann man den Skulpturengarten kostenfrei betreten, Eingang W 54th St. zw. 5th und 6th Aves. Eintritt $ 25, Senioren $ 18, Studenten/Schüler $ 14, Kinder bis 16 J. frei. Kombiticket mit Top of the Rock $ 38. Kostenloser Audioguide (auf Deutsch nur für die Stockwerke 4 und 5). Subway: 5 Ave./53 St. Linien E, M.

Kunst als Milliardenmarkt

Wenn im Herbst die opulenten neuen Ausstellungen in den Museen eröffnen, hat die neue Saison begonnen. Kunst ist in New York „big bugs“, der globale Kunst- und Antiquitätenmarkt trotzt allen Krisen und verzeichnet jährliche Zuwachsraten von um die 8 %. Auch 2013 war wieder ein Rekordjahr, weltweit wurden 66 Mrd. Dollar umgesetzt, Spitzenreiter waren die USA vor China und Großbritannien. Während die westliche Welt Rekordsummen für Nachkriegs- und Gegenwartskunst hinblättert (2013 gingen beispielsweise Gerhard Richters Domplatz für 37 Mio. Dollar, Andy Warhols Silver Car Crash für 105 Mio. Dollar und Picassos Der Traum für 155 Mio. Dollar über den Auktionstisch), kaufen die Chinesen Werke ihrer eigenen Landsleute. Darum befinden sich unter den zehn erfolgreichsten Künstlern der Welt auch drei Chinesen.

5th Avenue Richtung 57th Street

Wählen Sie den Nord-Ausgang aus dem MoMa und gehen Sie die 54th Street bis zur 5th Avenue, in die Sie beim *University Club* links einbiegen. Sie kommen vorbei an *Abercrombie & Fitch, Prada, Tiffany* und dem *Trump Tower*, einem der teuersten Apartmenttürme der Stadt.

Der 269 m hohe Glaskasten von Immobilienmogul Donald Trump, Enkel des deutschen Einwanderers Friedrich Drumpf, war von 2000 bis 2002 das höchste Wohnhaus der Welt, ein Luxus-Refugium der Reichen und Superreichen mit 90 Etagen. Heute steht der Name **Trump** als vermeintliches Gütesiegel auf unzähligen Bauprojekten in der Stadt. Der Tycoon mit einem Stern auf Hollywoods „Walk of Fame" hat sogar ein Trump Institute gegründet, wo er für viel Geld seine Immobilien-Expertise an die Jugend weitergibt. Biegen Sie nun links in die 57th Street ein, auf der Sie zum derzeit höchsten Wohnhaus der Stadt kommen werden, dem One57. Zuvor jedoch finden Sie einen halben Block weiter auf der linken Seite bei Nr. 40 und dem *Nobu Restaurant* einen Durchgang zu einem Bürohaus, wo zahlreiche moderne Skulpturen, etwa Fernando Boteros *Rape of Europa*, stehen. Es sind Leihgaben der **Marlborough Gallery**, die sich im zweiten Stock befindet. Gegründet 1946 in London, verursachte die Galerie in den 1960er Jahren Skandale mit Werken von Francis Bacon, Henry Moore und Jackson Pollock. Seitdem ist das Unternehmen international expandiert und hat Galerien in vielen Städten, darunter Madrid und Monaco – und natürlich eine in Chelsea.

40 W 57th St., ✆ 212-541-4900, www.marlboroughgallery.com. Mo–Sa 10–17.30 Uhr, im Sommer Sa geschl. Subway: 5 Ave. 53 St. Linien E, M.

Carnegie Hall

Bevor Sie auf der 57th Street die 7th Avenue erreichen, erhebt sich vor Ihnen der neueste Wohn-Wolkenkratzer der Luxusklasse. *One57* hat 94 Stockwerke, ist 306 m hoch, blau verglast, und unerschwinglich: ein Penthouse ging für 95 Mio. Dollar an einen Milliardär, ein anderes an einen Scheich. Lange wird es jedoch nicht das höchste Wohnhaus der Stadt bleiben, ein paar Ecken weiter entsteht das 432 Park Avenue, das noch mal 120 m drauf packt. Im Schatten dieses Wohngiganten versinkt das italienisch anmutende Renaissancegebäude aus Backstein förmlich, das die **Carnegie Hall** ist, eine der berühmtesten Konzerthallen der USA. Seine Opulenz lässt sich ohnehin nur von innen erschließen, wo bronzene Balkone und viel Stuck für feierliche Atmosphäre sorgen.

Andrew Carnegie – eine amerikanische Karriere

Andrew Carnegie war der Sohn verarmter Einwanderer aus Schottland und wuchs in einem Vorort von Pittsburgh auf. Schon im zarten Alter von dreizehn arbeitete er in einer Baumwollmühle. Mit dreißig machte er sich selbständig und gründete wenig später ein Stahlunternehmen, das die Wirtschaft Amerikas 30 Jahre lang dominieren und ihn zum reichsten Mann der Welt machen sollte. Er gründete ein halbes Dutzend Wohltätigkeitsvereine und eröffnete 2500 öffentliche Bibliotheken in der ganzen Welt. Carnegie lebte in der 5th Avenue, und zwar in dem Haus, das heute das *Cooper-Hewitt Museum* beherbergt. Er starb 1919 in Massachusetts.

Midtown → Karte S. 204/205

Tschaikowsky dirigierte die Eröffnungsgala am 9. Mai 1891 und lobte die großartige Akustik. Ein Jahr später zog hier das *New York Philharmonic Orchestra* ein und blieb bis zu seinem Umzug ins Lincoln Center 1962. Gebaut wurde die Carnegie Hall im italienischen Renaissancestil von William B. Tuthill, finanziert wurde sie vom Stahlmagnaten Andrew Carnegie, nach dem sie auch benannt ist. Größen wie Duke Ellington, Ella Fitzgerald, Frank Sinatra und die Beatles sind hier aufgetreten. Heute werden hier Philharmoniekonzerte, Opern, Pop- und Jazzkonzerte veranstaltet. Das angeschlossene **Rose Museum** zeigt eine kleine Ausstellung zur Geschichte der Carnegie Hall.

Carnegie Hall: 881 7th Ave./57th St., ✆ 212-247-7800 (Kartenverkauf), www.carnegiehall.org. Führungen Okt. bis Mai Mo–Fr 11.30, 12.30, 14 und 15 Uhr, Sa 11.30 und 12.30 Uhr, So nur 12.30 Uhr. Eintritt $ 15, erm. $ 10, Kinder bis 12 J. $ 5; Tour-Hotline: ✆ 212-903-9765. **Rose Museum**: 154 W 57th St., zweiter Stock, Mitte Sept. bis Juni tägl. 11–16.30 Uhr, Eintritt frei. Subway: 57th St. Linie F.

Von der Carnegie Hall zum Times Square

Brill Building

Die 57th Street bringt Sie weiter bis zum Broadway, der Sie nach Süden schnurstracks in Richtung Times Square führen wird – vorbei an Hotels, Bürohäusern, Theatern und unglaublich vielen Souvenirgeschäften. An der Ecke Broadway und 49th Street treffen Sie auf ein Gebäude, das Musikgeschichte geschrieben hat, das *Brill Building*. Die Wirtschaftskrise Ende der 1920er Jahre zwang die Eigner, die zehn Stockwerke billig an Firmen aus dem Musikgeschäft zu vermieten. Von den 1930er bis in die 1970er Jahre waren hier bis zu 160 Mietparteien untergebracht: alles Kreative im Popgeschäft. Damals konnte man in diesem einen Gebäude einen Song schreiben, Musiker mieten, den Titel im Studio aufnehmen, ihn vervielfältigen, die Aufnahme persönlich bei den Verlagen, Produzenten und Kunstagenten vorlegen, wenn man Glück hatte einen Vertrag unterzeichnen und den Song vermarkten. Der *Brill Sound* aus diesem schöpferischen Treibhaus war extrem erfolgreich. Bis in die späten 50er Jahre stammte ein Drittel aller im Radio gespielten Titel von einem Brill-Verleger (z. B. Neil Diamond, Carol King, Ronnettes, Benny Goodman, Glenn Miller).

Rund um den Times Sqare

Auf der Höhe der 47th Street erreichen Sie die erste Verkehrsinsel, die zum Times Square zählt. Denn Amerikas Herz des Showbiz ist eigentlich eine Ansammlung von Plätzen, die verlängerte Kreuzung, an der der Broadway auf die 7th Avenue trifft. Auch hier gibt es jetzt breite Fahrradwege und Fußgängerbereiche („pedestrian plazas“), wo Stühle, Tische und sogar ein wenig Grün zur Rast einladen. Sie dienen zu gelegentlichen Veranstaltungen wie etwa Massenyoga zur Sommersonnenwende oder Opernübertragungen aus der Met. Benannt ist der Square nach der *New York Times*, die hier 1904 ihr Verlagsgebäude eröffnete. In dem historischen Bau befindet sich inzwischen die **Discovery Times Square Exhibition**, ein Museum, das in Wanderausstellungen populäre Themen wie Harry Potter, Body Worlds oder Pompei für Neugierige aufarbeitet. (226 W 44th Street zw. 7th und 8th Aves. So–Di 10–19 Uhr, Mi und Do bis 20 Uhr, Fr/Sa bis 21 Uhr, Eintritt $ 27, erm. $ 23,50, Kinder bis 12 J. $ 19,50, www.discoverytsx.com). Der Times Square hieß vorher Longacre Square und war das Revier von Pferdehändlern, Schmieden und Zaumzeugmachern. Aber auch ein anderes Gewerbe hatte

Der geschäftigste Platz von New York: Times Square

rund um den Longacre Square Konjunktur: Dutzende Bordelle und andere halbseidene Etablissements bedienten hier ihre Kunden, was dem Ruf des Viertels nicht gerade förderlich war. Das änderte sich erst kurz vor der Jahrhundertwende, als der Selfmademan Oscar Hammerstein auf den Plan trat. Der gebürtige Stettiner war 1864 als 17-Jähriger eingewandert und schon bald mit diversen Erfindungen für die Tabakindustrie zu Geld gekommen. Seine wahre Liebe galt aber Theater, Oper und Varieté, und so investierte er einen beträchtlichen Teil seines Vermögens in den Erwerb von Grundstücken rund um den Longacre Square und ließ dort eine Reihe von Theatergebäuden errichten – die Keimzelle der Glamour- und Glitzerwelt, die sich hier ab etwa 1910 mit dem Siegeszug der Leuchtreklamen in voller Pracht entfalten sollte. Zu den vielen Theatern – 1915 waren 42 Bühnen in unmittelbarer Nachbarschaft im Dauereinsatz – gesellten sich ab Beginn der 20er Jahre riesige Kinopaläste, dann brach die große Zeit der Big Bands an. Und wie es sich für eine solche Karriere gehört, folgte unmittelbar nach dem Höhepunkt der Absturz: Erst drehte die Weltwirtschaftskrise vielen Betrieben den Saft ab, dann – nach Ende des Zweiten Weltkriegs – schlug das Fernsehzeitalter gnadenlos zu. Der Times Square District mutierte zuerst zur zweitklassigen Amüsiermeile und kehrte schließlich gewissermaßen zu seinen Wurzeln als Halbweltviertel zurück, dieses Mal in der modernen Version mit Pornokinos, Sexshops, Stripshows und einer ausgewachsenen Drogenszene. Seit Ende der 80er Jahre läuft jetzt der bislang letzte Akt des Times-Square-Schauspiels: die gezielte Reanimierung, die unter dem Label *Times Square Alliance* im engen Schulterschluss von Wirtschaft und Politik vorangetrieben wird. Die Initiative hat

u. a. dazu geführt, dass sich hier mittlerweile bedeutende Unternehmen wie *Toys „R“ Us* oder das *Hard Rock Cafe* angesiedelt und die einstige Schmuddelecke der Stadt wieder gesellschaftsfähig gemacht haben. Auch *Disney* hat den Times Square für sich entdeckt, was manchen dann doch wieder des Guten zu viel ist …

Wie dem auch sei: Wenn Sie an der oben erwähnten ersten Times-Square-Verkehrsinsel angelangt sind, werden Sie merken, dass Sie sich einem ganz besonderen Stück New York nähern. Der Platz **Duffy Square** und ist benannt nach einem Armeepfarrer, der sich während des Ersten Weltkriegs einen legendären Ruf als Soldatenseelsorger erwarb und nach dem Krieg als Gemeindepfarrer in der Holy Cross Church in der 42nd Street tätig war. Die Statue, die die Südecke des Platzes ziert, stellt jedoch nicht Father Duffy dar, sondern den Schauspieler, Komponisten und Songwriter George M. Cohan, dem viele Broadwayhits zu verdanken sind. Auffallen werden Ihnen jedoch als Erstes der **TKTS-Stand** mit seiner gläsernen roten Tribüne (super für Fotos vom Times Square) und den nachmittäglich Schlange stehenden Massen all jener, die an vergünstigte Broadwaytickets rankommen wollen. Gegenüber ist in einem ehemaligen Theater die erwähnte *Times Square Alliance* und Museum untergebracht (mit Toiletten).

Verheissungen Tag und Nacht

Die fünfminütige *Centennial Ball Light Show* (immer 5, 25 und 45 Minuten nach der vollen Stunde) simuliert mit der alten Kugel Silvester am Times Square, wenn sich Tausende von Schaulustigen um den Blick hinüber zum **Times Square Number One** am anderen Ende des Platzes rangeln. Seit 1907 fällt von diesem Gebäude der berühmte *New Year's Eve Ball* herab (er wird an einer Stange herabgelassen), eine mit 2688 Waterford-Kristallen übersäte und beleuchtete, mehr als 5 t schwere Kugel mit einem Durchmesser von 3,7 m, die ein Kaleidoskop von 16 Millionen verschiedenen Farben kreiert und Konfetti auf die feierfreudige Menge wirbelt. Dazu wird ein riesiges Feuerwerk veranstaltet, das rund eine Milliarde Menschen an den Fernsehschirmen dieser Welt verfolgen. Das 25 Stockwerke hohe Haus ist das originale *New-York-Times*-Gebäude von 1904, obwohl es dafür eigentlich zu modern aussieht. Da die Einnahmen aus der Vermietung der Werbeflächen höher sind als jede potenzielle Miete, steht es die meiste Zeit leer. Für eine Einkaufs- oder Verschnaufpause stehen u. a. *Quicksilver, Swatch, H&S, Levi's, Billabong, Element, Planet Hollywood, M&M's* oder der *MTV Store, der Disney Store* und *Toys „R“ Us* zur Auswahl.

In den Sommermonaten werden Sie mitunter einem Straßenkünstler begegnen, der sich *The Naked Cowboy* nennt und einen visuellen Reiz von ganz eigener Art darstellt: Robert John Burck spielt Gitarre und ist dabei nur mit Cowboystiefeln, -hut und (immerhin)

Gebt uns Neon!

Außenwerbung wird in New York ausschließlich auf dem Times Square erlaubt. Zwei Drittel aller Werbetafeln am Times Square sind *Dynamic Digital Displays*, also LED-Billboards wie riesige Fernsehbildschirme. Der Megascreen der Drogeriekette Wallgrave allein misst 1600 m^2 und enthält 12 Mio. LED-Leuchten! Die neue Technologie macht's möglich, dass am Times Square die Nacht zum Tage wird. Um sicherzustellen, dass der Times Square auch in Zukunft von Werbeflächen erhellt wird, gibt es gesetzliche Regelungen. So muss jedes Unternehmen, das am Times Square einzieht, mindestens ein beleuchtetes Werbeschild auf Straßenniveau anbringen. Die Größe der restlichen Neonschilder wird proportional zur Länge der Fassade bemessen. Außerdem ist jeder Gebäudeeigner verpflichtet, *Super Signs* zu installieren, die nicht nur beleuchtet sind, sondern sich auch bewegen. Manchmal sogar für einen nicht-kommerziellen Zweck: von 23.57 Uhr bis Mitternacht etwa bringt das Kunstprojekt *Midnight Moment* Werke zeitgenössischer Künstler auf die elektronischen Leinwände am Times Square.

einer Unterhose bekleidet (www.nakedcowboy.com).

Biegen Sie nun von der 45th Street bei *Junior's Cheesecake* links durch die Shubert-Alley-Passage, die einst als Feuerwehrzugang zwischen dem Shubert und dem Booth Theater diente. In der ehemaligen Garderobe des Shubert ist ein Souvenirshop untergebracht, in dem Sie Andenken zu fast allen Broadwayinszenierungen finden. Zurück am Times Square biegen Sie rechts ein. Das nächste Gebäude auf der rechten Seite ist das alte **Paramount Theater**, ein prächtiger Theater- und Kinobau, dessen 14 Besucherlogen bis unter die Kuppel aufsteigen. Heute sorgt im unteren Stockwerk das **Hard Rock Café** mit Livebühne und riesigem Souvenirladen zuverlässig für Stimmung. Die Bar hat die Form einer Gitarre, der Saal ist mit unzähligen Rockmemorabilia vollgestopft.

An der wohl meistfotografierten Polizeistation New Yorks auf der nächsten Verkehrsinsel vorbei gehen Sie nun rechts die 42nd Street hinauf. Sie passieren zwei alte Theater. Das **New Victory** von 1900 ist das älteste dauerhaft bespielte Theater New Yorks. Unter neuem Management zeigt es seit 1995 Kinder- und Familienproduktionen. Das **New Amsterdam Theater** eröffnete 1903 und war das größte seiner Zeit. Es wurde von der Disney Corporation restauriert und dient jetzt als Musicaltheater, in dem derzeit *Aladdin the Musical* aufgeführt wird.

Rechts sehen Sie nun die Leuchtreklame des *B. B. King Blues Club* und gegenüber das Wachsfigurenkabinett von **Madame Tussauds**. In diesem Ableger des berühmten Londoner Originals können Sie in einem Studio selbst Regie führen oder Reporter spielen, sich mit Popstars die Bühne teilen und dabei live an den Drums mitmischen, mit Evander Holyfield boxen oder einen Film in 4D anschauen. Mehr als 200 internationale Superstars aus Sport, Film, Fernsehen, Musik und Politik sind hier aus Wachs und Silikon lebensecht ausgestellt.

234 W 42nd St., ✆ 800-246-8872, ✆ 212-719-9440, www.nycwax.com. Mai bis Aug. tägl. 9–22 Uhr, sonst Kernzeit 10–20 Uhr. Eintritt $ 36, Kinder bis 12 J. $ 29, unter 4 J. frei, Online-Ermäßigung. Subway: 42 St-Port Authority Linien A, C, E.

Wer Sinn für Skurrilitäten und Exzentrik hat, den spricht direkt neben Madame Tussauds vielleicht die Besu-

Midtown → Karte S. 204/205

cherattraktion **„Ripleys Believe it or Not!“** an, wo die wunderlichsten Dinge ausgestellt und unterhaltsam aufbereitet wurden. Dieses „Odditorium“ ist ein Sammelsurium von Schrägheiten, von denen man manche zur Jahrhundertwende im Zirkus begafft hätte. Hier gibt es missgebildete Tiere (ausgestopft) und Menschen (Wachs oder Fotos bzw. Filmbeiträge), Foltergerätschaften oder einen elektrischen Stuhl mit horrender Versagensgeschichte, die größte Sammlung von Schrumpfköpfen auf der Welt, aber auch Admiral Nelsons Totenmaske zu bestaunen. Richtig schwindelig wird es einem bei der Reise durch ein schwarzes Loch im Simulator „Black Hole“.

234 W 42nd St., ✆ 212-398-3133, www.ripleysnewyork.com. Tgl. 9–1 Uhr. Eintritt $ 29,95, Kinder $ 22,95 plus Tax, Online-Ermäßigung. Subway: 42 St-Port Authority, Linien A, C, E.

Am Ende der 42nd Street erreichen Sie den hässlichen Betonklotz des Port Authority Bus Terminals, dem gegenüber der neue New York Times Tower von Renzo Piano mit 52 Stockwerken die Skyline bereichert. Hier haben Sie Anschluss an die Subway-Linien A, C und E.

Abstecher: Intrepid Sea-Air-Space Museum

Wer das Militärische mag, komme zum Pier 86. Hier liegt ein Flugzeugträger aus dem Zweiten Weltkrieg zum Anfassen und interaktivem Kriegspielen. Darüber hinaus kann man sich ein U-Boot, einen Zerstörer und ein Leuchtturmschiff anschauen.

Pier 86, W 46th St./12th Ave., ✆ 212-245-0072, www.intrepidmuseum.org. April–Sept. Mo–Fr 10–17 Uhr, Sa/So bis 18 Uhr, Winter tägl. 10–17 Uhr. Eintritt $ 22, erm. $ 18, Kinder 6–17 J. $ 17, Kinder bis 6 J. $ 10. All Access inkl. Audioguide (deutsch) $ $ 42, erm. $ 35, Kinder $ 28, verschiedene Themenführungen (engl.): $ 20, Kinder bis 17 J. $ 15. Subway: 42 St/Port Authority Linien A, C, E. Bus M42 bis Hudson River/12th Ave.

Fest verankert – historischer Flugzeugträger des Intrepid

Praktische Infos

→ Karte S. 204/205

Information/Führungen

Times Square Visitor Center und Museum, 1560 Broadway zw. 46th u. 47th Sts., ✆ 212-484-1222, www.timessquarenyc.org. Tägl. 8–20 Uhr. Mit kleinem Museum zum Times Square. Es werden zwei Führungen organisiert, eine *Broadway Walking Tour* (tägl. 9.30 und 11.30 Uhr, Dauer 90 Min.) und eine *historische Times Square Tour* (tägl. 9.45, 11, 12.30, 13.45, 15 und 16.45 Uhr, Dauer 60 Min.), beide kosten $ 25.

Official NYC Information Center, 810 7th Ave., zw. 52nd und 53rd Sts., ✆ 212-484-1222, www.nycgo.com. Mo–Fr 8.30–18 Uhr, Sa/So 9–17 Uhr, Feiertage bis 15 Uhr. Alle erdenklichen Infos, auch zu lokalen Events.

Fashion Center Information Kiosk, suchen Sie die gigantische Nadel durch den Knopf. 7th Ave./ 39th St., ✆ 212-398-7943, www.garmentdistrictnyc.com. Mo–Fr 8.30–16 Uhr.

Essen und Trinken/Nachtleben

Rainbow Room 28 Traditionsrestaurant im 65. Stock des Rockefeller Plaza Hochhauses, das im Herbst 2014 wiedereröffnet hat. Zunächst nur Brunch am Sonntag und Dinner am Montagabend (Öffnungszeiten bitte der Webseite entnehmen, da zum Zeitpunkt der Recherche noch nicht bekannt). Es gibt auch eine Cocktailbar (Mo–Fr 17–24 Uhr). Achtung, Dresscode: keine T-Shirts und Shorts! 30 Rockefeller Plaza, ✆ 212-632-5000; www.rainbowroom.com. Subway: 47–50 Rockefeller Ctr. Linien B, D, F, M.

Virgil's Real Barbeque 44 Echtes Südstaatenbarbecue, das mit den Fingern gegessen wird und die Mundwinkel hinuntertropft. Anstatt der Serviette gibt es ein Handtuch auf den Schoß. Gigantische Memphis Pork Ribs ($ 23,95). Mo 11–23 Uhr, Di–Fr 11.30–24 Uhr, Sa 11–24 Uhr, So 11–23 Uhr, Brunch Sa/So 11–15 Uhr. 152 Wt 44th St. zw. 6th Ave. und Broadway, ✆ 212-921-9494, www.virgilsbbq.com. Subway: Times Sq.-42 St. Linien N, Q, R, S, 1, 2, 3, 7.

Oyster Bar 54 Im Kellergewölbe des Bahnhofes verbirgt sich diese Institution (seit 1913) für Fisch und Meeresfrüchte. An manchen Tagen sollen 1000 Austern verzehrt werden, pro Stück zahlt man ab $ 2,15 (Oyster Platter $ 22,05). Mo–Sa 11.30–21.30 Uhr. Grand Central Station Lower Level, 89 E 42nd St., ✆ 212-490-6650, www.oysterbarny.com. Subway: Grand Central 42 St., Linien 4, 5, 6, 7, S, Metro-North.

B. B. King Blues Club & Lucille's Grill 45 In Zusammenarbeit mit den Betreibern des Blue-Note-Jazzclubs findet hier ein abwechslungsreiches Programm statt, vom Beatles Brunch (Sa) bis zur Stones Tribute. Sonntags lädt B. B. King zum Gospel Brunch mit einem All-you-can-eat-Buffet ($ 44). Das Essen ist amerikanische Bistroküche mit Soulfood-Einschlag, Hauptgerichte $ 19–85. Karten an der Kasse oder über Ticketmaster. Mo–Fr 11–1 Uhr, Fr–Sa bis 3 Uhr. 37 W 42nd St., zw. 7th und 8th Aves., ✆ 212-997-4144, www.bbkingblues.com. Subway: 42 St/Port Authority Linien A, C, E.

John's Pizzeria 34 Seit den 1920er Jahren serviert John's hauchdünne, knusprige Pizza aus dem Kohleofen, derzeit um die Ecke vom Times Square in einer alten Kirche unter einer fünfstöckigen Kuppel aus Buntglas. Pizzen ab $ 12,50. Tägl. 11.30–23.30 Uhr. 260 W 44th St., zw. Broadway und 8th Ave., ✆ 212-391-7560, www.johnspizzerianyc.com. Subway: Times Sq.-42 St. Linien N, Q, R, S, 1, 2, 3, 7.

Margon 37 Kleines kubanisch-karibisches Schnell-Restaurant, sieht etwas schäbig aus, hat aber günstiges, köstliches Essen und große Portionen, daher meistens sehr voll. Sucht seinesgleichen im hochpreisigen Midtown Manhattan. Nur Frühstück und Lunch ($ 10)! Mo–Fr 6–17 Uhr, Sa 7–15 Uhr. 136 W 46th St., zw. 6th und 7th Ave., ✆ 212-354-5013, www.margonnyc.com Subway: 50 St/Rockefeller Ctr. Linien B, D, F, M.

Junior's Cheesecake 36 Bekanntestes Restaurant für New Yorker Cheesecake mit Hauptfiliale in Brooklyn (→ S. 289) und großem Ableger hier am Times Square. Auch herzhaftes, amerikanisches Essen. Traditioneller Cheesecake $ 6,50. Mo–Do 6.30–24 Uhr, Fr/Sa bis 1 Uhr, So bis 23 Uhr. West 44th St./Shubert Alley, ✆ 212-302-2000, www.juniorscheesecake.com. Subway: Times Sq./42 St. Linien N, Q, R, S, 1, 2, 3, 7.

Red Flame Coffee Shop 50 Sehr gutes Diner zum Frühstücken, bunt gemischtes Publikum, große Portionen und faire Preise (Club-Sandwich $ 12,45, Omelette ab $ 7,95). Tägl. 6–24 Uhr. 67 W 44th St. zw. 5th und 6th Aves., ✆ 212-869-3965, www.theredflamediner.com. Subway: 42 St/Bryant Pk. Linien B, D, F, M.

Midtown → Karte S. 204/205

Osteria al Doge 47 Norditalienische Küche, gute Suppen ($ 9), Hauptgerichte $ 19–37, Pizzen ab $ 16. Mo–Do 11.30–23.30 Uhr, Fr bis 24 Uhr, Sa 16–24 Uhr, So 16–22.30 Uhr. 142 W 44th St., zw. Broadway und 6th Ave., ✆ 212-944-3643, www.osteria-doge.com. Subway: 42 St/Bryant Pk. Linien B, D, F, M.

Bocca Restaurant 22 Italienischer Bazaar um die Ecke vom Broadway. Man kann dort essen oder die Speisen mitnehmen. Gigantische Auswahl an Frühstücksteilchen und Panini, Pizzen, Pasta, Salaten usw. zu fairen Preisen. Mo–Fr 11–20 Uhr. 135 W 50th St. zw. 6th und 7th Aves., ✆ 212-582-3000; www.boccatogo.com. Subway: 49 St Linien N, Q, R.

Chipotle 7 Fastfood-Kette aus Denver mit hoher Qualität und nachhaltigem Anspruch. Hier werden die mexikanischen Gerichte vor den Augen des Kunden zubereitet, das Fleisch stammt von Tieren, die "natürlich" aufgezogen wurden ("food with integrity"). Tägl. 11–22 Uhr, 845 8th Ave. zw. 51 und 52nd Sts., ✆ 212-757-4312; www.chipotle.com. Subway: 50 St. Linien C, E.

Carmines 43 Italienisches Restaurant mit langer Tradition im Theater District und Upper West Side. Urgemütlich, am besten man kommt zum Lunch mit kleineren und günstigeren Portionen, denn sonst können zwei bis vier Leute von einer Portion satt werden. Keine Pizza. Mo 11.30–23 Uhr, Di, Do und Fr bis 24 Uhr, Mi und Sa 11–24 Uhr, So 11–23 Uhr. 200 W 44th St./7th Ave., ✆ 212-221-0242; www.carminesnyc.com. Subway: Times Sq.-42 St. Linien N, Q, R, S, 1, 2, 3, 7.

Serendipity 3 12 Dieses Restaurant inspirierte Hollywood zum gleichnamigen Kinofilm (kitschige Romanze) und ist berühmt für seine Nachtische. Wie wäre es mit einem *Golden Opulence Sundae* (der teuerste Eisbecher der Welt) für $ 1000? Besser, man bleibt bei der *Frrrozen Hot Chocolate* ($ 8,95), die aus acht verschiedenen Schokoladensorten besteht. Nur für Leute, die „Fun Food“ und Umgebung mögen. So–Do 11.30–24 Uhr, Fr bis 1 Uhr, Sa bis 2 Uhr. 225 E 60th St. zw. 2nd und 3rd Aves., ✆ 212-838-3531, www.serendipity3.com. Subway: Lexington Ave/59 St. Linien N, Q, R oder 4, 5, 6.

Sardi's Restaurant 39 Theaterliebhaber Vincent Sardie und seine Frau Jenny eröffneten ihr erstes Restaurant im Jahre 1921. Sie schmückten ihre Wände mit Karikaturen von Theaterstars. Viele der Schauspieler der umliegenden Bühnen trafen und treffen sich hier, um auf die Kritiken ihrer Premieren zu warten. Das Essen ist englisch beeinflusst. Zwei-Gänge-Lunch $ 29,95, Drei-Gänge-Dinner $ 50. Di–Sa 11.30–24 Uhr, So 12–19 Uhr, Mo geschlossen. 234 W 44th St, zw. Broadway und 8th Ave., ✆ 212-221-8440, www.sardis.com. Subway: Times Sq.-42 St. Linien N, Q, R, S, 1, 2, 3, 7.

Carnegie Delicatessen 2 Koscheres Deli, berühmt für Pastrami-Sandwiches und New York Cheesecake. Teile von Woody Allens Film *Broadway Danny Rose* wurden hier gedreht. Es gibt ein gleichnamiges Sandwich. Tägl. 6.30–4 Uhr. 854 7th Ave./55th St., ✆ 212-757-2245, www.carnegiedeli.com. Subway: 57 St.-7 Ave. Linien N, Q, R.

Burger Joint @ Le Parker Meridien 3 Burgerbude im Edelhotel, echt lecker. Burger $ 7,81. So–Do 11–23.30 Uhr, Fr/Sa bis 24 Uhr. 118 W 57th St. zw. 6th und 7th Ave., ✆ 212-245-5000. www.burgerjointny.com. Subway: 57 St.-7 Ave. Linien N, Q, R. Zweigstelle 33 W 8th St. im East Village.

El Parador Café. Es ist nicht nur der älteste, sondern viele halten dieses Lokal auch für den besten Mexikaner der Stadt. Ruhm verschaffte ihm der Klassiker Chile con Carne ($ 12). Mo–Sa 12–24 Uhr, Happy Hour an der Bar 15–18 Uhr. 325 E 34th St. zw. 1 und 2 Aves., ✆ 212-679-6812; elparadorcafe.com. Subway: 33 St. Linie 6.

Maggie's Place. In diesem familiengeführten irischen Restaurant/Pub treffen Touristen zum Lunch oder nach Feierabend auf Büroangestellte, die beim Bier und Pub-Grub die Seele baumeln lassen. Steak Dinner $ 25. Tägl. 11.45–24 Uhr. 21 E 47th St. Ecke Madison Ave., ✆ 212-753-5757; www.maggiesnyc.com.

Hangawi 67 → Essen und Trinken S. 50.

Nightlife siehe S. 57/58, 61/62 u. 64/65.

Einkaufen

Manhattan Art & Antique Center 32 Hundert Galerien unter einem Dach mit Antiquitäten, Schmuck, Möbeln und Gemälden aus Europa, Asien und Afrika. Mo–Sa 10.30–18 Uhr, So 12–18 Uhr. 1050 2nd Ave. zw. 55th und 56th Sts., ✆ 212-355-4400, www.themaac.com. Subway: 59 St. Linien 4, 5, 6.

B&H Photo-Video-ProAudio 56 Ganze 17 MultiMedia-Abteilungen. Mo–Do 9–19 Uhr,

Fr 9–14 Uhr, So 10–18 Uhr. Sa und an jüdischen Feiertagen geschlossen! 420 9th Ave./34th St., ✆ 800-606-6969 oder 212-444-6615, www.bhphotovideo.com. Subway: 34 St-Penn Station Linien A, C, E, LIRR.

One Shubert Alley 31 Seit 20 Jahren kann man hier Andenken an alle erdenklichen Broadway-Shows kaufen. Mo–Sa 12–20 Uhr, So bis 19 Uhr. 1 Shubert Alley zw. 44th und 45th Sts., ✆ 212-944-4133, www.oneshubertalley.com. Subway: 42 St/Port Authority Linien A, C, E.

Rudy's Music Shop 25 Spezialgeschäft für gebrauchte und neue Gitarren, Bässe, Verstärker und Zubehör. Auch Reparaturen. Mo–Sa 10.30–19 Uhr. 169 W 48th St./B'way, ✆ 212-391-1699, www.rudysmusic.com. Subway: 50 St. Linie 1. Einen zweiten Laden gibt es jetzt auch in SoHo, 461 Broome St.

Disney Store 29 Am Times Square, interaktive Gestaltung, u. a. mit Disney-Theatern samt VIP-Werbeauftritten. Tägl. 10–1 Uhr. 1540 Times Sq./Broadway, ✆ 212-626-2910, www.disneystore.com. Subway: Times Sq.-42 St. Linien N, Q, R, S, 1, 2, 3, 7.

Toys „R" Us 41 Größter Laden dieser Kette auf der ganzen Welt mit Karussell ($ 5), dem Empire State Building aus Lego, Laserschwertern aus Star Wars und einem Dinosaurier T-Rex, der so lebensecht brüllt, dass es einen gruselt. Mo–Do 10-22 Uhr, Fr bis 23 Uhr, Sa 9–23 Uhr, So 10–22 Uhr. 1514 Broadway/Times Sq. nahe 44th St., ✆ 646-366-8800; www.toysrus.com. Subway: Times Sq.-42 St. Linien N, Q, R, S, 1, 2, 3, 7.

Zum Imperium gehört auch **FAO Schwarz**, der älteste Spielzeugladen des Landes mit gigantischen Stofftieren und dem Big Piano Fußbodenklavier, das Tom Hanks im Film "Das Kind im Manne" mit den Füßen traktiert. So–Do 10–19 Uhr, Fr/Sa bis 20 Uhr. 767 5th Ave./58th St., Subway: 5 Ave-59 St. Linien N, Q, R.

Niketown 8 Neben den Klassikern gibt es hier die brandneuen Produkte aus den Technikerlabors von Nike zu sehen und zu kaufen. Wenn Sie Ihren Lieblingsstar nicht auf der Videoleinwand entdecken, ist er vielleicht gerade Schulter an Schulter mit Ihnen beim Einkaufen. Mo–Sa 10–20 Uhr, So 11–19 Uhr. 6 E 57th St. zw. 5th und Madison Aves., ✆ 212-891-6453, www.niketown.com. Subway: Lexington Ave/59 St. Linien N, Q, R o. 4, 5, 6.

NFL Shop at Draft 53 Seit April 2012 können American-Football-Fans Merchandise ihrer Lieblingsteams, u. a. 32 verschiedene Caps, nicht mehr nur online kaufen. Der Laden liegt gegenüber dem Bryant Park. Tägl. 11–20 Uhr. 1095 Fifth Avenue zw. 41st und 42nd Sts., www.nflshop.com. Subway: 42 St/Bryant Park Linien B, D, F, M.

Nintendo World Store 33 Hier kann man die neuesten Nintendo-Spiele ausprobieren, bevor man kauft. Auch Accessoires und Krimskrams. Mo–Do 9–20 Uhr, Fr–Sa bis 21 Uhr, So 11–18 Uhr. 10 Rockefeller Plaza zw. 5th und 6th Aves., ✆ 646-459-0800; www.nintendoworldstore.com. Subway: 47-50 Sts-Rockefeller Ctr. Linien B, D, F, M.

Tiffany & Co. 9 Neben Diamanten und Schmuck gibt es auch Uhren, Glaswaren, Silber und Schreibwaren. Viele Objekte sind erstaunlich preiswert und kommen trotzdem mit der Tiffany-Gravur in der berühmten blauen Kiste. Mo–Sa 10–19 Uhr, So 12–18 Uhr. 727 5th Ave./57th St., ✆ 212-755-8000, www.tiffany.com. Subway: 5th Ave/59th St. Linien N, R, W.

Saks Fifth Avenue 35 Berühmtes Kaufhaus von 1924, → Shopping S. 69.

Lord & Taylor 57 → Shopping S. 69.

Manolo Blahnik 18 Sexy Damenschuhe in allen Absatzhöhen – das Statussymbol für den Fuß. Mo–Fr 10.30–18 Uhr, Sa bis 17.30 Uhr, So 12–17 Uhr. 31 W 54th St./5th Ave., ✆ 212-582-3007, www.manoloblahnik.com. Subway: 5 Ave/53 St. Linien E, M.

The Met Store. Museumsshop, der kunstfertige Mitbringsel von T-Shirts bis Schmuck, Büchern und Brillen verkauft. Mo–Do und Sa/So 10–19 Uhr, Fr bis 20 Uhr. 15 W 49th St., Rockefeller Center, ✆ 212-332-1360; www.store.metmuseum.org. Subway: 47-50 Rockefeller Ctr. Linien B, D, F, M.

Uniqlo 23 Hinter dieser Abkürzung von Unique Clothing verbirgt sich eine sehr erfolgreiche japanische Kette, die günstige Mode mit hoher Qualität (High-Tech-Fasern) simplen Designs und klassischen Farben verkauft. Mo–Sa 10–21 Uhr, So 11–20 Uhr. 666 5th Ave. zw. 53rd und 54th Sts. ✆ 877-486-4756, uniqlo.com. Subway: 5 Ave/53 St. Linien E, M.

Bergdorf Goodman 6 → Shopping S. 68.

Sony Plaza North Store 19 Groß, laut, voller Touristen, aber nirgends gibt es eine bessere Auswahl an Sony-Gadgets und Elektronik. Mo–Sa 10–19 Uhr, So 11–18 Uhr. 550 Madison Ave. nahe 55th St., ✆ 212-833-8800, store. sony. com. Subway: 5 Ave/53rd St. Linien E, M.

Apple Store 5 → Shopping S. 68.

Midtown → Karte S. 204/205

Schweizer Qualität – Pendler auf dem Weg zur Roosevelt Island

Upper East Side

Die Postleitzahl 10021 östlich des Central Park ist die begehrteste Adresse in New York und steht für den Geldadel oder das „old money", wie die Amerikaner sagen. Hier wohnen die meisten Millionäre der Welt auf engstem Raum, auch wenn TriBeCa inzwischen die höchsten Miet- und Immobilienpreise Manhattans verlangt. Viele Stadtvillen, manche davon reine Paläste, verwandelten sich dank des Kunstsinns ihrer einstigen Besitzer in Museen. Neun von ihnen haben sich zur „Museum Mile" zusammengeschlossen, die jedes Jahr im Juni auch ein beliebtes Kulturfestival veranstaltet.

Die erste Siedlung in dieser damals noch ländlichen Gegend war Anfang des 19. Jh. ein Dorf namens Yorkville. Hier, entlang des East River, hatten die Vertreter des New Yorker Geldadels ihre Landsitze im Grünen. Ein Überbleibsel aus dieser Zeit ist das prächtige Landhaus von Archibald Gracie, das heute als *Gracie Mansion* im Besitz der Stadt ist. Im weiteren Verlauf des 19. Jh. war Yorkville dann v. a. bei weniger betuchten deutschen und ungarischen Einwanderern beliebt, die in den umliegenden Klavierfabriken, Brauereien und Stallungen beschäftigt waren. Zu dieser Zeit machten Einwanderer aus Deutschland rund 25 % der Einwohner New York Citys aus. An sie erinnern heute fast nur noch deutsche Backwaren, Delikatessengeschäfte und Restaurants. In der *German Ev. Lutheran Zion St. Mark's Church* (339 East 84th Street) finden auch noch zweisprachige Gottesdienste in Deutsch und Englisch statt.

Uptown

Nach der Eröffnung des Central Park zog die High Society dann nordwärts und ließ sich prächtige Häuser mit Blick auf die neue Grünanlage bauen. Trendsetter war Caroline Schermerhorn Astor mit ihrer Villa an der 5th Avenue Ecke 65th Street. Nachdem der schwerreiche Stahlmagnat Andrew Carnegie seinen Palast an der 91st Street bezogen hatte (heute das National Design Museum), nannte sich dieser Bezirk der Upper East Side *Carnegie Hill*. Bis zum Jahre 1915 war dann die gesamte 5th Avenue oberhalb der 59th Street bis zur 96th Street mit Prachtvillen bebaut, von denen viele später durch Luxusapartmentgebäude ersetzt wurden. Später schlossen sich Prominente dem Trend an, etwa Greta Garbo, Andy Warhol, Richard Nixon oder Woody Allen – vorausgesetzt, sie hatten genug Geld, um sich in die *Millionaire's Row* einzukaufen. Mit der wohlhabenden Klientel kamen weitere Annehmlichkeiten. So gibt es im Bezirk die exklusivsten Privatschulen, z. B. *Dalten,* und andere Lehreinrichtungen von Rang und Namen, etwa die *Rockefeller University*. Auch viele exklusive Clubs haben ihren Sitz in 10021 New York, außerdem versteigert das Auktionshaus *Sotheby's* hier Millionenwerte. Es versteht sich von selbst, dass Sie hier auch die gängigen Luxusboutiquen vorfinden.

Tour-Info

Bei diesem Spaziergang schnuppern Sie zunächst die exklusive Atmosphäre rund um die 5th Avenue, die zw. 82nd und 105th Streets zur Museumsmeile wird. Sie wartet mit ein paar Hochkarätern auf, sodass Sie eine Auswahl treffen müssen – an einem Tag ist das komplette Besichtigungspensum nicht zu schaffen. Achten Sie auch auf die unterschiedlichen Ruhetage der Museen.

Stationen

Steigen Sie bei der Subway-Station 5th Avenue/59th Street (Linien N, Q, R) aus. Sie kommen auf die **South Grand Army Plaza**, in deren Zentrum der *Pulitzer Fountain* mit seiner eleganten Wasserkaskade steht. Er wurde 1916 aufgestellt und ehrt den berühmten Journalisten und Zeitungsverleger Joseph Pulitzer. Das *Plaza Hotel* dahinter wurde 1907 von Henry J. Hardenbergh im französischen Renaissancestil erbaut und zählt zu den bekanntesten New Yorker Hotelinstitutionen. Inzwischen dient nur noch ein Teil (162 statt ehemals 800 Zimmer) als Hotel, in einem anderen Teil sind Luxusapartments untergebracht und ein dritter Teil wird von einer Einkaufsmall eingenommen (diese Aufteilung dient in New York der Gewinnmaximierung einer Immobilie). Auf der Nordseite des Plaza parken noch die Pferdekutschen, die darauf warten, Sie durch den Central Park zu chauffieren. Bürgermeister de Blasio will sie als Tierquälerei und rückständig verbieten lassen und durch elektrobetriebene Oldtimer ersetzen. Das Reiterstandbild am Park selbst zeigt William Tecumseh Sherman, einen der berühmtesten Bürgerkriegsgeneräle, der sich von der geflügelten Victory vor seinem Pferd leiten lässt.

Auf ihrem Weg durch die 5th Avenue nach Norden (auf der Seite zum Central Park) kommen sie an exklusiven Privatklubs vorbei, die sich in dieser noblen Gegend auf engstem Raum geradezu ballen. Etwa der *Knickerbocker Club* an der 62nd Street: Er wurde 1871 von ehemaligen Mitgliedern des ältesten New Yorker Clubs, dem *Union Club,* ins Leben gerufen, denen die dortigen Aufnahmebedingungen zu lax geworden waren. Auf der nördlichen Straßenseite der 62nd Street erhebt sich das **Apartmenthaus 810 5th Avenue**. Als es 1916 im Stil eines Renaissance-Palazzos gebaut wurde, war es noch ein Exot in der von Privathäusern mit Einfamilienbelegung dominierten *Millionaire's Row*. Um die oberen Zehntausend aus ihren Villen zu locken und ihnen das Wohnen in Apartments schmackhaft zu machen, wurde hier nicht gekleckert, sondern geklotzt. Pro Stockwerk gab (und gibt) es nur eine einzige Wohnung. Jede besitzt fünf Kamine, sieben Badezimmer und allen erdenklichen anderen Luxus. Vizepräsident Nelson Rockefeller, dessen Wohnung 2013 für 23 Millionen Dollar verkauft wurde, Präsident Richard Nixon und Medienmogul William Randolph Hearst ließen sich von den Reizen überzeugen und wohnten hier nicht schlecht.

Einen weiteren Block nach Norden erhalten Sie links Zugang zum Zoo des Central Park (→ S. 258). Das heutige Verwaltungsgebäude ist das alte **Zeughaus** von 1848. Achten Sie auf das Geländer am Eingang, das aus Gewehren besteht, den Adler über der Tür und die Pyramiden aus Kanonenkugeln. Der Zoo befindet sich gleich dahinter.

Biegen Sie am **Tempel Emanuel**, der 1929 von deutschen Reformjuden auf dem Grundstück der Villa von John Jacob Astor gebaut wurde und die größte Synagoge der Welt sein soll, rechts in die 65th Street. Überqueren Sie die Madison Avenue, in der Sie an der Kreuzung auf Armani- und Escada-Boutiquen treffen, und gehen Sie bis zur Park Avenue, in die Sie links einbiegen. Das große, neugotische Gebäude, das den gesamten Block zwischen 66th und 67th Street belegt, ist die *Seventh Regiment Armory* (kurz: Armory). Die Mischung aus Palast und Industriehalle dient schon lange keinen militärischen Zwecken mehr, sondern wird von einer gemeinnützigen Kunstorganisation genützt, die hier auch und vor allem überdimensionierten Installationen Platz bietet.

Die moderne Fußgängerbrücke gehört zum *Hunter College*, an dem wir gleich vorbeikommen. Es wurde 1870 gegründet und ist damit eine der ältesten höheren Schulen des Landes. Auf der gegenüberliegenden Straßenseite stehen vier ehemalige Privathäuser, die heute Sitz verschiedener kultureller Einrichtungen sind. Über einem wehen die Stars and Stripes der *Americas Society* (680 Park Ave.), die US-Bürger über ihre Nachbarn in Lateinamerika und Kanada informiert. Vorher diente es den Russen als UN-Mission. Von hier winkte Nikita Chruschtschow vom Balkon, bevor er seinen legendären Auftritt vor der UN-Vollversammlung hatte, bei dem er seinen Schuh auf das Rednerpult knallte.

Das moderne Gebäude an der Kreuzung zur 70th Street gehört der **Asia Society and Museum**, dem Pendant zur oben erwähnten *Americas Society*, und ist eines der wichtigsten Schaufenster für asiatische Kultur in der Stadt. Das 1956 von John D. Rockefeller in New York gegründete Institut unterhält inzwischen elf Zentren in den USA und Asien.

725 Park Ave./70th St., Di–So 11–18 Uhr, Sept. bis Juni Fr bis 21 Uhr; Eintritt: $ 12, erm. $ 10, Studenten $ 7, Fr 18–21 Uhr frei; Auch Laden und Garden Court Café. ✆ 212-288-6400, www.asiasociety.org. Subway: 68 St/Hunter College Linie 6.

Die 70th Street auf dem Weg zum Central Park beherbergt bei Nr. 46 auf der linken Seite den *Explorers Club*, der so tollkühne Abenteurer wie Roald Amundsen und Neil Armstrong zu seinen Mitgliedern zählte. An der Ecke zur Madison Avenue laden Luxusboutiquen zum Flanieren ein – seit 2010 haben 60 neue Geschäfte in der Madison Avenue eröffnet, abenteuerlich sind dort hauptsächlich die Preise. Darum ist es höchste Zeit für die erste Station der Museumsmeile an der 5th Avenue, die *Frick Collection.*

Frick Collection

Diese wunderbare Gemäldesammlung ist in der ehemaligen Villa Henry Clay Fricks (1849–1919) inmitten der Originaleinrichtung untergebracht. Frick wird von vielen auch der Medici Amerikasgenannt. Einen beträchtlichen Teil seines Vermögens, das er mit den Kohleminen in seiner Heimatstadt Pittsburgh und in der Stahlindustrie gemacht hatte, investierte er in den Kauf erlesenster Werke alter europäischer Meister. Als Alterswohnsitz und würdigen Rahmen für seine Gemälde ließ er 1905 einen Beaux-Arts-Palast errichten, der um einen wunderschönen, inzwischen überdachten Hof mit Brunnen und Palmen gebaut wurde. Wie von Frick geplant, wurde das Haus nach seinem eigenen und dem Tod seiner Frau zum Museum umgewandelt und 1935 der Öffentlichkeit zugänglich gemacht. Ihren privaten Charakter haben die Räumlichkeiten trotz der Umbaumaßnahmen aber nicht verloren. Präsentiert werden Höhepunkte der europäischen Malerei, darunter Werke von Holbein d. J., Bellini, Tizian, Rembrandt und Vermeer, um nur einige zu nennen. Absolut empfehlenswert! Zu erwähnen bliebe schließlich noch, dass der edle Stifter im Geschäftsleben weit weniger edle Züge hatte: Um einen Streik in einem seiner Stahlwerke zu unterbinden, heuerte Frick bewaffnete Streikbrecher an, was in einer Katastrophe endete: zehn Menschen starben, über 50 wurden zum Teil schwer verletzt.

1 E 70th St./5th Ave., ✆ 212-288-0700, www.frick.org. Di–Sa 10–18 Uhr, So 11–17 Uhr. Eintritt $ 208, Senioren $ 15, Studenten $ 10 (jeweils inkl. Audioguide), So 11–13 Uhr pay-as-you-wish. Alle 20 Min. läuft ein Video über das Museum im Music Room. Subway: 68 St/Hunter College Linie 6.

Wenn Geld allein nicht ausreicht

Nur wer den Kaufpreis cash parat hat, erhält die Chance auf eine Statusadresse in einem der sog. *Good Buildings* an der Park oder 5th Avenue. Doch eine Garantie gibt es selbst dann nicht, denn bei den Häusern handelt es sich i. d. R. um *co-ops*. Das bedeutet, dass die Bewohner Gesellschaftsanteile am Haus besitzen und ein Verwaltungsrat den Zuzug „unerwünschter" Personen verhindert. Die Liste der Gedemütigten ist illuster und lang. Eines der letzten Opfer war der Premierminister von Qatar, Scheich Hamad bin Jassim bin Jaber al-Thani. Die Herkunft seiner Millionen war dem Board zu dubios. Und dann hatte er auch noch 15 Kinder! Zum Trost hat er sich für 100 Mio. Dollar ein Penthouse im One57 Hochhaus gesichert.

Whitney Museum of American Art

Um die nächste Station der Museumsmeile anzusteuern, scheren Sie aus in die Madison Avenue, die Sie auf diesem Spaziergang ja schon kennen gelernt haben. Zwei Blöcke in Richtung Norden springt Ihnen auf der rechten Seite ein grauer Granitquader mit treppenförmig überhängender Fassade ins Auge: das vom Bauhaus-Architekten Marcel Breuer zwischen 1963 und 1966 errichtete Gebäude des Whitney Museum of American Art, das vor kaum einer Provokation zurückschreckt, so sie denn mit amerikanischer Kunst des 20. und 21. Jh. zu tun hat. Die Keimzelle des Museums war die etwa 700 Stücke umfassende Privatsammlung von Gertrude Vanderbilt Whitney, selbst Bildhauerin und engagierte Mäzenin, die ab 1931 zunächst in der MacDougal Alley in Greenwich Village der Öffentlichkeit zugänglich gemacht wurde. Inzwischen ist der Bestand auf 15.000 Stücke von fast 2000 Künstlern angewachsen, womit sich das Museum einer der wichtigsten Sammlungen amerikanischer Kunst aus dem 20. und 21. Jh. rühmen kann. 2015 wird es nach Chelsea in einen Neubau von Renzo Piano an der Highline umziehen (→ S. 196). Gezeigt werden Arbeiten aus den Sparten Malerei, Bildhauerei, Fotografie und Multimediainstallation, darunter die weltweit größte Sammlung von Gemälden Edward Hoppers oder Werke von Künstlern der *Ashcan School* („Mülltonnen-Schule"), die zu Beginn des 20. Jh. mit ihren realistischen Gemälden des amerikanischen Großstadtalltags Kontroversen auslösten. Auch heute noch bietet das Whitney Museum of American Art – insbesondere mit seinen traditionsreichen *Biennial Exhibitions* (immer in den Jahren mit geraden Zahlen) – jungen, innovativen Künstlern ein Forum.

945 Madison Ave./75th St., ✆ 212-570-3600, www.whitney.org. Mi-Do und Sa/So 11–18 Uhr, Fr 13–21 Uhr. Eintritt $ 20, erm. $ 16, unter 18 J. frei; Führungen 11.30, 12.30, 13.30, 14.30 und 15.30 Uhr. Fr 18–21 Uhr pay-as-you-wish. Subway: 77 St. Linie 6.

Ukrainian Institute of America

Bleiben Sie noch einen Moment auf der Luxus-Shopping-Meile Madison Avenue, dann kommen Sie am Hotel *Carlyle* vorbei (Ecke 76th Street), wo im **Café Carlyle** montags abends oft Woody Allen jazzt (→ Nightlife). Wer eine Pause einlegen möchte, kann dies im populären Nectar Café tun. Dort verlassen Sie die Madison Avenue und biegen links in die 79th Street ein, die Sie bis zur 5th Avenue vorgehen. An der Ecke zur 5th Avenue steht das **Ukrainian Institute of America,** ein reich dekorierter Charles-Gilbert-Bau der Jahrhundertwende, in dem Kunst, Literatur, Musik und Mode des Riesenlandes in Ausstellungen und Projekten gezeigt werden.

2 E 79th St./5th Ave., ✆ 212-288-8660, www.ukrainianinstitute.org. Öffnungszeiten je nach Projekt unterschiedlich. Subway: 86 St. Linien 4, 5, 6

Metropolitan Museum of Art

Ihre Aufmerksamkeit wird jetzt unweigerlich von dem riesigen Museumskomplex zu Ihrer Linken in Beschlag genommen, dem Metropolitan Museum of Art, das 1871 gegründet wurde und von Einheimischen nur *The Met* genannt wird. Der neue Vorplatz mit seinen Brunnen, Bäumen und Sitzgelegenheiten lädt zum Verweilen ein. Das Met zählt zu den Top-Museen der Welt und ist, was Umfang und Qualität der Sammlung angeht, nur mit dem British Museum, dem Louvre, dem Prado oder der Eremitage zu vergleichen. Im Bestand sind nahezu drei Millionen Kunstgegenstände aus allen Epochen und Regionen der Welt: Von Zeugnissen vorgeschichtlicher asiatischer, amerikanischer, ozeanischer und europäischer Kunst über die Kunst der griechischen und römischen Antike oder die Malerei, Bildhauerei und Buchkunst

Upper East Side → Karte S. 231

des europäischen Mittelalters bis hin zu zeitgenössischer Kunst ist alles vertreten. Besonders stolz ist man auf die riesige ägyptische Abteilung, die allein 36.000 Objekte umfasst und damit mehr an alter ägyptischer Kunst zu bieten hat als alle anderen Museen der Welt, sieht man einmal vom Ägyptischen Museum in Kairo ab. Imposant ist auch der *American Wing*, der den weltweit umfassendsten Überblick über US-amerikanische Kunst und Alltagskultur liefert. Um den gewaltigen Museumsschatz zu präsentieren, stehen insgesamt 185.000 m^2 Ausstellungsfläche zur Verfügung, die von etwa fünf Millionen Menschen jährlich besucht werden. Und immer wieder kommt Neues hinzu: 2011 hat zur Förderung des gegenseitigen kulturellen Verständnisses eine eigene Islam-Galerie eröffnet.

Bei einer derartigen Fülle ist die Auswahl nicht leicht. Wer es nicht auf eigene Faust versuchen will, kann sich einer knapp 90-minütigen Führung anschließen, die einige der Höhepunkte der Sammlung ansteuert (einige Termine auch auf Deutsch). Darunter ist z. B. der Tempel von Dendur, der beim Bau des Nasser-Stausees in Ägypten in den Fluten zu versinken drohte und deshalb dort ab- und hier im MMA wieder aufgebaut wurde. Auch ein paar speziell auf deutsche Besucher zugeschnittene Exponate werden gezeigt, etwa Tiepolos Skizze für das Deckenfresko der Würzburger Residenz oder das von dem deutschstämmigen Historienmaler Emanuel Gottlieb Leutze stammende Gemälde *Washingtons Überquerung des Delaware*. Zum Verschnaufen gibt es mehrere Restaurants, Cafés und Bars. Von Mai bis Oktober ist das *Roof Garden Café* im fünftenStock des Henry-R.-Kravis-Flügels mit Blick auf Manhattan geöffnet. Freitags und samstags abends von 16 bis 20 Uhr gibt es klassische Livemusik in der Balcony Bar im zweiten Stock.

1000 5th Ave./82nd St., ✆ 212-879-5500, www.metmuseum.org. So–Do 10–17.30 Uhr, Fr/Sa 10–21 Uhr. Eintritt $ 25, erm. $ 17, Studenten $ 12, unter 12 J. frei. Audioguide $ 7, kostenlose Führungen auch auf Deutsch (Termine für die Tour "Meisterwerke im Museum" unter www.metmuseum.org/events/programs/tours). Subway: 86 St. Linien 4, 5, 6.

Neue Galerie

Vorbei am ehemaligen Wohnsitz von Jacqueline Kennedy-Onassis (1040 5th Avenue) erreichen Sie nun (Ecke 86th Street) die in einem klassizistischen Stadtpalais gelegene Neue Galerie, die sich – der Name deutet es schon an – ausschließlich österreichischen und deutschen Künstlern widmet. Daserste Geschoss dokumentiert das Wiener Kunstgeschehen des frühen 20. Jh. und zeigt u. a. Werke von Gustav Klimt, Oskar Kokoschka oder Egon Schiele. Im Mittelpunkt der Ausstellung im zweiten Stock stehen die Künstlervereinigungen

Metropolitan Museum of Art ...

Blauer Reiter, Brücke und *Bauhaus,* zu sehen bekommt man u. a. Arbeiten von Wassily Kandinsky, Paul Klee, Ernst Ludwig Kirchner und Oskar Schlemmer. Die Gründung der Neuen Galerie beruht auf einer Idee des New Yorker Kunsthändlers Serge Sabarsky und seines Freundes, des Unternehmers und ehemaligen amerikanischen Botschafters in Österreich Ronald S. Lauder, der das Projekt nach Sabarskys Tod 1996 in die Tat umsetzte. Aufsehen erregte die Neue Galerie 2006 mit dem Kauf von Gustav Klimts berühmtem Gemälde *Adele Bloch-Bauer I,* für das Lauder den Rekordpreis von 135 Mio. Dollar zahlte. Übrigens: Das hauseigene Café Sabarsky wird (fast) ebenso gelobt wie die in der Galerie präsentierte Kunst. Und natürlich gibt es hier auch Strudel mit „Schlagobers".

1048 5th Ave./86th St., ✆ 212-994-9493, www.neuegalerie.org. Do–Mo 11–18 Uhr, Shop Mi–Mo 11–18 Uhr; Café Mo und Mi 9–20 Uhr, Do–So bis 21 Uhr. Eintritt $ 20, erm. $ 10, englische Audiotour im Preis inbegriffen. Erster Freitag im Monat auch von 18 bis 20 Uhr, Eintritt frei. Achtung: kein Einlass für Kinder unter 12 J. Subway: 86 St. Linien 4, 5, 6.

Solomon R. Guggenheim Museum

Auf die Neue Galerie folgt zwei Blöcke weiter nördlich das Guggenheim-Museum mit seiner unverwechselbaren Schneckenhaus-Fassade. Der zehnstöckige Turm an der Ostseite wurde zum 50. Geburtstag des Museums durch einen Glasgang mit der Rotunde verbunden und erhielt im neunten Stock ein Restaurant. Das Haupthaus bekam einen Skulpturengarten auf dem Dach. Im Volksmund heißt es auch ein wenig despektierlich *The Big Toilet Bowl.* Die „große Toilettenschüssel" (weitere Spitznamen: „Kochtopf" und „Brummkreisel"), wo seit 1959 bedeutende Werke der klassischen Moderne und der zeitgenössischen Kunst ausgestellt werden, wurde nach jahrelangem Ringen vom Stararchitekten Frank Lloyd Wright gebaut und löste wegen seiner eigentümlichen Form heftige Kontroversen aus. Nicht minder umstritten war das Innere des Gebäudes, das im Wesentlichen aus einer spiralförmigen Rampe besteht, auf der man an den Kunstwerken vorbei nach oben bzw. unten geht. Spötter fühlen sich an ein Parkhaus erinnert. Ausstellungsräume wie in anderen Museen gibt es nicht, zumindest nicht in Wrights Schneckenhaus. In dieser und manch anderer Hinsicht konventioneller gestaltet ist der 1992 fertiggestellte turmförmige Anbau, in dem heute die Dauerausstellung gezeigt wird, während das Schneckenhaus den Wechselausstellungen vorbehalten ist.

Die Sammlung selbst wurde ab Ende der 1920er Jahre aufgebaut. Unterstützt von der deutschen Malerin Hilla von Ribay trug Solomon R. Guggenheim,

... das größte Kunstmuseum der Vereinigten Staaten

der seine zahlreichen Millionen im Kupferhandel gemacht hatte, eine rasch wachsende Zahl von Werken der zeitgenössischen abstrakten Malerei zusammen. 1937 gründete er die *Solomon R. Guggenheim Foundation* zur Förderung der modernen Kunst, 1939 wurde dann das erste Museum eröffnet, damals noch unter dem Namen *Museum of Non-Objective Painting*. Seitdem wurde der Bestand durch Schenkungen und Zukäufe kontinuierlich erweitert, etwa durch Karl Nirendorfs Sammlung von Werken des deutschen Expressionismus oder durch die Sammlung Peggy Guggenheims, der Nichte des Museumsgründers, die u. a. kubistische und surrealistische Malerei umfasst. Entsprechend lang ist die Liste der Künstler, die heute hier mit ihren Arbeiten vertreten sind: Chagall, Miró, Gauguin, Kandinsky, Klee, Marc, Picasso, Rothko und Beuys, um nur einige zu nennen. Kein Wunder, dass das Haus mit fast drei Millionen Besuchern pro Jahr eines der meistbesuchten Museen der Welt ist. Am Südende der Spiralrampe kann man im blütenweißen Restaurant *The Wright* (mit Bar) auch speisen.

1071 5th Ave./89th St., ✆ 212-423-3500, www.guggenheim.org. So–Mi und Fr 10–17.45 Uhr, Sa bis 19.45 Uhr, der Eintritt ist Sa von 17.45 bis 19.45 Uhr frei. Eintritt $ 22, erm. $ 18, Kinder unter 12 J. frei. Führungen (engl.) tägl. 11 und 13 Uhr. Audioguides (engl.) inklusive. Restaurant: Lunch Mo–Mi und Fr–Sa 11.30–15.30 Uhr, So Brunch 11–15.30 Uhr. Subway: 86 St. Linien 4, 5, 6.

National Academy Museum and School of Fine Arts

Schon bei der Gründung 1825 hat die National Academy Museum und Schule vereint, sie war dabei eine der ersten Galerien, die in New York überhaupt eröffneten. Heute fristet die Academy eher ein Schattendasein neben den weit größeren und bedeutenderen Museen auf der Museumsmeile, ist dafür aber auch nicht so überlaufen. Die Wände der 2011 frisch renovierten Räume sind ausschließlich

Die „Toilettenschüssel" für die Klassiker der Moderne – das Guggenheim

für Werke der Mitglieder der National Academy reserviert. Rund 7000 Arbeiten von amerikanischen Künstlern und Architekten des 19.–21. Jh. befinden sich im Archiv und werden in Wechselausstellungen präsentiert.

1083 5th Ave./89th St., ✆ 212-369-4880, www.nationalacademy.org. Mi–So 11–18 Uhr. Eintritt $ 15, erm. $ 10. Subway: 86th St., Linien 4, 5, 6.

Cooper-Hewitt National Design Museum

Weit imposanter als die National Academy ist auf Höhe der 90th Street das 1901 gebaute Renaissance-Palais der Familie Carnegie, in der das *Cooper-Hewitt National Design Museum* untergebracht ist, das v. a. attraktive Wechselausstellungen zu Mode oder Alltagsdesign zeigt. Zur Zeit der Recherche war das Museum noch immer wegen Renovierung geschlossen. Es gehört zu den von der *Smithsonian Institution* verwalteten Museen und besitzt die größte Design- und Kunstgewerbesammlung der Welt. Die Sammlung umfasst rund 750.000 Werke, die aber überwiegend in Archiven schlummern, drum wird jetzt ausgebaut. Seine Existenz ist den drei Hewitt-Schwestern Amy, Eleanor und Sarah zu verdanken, Enkelinnen des Industriellen und Kunstförderers Peter Cooper. Die Ausstellungsstücke reichen von Möbeln über Glas und Keramik bis zu Tapeten und Textilien.

5th Ave./Ecke 91st St., ✆ 212-894-8351, www.ndm.si.edu. Zur Zeit der Recherche wegen Renovierung geschlossen. Wiedereröffnung mit 60 % mehr Ausstellungsfläche.

Jewish Museum

Wieder zwei Blöcke weiter zeigt das eher intime Jüdische Museum eine der weltweit größten Sammlungen jüdischer Kunst, darunter Gemälde, Skulpturen, Zeichnungen, Fotografien, sakrale Kunst sowie zeitgenössische Installationskunst. Eine numismatische Ausstellung informiert u. a. über alte judäische Münzen, darunter auch seltene Stücke, die während des Bar-Kochba-Aufstandes gegen die römische Besatzung (132–135 n. Chr.) gefertigt wurden. Im Keller befindet sich das koschere Café Weissman.

1109 5th Ave./Ecke 92nd St., ✆ 212-423-3200, www.jewishmuseum.org. Sa–Di und Fr 11–17.45 Uhr, Do 11–20 Uhr. Eintritt $ 15, erm. $ 12, Studenten $ 7,50, Sa frei, Do 17–20 Uhr Pay-what-you-wish. Führungen Mo, Di und Do 12.15, 14.15 und 15.15 Uhr, Fr 12.15 und 13.15 Uhr. Subway: 96 St. Linie 6.

Museum of the City of New York

Das New Yorker Stadtmuseum an der 5th Avenue (zwischen 103rd und 104th Street) wird angesichts der Hochkaräter in seiner Umgebung leider oft übersehen, dabei interpretiert es inzwischen hochmodern die politischen, sozialen und kulturellen Aspekte der Geschichte New Yorks sehr innovativ und anschaulich. 1,5 Mio. Objekte sind in seinem Besitz, von Spielzeug, Kostümen und historischen Fahrzeugen bis zu New Yorker Laden- und Wohnungseinrichtungen aus verschiedenen Jahrhunderten (im fünften Stock ist das Schlaf- und Ankleidezimmer von John D. Rockefeller zu sehen). Besonders gefeiert wird seine Kunstsammlung mit Drucken, Fotos, Aquarellen und Zeichnungen sowie die Broadway-Theaterabteilung, die 3500 Kostüme und Memorabilien umfasst.

1220 5th Ave. zw. 103rd und 104th Sts., ✆ 212-534-1672, www.mcny.org. Tägl. 10–18 Uhr. Kostenlose Führung Mi, Fr und So 14 Uhr. Eintritt $ 10, erm. $ 6, Familien $ 20; Subway: 96 St. Linie 6.

El Museo del Barrio

Wenn Sie es nun noch einen Block weiter schaffen, kommen Sie zum Stadtteilmuseum (*barrio* = Stadtteil) in Spanish Harlem. Gegründet wurde es vor 30

Upper East Side → Karte S. 231

Jahren von Lehrern, Künstlern, Politikern und anderen Mitgliedern der puertoricanischen Gemeinde von East Harlem. Es widmet sich der Präsentation und Pflege lateinamerikanischer Kunst und Kultur. Mit einer umfangreichen Sammlung, die mehr als 8000 Stücke von präkolumbianischen Gebrauchsgegenständen bis hin zu Kunstinstallationen umfasst, sowie Veranstaltungen und Festivals will das Museum ein Forum für karibische und lateinamerikanische Lebensart sein.

1230 5th Ave./104th St., ✆ 212-831-7272, www.elmuseo.org. Mi–Sa 11–18 Uhr. Café Di–Fr 11–15.30 Uhr, Sa 12–15.30 Uhr. Eintritt $ 9, erm. $ 5, Mi für Senioren frei, an jedem dritten Sa im Monats frei für alle. Subway: 96 St. Linie 6.

Passender Türsteher für Harlem – der Duke of Ellington

New Africa Center

An der Grenze zu Harlem steht ein Neubau von Robert Stern, das New Africa Center mit dem Museum for African Art, das die Museumsmeile beschließt. Die Statue gegenüber dem Museum zeigt Duke Ellington, den legendären afroamerikanischen Jazzmusiker, am Klavier. Die Eröffnung des afrikanischen Kulturzentrums und Museums hat sich seit 2007 wiederholt verzögert und ist nun für 2015 geplant. Die Institution gibt es bereits seit 1984, sie hat seitdem mehr als 60 Ausstellungen zur Kunst und den Künsten Afrikas und der afrikanischen Diaspora organisiert.

1280 Fifth Avenue/110th Street. ✆ 718-784-7700, www.africanart.org. Subway: 110 St. Linie 6.

Ihr nächster Subway-Anschluss liegt weiter östlich auf der 110th Street mit Anschluss an die Linie 6 oder Sie nehmen den Bus (M 1, 2, 3 oder 4) die 5th Avenue hinunter, der sie zurück zum South Grand Army Plaza bringt.

Abstecher

Roosevelt Island: Knapp fünf Minuten dauert die Fahrt mit der *Roosevelt Island Tramway* auf die 60 ha große Insel im East River. 1976 ursprünglich für den Berufsverkehr gebaut, ist die (Schweizer!) Hochseilbahn heute in erster Linie Touristenattraktion und garantiert spektakuläre Ausblicke auf Manhattan. Roosevelt Island selbst ist nicht sonderlich aufregend, hat sich aber für Besucher inzwischen herausgeputzt: ein paar Restaurants, die Lunch anbieten, eine Uferpromenade mit schöner Aussicht auf die Skyline, ansonsten Wohnblöcke, die ab Beginn der 1970er Jahre hochgezogen wurden, nachdem die Insel offiziell zur *residential area* (Wohngebiet) erklärt worden war. Davor hieß sie noch *Welfare Island* und diente als Standort allerlei städtischer bzw. staatlicher Einrichtungen, darunter Armenhäuser, Gefängnisse und v. a. Krankenhäuser (zwei davon sind immer noch in Betrieb). Erwähnenswert ist, dass man von Roosevelt Island einen traumhaften Blick auf das Feuerwerk zum Unabhängigkeitstag am 4. Juli genießt.

Tram-Abfahrt: 60th St./2nd Ave. Preis $ 2,50. rioc.ny.gov/. Subway: Lexington Ave./59 St. Linien N, Q, R, 4, 5, 6.

Gracie Mansion: Der etwa 8 km nördlich des Stadtzentrums im Carl Schurz Park gelegene Landsitz wurde 1799 für Archibald Gracie gebaut. Knapp hundert Jahre später ging das weiße Federal-Style-Gebäude in den Besitz der Stadt über, die es 1942 zur offiziellen Residenz des New Yorker Bürgermeisters machte. Da Michael Bloomberg sein eigenes Apartment vorzog, wurde Gracie Mansion 2002 zum *People's House* umgestaltet, das man nach Voranmeldung besichtigen kann. Außerdem dient Gracie Mansion als Gästehaus für den hohen Besuch der Stadt. Auch der amtierende Bürgermeister Bill de Blasio lebt weiter in seinem privaten Stadthaus in Park Slope in Brooklyn. Der das Gebäude umgebende Carl Schurz Park, der nach einem deutschen Aktivisten der Märzrevolution von 1848 und späteren US-Senator benannt ist, wird im Sommer auch zum Austragungsort kostenloser Jazzkonzerte und Filmnächte.

Carl Schurz Park, zw. 88th St. und East End Ave., ✆ 212-570-4773/4751, www1.nyc.gov/office-of-the-mayor/gracie-mansion.page. Zutritt nur mit Führung: Mi 10, 11, 13 und 14 Uhr. Eintritt $ 7, erm. $ 4. Programm im Park: carlschurzparknyc.org. Subway: 86th St. Linien 4,5,6.

Praktische Infos

→ Karte S. 231

Essen und Trinken

Earl's Beer and Cheese **2** In diesem kleinen, unkonventionellen Restaurant/Bierbar trinkt man vor der Retrotapete mit Hirschen und Enten im Walde zu herzhaften, innovativen Käsegerichten sein Pint. Mo–Di 16–24 Uhr, Mi–Do und So 11–24 Uhr, Fr–Sa bis 2 Uhr. 1259 Park Ave. zw. 97th und 98th Sts., ✆ 212-289-1581; earsny.com. Subway: 96 St. Linie 6.

Cafe Boloud **12** Der Michelinstern spricht für sich. Das beige gehaltene Edelbistro ist Treffpunkt der kulinarischen Upper Class. 2-Gänge-Lunch-Menü $ 37. Mo–Sa 7–10 Uhr, So 8–11 Uhr und Brunch 12–15 Uhr; Lunch Mo–Sa 12–14.30 Uhr, Dinner So–Do 17.45–22.30 Uhr, Fr bis 23 Uhr, Sa 17.30–23 Uhr. 20 E 76th St. nahe Madison Ave. ✆ 212-772-2600; cafeboloud.com. Subway: 77 St. Linie 6.

Luke's Lobster **10** Das perfekte Hummerbrötchen ($ 15) gibt es hier. Mehrere Outlets in der Stadt, weil es so frisch und gut ist. So–Do 11–22 Uhr, Fr/Sa bis 23 Uhr. 242 E 81st St./ 2nd Ave. ✆ 212-249-4241; lukeslobster.com. Subway: 77 St. Linie 6.

Yuka **13** Ziemlich dunkles, kleines japanisches Restaurant, das mit All-you-can-eat-Sushi für nur $ 21 zu den echten Preisknüllern zählt. Auch Sashimi und Nudelgerichte. Mo–Fr 17–23, Sa 12–23.30, So 12–23 Uhr. 1557 2nd Ave., zw. 80th und 81st St., ✆ 212-772-9675; www.yukasushi.com. Subway: 77tSt. Linie 6.

Sarabeth's **5** Netter Laden im eleganten englischen Cottage-Stil, leicht überhöhte Upper-East-Side-Preise, aber Riesenauswahl (vor allem an Omeletts, $ 11–$ 19), hervorragendes Brunch. Mo–Sa 8–22.30 Uhr, So bis 22 Uhr. 1295 Madison Ave. zw. 92nd und 93rd Sts., ✆ 212-410-7335; www.sarabetheast.com. Subway: 86 St. oder 96 St., Linie 6.

Café Mingala **14** Leicht zu übersehen und von außen unscheinbar ist dieses burmesische Restaurant, dessen Wände mit Szenen aus Myanmar bemalt sind. Es gibt Eintöpfe, Currys und Salate zu moderaten Preisen, Lunch schon ab $ 5,50. So–Do 11.30–22.30 Uhr, Fr/Sa bis 23.30 Uhr. 1393 2nd Ave. zw. 72nd und 73rd Sts., ✆ 212-744-8008; www.cafemingala.com. Subway: 68th St./Hunter College, Linie 6.

Upper East Side → Karte S. 231

Beyoglu **8** Ein Mezze-Haus, das die türkische Version von Tapas serviert. 20 verschiedene Vorspeisenplatten mit orientalischem Einschlag. Tagesgerichte $ 14,50, Fisch $ 15,50, Mezze $ 4,50–7,50. Tägl. 12–22.30 Uhr. 1431 3rd Ave./81st St., ✆ 212-650-0850. Subway: 86th St. oder 77th St., Linie 6.

Einkaufen

Bloomingdale's (Bloomies) **18** → Shopping S. 68/69.

Jimmy Choo **16** Legendäres Schuhgeschäft, das international durch *Sex and the City* zu Ruhm kam. Handgearbeitetes feinstes Leder. Mo–Mi und Fr–Sa 10–18 Uhr, So 12–18 Uhr. 716 Madison Ave. zw. 63rd und 64th Sts. (auch 645 5th Ave./51st St.), ✆ 212-759-7078, www.jimmychoo.com. Subway: Lexington Ave/59 St. Linien N, Q, R.

Blue Tree **4** Ein Laden, der überraschen will: mit witzigem Kinderspielzeug, Designerklamotten, Schmuck, Accessoires und Geschenken. Eigentümerin ist die Schauspielerin Phoebe Cates. Mo–Fr 10–18 Uhr, Sa ab 11 Uhr. 1283 Madison Ave./92nd St. ✆ 212-369-2583, www.bluetreenyc.com. Subway: 96th St., Linie 6.

Shakespeare & Co. Booksellers **15** Unabhängige Buchhandlung mit vier Läden in New York, beliebt bei Studenten und Akademikern. Mo–Fr 9–20 Uhr, Sa 10–19 Uhr, So 11–18 Uhr. 939 Lexington Ave./69th St., ✆ 212-570-0201, www.shakeandco.com. Subway: 68th St./Hunters College Linie 6.

Lisa Perry **9** Wer auf die Mode der 60er Jahre in modernisierter Form oder Second Hand steht und Freude an bunter Retro-Einrichtung hat, sollte in diesen Laden reinschauen, den die New Yorker Designerin mit Dingen gefüllt hat, die ihr gefallen. Witzige Geschenke. Tägl. 10–18 Uhr. 976 Madison Ave. zw. 76th und 77th Sts., ✆ 212-431-7467; www.lisaperrystyle.com. Subway: 77 St. Linie 6.

Märchenhafter Erfolg: drei Alice's Cafes in Manhattan

Ultramodern: Rose Center for Earth and Space

Upper West Side

Die Upper West Side, zwischen 59th und 110th Street, Hudson River und Central Park West, ist eine der elegantesten Wohngegenden von Manhattan und hat viele denkmalgeschützte Bauten aufzuweisen. Charakteristisch sind die idyllischen Straßenzüge mit Brownstone-Häusern und die berühmten Apartmentblocks. Neben diesen baulichen ragen als kulturelle Highlights das American Museum of Natural History, die grandios ausgebaute New York Historical Society und das Lincoln Center heraus, der größte Kulturkomplex Amerikas mit dem Metropolitan Opera House. Am Columbus Circle befindet sich das spannende Museum of Arts and Design.

Upper West Side → Karte S. 242

Die Upper West Side war bis Ende des 19. Jh. recht unterentwickelt und bestand aus verschiedenen Dörfern, die immer dichter zusammenwuchsen. Sie wurde erst 1879 zur beliebten Wohngegend, als die Hochbahn *(Elevated Railway = El)* auf der 9th Avenue (Columbus Avenue) bis in die Upper West Side verlängert wurde und erstmals die Möglichkeit schuf, in einem anderen Bezirk zu wohnen als zu arbeiten. Zu dieser Zeit wurden auch die ersten luxuriösen Apartmenthäuser gebaut. Entlang der vier großen Boulevards der Upper West Side entstanden Wohnbezirke mit ganz unterschiedlichem Charakter. Die Seitenstraßen füllten sich mit Brownstone-Häusern, der Umzug der Columbia University nach Morningside Heights führte auch die ersten Intellektuellen und Künstler ins Einzugsgebiet. Die Region um die paar Luxusmietshäuser herum blieb allerdings lange Zeit eine klassische Arbeitergegend. Nachdem die Stadtverwaltung 1939 die Untervermietung einzelner

Räume erlaubt hatte, zog es mehr und mehr Einkommensschwache (darunter auch viele Schwarze) und Immigranten (v. a., aber nicht nur aus Puerto Rico) hierher. In vielen Regionen bildeten sich Slums. Besonders berüchtigt war der Bezirk San Juan Hill westlich des Güterbahnhofs, wo sich heute Luxusgebäude von Donald Trump befinden. Zwischen den einzelnen Bevölkerungsgruppen (Puerto Ricanern, Schwarzen, armen Weißen) kam es immer wieder zu erbitterten Kämpfen (→ *West Side Story* S. 245).

In den 60er Jahren wurden bauliche Maßnahmen beschlossen, um dieser Entwicklung ein Ende zu setzen. Neue Wohnviertel und ein neues Kulturzentrum, das Lincoln Center, sollten entstehen. Tatsächlich gelang es dadurch, die Sozialstruktur in der Upper West Side zu ändern. Die Slums wurden abgerissen, deren Bewohner umgesiedelt und gut betuchte Künstler fanden sich ein.

Immobilienmakler steuerten das ihre dazu bei, nannten den Abschnitt der 8th Avenue zwischen 59th und 110th Street *Central Park West*, um ihm mehr Exklusivität zu verleihen. Seitdem glitzern entlang der Columbus Avenue teure Boutiquen und Restaurants, die Amsterdam Avenue wird von einem Mix aus Bodegas, Bars und Shops bevölkert. Entlang des Central Park West stehen noch immer die Apartmenthäuser mit klangvollen Namen, wie das burgartige Dakota, das San Remo mit seinen markanten Türmen oder das Majestic, das im Art-déco-Stil gebaut wurde und das Fred Astair sein Zuhause nannte. Der Riverside Park erstreckt sich rund 6 km entlang des Hudson River von der 72nd bis zur 158th Street. Dieses schmale Stück Land zwischen Fluss und Riverside Drive wurde in den 1870er Jahren von Frederick Law Olmsted, einem der Central-Park-Architekten, entworfen. Neben den Rasenflächen, Blumenbeeten und Sportanlagen wird v. a. die Flusspromenade von Joggern, Skatern, Radlern und Müßiggängern frequentiert.

Tour-Info

Die Upper West Side bietet sich für einen kurzen Rundgang an, man kann in den Museen dort aber auch Tage verbringen. Ausgangspunkt ist die Subway-Station 79th Street (Linie 1).

Eine der teuersten Adressen in Manhattan – das San Remo

Upper West Side → Karte S. 242

T-Rex

Stationen

American Museum of Natural History

Wenn sie aus der U-Bahn kommen, stehen Sie auf einer vierspurigen Kreuzung, an der 1894 mit der **First Baptist Church** die erste Baptistenkirche Manhattans gebaut wurde. Die ungleich hohen Türme sind Absicht. Der längere symbolisiert Jesus Christus, der kürzere, unvollendet wirkende die christliche Kirche, die unvollendet bleiben wird bis zur Rückkehr des Herrn. Die beiden Seitentürmchen stellen das Alte und das Neue Testament dar. Gehen Sie nun in entgegengesetzter Richtung die 79th Street bis zur Columbus Avenue. Vor sich sehen Sie die Rückseite des **American Museum of Natural History**. Halten Sie sich links und durchqueren Sie die hübsche Grünanlage. Der moderne Glasbau vor Ihnen ist das **Rose Center for Earth and Space**, in dem u. a. das Hayden Planetarium untergebracht ist, und Teil des Museums of Natural History.

In den mehr als 40 Ausstellungsräumen eines der größten Naturkundemuseen der Welt kann immer nur ein Bruchteil der 36 Millionen Sammlungsstücke gezeigt werden. Das ab 1874 im römischen Monumentalstil erbaute Gebäude beherbergt Exponate zur Naturgeschichte, Anthropologie und Ethnologie aus allen Teilen der Welt und allen Epochen von der Steinzeit bis zur Weltraumforschung.

Der Eingang befindet sich um die Ecke am Central Park West. An seiner klassischen Fassade begrüßt Sie das **Reiterstandbild von Theodore Roosevelt**, dem ein Indianer mit verschränkten Armen und steifer Mine zur Seite steht. Roosevelt war ein begeisterter Naturforscher und Freund des Museums, Zitate von ihm findet man in der Roosevelt Memorial Rotunda des Museums.

I like to be in America – Die West Side Story

1961 wurde San Juan Hill kurz vor seinem Abriss Schauplatz für die *West Side Story.* Elf Oscars heimste die Adaption dieses Broadway-Musicals mit der Musik von Leonard Bernstein fürs Kino ein. In der modernen Variante des Romeo-und-Julia-Themas spielen eine Puerto Ricanerin und ein Weißer die Hauptrollen. Der Inhalt war von der Realität vorgegeben: der Kampf rivalisierender Jugendbanden in der Upper West Side – die Jets, Amerikaner der zweiten Immigrantengeneration aus Europa, gegen die Sharks, Immigranten aus Puerto Rico.

Höhepunkt der Ausstellung ist für Kinder sicher die *Dinosaurierabteilung* oder auch die *Hall of Ocean Life* mit einem lebensgroßen Modell eines Blauwals, während Erwachsene vielleicht lieber den „Star of India", den größten geschliffenen Saphir der Welt, bestaunen wollen. Verpassen Sie nicht das *Butterfly Conservatory,* ein Vivarium mit tropischem Klima und ebensolcher Bepflanzung, in dem mehr als 500 knallbunte Schmetterlinge frei umherfliegen.

Im **Erdgeschoss** finden sich Abteilungen zur Naturgeschichte des amerikanischen Kontinents, die *Hall of Ocean Life* (Erdgeschoss), die Edelstein- und Mineraliensammlung, aber auch eine Meteoritenausstellung. Der **erste Stock** (2nd floor) beschäftigt sich mit Menschen und Tieren Afrikas, Asiens, Mittel- und Südamerikas und den Vögeln der Welt. Der **zweite Stock** (3rd floor) widmet sich u. a. den Indianern Nordamerikas und den Völkern des pazifischen Raums. Weitere Themen sind Primaten und die Tierwelt Nordamerikas. Der **dritte Stock** schließlich führt weiter zurück, hier finden sich die berühmte Dinosaurierabteilung und Exponate zur Entwicklung der Säugetiere. Im angeschlossenen Imax-Kino können Sie außerdem Filme zu den verschiedensten naturwissenschaftlichen Themen anschauen.

Das **Rose Center for Earth and Space** befindet sich in einem Glaswürfel mit innenliegender Kugel, der von seinem Architekten James Stewart Polahek als „kosmische Kathedrale" bezeichnet wurde, und dient als Fenster von New York in die unendlichen Weiten der Galaxie. Die obere Hälfte der Kugel ist **The Hayden Sphere** (Hayden Planetarium). Dieses Planetarium ist weltweit einmalig. Ausgestattet mit neuester Technologie und einem Zeiss-Sternenprojektor, kann es das Himmelsfirmament so realistisch wie nie zuvor darstellen.

In der unteren Hälfte können die Besucher im *Big Bang* (= Urknall) der Entstehung des Universums beiwohnen. Highlight ist sicher die Show im *Space Center,* derzeit *Dark Universe,* die Phänomene und Vorgänge zu erforschen sucht, die 100 Millionen Lichtjahre vor unserer Zeit passiert sind. In einem dreidimensionalen Hightech-Simulationsflug reisen Sie vom Jupiter durch das Universum zur Mount Wilson Sternwarte auf der Erde, von der aus Edwin Hubble als erster andere Galaxien entdeckt hat. Dort spüren Sie zusammen mit den klügsten Köpfen der Szene den neuesten Geheimnissen der Astrophysik nach, etwa der schwarzen Materie. Bilder, die man so nirgendwo anders zu sehen bekommt (alle halbe Stunde zwischen 10.30 und 16.30 Uhr).

Von hier begeben Sie sich dann zu Fuß auf die chronologische Reise entlang dem *Cosmic Pathway,* einer Art historischen Rampe, durch 13 Milliarden Jahre kosmischer Evolution, die mit 220 Teleskopfotografien illustriert werden.

Central Park West/79th St., ✆ 212-769-5100, www.amnh.org. Tägl. 10–17.45 Uhr. Eintritt

Upper West Side → Karte S. 242

für American Natural History Museum und Rose Center $ 22, erm. $ 17, Kinder bis 12 J. $ 12,50; Eintritt mit Space Show im Hayden-Planetarium (Museum plus One) $ 27, erm. $ 22, Kinder $ 16. Super Saver mit IMAX-Film und allen Sonderausstellungen $ 35, erm. $ 28, Kinder $ 22. Es gibt auch tägl. mehrere Führungen zu den Hauptsehenswürdigkeiten des Museums. Subway: 81 St.-Museum of Natural History Linien B, C.

New York Historical Society

Wenn Sie das American Museum of Natural History verlassen und dem Central Park West nach rechts folgen, kommen Sie an der West 77th Street zu einer weiteren klassizistischen Fassade, die zur 1809 gegründeten New York Historical Society gehört. Dieses von der Masse bislang eher übersehene Museum ist kürzlich komplett umgebaut worden und reiht sich nun mit seinen modernen Präsentationen und Touchscreens in die Riege der musealen Highlights ein. Kaum mehr vorstellbar, dass es das erste Museum war, das in

Der die Sklaven befreite – Frederick Douglass

New York gegründet wurde (bereits 1804). Sie werden auf den Eingangsstufen von niemand Geringerem als Abraham Lincoln begrüßt. Den Seiteneingang ziert Frederick Douglass, der selbst einmal Sklave war und dann vehement für die Abschaffung der Sklaverei eingetreten ist. Er verleiht auch der 8th Avenue in Harlem seinen Namen. Die Sklaverei und ihre Abschaffung gehören zu den Themen, denen sich das Museum an verschiedenen Stellen immer wieder widmet. Gleich im Foyer etwa wird einem George Washington nicht nur als Gründer der Nation, sondern eben auch als Sklavenhalter präsentiert. Im Bestand des Museums finden sich mehrere Zehntausend Ausstellungsobjekte zur Landes- und Stadtgeschichte von der Kolonialzeit bis zur Gegenwart, die chronologisch aufbereitet wurden. Zu den Kostbarkeiten gehören Aquarelle von John James Audubon, Landschaftsmalereien der Hudson River School, Skulpturen und historische Möbel wie der Armsessel, in dem George Washington bei seiner Amtseinführung saß. Die Historische Gesellschaft ist auch im Besitz der weltgrößten Sammlung von Tiffany-Lampen, die im Luce Center im vierten Stock gezeigt werden. Wechselausstellungen beschäftigen sich u. a. mit der aktuellen Stadtgeschichte, ebenso verfügt die Gesellschaft über eine hervorragende Bibliothek. Im Theater läuft ein fast 20-minütiger Film über die Stadtgeschichte.

170 Central Park West/77th St., ✆ 212-873-3400, www.nyhistory.org. Di–Do und Sa 10–18 Uhr, Fr bis 20 Uhr, So 11–17 Uhr. Eintritt $ 18, erm. $ 14, Studenten $ 12, Kinder 6–13 J. $ 6. Es gibt eine Audiotour als Download. Subway: 81 St.-Museum of Natural History Linien B, C.

Berühmte Apartmenthäuser

Um einen besseren Blick auf die nun folgenden berühmten Apartmenthäuser zu haben, ist es am besten, die Straße zu überqueren. Zwischen 74th und 75th Street sehen Sie das **San Remo**, einen der ersten Wolkenkratzer mit Doppeltürmen, entstanden 1929–1931, das u. a. Rita Hayworth, Dustin Hoffman, Bruce Willis und Demi Moore, Tiger Woods sowie Steve Martin ihr Zuhause nannten. Madonna und Sean Penn hingegen wurden vom Verwaltungsvorstand einst abgelehnt. Man fürchtete zu viele Störungen durch laute Musik oder Paparazzi.

Auch das noch berühmtere schlossartige **Dakota** an der 72nd Street wollte Madonna nicht als Miteigentümerin. Mariah Carey und Calvin Klein erlitten dasselbe Schicksal. Das Dakota ist für immer mit dem 8. Dezember 1980 assoziiert, der Tag an dem John Lennon hier erschossen wurde. Seine Witwe Yoko Ono bewohnt bis heute dasselbe 20-Zimmer-Apartment, zu der von ihr geschaffenen Gedenkstätte sind es nur ein paar Schritte hinein in den Central Park (→ Kasten). Das etwas düstere Gebäude diente auch Roman Polanski als Drehort, hier wurde *Rosemaries Baby* geboren. Das Haus war das erste Luxusapartmenthaus an der Westseite des Central Park, erbaut von dem Architekten Henry Hardenbergh 1884, als die Gegend noch von Armut geprägt war, während die Upper East Side den Luxus verkörperte.

In den nächsten Jahrzehnten entstanden in dem Gebiet, in dem bis in die 1890er Jahre noch Ziegen vor Holzbuden weideten, viele weitere Apartmenthäuser, darunter 1930 der **Majestic-Apartmentblock**, der wie das San Remo mit markanten Doppeltürmen geschmückt wurde. In diesem 29 Stockwerke hohen Mietshaus mit der Hausnummer 115 lebten Künstler wie Sarah Bernhardt, Gustav Mahler und Fred Astair. Das Majestic schien aber auch Gangster anzulocken. So sollen Lucky Luciano und Mezer Lansky hier gewohnt haben. 1957 gar wurde in der Eingangshalle der Gangster Frank Costello mit einem Kopfschuss hingerichtet.

John Lennon und die Strawberry Fields

Gegenüber dem Dakota im Central Park an einer der Lieblingsoasen John Lennons hat Yoko Ono zum Gedenken an ihn einen internationalen Friedensgarten, die Strawberry Fields, anlegen lassen. Sie investierte 1 Mio. Dollar in Pflanzen aus mehr als 100 Ländern. Der Garten wurde am 9. Oktober 1985 zu Lennons 45. Geburtstag eröffnet. Jedes Jahr an diesem Tag wird bis heute eine Nachtwache organisiert. Ein schwarzweißes Mosaik mit Marmor aus Neapel (Geschenk der Stadt) mit den Worten „Imagine“ nach dem Songtitel von John Lennon markiert den Eingang. Strawberry Fields war der Name eines Waisenhauses in John Lennons Geburtsort Liverpool und später Titel eines Beatles-Songs.

Die älteste jüdische Gemeinde New Yorks

An der Ecke zur 70th Street steht die Spanisch-Portugiesische Synagoge, auch **Synagogue of the Congregation Shearith Israel** genannt, von 1897. Sie ist das Zuhause der ältesten jüdischen Gemeinde New Yorks, Shearith Israel, und geht auf eine Gründung 1654 durch Juden aus Spanien und Portugal zurück. Zu dieser Zeit war Peter Stuyvesant Stadtvater. Die Dutch West India Company erlaubte den Juden nicht nur, sich dort niederzulassen, sondern auch ihre Religion auszuüben. Nachdem man sich lange Zeit in Privathäusern zum Gebet getroffen hatte, wurde 1730 die erste Synagoge errichtet, im Jahr 1897 entstand dann der klassizistische Bau, an die Vorgängerin angrenzend. Die jüdische Bevölkerung in der Upper West

Upper West Side → Karte S. 242

Side stieg dann v. a. in den 1930er Jahren sprunghaft an, als österreichische und deutsche Juden aus ihrer Heimat flohen.

Columbus Circle

Auf Höhe der 66th Street steht wenige Meter in den Central Park hinein das Traditionslokal Tavern in the Green (→ Essen & Trinken). Bleiben Sie auf der Central Park West, sehen Sie an der 65th Street die Lutheranische *Holy Trinity Church*. Hier werden nach Leipziger Vorbild aus dem 18. Jh. regelmäßig auf hohem Niveau und in Begleitung einer barocken Orgel Bach-Vespern gefeiert (Kalender unter www.bachvespers nyc.org). Die New York Times taufte die Kirche deshalb den „Bach-Tempel“.

Von hier messen die New Yorker alle Distanzen: Columbus Circle

Die beiden niedrigen Gebäuden im folgenden Block (zwischen 64th und 63rd Street) gehören zur New York Society of Ethical Culture, einer humanistischen Kulturbewegung, die Theologie durch Moral zu ersetzen sucht und zu deren Fans Albert Einstein gehörte.

Kurz vor dem Columbus Square passieren Sie recht neue Apartmentblocks aus Sandstein, in denen die Wohnungen bei einem Verkaufswert von 4 Mio. Dollar anfangen. Man zahlt in Manhattan auch immer für den Blick. Der ist natürlich noch viel glorreicher aus dem benachbarten schwarzen Riesen namens Trump Hotel & Tower heraus, weshalb die Wohnungen hier noch viel teurer sind.

Museum of Arts & Design

Am Columbus Circle angekommen, verbirgt sich hinter der Terrakotta-Fassade mit Glaseinsätzen des fast fensterlosen Neubaus auf der Südseite des Kreisverkehrs das Museum of Arts & Design (MAD). Auf neun Stockwerken gibt es 5000 m^2 Ausstellungs- und Studiofläche, wo neben einer permanenten Sammlung aus etwa 2000 Alltagsgegenständen und Kunst auch Sonderausstellungen gezeigt werden. Zu sehen war z. B. vor ein paar Jahren die Ausstellung „Second Lives: Remixing the Ordinary“, die den Gebrauch alltäglicher Objekte in der Kunst demonstrierte, etwa in Form eines Abendkleides aus Latex-Handschuhen. Ein faszinierender Bau mit tollen Ausstellungen und einem guten Restaurant (Robert), das einen grandiosen Ausblick im obersten Stockwerk bietet.

2 Columbus Circle, ✆ 212-299-7777, www.madmuseum.org. Di–So 11–18 Uhr, Do/Fr bis 21 Uhr. Eintritt $ 16, erm. $ 14, Studenten $ 12, Kinder unter 18 J. frei. Do 18–21 Uhr und Fr 18–21 (dank KLM) pay-as-you-wish. Führungen tägl. 11.30 und 15 Uhr. Subway: 59 St.-Columbus Circle Linien A, B, C, D, 1.

Time Warner Center

Dominiert wird der Columbus Circle von dem gläsernen Gebäudekomplex mit den markanten Zwillingstürmen, dem Time Warner Center, benannt nach dem Konzern AOL Time Warner, der die Hälfte aller Büros hier nutzt. Der Architekt David Childs kam auch durch den Bau des One World Trade Center zu weiteren Ehren. Im linken der beiden Türme befinden sich teure Eigentumswohnungen, im mittleren Teil des Centers sind ein Biosupermarkt, Geschäfte und Edelboutiquen untergebracht. Den rechten Turm belegen das teuerste Hotel der Stadt, das Mandarin Oriental, sowie diverse kulturelle Einrichtungen, u. a. *Jazz at Lincoln.*

Jazz at Lincoln Center

Der gesamte Jazzbereich des Lincoln Centers wurde in diesen 130-Millionen-Dollar-Komplex am *Time Warner Center* ausgelagert. Jazz at Lincoln Center ist eine gemeinnützige Einrichtung, die sich der Förderung des Jazz verschrieben hat. Zu ihr gehören die Frederick P. Rose Hall (1500 m^2 für 1200 Sitzplätze), der Allen Room, der Dizzy's Club Coca-Cola (→ Nightlife), das Irene Diamond Education Center und das Rose Theater (400 Sitzplätze mit Blick über den Central Park). Jeden Tag finden hier Konzerte, Fernsehübertragungen und Lehrveranstaltungen statt. Im hauseigenen Ensemble, dem *Lincoln Center Jazz Orchestra,* sind die begabtesten Jazzmusiker weltweit beschäftigt.

Führungen: tägl. zwischen 10 und 16.30 Uhr, Zeiten bitte erfragen. Preise: $ 18, erm. $ 15. ✆ 212-875-5350; www.jalc.org. Subway: 59 St.-Columbus Circle, Linien A, B, C, E, 1.

Lincoln Center for the Performing Arts

Auf dem Weg zum nächsten und letzten Höhepunkt der Upper West Side, dem *Lincoln Center for the Performing Arts,* folgen Sie dem Broadway nach Norden. Es taucht bald ein gläserner Eingang auf, der zum **Museum of Biblical Art** führt, aber irgendwie mehr verspricht, als das Museum halten kann. Es besteht nur

Gedenken an den Schiffsuntergang – Denkmal der USS Maine

aus einem Raum, in dem verschiedenste Bibeln oder andere Kunst mit christlicher Thematik ausgestellt werden.

1865 Broadway zw. 61st und 62nd Sts., Di–So 10–18 Uhr. Eintritt: frei; ✆ 212-408-1500; www.mobia.org. Subway: 59 St.-Columbus Circle Linien A, B, C, E, 1.

Kurz vor dem **Empire Hotel** **22** befindet sich der rückwärtige Eingang zum *David Rubenstein Atrium,* das Ausgangspunkt für Ihre Erkundung des Lincoln Centers sein sollte. Von hier starten täglich Führungen, Sie erhalten Informationen zu den zahlreichen Veranstaltungen (Mediawall), ermäßigte Discount Tickets für denselben Tag, können sich im Witchcraft Café stärken oder die Toiletten nutzen (Mo–Fr 8–22 Uhr,

Sa/So 9–22 Uhr). Donnerstags um 20.30 Uhr und am ersten Samstag im Monat um 11 Uhr gibt es hier sogar kostenlose Aufführungen.

Das **Lincoln Center** ist *das* Kulturzentrum Manhattans und zugleich das größte der Vereinigten Staaten. Es wurde 1962 unter der Leitung des Stadtplaners Robert Moses als Teil der Maßnahmen geplant, die die Upper West Side sanieren sollten.

Mit seiner symmetrischen Anordnung um mehrere Plazas herum (Zentrum der Anlage ist die *Josie Robertson Plaza*, geöffnet zur Columbus Avenue) verkörpert das Lincoln Center den städteplanerischen Triumph einer Epoche, in der Modernismus ein Dogma war und als einzig möglicher Baustil der Zukunft gehandelt wurde. Die Anlage selbst fand begeisterten Zuspruch, die einzelnen Gebäude, die zwischen 1959 und 1972 entstanden, durchliefen ein Wechselbad aus Lob und Verrissen. Immerhin waren die renommiertesten Architekten ihrer Generation zusammengekommen, um gemeinsam dieses Kulturzentrum, diesen Schrein für die Künste zu entwerfen. Darunter befanden sich so illustre Namen wie Philip Johnsen, Erbauer u. a. des Seagram und des AT&T Building (heute Sony) und Gründer der Abteilung für Architektur und Design am MoMa, sowie Wallace K. Harrison (Chefarchitekt beim Bau der UN) oder Eero Saarinen. Der 61.000 m^2 große Komplex besteht aus sieben Gebäuden, in denen 13 der wichtigsten kulturellen Institutionen der Stadt zu Hause sind. 7000 Menschen arbeiten hier und rund fünf Millionen Besucher erscheinen zu den etwa 3000 Veranstaltungen im Jahr. Schon der erste Präsident des Lincoln Centers, sein Förderer und Geldgeber John D. Rockefeller III., vertrat die Philosophie, dass „die Kunst nicht nur für die wenigen Privilegierten, sondern für die Masse" da zu sein habe.

Nach der 650 Mio. Dollar teuren Rundumüberholung zum 50-jährigen Jubiläum der Anlage lohnt sich ein Bummel über das Gelände und seine neu begrünten Plätze und Brunnen nun ganz besonders.

Josie Robertson Plaza: Wenn Sie die Columbus Avenue überqueren, gelangen Sie über eine moderne Rampe auf den Hauptplatz des Kulturforums, den *Josie Robertson Plaza,* in dessen Mitte Sie einen Brunnen sehen: den *Revson Brunnen* mit Düsen und Lichtspielen, der New Yorkern gern als Treffpunkt dient. Zu Ihrer Linken liegt das New York State Theater, jetzt *David H. Koch Theater*, vor Ihnen sehen Sie das Schmuckstück der Anlage, das *Metropolitan Opera House*, und zu Ihrer Rechten die *Avery Fisher Hall.*

David H. Koch Theater (ehem. New York State Theater): Das New York Sta-

Treffpunkt nicht nur für Opernfreunde ...

te Theater, das im Zuge der 100-Mio.-Dollar-Renovierung nach dem edlen Spender, dem Öl- und Gasmilliardär und derzeit reichsten Mann der Stadt, David Koch, umbenannt wurde, ist Sitz der *New York City Opera Company* und des *New York City Ballet,* das 90 Tänzer und Tänzerinnen beschäftigt und 150 Werke im Repertoire hat. Die Eingangsfront ist verglast und erlaubt einen Blick in das viergeschossige Foyer des Schauspielhauses, den auch der Vorhang aus acht Millionen goldenen Metallbällen – sie repräsentieren die Zahl der Einwohner New Yorks zur Zeit des Baus 1964 – nicht verstellt. Sie sind inzwischen durch die Sonne ins Silberne gebleicht. Der Rest der Gebäudefassade besteht aus einer enormen Wandfläche aus Travertin-Marmor, die manche New Yorker als elegant, die meisten als zu schlicht und langweilig empfinden. Den Stein findet man auch im Innern, wo sich mehrere Balkone über dem Foyer erheben, über die Kritiker lästern, sie wirkten so metallen und eckig wie die Zellen in einem Hochsicherheitsgefängnis. Wohlwollendere Gemüter vergleichen das 13-stöckige Haus (einige Etagen liegen unterirdisch) mit einem Schmuckkästchen, da die Lampen des riesigen kugelförmigen Kronleuchters im Auditorium Diamantenform besitzen. Im Foyer befinden sich einige moderne Kunstwerke, u. a. Jasper Johns Gemälde *Numbers* östlich der Eingangstür oder eine Skulptur von Edward Higgins.

... der Revsen Brunnen

Metropolitan Opera House (Met): Das Highlight der gesamten Anlage ist sicher das Metropolitan Opera House, das am besten bei Nacht zur Geltung kommt und direkt vor Ihnen liegt. Die Eröffnung 1966 war ein Medienspektakel: Leonard Bernstein dirigierte, Präsident Eisenhower, der auch schon den ersten Spatenstich zum Bau der Oper getan hatte, repräsentierte, und das Publikum applaudierte. Amerikas größtes Musikunternehmen mit jährlich mehr als 240 Opernaufführungen kann auf eine über hundertjährige Geschichte zurückblicken und gilt als eines der besten Opernhäuser der Welt. Jeder Star ist mindestens einmal in seinem Leben hier aufgetreten.

Die Met wurde 1879 von dem Industriellen und Supermillionär William H. Vanderbilt gegründet. Das erste Haus stand ursprünglich am Broadway, wo Weltstars wie Enrico Caruso oder Lilli Lehmann debütierten. 1966 zog man ins Lincoln Center um. Nachdem der Originalbau noch im selben Jahr einem Brand zum Opfer fiel, entwarf Wallace K. Harrison das heutige Gebäude, das Lästermäuler wegen seiner kitschig anmutenden Opulenz mit einem Miami-Beach-Hotel vergleichen.

Wenn Sie die Met betreten, führen zwei mit roten Teppichen ausgelegte, weit geschwungene Marmortreppen hinauf

Upper West Side → Karte S. 242

in das Foyer. Die sonst kahlen Wände über der Bar und dem Restaurant wurden von Marc Chagall, der auch schon mal ein Bühnenbild für die Met entworfen hatte, mit Wandgemälden veredelt. Ihr Thema ist natürlich die Musik: *Les Sources de la Musique* und *Le Triomphe de la Musique.* Darüber hängen Kristallleuchter, ein Geschenk der österreichischen Regierung zum Dank für die Unterstützung durch die Amerikaner beim Wiederaufbau der Wiener Staatsoper nach dem Zweiten Weltkrieg.

Vom Auditorium mit seinen 3800 Sitzen (und 195 Stehplätzen) blicken Sie auf die Bühne. Ihre 70 m Breite wird von einem Bühnenvorhang verhüllt, der eigens für die Oper aus Golddamast hergestellt wurde. Bevor er sich zur Vorführung öffnet, hebt sich zunächst der riesige Leuchter, der von der Decke über mehrere Balkone hinunterreicht, in die Höhe.

Die Met ist Domizil der *Metropolitan Opera Company,* deren Saison von Mitte September bis April dauert. Auch das *American Ballet Theater* hat hier sein Quartier und nutzt das Haus den Rest des Jahres.

Während einer Backstage-Tour wird man durch das Labyrinth der zehn Stockwerke geführt, darf die Umkleidekabinen der Stars betreten, erfährt, wie die Kulissen, Kostüme und Perücken entstehen, kann mit etwas Glück einer Probe beiwohnen oder sich selbst auf die Bretter stellen, die die Welt bedeuten. Den Stars bietet die Met weniger Reichtum als Ruhm (ein Spitzentenor verdient in Europa angeblich zehnmal mehr als bei der Met). Dies liegt daran, dass nur 0,3 % des jährlichen Budgets von 200 Mio. Dollar aus Steuermitteln stammen, rund 60 % werden durch den Kartenverkauf hereingeholt. Dafür hat der Generalmanager Peter Gelb mit seiner HD-Serie, bei der Opernpremieren in Kinos in bis zu 64 Ländern der Welt übertragen werden, ein breiteres Publikum für die Oper gewonnen. Immerhin wurden bislang 10 Mio. Kinokarten für diese Übertragungen verkauft.

Avery Fisher Hall: Das Gebäude auf der anderen Seite zur Columbus Avenue hin ist die Avery Fisher Hall, erbaut vom Architekten Max Abramovitz (UN-Hauptquartier, Time-Life Building und einige der Rockefeller-Hochhäuser). Er hatte seine ursprünglichen Pläne ändern müssen, um mehr Zuschauern (2800) Platz zu bieten, was eine schlechte Akustik der 1962 eröffneten Philharmonic Hall zur Folge hatte. Seit Jahrzehnten bemüht man sich nun in endlosen Umbauten um eine bessere Akustik. Die Avery Fisher Hall ist das Stammhaus der *New Yorker Philharmoniker,* des ältesten Symphonieorchesters von New York City. Es wurde 1842 gegründet und gibt im Jahr rund 180 Konzerte.

Das Gebäude ist ein moderner Kasten, der dadurch aufgelockert wird, dass außen vorgelagert eine Art Vorhang aus rechteckigen Betonsäulen herumführt. Aus dem recht niedrigen Foyer fährt man fast wie in einer amerikanischen Shopping Mall mit banalen Rolltreppen nach oben. Das Foyer wird überschattet von der schwebenden Metallskulptur *Orpheus und Apollo* von Richard Lippold.

Lincoln Center Theater und New York Public Library for the Performing Arts: Gehen Sie nun links an der Avery Fisher Hall vorbei in Richtung der *Hearst Plaza* und dem zweiten Brunnen. Der Reflecting Pool wird nun *Paul Milstein Pool* genannt, umspült aber noch immer Henry Moores Skulptur *Reclining Figure.* Im neuen Barcleys Capital Grove spenden Ihnen 30 Londoner Platanen Schatten. Im Gebäude zu Ihrer Linken ist die **New York Public Library for the Performing Arts** (Zweigstelle der New York Public Library) untergebracht. Sie weist die umfassendste Sammlung von Recherchematerial (Bücher, Fotos, Presseausschnitte, Videoaufzeichnungen, Noten etc.) zu den darstellenden Künsten auf, veranstaltet kostenlose Ausstellungen und Konzerte und verzeichnet fast eine halbe Million Besucher pro Jahr. Dahinter befindet sich das *Lincoln Center Theater* mit seinen zwei nach großzügigen Spendern benannten Bühnen: das *Mitzi E. Newhouse Theater* und das *Vivian Beaumont Theater,* das sich als einziges Theater „Broadway-Theater" nennen darf, ohne am Broadway zu liegen. Unter dem begrünten Dachgarten (Illumination Green) befindet sich das italienische Restaurant Lincoln.

Juilliard Building und Alice Tully Hall: Sie sind nun an der 65th Street angelangt, wo der Umbau der letzten Jahren am dramatischsten ins Auge fällt. In den Gebäuden entlang der West 65th Street sind mehr als die Hälfte der Kulturorganisationen und -einrichtungen des Centers ansässig, die hier eine sog. „Street of Arts" bilden. Hinter den neuen transparenten Fassaden mit integrierten Informationsgrafiken verbergen sich insgesamt 81 Übungsräume, 80 Probenräume, 13 Tanzstudios, 13 Bühnen und einige Konzerthallen. Der Gebäudekomplex der *Juilliard School* und die *Alice Tully Hall* erhielten eine gemeinsame Lobby und erfuhren die umfangreichsten Erweiterungen. Die Alice Tully Hall wurde großzügig in Richtung Osten zum Broadway hin ausgebaut, wo eine dreigeschossige Glasfassade einen neuen öffentlichen Raum geschaffen hat. Das umgebaute *Peter Jay Sharp Theater* bietet Platz für bis zu 1087 Zuschauer und verfügt über die modernste Technik (Sound- und Lichtanlagen), sodass hier auch Film-, Theater- und Tanzaufführungen stattfinden können. Genutzt wird die Bühne mit Vorliebe von der *Juilliard School of Music,* die 1905 von Dr. Frank Damrosch, dem Patenkind von Franz Liszt, gegründet wurde. Inzwischen werden hier rund 800 Studenten in den Disziplinen Drama, Musik und Tanz ausgebildet.

Das Hochhaus links ist das Samuel D. und David Rose Building, ein Wolkenkratzer mit so illustren Bewohnern wie der *School of American Ballet,* der *Chamber Music Society of Lincoln Center* und dem *Lincoln Center for the Performing Arts* sowie dem *Lincoln Center Institute* und der *Metropolitan Opera Guild.* Das *Walter Reade Theater* ist Sitz der *Film Society of Lincoln Theater,* die in diesem 268-sitzigen Auditorium jedes Jahr das New York Film Festival veranstaltet, es aber auch für *Sunday Morning Coffee Concerts* und Konferenzen zur Verfügung stellt.

Henry Moore vor dem Juilliard Building

Die Stockwerke zwischen elfter und 29. Etage dienen als Studentenwohnheim für die Studenten der Juilliard School.

Weitere Informationen zum Lincoln Center erhalten Sie im Internet unter lc.lincolncenter.org od. ☏ 212-875-5000. Tickets über CenterCharge, ☏ 212-721-6500. Führungen durch das Lincoln Center (Metropolitan Opera, Avery Fisher Hall und David H. Koch Theater) tägl. meist 10.30–16.30 Uhr, Dauer rund 1 Std., Kosten: $ 18, erm. $ 15. Reservierung unter ☏ 212-875-5350, www.lincolncenter.org.

Jeden **Sommer** (meistens im Juli) findet das Lincoln Center Festival mit vielen Sonderveranstaltungen (45 Aufführungen in 18 Tagen) auf dem Campus des Centers (und auf Governors Island) statt.

2-mal im Jahr verwandelt die **New York Fashion Week** den neuen Campus in einen Laufsteg.

Beim Lincoln Center haben Sie an der 66th Street Anschluss an die Linie 1.

Upper West Side → Karte S. 242

Abstecher: American Folk Art Museum

Die ständige Sammlung umfasst rund 6000 Objekte, die nur zu einem kleinen Teil gezeigt werden und thematisch geordnet sind. Traditionelle Volkskunst ist überwiegend Laienkunst und der naiven Kunst verwandt. Die Ausstellungsstücke aus der Zeit des 18. Jh. bis heute reichen von Gemälden und Zeichnungen über Möbel und Töpferstücke bis hin zu Galionsfiguren und Handwerksschildern. Großen Raum nimmt auch die Needlework ein, Teppiche und vor allem die in Amerika so beliebten Steppdecken (quilts). Viele kostenfreie Veranstaltungen zu unterschiedlichen Themen.

2 Lincoln Square, Columbus Ave/66th St., Di–Do und Sa 11.30–19 Uhr, Fr 12–19.30 Uhr, So 12–18 Uhr. Eintritt: frei. Livemusik Fr 17.30–19.30 Uhr, Gitarren-Nachmittage Mi 14 Uhr, Do 18 Uhr Kunsthandwerkstatt zum Mitmachen. ✆ 212-265-1040; www.folkartmuseum.org. Subway: 66 St.-Lincoln Center Linie 1.

Praktische Infos

→ Karte S. 242

Essen und Trinken

Ouest 6 Die Gäste, die in diese ehemalige Reinigung kommen, die mit ihren roten Ledersofas um runde Tische einen Hauch von Las Vegas versprüht, bekommen neuamerikanische Gerichte mit französischem Einschlag zu satten Preisen serviert. So–Di 17–21 Uhr, Mi/Do bis 22 Uhr, Fr/Sa bis 23 Uhr. 2315 Broadway zw. 83rd u. 84th Sts., ✆ 212-580-8700, www.ouestny.com. Subway: 86th St. Linie 1.

Good enough to eat 9 Charmant wie ein Landcafé! Hier gibt es alles von süß (hausgemachte Pancakes oder Waffeln für $ 9,50) bis salzig (famer's breakfast für $ 10,25), auch sehr gutes Brunch. Mo–Do 8–16 und 17.30–22.30 Uhr, Fr 8–16 und 17.30–23 Uhr, Sa 9–23, So 9–22.30 Uhr. 483 Amsterdam Ave. nahe 83rd St., ✆ 212-496-0163, goodenoughtoeat.com. Subway: 86th St. Linie 1.

Alice Tea Cup 19 128 Teesorten, dreistöckiges Gedeck mit Sandwiches, Scones und Nachtischen für $ 37. Tägl. 8–20 Uhr. 102 West 73rd St./Columbus Ave., ✆ 212-799-3006, aliceteacup.com. Subway: 72nd St. Linien 1, 2, 3. Mehrere Outlets.

Ocean Grill 12 Frischer Fisch und Hummer stehen hier dominant auf der Speisekarte. Elegantes Dekor, sehr aufmerksamer Service. Hummer- und Krabbenbrötchen für $ 24. Mo–Do 11.30–22 Uhr, Fr/Sa bis 22.30 Uhr, So 10.30–22.30 Uhr. 384 Columbus Ave./Ecke 78th St., ✆ 212-579-2300, www.oceangrill.com. Subway: 79th St. Linie 1.

Telepan 21 Buchautor Bill Telepan kreiert in seinem kleinen, teuren Gourmetrestaurant saisonbedingte, bodenständige Gerichte. Sparen kann man mit dem Prix-fix-Menue (Lunch mit zwei Gängen $ 28, Dinner mit vier Gängen $ 85, Brunch $ 32). Auch exzellente Cocktails und gute Weinliste. Lunch: Mi–Fr 12–14.30 Uhr, Brunch Sa 11–14.30, So 11–15 Uhr, Dinner So–Do 17–22 Uhr, Fr/Sa bis 23 Uhr. 72 W 69th St. zw. Columbus Ave. und Central Park West, ✆ 212-580-4300, www.telepan-ny.com. Subway: 66th St.-Lincoln Center Linie 1.

Café Viva 2 Vegetarische, koschere und vegane Pizza aus hauchdünnem, knusprigem Teig, alles Bioware, versteht sich. $ 6 für ein Stück. So–Fr 11–23.30 Uhr, Sa 11–24 Uhr. 2578 Broadway/96th St., ✆ 212-663-8482; www.cafevivapizza.com. Subway: 96th St. Linien 1, 2, 3. ■

Gray's Papaya 18 Seit den 1970ern werden hier spottbillige Hot Dogs für $ 1,25 verkauft, mit Rindfleisch $ 1,95. Beilagen wie Sauerkraut, Zwiebeln, Senf oder Ketchup sind umsonst. Dazu gibt es frisch gepressten Papayasaft oder Virgin Pina Coladas. Rund um die Uhr geöffnet. 2090 Broadway zw. 71st uns 72nd Sts., ✆ 212-799-0243, grayspapayanyc.com. Subway: 72nd St. Linien 1, 2, 3.

Artie´s Delicatessen 8 Gehobener Diner. Pastramis und Reubens ($ 17,45), Hot Dogs, Burger, Salate, Waffeln, Eier und Toasts. Mo–Do 9–22 Uhr, Fr/Sa 8–23 Uhr. 2290 Broadway/83rd St., ✆ 212-579-5959; www.arties83rd.net. Subway: 86th St. Linie 1.

Smoke 1 → Nightlife S. 62.

Einkaufen

Zabar's 10 Größter Lebensmittellieferant in Manhattan. Saul Zabar führt eine alte Fami-

Für eine gemütliche Rast bietet sich in der Upper West Side der Riverside Park mit seinen diversen Beach-Cafés an:

Pier i Café 17 Mai bis Okt. tägl. 7.30–24 Uhr. Klatch Expresso Bar: 7.30–15.30 Uhr. Café: Mo–Fr 12–23 Uhr, Sa/So 11–23 Uhr. Hot Dog, Salate, Burger, Fisch, Pasta. Samtags manchmal Globe Sonic Sound System Dance Partys. Das Pier 1 befindet sich auf der Esplanade im Riverpark South auf Höhe der West 70th St. – der Übergang auf die Esplanade ist vom Riverside Boulevard auf Höhe der 68th St. ✆ 212-364-4450, piericafe.com. Subway: 72nd St. Linien 1, 2, 3.

West 79th Street Boat Basin Café 7 Zwei Außenbereiche, einer innen unter Gewölbe, Hotdogs und Hamburger vom Grill, Gerichte für $ 5–20. Man kommt weniger zum Essen hierher als für einen Drink – Cocktails an der Bar und Bier. April bis Okt. Mo–Mi 12–23 Uhr, Do–Sa bis 23.30 Uhr, So 12–22 Uhr. ✆ 212-496-5542, www.boatbasincafe.com. Subway: 79th St, Linie 1.

Hudson Beach Café 3 Eher Bar als Bistro auf zwei Etagen. Trotz Blick auf den West Side Highway gute Atmosphäre. Burger $ 6,96, Bier $ 5. Nur April bis Okt. Mo–Do 15.30–22 Uhr, Fr/So ab 11 Uhr, Do–So 18–21 Uhr Livemusik. Riverside Park/Ecke 103rd St. ✆ 917-370-3448, www.hudsonbeachcafe.com. Subway: 103rd St., Linie 1.

lientradition weiter und gehört fest zum Alltag vieler New Yorker. Mo–Fr 8–19.30 Uhr, Sa bis 20 Uhr, So 9–18 Uhr. 2245 Broadway/80th St., ✆ 212-496-1234, www.zabars.com. Subway: 79th St. Linie 1

Citarella 14 Delikatessen-Take-away mit köstlichen Suppen, Salaten und Sandwiches. Berühmt für seine hausgemachten Ravioli. Mehrere Geschäfte stadtweit, Upper East Side, Greenwich und Harlem. Mo–Sa 7–23 Uhr, So 9–21 Uhr. 2135 Broadway/75th St., www.citarella.com. Subway: 72nd St. Linien 1, 2, 3.

Fairway 15 Institution, die mit Obst und Gemüse groß rauskam. Fairway betreibt eine eigene Biofarm auf Long Island. Hervorragendes Brunch! Tägl. 6–1 Uhr. Außerdem The Steakhouse @ Fairway, So–Do 8–21.30 Uhr, Fr/Sa 8–22 Uhr. 2127 Broadway, zw. 74th und 75th St., ✆ 212-595-1888, www.fairwaymarket.com. Subway: 72nd St., Linien 1, 2, 3.

Westside Rare and Used Books 11 Unglaubliche Sammlung an gebrauchten Büchern, Schallplatten und CDs; auch Plattenspieler gibt es hier. Tägl. 10–22 Uhr. 2246 Broadway, zw. 80th und 81st Sts. (gegenüber von Barnes & Nobles), ✆ 212-874-1588, westsiderbooks.com. Auch Record Store. Subway: 79th St. Linie 1.

Blades 20 Sportladen mit Angebot an Ausrüstung, Mode, Schuhen, Accessoires – der Schwerpunkt liegt auf Brettern und Kufen. Auch Inlineskates zum Leihen für $ 20/24 Std. Mo–Sa 10–20 Uhr, So bis 19 Uhr. 156 W 72th St. zw. Columbus und Amsterdam Aves., ✆ 212-787-3911, www.blades.com. Subway: 72nd St. Linien 1, 2, 3.

Vom Feinsten – Lebensmittel bei Zabar's

Die grüne Lunge der Stadt – der Central Park

Central Park

Nichts geht über einen Spaziergang durch den Central Park. Die 340 ha große grüne Lunge der Stadt ist ähnlich wie die Subway ein Gleichmacher. Nirgendwo sonst kann man Jugendliche unterschiedlicher ethnischer Herkunft einträchtig zum selben Beat tanzen sehen, und nirgendwo sonst sieht man Rechtsanwälte und Pizzaboten Seite an Seite joggen, walken, inlineskaten oder Rad fahren. Wenn Sie Glück haben, findet sogar eines der vielen Open-Air-Konzerte oder eine Theateraufführung statt, während Sie in New York sind.

Frederick Law Olmsted wäre über das bunte Treiben begeistert. Zusammen mit seinem Partner Calvert Vaux war er als Sieger aus einem von der Stadt ausgeschriebenen Wettbewerb zur Gestaltung eines großen öffentlichen Parks hervorgegangen, der den vom Industriezeitalter gebeutelten Einwohnern New Yorks Raum zur Erholung geben sollte. Das war bitter nötig, denn das dicht besiedelte Zentrum Manhattans war zu diesem Zeitpunkt fast eine grünflächenfreie Zone. Als Areal für die geplante Parkanlage wählte man das Gebiet nördlich der 59th Street, das damals noch nahezu unbebautes Sumpf- und Weideland war. Der 340 ha große Grund, der die Stadt 7,5 Mio. Dollar kostete, wurde ab 1858 von 3000 irischen Tagelöhnern systematisch umgepflügt. Mehr als 20.000 Fässer Schießpulver wurden verwendet, um Granitfelsen einzuebnen. Wasserläufe mussten angelegt werden, um das sumpfige Gelände trockenzulegen. Außerdem war das ursprüngliche Erdreich nicht als Boden für die geplanten Bäume und Sträucher geeignet. Daher wurden 10 Mio. Pferdefuhren Erde aus New Jersey herangekarrt, um eine neue Schicht Mutterboden anzulegen.

Nach 20 Jahren war ein 840 m breiter und etwas über 4 km langer Volkspark entstanden, der sich von der 59th bis zur 110th Street (Nord-Süd-Richtung) bzw. von der 5th bis zur 8th Avenue (West-Ost-Richtung) erstreckt. Für die ca. 35 Mio. Besucher jährlich stehen heute 100 km Spazierwege, sieben künstliche Seen, ebenfalls sieben Brunnen, 36 Brücken, großzügige Rasenflächen, 26.000 Bäume, 9000 Parkbänke, 21 Spielplätze, zwei Eislaufbahnen, ein Schwimmbad, zwölf Sportplätze und ein Zoo zur Verfügung.

Seinen schlechten Ruf als lebensgefährliches und schmutziges Terrain hat er übrigens längst abgeschüttelt. Lediglich den einsamen Nordteil sollten Sie bei Dunkelheit meiden. Zwischen 1 Uhr nachts und 6 Uhr früh wird der Central Park sowieso geschlossen.

Der Central Park ist in vier Abschnitte eingeteilt: Das South End, wegen seiner vielen Angebote für den Nachwuchs auch „Childrens District" genannt, reicht von der 59th Street bis zur 79th Street, der Great Lawn erstreckt sich nördlich davon bis zur 85th Street, das Jacqueline Kennedy Onassis Reservoir bis zur 97th Street und das North End mit dem Harlem Meer von dort bis zur 110th Street. Der Park wird von mehreren Straßen durchzogen, vier davon sind wochentags zu verschiedenen Zeiten für den Verkehr freigegebenen.

Blick vom Top of the Rock

Stationen

Ausgangspunkt ist der **Columbus Circle**, den Sie mit den Subway-Linien A, C, D und 1 erreichen. Seinen Namen erhielt der Platz 1892 anlässlich der 400-Jahr-Feier der Entdeckung Amerikas. Die Kolumbusfigur auf der Marmorsäule inmitten des Platzes war ein Geschenk der Italo-Amerikaner an die Stadt. Wo einst das Majestic Theater stand, befinden sich heute die Zwillingstürme des Columbus Center, das besser als **AOL Time Warner Center** bekannt ist (→ Upper West Side).

Sie betreten den Central Park durch das **Merchant's Gate** links neben dem sandsteinernen Denkmal mit der vergoldeten Quadriga auf dem Sockel. Es stammt von 1913 und ist den getöteten Seeleuten der *USS Maine* gewidmet, die 1898 im Hafen von Havanna durch eine Explosion zerstört wurde. Die USA beschuldigten seinerzeit die Spanier, die sich als Kolonialmacht gerade mit den kubanischen Unabhängigkeitsbestrebungen konfrontiert sahen, einen gezielten Angriff auf das Schlachtschiff verübt zu haben. Damit markiert der Untergang der *USS Maine* den Auftakt zum Spanisch-Amerikanischen Krieg, der im Dezember 1898 mit dem Verlust aller verbliebenen

Central Park → Karte S. 259

spanischen Kolonien in Lateinamerika und der Ausweitung des US-amerikanischen Einflusses in der Region endete.

Gehen Sie am ersten Abzweig rechts und durchlaufen Sie den Park parallel zum West Drive/Central Drive, dem Highway der sich hier im Affentempo fortbewegenden ambitionierten Fahrradfahrer und Jogger. Am besten überqueren Sie die Rennstrecke bei den Ampeln, dafür sind sie da. Zu Ihrer Linken liegt **Heckscher's Playground**, der größte Spielplatz im Central Park. Wenn Sie den Spielplatz rechts umrunden, gelangen Sie an den WCs und einem Baseballfeld vorbei zum **Friedsam Memorial Carousel**, dem vierten Nachfolger des Originalkarussells von 1871, das damals von einem blinden Esel und einem Pferd in einer unterirdischen Tretmühle angetrieben wurde. Das heutige Karussell stammt aus dem Jahre 1951 und besteht aus 58 handgeschnitzten Pferden und zwei Kutschen. (April bis Okt. tägl. 10–18 Uhr, Fahrt $ 3).

Gehen Sie nun geradezu durch den vor Ihnen liegenden *Playmates Arch.* Auf der anderen Seite liegt vor Ihnen das **Dairy Visitor Center**, eines der Besucherzentren des Parks. Gebaut wurde die Dairy (= Molkerei/Meierei) zwischen 1869 und 1871 im repräsentativen Gothic Style. Das Gebäude mit hübscher Loggia war aber nicht nur architektonisches Schmuckstück, sondern diente tatsächlich lange Jahre als Anlaufpunkt für Kinder, die hier mit Milch versorgt wurden. Heute gibt es keine Milch mehr, dafür erhalten Sie Kartenmaterial, Literatur zum Park, Informationen über aktuelle Veranstaltungen und Souvenirs von Schlüsselanhängern über Tassen bis hin zu Postern. An der Dairy beginnen auch einige der kostenlosen 60- bis 90-minütigen Führungen des *Central Park Conservancy Walking Tour Program* (→ Praktische Infos S. 262).

Rechts davon und ein paar Stufen aufwärts steht das **Chess and Checkers House**, wo es ebenfalls Informationen gibt (hier kostenlos!) und man Schach bzw. Dame spielen kann.

Figurenverleih umsonst, aber $ 20 Pfand. Di–So 10–17 Uhr.

Gehen Sie nun am Eingang zur Dairy vorbei. Sie sind etwas erhöht, sodass Sie nach rechts hinunter einen Blick auf den **Wollman Rink** (neu Trump Rink) haben, eine Eislaufbahn, auf der im Winter rund 4000 Läufer täglich ihre Runden drehen. Zur Weihnachtszeit wird die Atmosphäre mit Popversionen von Weihnachtsliedern untermalt, Protagonisten und Zuschauer können sich in einem Café mit Glühwein, Pommes oder anderen Snacks stärken. Im Sommer wird das Areal als *Victoria Gardens* ein Rummel für 2- bis 12-Jährige.

Nov. Bis März Mo/Di 10–14.30 Uhr, Mi/Do bis 22 Uhr, Fr/Sa bis 23 Uhr, So bis 21 Uhr. Eintritt $ 11,25–18, Kinder $ 6, Senioren $ 5–9; Schlittschuhverleih $ 8. ✆ 212-439-6900, www.wollmanskatingrink.com.

Wenn Sie mit Kindern unterwegs sind, machen Sie vom Wollman Rink einen Abstecher zum **Central Park Zoo** an der 5th Avenue, wo u. a. Pinguine, Affen, ein Eisbär und einige Seelöwen auf Ihren Besuch warten und sich Ihre Kinder im *Tisch Children's Zoo* mutig Ziegen, Schafen, Kühen und Schweinen nähern dürfen. Davor steht die *Delacorte Clock*, eine Uhr mit tanzenden Bären und Affen, die alle 30 Minuten mit Hämmerchen eine Glocke schlagen.

East Side, zw. 63rd und 66th St., ✆ 212-493-6500; www.centralparkzoo.com. April bis Okt. Mo–Fr 10–17 Uhr, Sa/So bis 17.30 Uhr, Nov. bis März tägl. bis 16.30 Uhr. Eintritt $ 18, erm. $ 15, Kinder 3–12 J. $ 13.

Nach der *Dairy* gehen Sie links und überqueren die Straße. *Christopher Columbus* begrüßt Sie am unteren Ende der Mall, einer ulmengesäumten, fast 15 m breiten Promeniermeile. Der Abschnitt, auf den Sie zunächst zugehen, ist der *Literary Walk,* den Statuen von Dichtern und Denkern zieren, darunter William Shakespeare, Sir Walter Scott und Robert Burns. Gehen Sie geradeaus bis zum **Naumburg Bandstand**, einem neoklassizistischen Musikpavillon, der Bühne für Interpreten ganz unterschiedlicher musikalischer Genres war. Auch Hochkaräter wie Irvin Berlin, Duke Ellington oder John Lennon sind hier aufgetreten. Noch immer gibt es gelegentlich zwischen Juni und August kostenlose Aufführungen und Konzerte, die ganz großen Events finden hier aber nicht mehr statt. Die beiden Treppen links und rechts der Bühne führen zum Rumsey Playfield, wo während der kostenlosen Programmreihe **Summer Stage** Theater, Lyrik, Tanz und Musik dargeboten wird (www.centralpark.com/guide/activities/concerts/summerstage-festival.html.). Im August gibt es hier auch ein kostenloses Open-Air-Kino. Sie können sich jetzt auf einer der zahlreichen schattigen Bänke ausruhen oder Sie gehen geradeaus weiter. Schon aus der Ferne sehen Sie die Sandsteinbalustrade der **Bethesda Terrace** vor sich, die das Herzstück des Parks bildet. Gehen Sie durch die Unterführung mit ihren fantastisch restaurierten 15.000 Kacheln, dann sparen Sie sich die Ampel. Von der mit einem Engel gekrönten **Bethesda Fountain** aus hat man eine schöne Aussicht über den 290 m² großen See, schlicht *The Lake* genannt, und das **Loeb Boathouse**, wo man Ruderboote ausleihen oder gediegen einkehren kann. Der Brunnen wurde 1873 von Emma Stebbins, der Tochter des damaligen Parkmanagers, entworfen und erinnert in Anspielung an die heilende Kraft des biblischen Bethesda-Teiches an die für die Stadt segensreiche Eröffnung des Croton-Aquädukts, der Manhattan ab 1842 mit Frischwasser versorgte.

Gehen Sie links am Ufer weiter. Nach wenigen Metern gelangen Sie an die *Bow Bridge*, die wie ein Bogen geformt ist und schöne Ausblicke zu den berühmten Apartmenthäusern der West Side bietet. Wenn Sie die Brücke überquert haben, beginnt **The Ramble**, ein Wirrwarr an Pfaden durch den naturbelassensten Teil des Parks.

Für Romantiker oder Bewegungsmuffel – die Kutschfahrt

Man kann sich hier leicht verlaufen, jedoch werden Sie immer zum **Belvedere Castle** finden, wenn Sie in Richtung Norden und bergauf unterwegs sind. Das Belvedere Castle ist eine Fantasieburg, die alle möglichen historisierenden und antikisierenden Stilelemente in sich vereint. Sie steht auf dem *Vista Rock,* der zweithöchsten Erhebung im Park. Von hier hat man tatsächlich eine tolle Aussicht. Seit 1919 werden hier Wetterdaten gesammelt, inzwischen automatisch vom Dach des Belvedere Tower aus. Den Tower kann man besteigen, auf dem Weg dorthin wird einem die Vogelwelt des Parks etwas nähergebracht, wo angeblich 275 Vogelsorten zu Hause sind.

Tägl. 10–17 Uhr, Eintritt frei.

Vom Tower aus blicken Sie nach Norden über das **Delacorte Theater**, wo im Juli und August die beliebte Theaterserie *Shakespeare in the Park* aufgeführt wird.

Karten für Shakespeare in the Park gibt es in einer Online Ticket Lottery, am Delacorte Theater direkt, beim Public Theater am Astor Place, 425 Lafayette St., und an ausgewählten Kulturstätten in den fünf Boroughs. Informationen: www.shakespeareinthepark.org. und www.publictheater.org.

Wenn Sie so weit sind, gehen Sie die Stufen an der linken Seite hinunter durch den **Shakespeare Garden**, wo nur Blumen gepflanzt wurden, die Shakespeare in seinen Werken bedacht hat. Sie kommen an eine halbmondförmige Terrasse, bei der Sie rechts die Treppen hinuntergehen.

Unten angekommen, halten Sie sich wieder rechts (links liegt das **Swedish Cottage**, in dem seit 50 Jahren ein Marionettentheater seine Zuschauer unterhält (Di–Fr 10.30 und 12 Uhr, Mi auch 14.30 Uhr, Sa/So 11 und 13 Uhr, Eintritt $ 10, Kinder $ 7; ✆ 212-988-9093) und gehen um das Delacorte Theater herum. Lassen Sie den Great Lawn links liegen und biegen Sie den Abzweig (nicht den Weg mit dem gelben Telefon an der Laterne) rechts ab. Bevor Sie zu einer Unterführung kommen, geht es scharf links zum Obelisken, **Cleopatra's Needle** genannt, der an der Rückseite des Metropolitan Museum of Art steht. Dieser 244 t schwere Granitkoloss war ursprünglich 1461 v. Chr. für den Sonnentempel von Heliopolis gebaut worden, stand zwischenzeitlich in Alexandria und kam 1880 als Geschenk zum Dank für die Hilfe beim Bau des Suezkanals mit riesigem Aufwand hierher.

3500 Jahre alt – die Nadel der Kleopatra

Halten Sie sich nun auf dem Weg hinter dem Obelisken weiter in Richtung Norden. Auf Höhe der 86th Street müssen

Sie den East Drive überqueren. Vor Ihnen steht ein Gebäude, das wie eine Verteidigungsanlage aussieht, das *South Gate House*. Es dient immer noch als Überwachungsstation für die Wasserqualität im **Jacqueline Kennedy Onassis Reservoir**, obwohl der Stausee schon geraume Zeit nicht mehr Bestandteil des städtischen Wasserversorgungssystems ist. Die meisten Jogger beginnen hier ihre 2,5 km lange Runde um das Staubecken. Folgen Sie diesem Joggingweg bis zum nördlichen Ende des Stausees an der 96th Street, die Sie überqueren müssen. Durch den East Meadow, einen Spielplatz und einen etwas hügeligen Abschnitt voller gewundener Pfade und Treppen gelangen Sie auf Höhe der 102th Street zum **Conservatory Garden**, einer 1936 geschaffenen Oase. Die 2,5 ha große Anlage besteht aus penibel gestalteten Gärten im italienischen, französischen und englischen Stil, ein paar Brunnen sowie einer Reihe von Skulpturen. (geöffnet tägl. 8 Uhr bis Sonnenuntergang). Gehen Sie durch das wunderschöne Vanderbilt Gate zur 5th Avenue, wo Sie beim Museo del Barrio die Busse M1, M3 oder M4 zurück nach Midtown besteigen können.

Praktische Infos

→ Karte S. 259

Information und Führungen

Achtung: Weder Rauchen noch Alkoholkonsum sind im Park erlaubt! Fahrradfahrer müssen auf den für sie ausgewiesenen Wegen bleiben. **Der Park ist geöffnet von 6 bis 1 Uhr morgens.**

Dairy Visitor Center. Informationen zum Park, den Veranstaltungen und Programmen. Interaktiver Touchscreen-Kiosk für Kinder und Geschenkeshop. Kostenlose Führungen mehrmals in der Woche, Programm unter www.centralparknyc.org/tours/guided-tours/. Tägl. 10–17 Uhr. ✆ 212-

Klangspiele am Bethesda Brunnen

Die Bühne im Park – das Delacorte Theater

794-6564, www.centralparknyc.org. Kostenlose Audioführungen zum Herunterladen unter www.centralparknyc.org/tours/self-guided/audio-guide.html. Weitere Informationskioske: **Chess & Checkers House,** Höhe 64th Street, April bis Okt. Di–So 10–17 Uhr, Nov. bis März Mi–So 10–17 Uhr; **Charles A. Dana Discovery Center**, 110th St. zw. 5th und Lennox Aves., tägl. 10–17 Uhr; **Belvedere Castle** Höhe 79th Street, tägl. 10–17 Uhr.

Fahrradverleih. Bike and Roll Ausleihstationen an der **Tavern on the Green** und **Merchants Gate Plaza** am Columbus Circle. Tägl. 10–17 Uhr, ✆ 212-260-0400.

Essen und Trinken

Whole Foods **4** Größter Supermarkt Manhattans mit Deli, umfangreicher Fischabteilung, Sushi, alles zum Mitnehmen.Tägl. 7.30–23 Uhr. Untergeschoss im Time Warner Center am Columbus Circle, ✆ 212-823-9600; www columbuscircle.com. Subway: 59 St.-Columbus Circle Linien A, B, C, D, 1.

Tavern on the Green **2** Traditionsrestaurant, in einem ehemaligen Schafstall, das in der Vergangenheit viele Aufs und Abs erlebt hat und im April 2014 unter neuem Management wiedereröffnete. Mittlere Preisklasse. Dinner tägl. 17–1 Uhr, To Go tägl. 7–17.30 Uhr, Lunch und Brunch. 67 Street/ Central Park West. ✆ 212-877-8684; www. tavernonthegreen.com.

Le Pain Quotidien @ Central Park **3** Bäckerei (auch Suppen und Salate) zum Mitnehmen oder Sitzen. Tägl. 7–19 Uhr, Jan. bis April Fr–So 8–16 Uhr. Westseite 69th St. @ Central Park. ✆646-233.3768; www. lepain quotidien.com.

Loeb Boathouse **1** Dinieren mit weißen Tischdecken im romantischen Restaurant oder Snacks im Express-Café, dazu Bar - & Grill auf dem Bootsdeck. Außerdem Ruderboote ($ 12/Std.), Gondola-Fahrten ($ 30) und Fahrradverleih ($ 9/Std.). Express Café tägl. 8–20 Uhr, im Winter bis 16.30 Uhr. Restaurant Mo–Fr 12–16 und von April bis Nov. auch 17.30–21.30 Uhr, Sa/So 9.30–16 und von April bis Nov. auch 18–21.30 Uhr; Outdoor Bar & Grill April bis Nov. tägl. 11–23 Uhr. East Side zw. 74th und 75th Sts., ✆ 212-517-2233, www.the centralparkboathouse.com. Shuttleservice abends und am Wochenende alle 15 Min. von 72nd und 80th St./5th Ave.

Außerdem gibt es in der Saison viele Stände mit Eis, Imbissen und Getränken.

Central Park → Karte S. 259

Lust am Leben und auf die Musik – der Stadtteil Harlem gestern und heute

Harlem und Morningside Heights

Harlem klingt nach Afrika, nach Lust am Leben, nach Musik. In der wohl berühmtesten schwarzen Gemeinde der Welt sind Gospel, Jazz und Hip-Hop zu Hause. Sie wurde zum Symbol für afroamerikanisches Selbstbewusstsein, aber auch zum sozialen Brennpunkt durch das Aufeinandertreffen verschiedener Kulturen. Die Zeiten von Verfall, Drogen, Armut und Verbrechen sind jedoch auch hier vorbei: Harlem wurde salonfähig, die Kunstszene blüht – und die Immobilienpreise steigen. Im Westen grenzt Harlem an Morningside Heights, das wegen der hier ansässigen Columbia University und anderer Bildungseinrichtungen auch als „Academic Acropolis" bezeichnet wird.

„I'd rather be a fly on a lamppost in Harlem than a millionaire anywhere else" (Ich wäre lieber eine Fliege auf einer Laterne in Harlem als ein Millionär irgendwo anders), befand der Jazzpianist Willie „The Lion" Smith in den 1920ern in einem Anfall von Lokalpatriotismus. Harlem erlebte damals seine erste Renaissance, derzeit erfährt der Stadtteil seine zweite. Die 125th Street, einst Bannmeile für jeden Touristen mit gesundem Menschenverstand, mauserte sich innerhalb weniger Jahre zur neuen Lebensader des Viertels. Jährlich zieht es vier Millionen Touristen hierher, selbst die Stadtrundfahrtbusse haben Harlem in ihre Route aufgenommen. Längst hat das Big Business seine Fühler ausgestreckt, *Gap, Body Shop, H&M* und *Starbucks* künden vom Einzug eines neuen Konsumzeitalters. Auch moderne Einkaufs- und Vergnügungszentren haben sich etabliert und demnächst soll in einem 80-Millionen-Dollar Hochhaus an der Fifth Avenue (zw. 109th und 110th Streets) das **New Africa Center 19** eröffnen (voraussichtlich Ende 2015).

Der Stadtteil Harlem ging aus der ehemaligen holländischen Siedlung *Nieuw Haarlem* hervor und entwickelte sich im 19. Jh. zum Wohngebiet der weißen Mittelklasse, doch Überkapazitäten und Fehlspekulationen führten zum flächendeckenden Leerstand. Die Mieten sanken entsprechend, immer mehr Schwarze zogen ein, immer mehr Weiße „flohen". Die Schwarzen waren im Zuge der Great Migration, die in der Zeit des Ersten Weltkriegs einsetzte, als die Industrie Arbeitskräfte brauchte, vom Süden in den Norden aufgebrochen und bevölkerten dort zusehends die großen Städte. Harlem mutierte zum berühmtesten Schwarzenghetto der Welt, bereits 1910 lebten hier fast nur noch Schwarze.

Seine Blütezeit und besagte erste Renaissance, die sog. *Harlem Renaissance,* erlebte es in den 1920er Jahren. Afroamerikanische Schriftsteller, Musiker, Maler und Intellektuelle strömten nach Harlem, eine eigene schwarze Kultur konnte sich entwickeln, ein neues schwarzes Selbstbewusstsein entstand. Selbst das weiße New York fuhr mit dem A-Train, den Expresszügen der New Yorker U-Bahn (besungen von Duke Ellington in *Take the A-Train*), wieder nach Uptown Manhattan, um Teil der neuen und aufregenden Kulturströmung zu sein, Harlem wurde zur Amüsiermeile der New Yorker Boheme. Legendäre Lokale waren der *Cotton Club* (aufgrund der Rassentrennung nur für Weiße zugänglich, obwohl dort schwarze Künstler auftraten) und das Apollo Theater. Das *Apollo Theater* gibt es noch. Es wird seit 1992 von der *Apollo*

Legendäre Spielstätte – das Apollo

Theater Foundation als Stiftung geleitet und ist für seine allwöchentliche Amateur-Nacht bekannt.

Nachdem das *Civil Rights Movement* der 1960er Jahre die Rechte und das

Klima für den afroamerikanischen Bevölkerungsteil Amerikas verbessert hatte, wurden schrittweise auch die vielen Avenues zu Ehren prominenter Schwarzer umgetauft, etwa die Lenox Avenue, die 1987 dem Führer der *Nation of Islam*, Malcolm X, gewidmet wurde (→ Kasten), oder der Frederick Douglas Boulevard, der nach einem ehemaligen Sklaven, Schriftsteller und Aktivisten gegen die Sklaverei benannt ist.

Dem Hoch der 1920er folgte ein langes Tief, beginnend mit dem Börsenkrach 1929, das bis in die 1990er Jahre anhielt. Die Bausubstanz verwahrloste ebenso wie die Menschen, die darin wohnten, und der Bezirk wurde zur größten Problemzone New Yorks. Wer konnte, zog weg von hier. So standen in den 1980er Jahren etwa 40 % aller Harlemer Wohnungen und Häuser leer – bis einige vorausschauende Pioniere unter den Immobilienspekulanten das Potenzial des Bezirks erkannten und mit der grundlegenden Sanierung begannen.

Central Harlem, wo wir uns auf unserem Spaziergang aufhalten, verläuft vom Central Park North bis zum Harlem River und von der 5th Avenue bis zur St. Nicholas Avenue. Hier um die 125th Street liegt das Zentrum des schwarzen Harlem. Weiter im Norden leben v. a. Einwanderer aus der Dominikanischen Republik und Honduras. East Harlem, das sog. El Barrio, wo in erster Linie Zuwanderer aus Puerto Rico wohnen, erstreckt sich zwischen der 1st und 5th Avenue von der 96th bis zur 125th Street. West Harlem mit seinen Unterbezirken Manhattanville, Hamilton Heights und Sugar Hill umfasst das Gebiet von der 123rd Street bis zur 155th Street und von der St Nicholas Avenue bis zum Hudson River.

Nostalgie auf Harlems Straßen

Südlich davon liegt Morningside Heights, bis Ende des 19. Jh. noch ein Sammelsurium aus Dörfern, Schrebergärten und Feldern, das Bloomingdale Valley hieß. Dann siedelten sich hier verschiedene Bildungseinrichtungen an, und mit ihnen kamen Studenten, Wissenschaftler und Künstler. Den Anfang machte 1897 die Columbia University, die von Midtown hier hinaufzog, es folgte das der Universität angeschlossene Barnards College. In unmittelbarer Nachbarschaft zur Universität finden sich auch religiöse Einrichtungen wie das Union Theological Seminar, zu dessen Mitgliedern u. a. Reinhold Niehbur und Dietrich Bonhoeffer zählten, und das Jewish Theological Seminar, das Rabbis im konservativen Judaismus ausbildet. In der Manhattan School of Music werden 800 Begabte in klassischer Musik und Jazz unterrichtet, und im St Luke's-Roosevelt Hospital Center lernen Ärzte und Chirurgen der Columbia University die praktische Seite ihres Berufs. Morningside Heights ist ein Bezirk der Mittelklasse, weshalb sich die Apartmenthäuser hier weit bescheidener ausnehmen als in der Upper East Side oder der Upper West Side.

Tour-Info

Der Spaziergang beginnt an der Subway-Station Cathedral Parkway, die Sie mit der Linie 1 erreichen. Für eine Tour durch das Viertel bietet sich der Sonntag an. Wegen der Gospelgottesdienste ist in Harlem dann sehr viel los.

Stationen

Cathedral of St John the Divine

Wenn Sie noch nicht gefrühstückt haben, ist Ihnen das **Ungarische Café** an der 110th Street Ecke Amsterdam Avenue zu empfehlen. Es wird v. a. von Studenten der nahen **Columbia University** frequentiert. Bevor wir uns diese renommierteste aller New Yorker Unis ansehen (wer es nicht nach Harvard schafft, studiert gerne an der Columbia), führt die erste Station auf diesem Rundgang zur Cathedral of St John the Divine. Sie gelangen dorthin links entlang der Amsterdam Avenue.

Bevor Sie das Gotteshaus erreichen, kommen Sie am **Friedensbrunnen** vorbei, einem Bronze-Brunnen, der 1985 von Greg Wyatt entworfen wurde und den Erzengel Michael zeigt, wie er den Teufel bekämpft.

Der Bau an der protestantischen Kathedrale begann unter Bischof Horatio Potter 1892 mit dem Ziel, die größte Kathedrale der Welt zu errichten. St John the Divine wurde von den Architekten Heins und LaFarge im romanisch-byzantinischen Stil begonnen – davon zeugen Apsis, Chor und Vierung – und ab 1911 von dem Architekten Ralph Adams Cram im gotischen Stil weitergebaut. Die Bauarbeiten wurden 1999 vorläufig aus Geldmangel eingestellt, inzwischen sind sie abgeschlossen. Schon zwischen 1941 und 1979 hatten die Arbeiten geruht. Dass es nur schleppend voranging, lag vor allem daran, dass hier mit alten, sehr teuren Handwerksmethoden gearbeitet wurde.

11.240 m^2 Grundfläche machen St John the Divine zur größten protestantischen und drittgrößten aller Kirchen der Welt (nach dem Petersdom in Rom und Notre-Dame de la Paix an der Elfenbeinküste). Sie ist zweimal so breit wie die Abtei von Westminster und etwa so lang wie zwei Fußballfelder (200 m), die Innenhöhe beträgt 42 m. Zwei Wandteppiche aus der Renaissance (17. Jh.) zählen ebenso zu den Schätzen des Gotteshauses wie die Rosette, die aus 10.000 Buntglasteilen besteht und in der Mitte einen lebensgroßen Jesus Christus darstellt. Der Bronzealtar in der Savior's Chapel ist ein Kuriosum, denn das mit Weißgold plattierte Werk stammt von Keith Haring und zeigt Szenen aus dem Leben Jesu. Nur einen Monat nach der Fertigstellung (1990) verstarb der Künstler an Aids. Die Orgel mit ihren 8035 Pfeifen zählt zu den bekanntesten der Welt. Seit der Neuweihung des Schiffs im November 2008 sind auch die Gobelins von Barberini und Mortlake aus dem 17. Jh. zu sehen. Speziell für die Kathedrale schuf die New Yorker Bildhauerin Meredith Bergmann 2012 die monumentale Bronzeskulptur *Memorial to September 11.* In der Glasvitrine unter dem überlebensgroßen Frauentorso befindet sich Schrottstücke des World Trade Centre.

Tägl. 7.30–18 Uhr, Besucherzentrum und Shop 9–17 Uhr. Eintritt frei. Führungen Mo 11 und 14 Uhr, Di–Sa 11 und 13 Uhr, So 14 Uhr, $ 6, erm. $ 5. Turmbesteigung ("Vertical Tour") Mi 12 Uhr, Sa 12 und 14 Uhr, $ 15, erm. $ 10. Buchung: ✆ 866-8114111. 1047 Amsterdam Ave./112th St., ✆ 212-316-7540, www.stjohndivine.org. Subway: Cathedral Pkwy-110 St. Linie 1.

Größte des Landes – die St-John-The-Divine-Kathedrale mit Friedensbrunnen

Schmiede für Nobelpreisträger – die Columbia University

Wer eine Messe der etwas anderen Art besuchen möchte: Alljährlich werden am ersten Sonntag im Oktober zum Fest für den heiligen Franz von Assisi Tiere aller Art gesegnet. Neben den gängigen Haustieren werden zum Abschlus s auch größere Vierbeiner vorgeführt, es sollen bereits ein Elefant und ein Lama unter den Gesegneten gewesen sein.

Columbia University

Den Campus der Universität erreichen Sie, wenn Sie die Amsterdam Avenue nach Norden gehen und links bei der 116th Street auf das Gelände abbiegen.

Die seltsame Statue vor der modernen **Law School** rechter Hand ist Teil des Skulpturenparks der Uni und ein Werk von Jacques Lipchitz, dem ersten kubistischen Bildhauer. Wenn Sie das Gelände betreten, wird die 116th Street zum College Walk. Sie blicken rechts auf den klassizistischen Bau der **Law Memorial Library** mit der Statue der Alma Mater davor, wo Sie sich wochentags im Informationszentrum beraten lassen können. Sie haben es auf dem Unigelände mit der weltgrößten Sammlung von Architektur des Teams McKim, Mead & White zu tun. Das große Gebäude zu Ihrer Linken, die **Butler Hall**, ist eine der größten Büchereien Amerikas. Gehen Sie rechts am pantheonartigen Gebäude der Low Memorial Library vorbei die Stufen hinauf. Sie kommen zu Rodins *Statue des Denkers* vor dem Philosophiegebäude und dann zur **St Paul's Chapel**. In dieser byzantinischen Kirche im klassizistischen Stil mit hervorragender Akustik werden dienstags um 18 Uhr Konzerte veranstaltet. An der Kapelle rechts vorbei gelangen Sie zum **Skulpturengarten** über der Amsterdam Avenue. Hier steht u. a. Henry Moores Globus *Three Way Piece: Points* aus den 1960er Jahren und Gertrude Schweitzers Balanceakt *Flight* von 1981.

Zurück über die Brücke wenden Sie sich bei der St Paul's Chapel rechts und gehen an der **Avery Hall** vorbei bis zur **Schermerhorn Hall**, die im achten Stock die **Miriam and Ira D. Wallach Art Gallery** beherbergt. Seit 1986 wird hier zeitgenössische Kunst ausgestellt (Mi–Sa 13–17 Uhr).

Harlem und Morningside Heights → Karte S. 267

Der Rundgang führt Sie nun zurück zur Avery Hall und dort rechts entlang der Skulptur *Curl* von Celment Meadmore. Halten Sie sich links (East Walk) und kehren Sie zurück zum College Walk. Dieser führt Sie wieder zum Broadway, vorbei an einem großen Gebäude auf der linken Straßenseite, der **Columbia School of Journalism**. Die Journalistenschule ist 1912 von Joseph Pulitzer gegründet worden und gilt als eine der zwei Topschulen des Landes.

Columbia University

New York verfügt über 35 Universitäten und Colleges. Die Columbia ist eine Ivy League Universität, eine der exklusivsten Hochschulen in ganz Amerika. Hier studieren rund 23.000 Studenten, die etwa 62.000 Dollar für Studiengebühren, Unterkunft und Halbpension pro Jahr investieren. Sage und schreibe 82 Nobelpreisträger verschiedenster Disziplinen (u. a. auch Barack Obama) sind aus dieser Denkfabrik hervorgegangen, acht Nobelpreisträger unterrichten derzeit. Ihren bescheidenen Anfang machte die Columbia University 1754 als King's College. Benannt nach George II., der ihr die Zulassung gab, wurden damals gerade einmal acht Studenten von Samuel Johnson in einem Schulhaus an der Trinity Church unterrichtet. Der Name wurde nach der amerikanischen Revolution geändert, und seit 1897 befindet sich die Uni an diesem Standort in Morningside Heights.

2960 Broadway zw. 114th und 121st St., ✆ 212-854-1754, www.columbia.edu.

Riverside Church

Biegen Sie nun rechts in den Broadway ein. Die Gebäude auf der linken Straßenseite gehören zum Barnard College, das 1889 als unabhängiges College der freien Künste und Wissenschaften eigens für Frauen gegründet wurde. Die rechte Straßenseite führt Sie entlang des Unigeländes, an dessen Mauer Sie eine Gedenkplakette an die *Battle of Harlem Heights*, eine blutige Schlacht während des Unabhängigkeitskriegs, erinnert.

Am **Union Theological Seminar** biegen Sie links in die 120th Street ein und gleich wieder rechts in die Claremont Street, wo Sie auf die **Riverside Church** stoßen. Einen besseren Blick hat man allerdings später vom Riverside Drive. Die Kirche wurde 1927 von John D. Rockefeller zum Gedenken an seine Mutter gestiftet und ist der Kathedrale von Chartres nachempfunden. Sie ist berühmt für ihr Glockenspiel (Carillon), das 74 Bronzeglocken umfasst und das zweitgrößte, jedoch das schwerste der Welt ist. Es erklingt eine Melodie aus Wagners Parsifal. Die Besteigung des Kirchturmes ist wegen der fantastischen Aussicht durchaus zu empfehlen.

Tägl. 7–24 Uhr geöffnet, Eingang Claremont Ave. Glockenspiel So 10.30, 12.30 und 15 Uhr (manchmal auch 14.30 Uhr) sowie an besonderen Feiertagen. Kostenlose Führungen So 12.15 Uhr, wochentags nach Vereinbarung, $ 10, erm. $ 5. ✆ 212-870-6700, www.theriversidechurchny.org. Subway: 116 St./Columbia University Linie 1.

Grant's Tomb

Um zur nächsten Station unseres Rundgangs zu gelangen, gehen Sie die 122nd Street links und überqueren Sie den Riverside Drive. Sie stehen nun vor einem klassischen Tempel, der dem Mausoleum von Halikarnassos nachempfunden wurde: **Grant's Tomb**, eigentlich **General Grant National Memorial**. Einst eine große Touristenattraktion, liegt das Mausoleum des Bürgerkriegsgenerals und späteren Präsidenten der USA, Ulysses S. Grant, so abgelegen, dass sich heute nicht mehr viele Besucher hierher verirren. Nur ein paar jugendliche Skater stören manchmal die Ruhe, die Sie auf den im Stil von Gaudi mit Mosaiken verzierten Bänken links und rechts des Denkmals genießen können. 90.000 Menschen spendeten in den 1890er Jahren 600.000 Dollar für diesen klassischen Tempel, in dem 8000 t Marmor verbaut wurden. Der weiße Carrara-Marmor ist mit Mosaiken versehen, die die Höhepunkte von Grants militärischer Karriere zeigen. Eine kleine Ausstellung erhellt die geschichtlichen Hintergründe. Der Mann, der die 50-Dollar-Banknote schmückt, hatte sich als Oberbefehlshaber der Unionsarmeen im Bürgerkrieg so mit Ruhm bekleckert (obwohl er in den eigenen Reihen wegen seiner verlustreichen Strategien als „Schlächter" bezeichnet wurde), dass ihn die Republikaner als Präsidentschaftskandidaten aufstellten. Er wurde der 18. amerikanische Präsident, dessen zwei Amtszeiten v. a. durch Korruptionsskandale gekennzeichnet waren.

Do–Mo 10–11, 12–13, 14–15 und 16–17 Uhr, Eintritt frei. Vorträge im Besucherzentrum um 11.15, 13.15 und 15.15 Uhr. ✆ 212-666-1640, www.nps.gov/gegr und www.grantstomb.org. Subway: 116t St./Columbia University Linie 1.

Von hier aus können Sie den **Riverside Drive East** durch den **Riverside Park** den Berg hinunter bis zur 125th Street entlangbummeln, in die Sie dann rechts einbiegen. Sie führt ins Zentrum von Harlem.

Apollo Theater

Die 125th Street wirkt an ihrem östlichen Ende noch rau und unwirtlich. Vom Nachbau des *Cotton Club* (→ Nightlife) geht es unter der John F. Kennedy Memorial Bridge hindurch, vorbei an einem Wohnviertel für einkommensschwache Bevölkerungsschichten, ins Zentrum von Harlem: Kurz nach der Morningside Avenue wird die 125th Street zur Haupteinkaufsmeile des Bezirks, wo die Renaissance

Das Mausoleum Grant's Tomb Memorial

am spürbarsten ist. Anfang des 20. Jh. befanden sich die Geschäfte schwarzer Besitzer um die 135th Street, alle Läden in der 125th Street gehörten Weißen, die sich dem Zuzug so vieler Schwarzer widersetzten und sich bis Ende der 1930er Jahre weigerten, Afroamerikaner einzustellen, obwohl doch ihre Kundschaft überwiegend schwarz war.

Diese alteingesessenen Lädchen haben den Kampf gegen den Erneuerungswahn und die hohen Mieten inzwischen verloren. Überlebt haben aber einige Kultureinrichtungen, allen voran das berühmte **Apollo Theater**, auf das Sie nun stoßen.

Das Theater eröffnete 1913 für ein weißes Publikum, das hier Burlesken sah. 1934 ließen die Eigentümer auch Schwarze ein, und die Erfolgsgeschichte des Apollo als Talentschmiede begann. Nahezu jeder afroamerikanische Showstar von Rang ist hier aufgetreten: Duke Ellington, Count Basie, Bessie Smith, Nat King Cole, Louis Armstrong, Marvin Gaye, Sammy Davis Jr., Aretha

Harlem und Morningside Heights → Karte S. 267

Franklin, Stevie Wonder, Diana Ross und Prince standen hier bereits auf der Bühne. Zu den Gewinnern der Amateur Night am Mittwoch zählten auch die Jackson Five. Noch in den 1960er Jahren wollten die Beatles bei ihrer Tournee durch Amerika nur eines sehen: das Apollo. Wenn Sie durch die Tür schauen, sehen Sie zu Füßen der Treppe den Stumpf des *Tree of Hope*, des Baums der Hoffnung, den Darsteller bis heute küssen bzw. berühren, damit er ihnen Glück bringe, weshalb er bei Auftritten auf der Bühne zu finden ist. Die Amateurnacht, die Mutter aller Talentwettbewerbe, findet jeden Mittwoch statt und wird seit den 1990er Jahren im Fernsehen übertragen.

253 W 125th St. zw. 7th und 8th Aves., ✆ 212-531-5305, www.apollotheater.org. Subway: 125 St. Linien A, B, C, D.

Wenige Meter weiter steht das ehemalige *Loews Victoria Theater* von 1917, nur eines der anstehenden Großprojekte hier im Kiez, an denen sich der Streit zwischen Investoren mit rein kommerziellen Interessen und dem Wunsch der Bewohner nach nachhaltigen Kulturprojekten austobt, die irgendwann hier einziehen sollen.

Das **weiße Bürogebäude** an der 125th Street und der Südwestecke zum Adam Clayton Powell Jr. Boulevard war einst das Hotel Theresa, das den Spitznamen *schwarzes Waldorf-Astoria* trug. Viele Showstars, die im nahen Apollo auftraten, wohnten hier, wie etwa Count Basie und Duke Ellington. Ray Charles schrieb dort seinen Erfolgssong „Hit the Road Jack“. Das Theresa Hotel wurde 1967 in Büros umgebaut und später Theresa Towers genannt.

Studio Museum Harlem

Kurz nach der Kreuzung des Adam Clayton Powell Jr. Boulevards kommen Sie zum **Studio Museum**, an dem der Spaziergang endet. Dieses lichte und moderne Museum ist ein echtes Schmuckstück. Der Name stammt von seiner ursprünglichen Funktion als Studio. Heute ist es ein erstklassiges kleines Museum, das Arbeiten ortsansässiger, nationaler und internationaler Künstler afrikanischer Abstammung ausstellt. Neben den Skulpturen, Fotografien und Gemälden gibt es auch Lesungen und andere Veranstaltungen.

Begeben Sie sich nun einen Block weiter zur Subway Station 125th Street, die von den Linien 2 und 3 bedient wird. Auf dem Weg dorthin kommen Sie an Haus Nr. 55 (linke Straßenseite) vorbei, wo sich seit 2001 im 14. Stock **Bill Clintons persönliches Büro** befindet. Die Büros für seine *Bill, Hillary & Chelsea Clinton Foundation* hat er kürzlich in die Nähe des Rockefeller Centers verlegt. Der Präsident im Ruhestand kommt nur noch zwei- oder dreimal im Monat her, entsprechend ist der große Schreibtisch so gut wie leer.

Malcolm X

Malcolm X, mit richtigem Namen Malcolm Little, war 1948 im Gefängnis der Organisation *Nation of Islam* beigetreten und zum Islam konvertiert. Ins Gefängnis hatte ihn sein ausschweifendes Gaunerleben im halbseidenen Schwarzenmilieu Bostons gebracht. Nach seiner Entlassung 1952 avancierte er schnell zum erzradikalen Anführer und Demagogen der *Nation of Islam,* bis er eine weitere Wende vollzog, 1964 mit der *Nation of Islam* brach und statt Rassenkampf Toleranz predigte. Auf einer Reise nach Mekka konvertierte er schließlich zum orthodoxen Islam und gründete seine eigene Black-Muslim-Bewegung. 1965 wurde Malcolm X von Mitgliedern der *Nation of Islam* ermordet.

Laut Zehnjahres-Leasing-Vertrag (bis 2021) zahlt übrigens der Steuerzahler 432,30 Dollar für jeden der 772 m².

Studio Museum Harlem: Do, Fr und So 12–18 Uhr, Sa 10–18 Uhr. Eintritt $ 7, erm. $ 3, sonntags frei. 144 W 125th St., ✆ 212-864-4500; www.studiomuseum.org. Subway: 125 St. Linien2, 3.

Abstecher: The Cloisters

Zugegeben, es ist ein weiter Weg nach Norden zum **Fort Tryon Park** im Bezirk Washington Heights, wo ein einzigartiges Stück Mittelalter in Manhattan auf Sie wartet: **The Cloisters**, die Mittelalterabteilung des Metropolitan Museum of Arts. Es gibt dafür wohl keine passendere Umgebung als dieses traumhafte Kloster in idyllischer Umgebung mit seinen wunderschönen Ausblicken auf den Hudson und die Washington Bridge sowie seinen romantischen Innenhöfen mit Arkaden und plätschernden Brunnen. Es wurde 1938 aus Architekturfragmenten verschiedener europäischer Klöster mit mehreren Kreuzgängen und hübschen historischen Gärten errichtet, da das Stammhaus an der Museum Mile nicht über geeignete Räumlichkeiten für die Sammlung verfügte. Etwa die Hälfte der mittelalterlichen Werke, überwiegend Kunst und Architektur aus dem 12. bis 15. Jh., werden hier auf zwei Etagen und in chronologischer Reihenfolge gezeigt. Höhepunkte sind u. a. ein Altartriptychon von Robert Campin aus dem 15. Jh., der sog. Mérode-Altar, bedeutende Manuskripte (u. a. Belles Heures, ein Stundenbuch des Herzogs Jean de Berry), faszinierende Buntglasfenster (u. a. aus dem österreichischen Sankt Leonhard von 1340), Skulpturen, Schmuck, Reliquien und Gobelins (u. a. ein Brüsseler Webteppich aus dem 15. Jh., der eine Einhornjagd zeigt). Es werden auch Lesungen veranstaltet. Von besonderem Reiz sind die Konzerte in der spanischen Fuentiduena-Kapelle aus dem 12. Jh.

Fort Tryon Park, 99 Margaret Corbin Drive. Anfahrt: Mit dem A-Train ab 125th St. bis 190th St. (Dauer ca. 20 Min.) und 10 Min. Spaziergang entlang des Margaret Corbin Drive. Mit dem Bus M4 vom Broadway an der Columbia University West 120th St. oder der Madison Ave./83rd St. bis zur Endhaltestelle Fort Tryon Park direkt vor dem Museum (Fahrtzeit bis zu 1 Std.).

Der Eintritt zum **Metropolitan Museum of Arts** berechtigt zum Besuch der **Cloisters** am selben Tag, sonst $ 25, erm. $ 17, Studenten $ 12. Kostenloser Audioguide. Tägl. 10–17.15 Uhr, Nov. bis Feb. nur bis 16.45 Uhr. Verschiedene Talks und Führungen (Mo–Fr und So 15 Uhr, Gartentour Mai bis Okt. tägl. 13 Uhr). ✆ 212-650-2280, www.metmuseum.org. Die Zeiten für Konzerte in der Fuentiduena-Kapelle bitte unter ✆ 212-650-2290 erfragen, Veranstaltungskalender auch im Internet unter www.metmuseum.org/en/events/programs/events-at-the-cloisters. Erfrischungen Mai bis Okt. 10–16.15 Uhr im **Trie Café**.

Praktische Infos

→ Karte S. 267

Information/Führungen

Gute **Webseiten** für Harlem sind www.harlemonestop.com und www.harlemtourismnow.com.

Hip-Hop-Sightseeing-Tour durch Harlem und die Bronx. Hush Tours, 292 5th Ave., Suite 608 (hier auch Start der Touren, verschiedene Touren zu verschiedenen Zeiten), ✆ 212-714-3527, www.hushtours.com. Preis $ 32–75.

Gospel-Touren → Kasten *Gospel als Big Business*, S. 275.

Essen und Trinken

Hungarian Pastry Shop **13** Hier gibt es Croissants, Schnittchen und Kuchen in großer Auswahl, Kaffee und Tee in entspannter Atmosphäre, Kunst an den Wänden, Holzfußboden und ein paar Tische auf der Straße. Woody Allen drehte hier für *Husbands and Wifes*. Mo–Fr 7.30–23.30 Uhr, Sa ab 8.30 Uhr, So 8.30–22.30 Uhr. 1030 Amsterdam Ave. zw. 110th und 111th Sts., ✆ 212-866-4230; www.facebook.com/pages/Hungarian-Pastry-Shop-NYC/483854171661904?ref=stream. Subway: Cathedral Pkwy/110 St. Linien B, C.

Tom's Restaurant 10 Von Studenten frequentiert, günstig, aber nichts für Anspruchsvolle. Es wurde berühmt durch Suzanne Vegas Hit von 1981 *Tom's Diner* und als *Monk's Café* aus der Sitcom *Seinfeld*. Bagel de Luxe mit Lachs $ 9,50. So–Mi 6–1.30 Uhr, sonst rund um die Uhr geöffnet. 2880 Broadway/112th St., ✆ 212-932-2100/212-864-6137, www.tomsrestaurant.net. Subway: Cathedral Pkwy/110th St. Linien B, C.

Amy Ruth's 14 Serviert werden Soulfood-Spezialitäten, die nach berühmten und weniger berühmten Afroamerikanern benannt sind, etwa Bill Perkins Fried Chicken in Honig oder Foxy Browns panierte Riesengarnelen. Hauptgerichte $ 12,95–22,95, Waffeln $ 8,95–16,95. Mo 11.30–23 Uhr, Di–Do 8.30–23 Uhr, Fr 8.30–5.30 Uhr, Sa 7.30–5.30 Uhr, So 7.30–23 Uhr. 113 W 116th St. zw. Lenox Ave. und Adam Clayton Powell Jr. Blvd., ✆ 212-280-8779, www.amyruthsharlem.com. Subway: 116 St. Linien 2, 3.

Sylvia's 8 Zu Recht die Soulfood-Institution von Harlem. Gegründet 1962 von der im Juli 2013 verstorbenen Sylvia Woods, die es zu einer eigenen Kochbuch- und Kosmetikreihe gebracht hatte. Bill Clinton und Nelson Mandela waren da, sonntags kommen ganze Busladungen zum Gospelbrunch, einem Brunch-Buffet (karibisches Essen) mit Livemusik (ab ca. 12.30 Uhr, versuchen Sie in einem der beiden Räume links vom Imbisstresen platziert zu werden): Gospel, Jazz oder Blues. Hauptgerichte $ 10,95–25,95. Mo–Sa 8–22.30 Uhr, So 11–20 Uhr. 328 Lenox Ave. zw. 126th und 127th Sts., ✆ 212-996-0660, www.sylviasrestaurant.com u. www.sylvias soulfood.com. Subway: 125 St. Linien 2, 3.

Sonntags im Red Rooster

Red Rooster 9 Soulfood-Zuwachs mit Café-Bistro Ambiente, sehr gemütlich und gut, Sa/So Brunch 10–15 Uhr (So Jazz), Mo–Fr 11.30–15 Uhr, Mo–Do 17.30–22.30 Uhr, Fr 17.30–23.30 Uhr, Sa 17–23.30 Uhr, So 17–22 Uhr. 310 Lenox Ave. zw. 125th und 126th Sts., ✆ 212-792-9001, www.redrooster harlem.com. Subway: 125 St. Linien 2, 3.

Miss Mamie's Spoonbread Too 18 Kleines Restaurant im Stil der 1950er Jahre, ideal, um die hausgemachten Köstlichkeiten der Südstaaten-Küche nach alten Familienrezepten von Köchin Norma Jean Darden zu probieren. So 11–15 Uhr Brunch ($ 7,95–9,95). Mo–Do 12–22 Uhr, Fr/Sa 12–23 Uhr, So 11–21.30 Uhr. Music Night Mo 21 Uhr. 366 W 110th St. zw. Manhattan und Columbus Aves., ✆ 212-865-6744, www.spoonbreadinc.com/miss_mamies.htm. Subway: Cathedral Pkwy/110 St. Linien B, C.

Hudson River Café 2 Großes Restaurant mit Terrasse unterhalb des Riverside Drive Viadukts (sehr urban), Bar und Lounge im Erdgeschoss. Soulfood und asiatische Gerichte, Mo, Di und So 16–22 Uhr, Mi–Do bis 23 Uhr, Fr–Sa bis 24 Uhr. Fr, Sa, So DJ Nights, Sa/So 11–16 Uhr Brunch für $ 25. 697 W 133rd St. nahe Riverside Drive, ✆ 212-491-9111; www.hudsonrivercafe.com. Subway: 137 St./City College St. Linie 1.

Nightlife siehe S. 58 und 62/63.

Einkaufen

House of Hoops 7 Turnschuhe (Sneakers) sind für viele modebewusste Afroamerikaner ein Statussymbol, und derzeit kommen sie vor allem abgefahren bunt daher. Hier gibt es u. a. die Marken Nike, Convers und Jordan. Mo–Sa 10–20 Uhr, So bis 19 Uhr. 268 W 125th St. zw. Frederick Douglas und Adam Clayton Powell Jr. Blvds., ✆ 212-316-1667, www.houseofhoops/footlocker.com.

Malcolm Shabazz Harlem Market 17 Die Aussteller verkaufen hier vor allem traditionelles Kunsthandwerk und Kleidung aus Afrika. Tägl. 10–20 Uhr, 52 W 116th St./ Malcolm X Blvd., ✆ 212-987-8131; Subway: 116th St. Linien 2, 3.

Bébénoir 12 Das Ehepaar Ibrahima und Fatima Doukoure aus West Afrika gründete diese New Yorker Designfirma 2004 mit dem Anspruch, alle Kleidungsstücke in Afrika nähen zu lassen, damit High Fashion zu erschwinglichen Preisen beiden Kulturen zugute käme. Nix für "graue Mäuse"! Mo–Sa 10–21 Uhr, So bis 19 Uhr. 2164 Frederick Douglass Blvd/117th St., ✆ 212-828-5775, www.bebenoir.com. Subway: 116th St. Linien B, C.

Trunk Show Design Consignment 15 Die teuren Designerklamotten bleiben auch nach ihrem 20–70%igen Preisnachlass kostspielig. Kleiner Laden für den großen Geldbeutel. Di–Sa 13–20.30 Uhr, So 12–18.30 Uhr, 275-277 113th St zw. Adam Clayton Powell Jr. Blvd. und Frederick Douglass Blvd. ✆ 212-662-0009; www.trunkshowconsignment.com. Subway: 116 St. Linien B, C.

Sonstiges

Graffiti Wall of Fame. Einige der besten Street-Artists der Stadt haben sich auf dem Schulhof der Jackie Robinson School verewigt, eine Freiluft- "Ausstellung" im ewigen Wandel. 1573 Madison Ave., Schulhof E 106th St./Park Ave. Zugang zum Spielplatz nur während der Ferien, Sa/So 10–17 Uhr.

Wer einen echten **Keith Haring** sehen will, komme zur Second Avenue Ecke 128th Street, wo er "Crack is Wack" 1986 an eine Brandwand malte.

Im August findet die **Harlem Week** (www.harlemweek.com) mit Kunstausstellungen, Konzerten, Seminaren, Unterhaltung, Sport, Speisen und einer Autoshow statt. Die Harlem Week begann 1974 als Harlem Day, einer eintägigen Kulturveranstaltung. Inzwischen ist daraus ein vierwöchiges Fest geworden. Die Hauptveranstaltung ist das **Harlem Jazz & Music Festival** im August.

Das erstklassige Tanzensemble des **Dance Theatre of Harlem** wurde von Arthur Mitchell und Karel Shook vor über 30 Jahren gegründet. Aufführungen vor Publikum. Everett Centre of Performing Arts, 466 W 152nd St. zw. St. Nicholas und Amsterdam Aves., ✆ 212-690-2800, www.dancetheatreof harlem.org. Subway: 155 St. Linie C.

Gospels als Big Business

In rund 50 Kirchen New Yorks finden sonntagvormittags die für europäische Christen so ungewohnten Gospelgottesdienste statt: Unter Gospel versteht man die nordamerikanische, christliche Musik afroamerikanischer Gemeinden mit ausgelassen fröhlicher Atmosphäre. Sie zeichnet sich durch Jazz- und Blueseinflüsse aus, die Songs werden teilweise improvisiert und mit Klatschen und Stampfen begleitet. Die meisten Besucher (weißer Hautfarbe) kommen in organisierten Gruppen und sind gegenüber der eingesessenen Gemeinde deutlich in der Überzahl. Um deren spirituelle Bedürfnis zu wahren, wurden in fast allen Gospelkirchen in Harlem strenge Reglementierungen eingeführt, die das Besuchserlebnis beeinträchtigen können. Empfehlenswert ist es daher, weniger touristisch bekannte Gottesdienste außerhalb von Harlem zu besuchen, z. B. die Times Square Church (So 10, 15 und 18 Uhr, 237 W 51st Street; www.tscnyc.org) oder das Brooklyn Tabernacle (So 9, 12 und 15 Uhr, 17 Smith St. zw. Livinston und Fulton Sts., www.brooklyntabernacle.org) oder gleich eine Gospel Show zu besuchen, z. B. den BB King Blues Club am Times Square (→ S. 225).

Insightseeing bieten die intimste Variante an Führung, da die Gruppen klein sind und nicht mit dem Reisebus vorgefahren werden. 115 Stuyvesant Pl., 6 R, ✆ 718-447-1645, www.insightseeing.com.

Harlem Spirituals gehen mit mehreren Bussen auf informative und unterhaltsame Gospel- und Jazz-Touren, mit und ohne Brunch, auch auf Deutsch. $ 59/105, Kinder $ 45/75. 690 8th Ave. zw. 43rd und 44th Sts., zweiter Stock, ✆ 212-391-0900, www.harlemspirituals.com. Subway: Times Sq.- 42 St. Linien N, Q, R, S, 1, 2, 3, 7.

Einen Ausflug wert – Brooklyn, das Manhattan ohne Wolkenkratzer

Brooklyn

Brooklyn, das bevölkerungsreichste Borough von New York City, ist „up and coming" und dazu noch ganz einfach zu erreichen. Der Spaziergang über die Brooklyn Bridge, eine der schönsten Hängebrücken der Welt, ist Höhepunkt eines jeden New-York-Besuchs. Brooklyn hat sowohl Historisches als auch gute Läden, immer mehr Kunst und ethnische Vielfalt zu bieten. Als kulinarische Wunderküche gilt der Smorgasburg Market, der jedes Wochenende stattfindet. Mit dem Brooklyn Museum befindet sich auch das zweitgrößte Museum New Yorks im Stadtteil, und die Brooklyn Academy of Music zählt zu den wichtigsten Kulturveranstaltern der Stadt. Zum Borough gehört auch die ehemalige Vergnügungsinsel Coney Island.

Brooklyn, 1648 von den Holländern als *Breuckelen* gegründet, liegt am südöstlichen Ende von Long Island und ist durch drei Brücken mit Manhattan verbunden. Bis 1898 war der Ort selbstständig. Wäre das heute noch so, läge er mit 2,6 Mio. Einwohnern derzeit auf Platz vier der nationalen Rangliste.

Was die Wertigkeit innerhalb New York anbelangt, war Brooklyn bis Mitte des 20. Jh. die klare Nummer zwei hinter Manhattan: Man hatte Industriebetriebe (u. a. Zuckerraffinerien), einen blühenden Hafen und attraktive Wohngebiete mit eleganten Brownstones, in denen die gestressten Wirtschaftsbosse der Wall Street gerne ihren Feierabend verbrachten. Nach dem Zweiten Weltkrieg jedoch zogen die meisten Manufakturen und Fabriken ebenso weg wie das Bürgertum mit seiner Kaufkraft, Brooklyn verslumte. Die 1990er Jahre sahen eine Wiederbelebung des Stadtteils als beliebtes Wohngebiet mit ambitionierten Bauvorhaben, attraktiven Einkaufsmöglichkeiten, kulturellen Institutionen und kreativen Bewohnern. So wandelte sich etwa das ehemalige Lagerhausviertel unmittelbar hinter der Auffahrt zur Brooklyn Bridge zum absoluten „In"-Bezirk mit schönen Wohn-

möglichkeiten in weiträumigen Lofts. Sein Name ist **Dumbo** – *Down Under the Manhattan Bridge Overpass.* Ebenso trendy geriert sich **Williamsburg**, das über ein jüdisches Viertel verfügt und seit den 1980er und 90er Jahren viele Yuppies und Künstler angezogen hat. In diesen beiden Bezirken – die Sie auf der Fahrradtour erkunden können – sowie in **Greenpoint** gibt es eine hohe Konzentration an Galerien (free williamsburg. com). **Parks Slope** ist ein Altbauviertel, das von der gutbürgerlichen Kulturintelligenzia und vielen Familien bewohnt wird, in **Bay Ridge** stehen die Villen der Millionäre, **Borough Park** ist überwiegend jüdisch-orthodox geprägt, **Bedford-Stuyvesant** ist die größte afroamerikanische Gemeinde New Yorks, **Bensonhurst** wird von Italienern bewohnt, **Brighton Beach** von Russen, und in **Sunset Park** leben Südamerikaner und Chinesen dicht beieinander. Bliebe schließlich noch das traditionelle Wohnviertel **Brooklyn Heigths**, das 1965 zum ersten *historic residential district* der Stadt erklärt wurde. Diese 50 Blocks sind bis heute eines der bevorzugten Wohngebiete außerhalb Manhattans.

Touristen landen inzwischen ebenfalls zunächst in Brooklyn, wenn sie mit einem Kreuzfahrtschiff eintreffen. Selbst die *Queen Mary II* legt planmäßig in Red Hooks im Brooklyn Cruise Terminal an, einem malerischen Hafenviertel, das gleichzeitig Künstlerenklave ist.

Sehenswertes in Brooklyn

Brooklyn Bridge: Etwa 45 Min. benötigt man, um zu Fuß von Manhattan über die Brooklyn Bridge nach Brooklyn zu gelangen. Die Aussicht, die Sie von dort genießen, ist die Anstrengung sicher wert – und keine Sorge: Sie müssen nicht an der stark befahrenen Straße entlang, sondern gehen gemütlich ein Stockwerk höher auf dem Fußgängerweg. Auf der anderen Seite erwartet Sie der Brooklyn Bridge Park (→ Fahrradtour S. 283 ff.). Die Piere (1–6) verfügen über Sportanlagen, Spielplätze, Restaurants und Cafés sowie einen Picknick-Pier.

Die Brooklyn Bridge, für 20 Jahre die längste und höchste Hängebrücke der

Welt, war ein architektonisches Wunder. Sie wurde vor 125 Jahren von dem Thüringer Brückenbauer Johann August Röbling entworfen, nachdem im Januar 1867 der East River für mehrere Wochen vollkommen zugefroren und die Fähren im Eis eingeschlossen waren, somit das Geschäftsleben zwischen Manhattan und Brooklyn völlig gelähmt war. Röbling konnte jedoch die feierliche Einweihung seiner Brücke 1883 nicht mehr erleben. Er hatte sich bei den Bauarbeiten am Fuß verletzt und starb an Wundstarrkrampf. Danach übernahm sein Sohn Washington die Bauleitung. Bei Arbeiten in einem der Senkkästen, die für die Errichtung der Pfeilerfundamente eingesetzt wurden, zog er sich aber die Taucherkrankheit zu und war für den Rest seines Lebens an den Rollstuhl gefesselt. Daraufhin wurde seine Frau Emily Chefingenieurin des Projekts und stellte die Brücke, stets mit Hilfe ihres Mannes, schließlich fertig. Bei der Einweihung am 24. Mai 1883, nach 14-jähriger Bauzeit, waren der amtierende amerikanische Präsident Chester Arthur und der Gouverneur von Cleveland anwesend, als Emily als erster Mensch über die Brücke fahren durfte. Eine Gedenkplakette am Turm der Manhattan zugewandten Seite erinnert an ihren unschätzbaren Beitrag. Eine Woche später kam es zu einem tragischen Unglück. Jemand rief wohl zum Spaß, die Brücke würde einstürzen, und eine Panik brach aus, bei der zwölf Menschen zu Tode getrampelt wurden. Beim Bau der Brücke waren bereits mehr als 20 der 600 Arbeiter ums Leben gekommen. Dennoch wurde sie als das achte Weltwunder gefeiert. Der Zirkus Barnum sandte zahlreiche Elefanten hinüber, um ihre Stabilität zu testen. Der Dramatiker Arthur Miller sah in ihr ein „Modell dafür, wie etwas nützliches zugleich wunderschön sein kann". Die Schauspielerin Sarah Bernhardt verspürte bei ihrem Anblick „ein stolzes Gefühl, zur Menschheit zu gehören", der Fotograf Alfred Stieglitz hielt sie für den „wahren Ausdruck unserer Zivilisation".

Die „Königin der Brücken" ist eine Hängebrücke mit erdverankerten Schrägseilen. Sie hat eine Spannweite von 486 m. Zwischen den beiden 83 m hohen Granittürmen der Brücke ist ein dichtes Netzwerk von mehr als 22.000 km vertikalen und horizontalen Drahtseilverstrebungen gespannt, die von vier tonnenschweren Tragkabeln gehalten werden. Diese wiederum laufen in 60.000 t schwere Verankerungen zu beiden Seiten des Flusses und können je 11.000 t Gewicht oder mehr aushalten. Die Fahrbahn von Verankerung bis Verankerung misst 1091 m. Die Kosten betrugen rund 15 Mio. Dollar, mehr als doppelt so viel wie geplant.

Brooklyn Museum: Das 1897 eröffnete Museum in Prospect Heights ist berühmt für seine ägyptische Sammlung und die Abteilung für amerikanische Kunst bis zur Gegenwart. Die Dauerausstellung umfasst 1,5 Mio. Objekte, die auf 52.000 m² und fünf Etagen untergebracht sind. Das Erdgeschoss ist zum einen Sonderausstellungen vorbehalten, zum anderen präsentiert es indianische und afrikanische Kunst. Der erste Stock zeigt asiatische Kunst, u. a. chinesische und japanische Gemälde, aber auch Keramikarbeiten. Im zweiten Stock befindet sich die weltberühmte Sammlung ägyptischer Kunst. Sie ist seit 1916 Bestandteil des Museums. Die dritte Etage beherbergt die sog. *Period Rooms*, vollständig eingerichtete Räume im Stil verschiedener Epochen aus der

Zeit von 1715 bis 1880. Daneben sind kunsthandwerkliche Gebrauchsgegenstände zu sehen. Im vierten Stock schließlich befinden sich die Sammlungen europäischer und amerikanischer Malerei, darunter viele Meisterwerke. Beeindruckend sind auch die 60 Rodin-Skulpturen in der *Rotunda Gallery*.

Mi 11–18 Uhr, Do 11–22 Uhr, Fr-So 11–18 Uhr. Eintritt $ 12, erm. $ 8. Erster Sa im Monat (außer Sept.) bis 23 Uhr, 17–23 Uhr frei inklusive Unterhaltung. Kombi-Ticket mit Brooklyn Botanic Garden: $ 20, erm. $ 11. Handy- und iPod-Audioguides sowie kostenloses WLAN im ganzen Museum. 200 Eastern Parkway/Washington Ave., ✆ 718-638-5000, www.brooklynmuseum.org. Subway: Linien 2, 3 bis Eastern Parkway/ Brooklyn Museum.

Brooklyn Botanic Garden: Der botanische Garten grenzt an das Brooklyn Museum. Ein Spaziergang im Anschluss an den Museumsbesuch bietet sich also an. Die nur 20 ha große Anlage wurde

von den Olmsted-Brüdern 1910 geschaffen und erfreut u. a. mit einem elisabethanischen Kräutergarten (Shakespeare Garden), einer der größten Rosensammlungen Nordamerikas und der größten Bonsaizucht. Eine weitere Hauptattraktion ist der japanische Garten mit einem Teehaus und einem Shinto-Schrein. Die japanischen Kirschbäume sind im April und Mai eine Pracht. April ist auch ein guter Monat, um die etwa 80 Magnolien zu bestaunen. Auf dem Celebrity Path wird der Berühmtheiten Brooklyns gedacht.

Di–Fr 8–18 Uhr, Sa-So 10–18 Uhr, im Winter nur bis 16.30 Uhr. Eintritt $ 10, erm. $ 5, unter 12 J. frei. Das **Brooklyn Art and Garden Ticket** (Museum und Botanischer Garten) kostet $ 20, erm. $ 11. 900 Washington Ave. zw. Eastern Parkway und Empire Blvd., ✆ 718-623-7200, www.bbg.org.

Grand Army Plaza, Prospect Park und Park Slope: Die von den Central-Park-Architekten Olmsted und Vaux geschaffene **Grand Army Plaza** ist ein riesiger Platz mit mehreren Verkehrsinseln, auf denen sich verschiedene Denkmäler befinden (u. a. von JFK und zu Ehren von Bürgerkriegsgenerälen). Am beeindruckendsten ist der Arch (Triumphbogen), der direkt gegenüber dem Eingang zum Prospect Park steht, der sich im Süden an den Botanischen Garten anschließt. Der Triumphbogen ist Brooklyns Antwort auf den Arc de Triomphe in Paris und gedenkt der gefallenen Soldaten des Bürgerkriegs. Im siebengeschossigen Arch werden im Frühling und Herbst Ausstellungen zu Brooklyn gezeigt.

Der **Prospect Park** wurde 1867 eröffnet und enthält klassische Gärten mit

Statuen, naturbelassene Waldstücke, Schluchten *(The Ravine)* und den Long Meadow, eine Grasfläche von einer Meile Länge. Bemerkenswert sind auch der säulengeschmückte Croquet-Unterstand, Teiche und die Weiden des Vale of Cashmere. Am östlichen Rand des Lakes hat im Dezember 2013 das *Lakeside Le Frak Center* eröffnet, wo Besucher Eis- oder Rollschuhlaufen und an verschiedenen Kulturprogrammen teilnehmen können (www.lakesideprospectpark.com). An der Music Pagoda werden Jazz- und klassische Konzerte veranstaltet, im Prospect Park Zoo sind 400 Tiere zu Hause. Im Sommer kann man außerdem Tennis spielen oder spielen lernen. An den Rändern des Parks entstand in den 1880er Jahren der viktorianische Wohnbezirk **Park Slope**, der den Spitznamen „Brooklyns Gold Coast" trägt und heute wegen seiner Architektur und Geschichte denkmalgeschützt ist.

Flatbush Ave./Ecke Eastern Parkway/Ecke Prospect Park Way, ✆ 718-287-3400, www.prospectpark.org, Sa 8–16 Uhr Farmers Market, einer der größten Märkte der Stadt am Grand Army Plaza.

Prospect Park Zoo: April bis Okt. tägl. 10–17 Uhr, April bis 16.30 Uhr, Nov. bis März Sa/So 10–17.40 Uhr. Eintritt $ 8, erm. $ 6, Kinder 3–12 J. $ 5. ✆ 718-399-7339, www.prospectparkzoo.com. Subway: Linien B, Q bis Prospect Park.

New York Transit Museum: In Brooklyn Heights in einem stillgelegten U-Bahnhof befindet sich das Brooklyn Transit Museum. Die U-Bahn-Station wurde 1936 gebaut und ist ein passendes Umfeld, um 100 Jahre Transportgeschichte New Yorks zu präsentieren. Der Bau der U-Bahn wird in der Galerie *Steel, Stone, and Backbone* dargestellt, *Elevated City* zeigt die Geschichte der Hochbahn.

Di–Fr 10–16 Uhr, Sa/So 11–17 Uhr. Eintritt $ 7, erm. $ 5, Senioren Mi frei. Boerum Pl./Schermerhorn St., ✆ 718-694-1600, web.mta.info/mta/museum. Subway: Linien 2, 3, 4, 5 bis Borough Hall, R bis Court Street oder A, C, G bis Hoyt-Schermerhorn St.

Brooklyn Academy of Music (BAM): In dieser ältesten Kulturinstitution von Brooklyn residiert in drei Hauptgebäuden (Peter Jay Sharp Building von 1906 in der 30 Lafayette Avenue, BAM Harvey Theater, das einstige Majestic Theater von 1904 in der 651 Fulton Street, und BAM Fisher in 321 Ashland Place) u. a. das Brooklyn Philharmonic Orchestra. Seit der Gründung des BAM 1861 hat es sich einen guten Namen v. a. für innovative Musik erworben.

Hollywood am East River

Neben den Kaufman Astoria Studios in Queens und den Silvercup Studios in Long Island City macht nun auch Brooklyn Hollywood Konkurrenz. Im Jahr 2005 eröffnete in den stillgelegten Navy Yards auf 26.000 m² für 120 Mio. Dollar ein Komplex mit zehn bestausgestatteten Soundstages (Studios): die *Steiner Studios.* Sie haben die Filmwirtschaft merklich angekurbeln und dafür gesorgt, dass die Kamerateams nicht nur ein paar Tage in den Straßen Manhattans drehen und dann in den Studios in Hollywoodsverschwinden, sondern den Streifen ganz in New York fertigstellen. Die Stadt gibt einen Steuernachlass von 15 %, wenn drei Viertel des Filmes in New York entstanden sind. Als erste Produktion wurde in den Steiner Studios im November 2005 Mel Brooks' *The Producer* mit Uma Thurman gedreht, inzwischen sind Produktionen wie Spiderman 3, American Gangster oder Sex and the City hinzugekommen.

Brooklyn → Karten S. 279, 280 und 284/285

Das Kulturzentrum veranstaltet avantgardistische Konzerte, Theater- und Ballettaufführungen, Vorträge sowie Filmvorführungen. Einige Größen, die hier aufgetreten sind, waren die Schauspielerin Sarah Bernhardt, die Ballerina Anna Pavlova sowie Enrico Caruso, der hier sein Abschiedskonzert gab. Das *Next Wave Festival* im Herbst präsentiert zeitgenössische junge Talente aus Musik und Tanz. Im *BAM Harvey Theater*, einem ehemaligen Kino, werden heute Tanz-, Theater- und Musikveranstaltungen geboten. Das BAM beherbergt auch Kinos, u. a. die *Rose Cinemas* und die *BAM-Cinematek* für Klassiker. Für die nächsten Jahre ist der Bau eines „Cultural Districts“, u. a. durch den Stararchitekten Rem Koolhaas, mit weiteren Kultureinrichtungen, Geschäften und Restaurants geplant. Eröffnet haben bereits das *Polonsky Shakespeare Center* und *BRIC Arts Mediahouse*.

30 Lafayette Ave./Ecke Ashland Pl., Fort Greene, ✆ 718-636-4100, www.bam.org. Reservierung ✆718-636-4100. Subway: Linien 2, 3, 4, 5, B, Q bis Atlantic Ave; Linie C bis Lafayette Ave; Linie G bis Fulton St.; Linien N, R, D, bis Pacific St.

Brooklyn Children's Museum: Bereits 1899, und damit als eines der ersten Kindermuseen überhaupt, eröffnete dieses Museum in Bedford-Stuyvesant. Es ist in einem unterirdischen High-tech-Gebäude von 1976 untergebracht und gilt als eines der innovativsten seiner Art. Ein Wirrwarr von Gängen verbindet die vier Stockwerke, vermittelt werden Technik, Ethnologie und Naturgeschichte. Ebenso sehenswert sind die verschiedenen Sammlungen von Puppen, Gesteinen u. v. m.

Di–So 10–17 Uhr. Eintritt $ 9. Do 15–17 Uhr und jeden dritten Do bis 19 Uhr frei. 145 Brooklyn Ave./St. Marks Ave., ✆ 718-735-4400, www.brooklynkids.org. Subway: Linien 2, 3, 4 bis Kingston Ave.

Coney Island: Dieser einst idyllische Küstenabschnitt am Atlantik, ganz im Süden von Brooklyn gelegen, wurde in den 1920er Jahren zum größten Spielplatz der Welt und beliebtesten Aus-

Spiel, Spaß und Spannung – das Strandleben von Coney Island

flugsziel der New Yorker ausgebaut. Restaurants, Hotels und luxuriöse Badeanlagen entstanden, ebenso drei Pferderennbahnen und große Vergnügungsparks, deren Nachfolger Astroland Park inzwischen ebenfalls schließen musste. Übrig geblieben ist der Luna Park mit modernsten Hightech-Fahrgeräten, die einen das Fürchten lehren können, und mit Klassikern wie der vorsintflutlichen und daher legendären Achterbahn *Cyclone* von 1927. (Juni bis Aug. tägl. ab 12 Uhr, sonst unterschiedlich, $ 9; www.lunaparknyc.com). An der Promenade findet man auch das gerade erweiterte und erneuerte *New York Aquarium*, wo sich Delfine, Seelöwen, Haie, Pinguine, Wale und viele andere Meeresbewohner tummeln. An die Vergnügungsmeile schließt sich Brighton Beach an, *Little Odessa* genannt, wo sich seit den 1970er Jahren v. a. Juden aus Osteuropa angesiedelt haben. Hauptsprache ist hier Russisch, empfehlenswert sind dort v. a. einige Restaurants.

New York Aquarium: Juni bis Aug. tägl. 10–18 Uhr, sonst bis 16.30 Uhr. Eintritt $ 19,95, erm. $ 16,95, Kinder $ 14,95. Freitagnachmittags ab 15 Uhr (Juni bis Aug. ab 16 Uhr) frei. Boardwalk/8th St., ✆ 718-265-3474, www.nyaquarium.com. Subway: Linien F, Q bis West 8 St NY Aquarium.

Fahrradtour durch Brooklyn

Da Brooklyn sehr weitläufig ist, bietet sich eine Fahrradtour an. Auf dieser Route durch Williamsburg und Dumbo werden Sie fantastische Panoramen von Manhattan genießen, ethnische Vielfalt in abwechslungsreichen Vierteln erleben, die vor allem von Latinos oder chassidischen Juden bewohnt werden, und aufstrebende Straßen mit kulturellem Anspruch erkunden. Vermeiden Sie den Samstag, denn dann steht die Zeit in Williamsburg dank des Sabbats still.

Über die Williamsburg Bridge zur Continental Army Plaza

Die Fahrradtour beginnt in der Lower East Side bei der Subway Delancey Street. Sie fahren über die Williamsburg Bridge von 1903, die erste Spannbrücke, die nach dem Bau der Brooklyn Bridge über den East River entstand. Der Fluss windet sich hier fast 90 Grad, sodass man weniger von Lower Manhattan sieht als von Brooklyn. Das markanteste und dritthöchste Gebäude des Stadtteils ist die Williamsburg Savings Bank, die Sie an ihrem Uhrenturm erkennen. Sie steht jedoch trotz ihres Namens bereits in Fort Greene und beherbergt auch längst keine Bank mehr, sondern –Eigentumswohnungen. Das Ufer auf der Brooklyn-Seite der Brücke wird von der Domino-Zuckerfabrik bestimmt, die eine der größten der Welt war. Brooklyn war im 19. und 20. Jh. die Hauptstadt der Zuckerraffinerien Amerikas, Domino deckte 1870 etwa die Hälfte des Zuckerbedarfs des ganzen Landes. Demnächst sollen auf dem Gelände vier Wohnblöcke entstehen. Am Fuße der Brücke erwartet Sie ein grandioser Empfang an der Continental Army Plaza mit einer Reiterstatue von George Washington. Er führte die Kontinentalarmee 1776 im „Battle of Brooklyn" in ihre erste Schlacht gegen die britische Navy, daher die Ortswahl. Der New Yorker Bildhauer Henry Mervin Shrady zeigt ihn allerdings in Valley Forge in Pennsylvania, wo die Kontinentalarmee ein halbes Jahr lang in einem fürchterlich kalten Winter stationiert war, weshalb Washington in einen dicken Mantel gehüllt ist. Die Statue von 1906 gibt dem Platz, der im Zusammenhang mit der Williamsburg Bridge 1903 eröffnet wurde, den Namen.

Die neo-klassizistische Kirche (heute eine ukrainische orthodoxe Kirche)

Brooklyn → Karten S. 279, 280 und 284/285

war einmal das Büro einer Bank, der Williamsburg Trust Company. Williamsburg war einst ein Bauerndorf innerhalb der Siedlungsgrenze des holländischen Boswijck (Bushwick) und entwickelte sich dann zu einem gehobenen Wohngebiet, bevor der Stadtteil im 19. Jh. zu einem Zentrum für Brauereien und Manufakturen wurde. Nach der Eröffnung der Williamsburg Bridge Anfang des 20. Jh. entflohen viele Einwanderer den beengten Verhältnissen in Manhattan, auch der Zweite Weltkrieg schwemmte Tausende Flüchtlinge aus Osteuropa und Lateinamerika in den Stadtbezirk. Sein heutiges Gesicht verdankt Williamsburg aber gleichermaßen den Künstlern, die sich das East Village nicht mehr leisten konnten und denen wie so oft die Bohemiens der weißen Mittelklasse folgten.

Uferblick nach Mid-Manhattan

Hinter der Kirche biegen Sie links in die S 4th Street ein und fahren bis an die Uferstraße, die Kent Avenue, in die Sie rechts einbiegen. Auf der Strecke liegt ein hervorragendes gastronomisches Kleinod: **Pies 'N Thighs** **32**. Der Abschnitt entlang der Kent Avenue ist eher industriell geprägt und war bis vor Kurzem eine Geisterstadt. Inzwischen sind hier einige ultra-schicke Apartments entstanden und die Immobilienmogule reißen sich um das Areal. Fahren Sie bis zur N 5th Street, wo Sie zur Anlegestelle der **East Rive Ferry** mit einem fantastischen Blick auf die Skyline von Mid-Manhattan gelangen. Samstags findet unweit von hier der **Smorgasburg Food Market** bzw. sonntags der Flohmarkt **Williamsburg Flea** statt.

Durchs Szeneviertel Bedford Avenue

Die N 5th Street radeln Sie jetzt hoch bis zur **Bedford** Avenue, der längsten

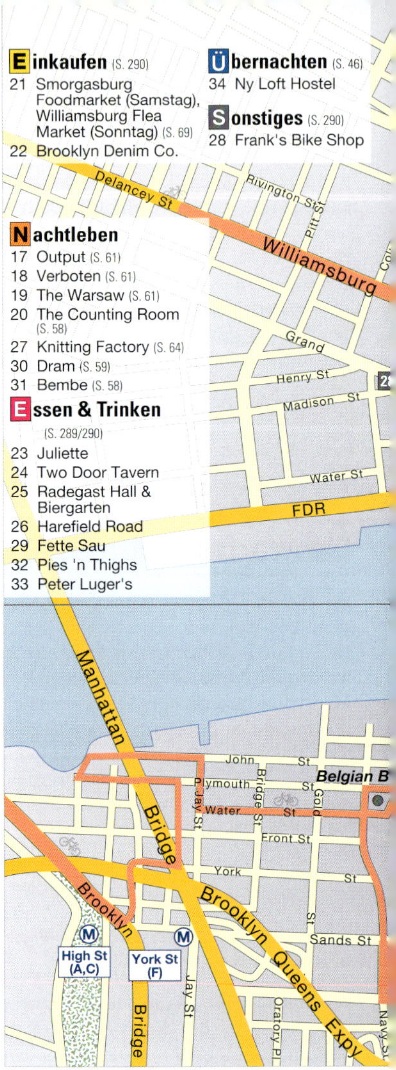

und hippsten Straße von Brooklyn und Williamsburg, wo sich zahlreiche Cafés, Restaurants und Galerien angesiedelt haben. Hier hängt man ab, hier promeniert man. Empfehlenswert sind das bodenständige *Two Doors* und gegenüber das französisch inspirierte und noch viel schönere *Juliette* mit Dachterrasse und Wintergarten.

Die Lebenswelt der chassidischen Juden

Von der Bedford Avenue geht es mit dem Einbahnsystem rechts ab in die N 7th Street bis zur Roebling Street, hier wieder rechts bis zur N 5th Street, über die Marcy Avenue hinüber und unter der Schnellstraße (Brooklyn Queens Express Way) hindurch bis zur Union Avenue, die Sie am markanten Kellogg's Diner festmachen können. Entlang der Hooper Street nähern wir uns jetzt der Wohngegend der **chassidischen Juden**. Der Begriff lässt sich plakativ mit „die Frommen" übersetzen und steht für die Anhänger verschiedener, voneinander unabhängiger orthodoxer Bewegungen im Judentum. Diese Orthodoxen und Ultraorthodoxen halten sich an die Regeln der Halache, der jüdischen Religionsgesetze. Man erkennt sie an der schwarzen

Kleidung sowie ihren Pejes (Schläfenlocken) und ihrem Bart, die auf das biblische Verbot zurückzuführen sind, das Gesichtshaar mit scharfen Gegenständen zu zerstören. Da die Männer viel Zeit mit dem Studium der Thora verbringen und in der Regel nicht arbeiten (für den Erhalt der Familie sorgen die arbeitenden Ehefrauen, Sponsoren und die Gesellschaft), sind sie meist ziemlich blass. Orthodoxes Judentum ist noch immer eine patriarchalische Kultur, in der die Frau als Eigentum des Mannes angesehen wird. Verheiratete Frauen müssen ihr Haar aus Gründen der Keuschheit – entweder mit einer Perücke, wenigstens aber mit einem Hut – verbergen, da es zur Intimsphäre einer Ehe gehört. Aus religiösen Gründen lassen sich diese Bevölkerungsgruppen auch nur äußerst ungern fotografieren (Bilderverbot in der Bibel), was man respektieren sollte. Übrigens: In den USA leben mehr als 6 Mio. Juden, in Israel sind es etwa 5,5 Mio., in Deutschland rund 100.000.

Am Broadway angekommen, den Sie an der Hochbahn der Subway erkennen, geht es über die Kreuzung und gleich wieder links in die Harrison Avenue. Sie fahren an der Penn Street, einer Wohnstraße, rechts, überqueren die Lee Avenue, die Haupteinkaufsmeile der hier lebenden Juden, und verlassen Williamsburg über die Wythe Avenue auf der Flushing Avenue.

Entlang der Navy Docks zu den Belgian Blocks nach Dumbo

Die Flushing Avenue geht etwa 2 km immer geradeaus, an den **Steiner Studios** – den größten Filmproduktionsstudios außerhalb von Hollywood (→ Kasten *„Hollywood am East River“*) – vorbei bis zur Navy Street in **Dumbo**. Die Anfänge dieses aufstrebenden Viertels gehen zurück auf die 1880er Jahre, als Robert Gair die Gegend wegen ihres Wasserzugangs für Lagerhäuser, Docks und Fabriken (Pappkartons von Robert Gair, Kaffee und Zucker der Arbuckle Brothers, Maschinen von E. W. Bliss und Stahlwolle von Brillo) entdeckte. Im 19. Jh. (da hieß Dumbo noch Olympia bzw. Gairville) war Dumbo viertgrößtes Zentrum für Manufakturen in den USA. Die meisten Fabriken und Lagerhäuser sind inzwischen umgebaut in moderne Wohnungen, Künstlerstudios und Kulturstätten.

Die Hudson Avenue führt uns in den Bezirk **Vinegar Hill**, der heute aus sechs pittoresken Straßenzügen besteht und seinen Namen in Gedenken an die letzte Schlacht im Irisch-Englischen Kon-

Auch sie führt nach Brooklyn – die Manhattan Bridge

flikt erhielt. Fahren Sie bis zur Plymouth Street und einmal um einen der hübschen „Belgian Blocks" voller idyllischer Wohnhäuschen aus dem 19. Jh. Sie dienten einst als bescheidene Unterkünfte für die Werftarbeiter des **Naval Shipyard**, wo im 19. Jh. Handelsschiffe gebaut wurden. Die Werft wurde 1966 aufgegeben. Der Name „Belgian Blocks" geht übrigens zurück auf das aus „Belgian Block"-Steinen verlegte Großsteinpflaster der Straßen des Viertels. Am Ende der Evans Street steht **Quarters A**, ein 1805 im Federal Stil erbautes stattliches Haus, dessen Architekt Charles Bulfinch auch das Kapitol in Washington schuf und in dem der Commander des Brooklyn Navy Yard wohnte.

Brooklyn Bridge Park

Die Water Street radeln Sie nun entlang bis zur Jay Street, wo sich ein kurzer Kaffeestopp an der lässigen *Brooklyn Roasting Company* anbietet. Sie gelangen kurz darauf entlang der John Street zum Brooklyn Bridge Park. Die Grünanlage wurde 2004 angelegt und sukzessive wunderschön erweitert. Am Ufer geht es unter der Manhattan Bridge, einer Hängebrücke von 1909 des polnischen Ingenieurs Ralph Modjeski, hindurch bis zur Main Street. Schön für Kinder ist im Park das 1922 gebaute historische **Jane's Carousel**, das sich in Jean Nouvels neuem Pavillon befindet. Im Sommer können sich die Kleinen auch im **Pop-Up Pool** mit Strandatmosphäre und **Brooklyn Beach Shack** erfrischen. Der Brooklyn Bridge Park bietet durch den Blick hinüber nach Manhattan auch erneut tolle Fotomotive. Von der Main Street radeln wir die Plymouth Street entlang noch einmal unter der Manhattan Bridge zurück ins Herzland von **Dumbo** und rechts in die Pearl Street zum Bummeln und Stöbern.

Brooklyn Bridge

Der letzte Abschnitt unserer Tour führt Sie weiter bis zur York Street, in die Sie rechts einbiegen und dann bis zur Washington Street weiterfahren. Folgen Sie nun den grünen Hinweisschildern zur Brooklyn Bridge (→ S. 277/278). Nachdem Sie die Treppen genommen haben, erwarten Sie traumhafte Blicke von der Brooklyn Bridge nach Downtown ins Finanzviertel und zur Statue of Liberty sowie auf der anderen Seite nach Midtown, zum Empire State und zum Chrysler Building. Die Fahrradtour endet in Downtown Manhattan an der City Hall (→ S. 109).

Zu Füßen der Brücke: das River Café

Praktische Infos

→ Karte S. 279, 280 und 284/285

Information/Führungen

Brooklyn Tourism and Visitor Center, Mo–Fr 10–18 Uhr. Historic Brooklyn Borough Hall, 209 Joralemon St. zw. Court und Adams Sts., ✆ 718-802-3820, www.visitbrooklyn.org und www.brooklyn-usa.org. Subway: Linien 2, 3, 4, 5 bis Borough Hall.

Stadtführung „A slice of Brooklyn pizza tour", 4:30 Std., Fr–Mo 11 Uhr, Treffpunkt 4th Ave., zw. 13th und 14th St., nahe Union Sq. Preis $ 80, erm. $ 70 inkl. Pizza und Soft Drinks. ✆ 212-9139917, www.asliceofbrooklyn.com/pizza.html. Subway: Linien L, N, Q, R, 4, 5, 6 bis 14th St/Union Sq.

Stadtführung durch das orthodoxe Judenviertel in Crown Heights mit einem Rabbi mit Besuch der Passover Matzah Bakery. So–Fr 10–13 Uhr (außer an jüdischen Feiertagen). Preis: $ 49,99, Studenten $ 48, Kinder $ 24,99. The Chassidic Discovery Welcome Center, ✆ 718-953-5244, jewishtours.com; tours@jewishtours.com. 305 Kingston Ave. zw. Union St. und Eastern Pkwy., Subway: Linie 3 bis Nostrand Ave.

Essen und Trinken

River Café 4 Bietet eine unschlagbare Aussicht, exklusive Atmosphäre und eben solche Preise. Es gibt neben Fischgerichten auch Lobster aus Maine, Sie bekommen aber auch Steaks. Ausgezeichnet mit einem Michelin-Stern. Lunch à la carte Mo–Fr 12–15 und 17.30–23 Uhr, Sa–So 11.30–14.30 und 17.30–23 Uhr, Prix Fix Dinner ($ 100/Pers., sechs Gänge $ 125), Brunch ($ 55). Nach 17 Uhr Zugang nur mit Jacket. 1 Water St., ✆ 718-522-5200, therivercafe.com. Subway: Linien A, C bis High St.

Grimaldi's 7 Einige der besten Pizzerien befinden sich in Brooklyn (u. a. weil in Manhattan aus Feuerschutzgründen keine Backsteinöfen mehr gebaut werden dürfen). Dazu zählt Grimaldi's. Pizzen $ 12–16, nur Barzahlung. Mo–Do 11.30–22.45 Uhr, Fr bis 23.45 Uhr, Sa 12–23.45 Uhr, So bis 22.45 Uhr. 1 Front St. zw. Dock und York Sts., ✆ 718-858-4300, www.grimaldis.com. Subway: Linie F bis York St.

Brooklyn Icecream Factory 9 In einem Feuerwehrbootshaus aus den 1920er Jahren wird leckeres Natureis inklusive der Toppings wie Sirup und „hot fudge" fabriziert. Süß!!! Kugel $ 4. Di–So 12–22 Uhr. 1 Water St. zw. Old Fulton und Water Sts., ✆ 718-246-3963. www.brooklynicecream factory.com. Subway: Linien A, C bis High Street.

Junior's Cheesecake **16** Restaurantgründer Harry Rosen kreierte den vermeintlich besten New York Cheesecake im Jahre 1950. Man benutzt bis heute das Rezept, ein Stück kostet $ 6,50. Achtung, im Februar 2014 hat Junior's an einen Bauunternehmer verkauft und könnte demnächst für die Zeit der Bauarbeiten schließen. Währenddessen soll aber ein zweites Restaurant in der Nähe eröffnen. So–Do 6.30–24 Uhr, Fr/Sa bis 1 Uhr. 386 Flatbush Ave./Dekalb Ave., ✆ 718-852-5257, www.juniorscheesecake.com. Subway: B, Q, R bis DeKalb Ave.

Radegast Hall & Biergarten **25** Deutsche Gemütlichkeit mit täglicher Livemusik. Weißwürste und Hofbräu-Bier. Bar So–Do 12–2 Uhr, Fr/Sa bis 4 Uhr, Küche tägl. 12–16 Uhr, Di–Fr 16.30–23.30 Uhr. 113 N 3rd St./Berry St., ✆ 718-963-3973, www.radegast hall.com. Linie L bis Bedford Ave.

Peter Luger's **33** Gilt als eines der besten Steakhäuser der Stadt. Trotz rustikaler Kargheit hohe Preise. Berühmt ist es für Deutsch sprechende Kellner reiferen Alters mit rüdem Umgangston. Steaks sind „dry-aged" und schmecken am besten mit den deutschen Bratkartoffeln und Rahmspinat. Steak for Two $ 99,50, nur Barzahlung (Geldautomat nebenan). Mo–Do 11.45–21.45 Uhr, Fr/Sa bis 22.45 Uhr, So 12.45–21.45 Uhr. 178 Broadway/Driggs Ave., ✆ 718-387-7400, www.peterluger.com. Subway: Linien J, M, Z bis Marcy Ave.

Harefield Road **26** Gemütliche Bar-Atmosphäre herrscht in diesem kleinen Pub in Williamsburg, das von einem Leser für seinen ausgezeichneten Brunch ($ 12) empfohlen wurde. Man kann auch draußen sitzen. Tägl. 12–4 Uhr, Sa/So ab 11 Uhr. 769 Metropolitan Ave. zw. Humboldt St. und Graham Ave., ✆ 718-388-6870. www.hare fieldbrooklyn.com. Subway: Linie L bis Graham Ave.

Henry's End **13** Seit 1973 sitzen Einheimische an den eng zusammenstehenden schwarzen Tischen, um sich hier zwischen Okt. und März v. a. Wildgerichte schmecken zu lassen (Känguru Panchetta $ 27,95). Sonst saisonale amerikanische Küche und sehr gute amerikanische Weine. Mo–Do Prix Fix für $ 30, mit Wein plus $ 14. Mo–Do 17.30–22 Uhr, Fr/Sa bis 23 Uhr, So 17–22 Uhr. 44 Henry St., Brooklyn Heights, ✆ 718-834-1776, www.henrysend.com. Subway: Linien A, C bis High St.

East River Ferry Park

Brooklyn → Karten S. 279, 280 und 284/285

Tatiana 2 Wer kyrillische Schriftzeichen entziffern kann, ist hier klar im Vorteil. Russisches Restaurant direkt am Strand, das sich spät abends in einen Nachtclub verwandelt. Borschtsch $ 6, Hühnchen Kiev $ 22. Mo–Do und So 12–24 Uhr, Fr/Sa bis 3 Uhr. 3152 Brigthon 6th St. am Boardwalk; ✆ 718-891-5151; www.tatianarestaurant.com/nyc/. Subway: Linien B, Q bis Brighton Beach.

Brooklyn Beach Shack 12 Brooklyn Bridge Park zwischen Pier 1 und 2, nur Burger und Hot Dogs, am Pop-Up Pool Pier 2, tägl. 10–23 Uhr, brooklynbeachshack.com. Subway: Linie F bis York St.

Juliette 23 Französisch-amerikanische Küche, Wintergarten und Dachterrasse, Hauptgerichte $ 19–25. Tägl. 10–16 Uhr, Mo–Do und So auch 17–23 Uhr, Fr/Sa bis 24 Uhr. 135 North 5th St. zw. Bedford und Berry Aves., ✆ 718-388-9222; www.juliettewilliamsburg.com. Subway: Linie L bis Bedford Avenue.

Pies & Thighs 32 Klassische amerikanische Gerichte mit frischen Zutaten. Mo–Fr 9–16 und 17–24 Uhr, Sa/So 10–16 und 17–24 Uhr, nur Bar, Brunch (Rührei Spezial $ 10, Pancakes mit frischem Obst $ 8, Pies $ 4,50). 166 South 4th St/Driggs, ✆ 347-529-6090, www.piesandthighs.com. Subway: Marcy Ave. Linien J, M, Z.

Fette Sau 29 BBQ-Restaurant in einer ehemaligen Garage, Texas-style mit nur zwei Soßen, aber die schmecken. Abwechslungsreiches Angebot an verschiedensten Fleischsorten. Mo–Fr 17–23 Uhr, Sa/So ab 12 Uhr. 354 Metropolitan Ave./Havemeyer St. ✆ 718-963-3404; www.fettesaubby.com. Subway: Linie L bis Lorimer St. oder Linie G bis Metropolitan Ave.

Two Door Tavern 24 Amerikanische Küche aus Burgern, Salaten, Sandwiches, Ribs usw. Brunch mit Cocktail $ 15,95. So–Fr 11–2 Uhr, Fr/Sa ab 10 Uhr. 116 N 5th St. zw. Bedford und Berry Sts., ✆ 718-599-0222; www.twodoortavern.com. Subway: Linie L bis Bedford Avenue.

Dumbo rockt

Brooklyn Roasting Company und Café 25 Jay 3 Das große Café hat industriellen Charme mit witzigen Sitzelementen (z. B. um einen Roulette-Tisch), Dutzende verschiedene Kaffeeröstungen. Das Café 25 Jay ist das Geschmackslaboratorium (Lab) der Roasting Company. Auch Pastries und Sandwiches. Tägl. 7–19 Uhr. ✆ 718-522-2664, www.brooklynroasting.com. 25 Jay St./John St. Subway: Linie F bis York St.

Superfine 11 Mediterran angehauchte amerikanische Speisen (alles Bio) bietet das Restaurant auf zwei Etagen mit Bar, Kunst und Musik sowie einem Billardtisch. Di–Mi 11.30–2 Uhr, Do bis 3 Uhr, Fr/Sa 14–4 Uhr, So 11–2 Uhr, 11–15 Uhr Brunch mit Livemusik. 126 Front St. zw. Jay und Pearl Sts., ✆ 718-243-9005. Subway: Linie F bis York St.

Einkaufen

Fulton Mall & Macy's 15 Mehr als 230 Geschäfte bilden die Fulton Mall, darunter renommierte Läden wie Macy's, Radio Shack, Toys „R" Us, Strawberry und Jimmy Jazz. Hier kaufen mehr Leute ein als auf der Madison Avenue in Manhattan. 4 MetroTech Center, erstreckt sich von Borough Hall Plaza bis Flatbush Ave., ✆ 718-488-8200, www.fultonstreet.org. Subway: Linien 2,3 bis Hoyt St.

Brooklyn Denim Co 22 Großartige Auswahl an Jeans verschiedener Marken und der eigenen Linie (ca $ 120) mit Änderungsschneiderei. Mo–Fr 11–20 Uhr, Sa 11–19 Uhr, So 12–18 Uhr. 85 N 3rd St./Wythe St., ✆ 718-782-2600; www.brooklyndenimco.com. 85 N 3rd St./Wythe Ave. Subway: Linie L bis Bedford Avenue.

Smorgasburg Food Market und **Williamsburg Flea** 21 → S. 69.

Halcyon Records 5 Beliebter Laden für Venyl mit elektronischer Dance Music. Mo–Fr 10–21 Uhr, Sa 12–20 Uhr, So 12–18 Uhr. ✆718-260-9299, halcyontheshop.com. 57 Pearl St./Water St. Subway: Linie F bis York Street oder Linien A, C bis High Street.

Fahrradverleih

Frank's Bike Shop 28 Lower East Side, 553 Grand St., zw. Henry und Jackson St., Mo–

Avantgarde: Kunst in Dumbo

Di, Do–Sa 9–19 Uhr, So 10–18 Uhr. $ 30/Tag, plus $ 10 über Nacht, $ 50 für zwei Tage. Foto-ID mitbringen. ✆ 212-533-6332; www.franksbikes.com. Subway: Linien J, M, Z bis Essex St.

Sonstiges

Galapagos Art Space 8 Avantgardistischer Veranstaltungsraum für Livemusik, Theater und Samstagabend das **Floating Kabarette**, eine Burlesque (mit Striptease). 16 Main St./Water St., ✆ 718-222-8500; www.galapagosartspace.com. Subway: Linien A, C bis Brooklyn High St. oder Linie F bis York St. oder Linien 2, 3 bis Clark St.

Spring Design & Art 6 Galerie mit vier Shows im Jahr und Verkauf von Designerstücken; Shows, Partys und hausgemachter Lunch. 126 Front St. zw. Adams und Jay Sts., ✆ 718-222-1054, www.spring3d.net. Subway: s. o.

Dumbo Art Center (DAC) 10 Non-Profit-Organisation, die die Kunstszene von Dumbo fördert und alljährlich das *Dumbo Arts Festival* Ende Sept. veranstaltet. Mo–Fr 10–18 Uhr. 111 Font Street, Suite 212 zw. Adams und Washinton Sts.; ✆ 718-694-0831, www.dumboartcenter.org. Subway: s.o.

St Ann's Warehouse. Das Theater brilliert seit 35 Jahren mit gewagten Produktionen, es hat eine langjährige Kooperation mit Laurie Anderson und Lou Reed aufzuweisen. Auch David Bowie trat hier schon auf. 29 Jay St. zw. John und Plymouth Sts., ein Umzug ins Tobacco Warehouse im Brooklyn Bridge Park ist geplant. ✆ 718-254-8779, www.stannswarehouse.org. Subway: s.o.

Celebrate Brooklyn! Kunstfestival von Juni bis August im Prospect Park an der Bandshell, einer riesigen Open-Air-Bühne. Musik-, Tanz-, und Theaterveranstaltungen, Filmvorführungen und Partys. Im Mai drei kostenlose Tanzpartys zu Livemusik im Brooklyn Bridge Park. Informationen: Brooklyn Information and Culture (BRIC), ✆ 718-855-7882, www.bricartsmedia.org.

West Indian American Day Parade (→ Foto unten) am Labor-Day-Wochenende (erster Montag im Sept.). Umzüge mit Reggae- und Soca-Sounds, Kostümen und karibischen Leckerbissen. Vier Mio. Besucher strömen entlang des Eastern Parkway von der Utica Ave. bis zur Grand Army Plaza. Informationen: ✆ 718-467-1797, wiadcacarnival.org.

Kostenlose **Seaside-Sommerkonzerte** im Juli und August, donnerstags 19.30 Uhr. W 21st Street nahe Surf Ave. in Coney Island. www.brooklynconcerts.com.

Jane's Carousel. Brooklyn Bridge Park, im Sommer tägl. geöffnet (außer Di) 11–19 Uhr, im Winter Do–So 11–18 Uhr. Eine Runde $ 2, zwölf Fahrten $ 20 (Kinder unter 3 J. frei). janescarousel.com. Subway: Linie F bis York Street.

Pop-Up Pool at Pier 2 Brooklyn Bridge Park, 9x15 m groß und 1 m tief, tägl. 10–17.45 Uhr. Schwimmer bekommen eine „Beckenzeit" von 45 Min. zugeteilt. Schwimmunterricht von 8–10 Uhr tägl. Eintritt frei. Subway: → oben.

Brooklyn → Karten S. 279, 280 und 284/285

Tempel des Baseball – das Yankee Stadium

Bronx

Die Bronx, der nördlichste Stadtbezirk New Yorks, von Manhattan durch den Harlem River getrennt, lehrte Besucher einst das Fürchten. Die Bronx der 1970er Jahre wurde zum Sinnbild für Verfall. Auch heute noch sind Teile dieses Stadtgebietes strukturschwach und nicht für den nächtlichen Streifzug zu empfehlen. Vor allem die South Bronx hat noch sehr rohe und ungeschliffene Ecken, wogegen die North Bronx mit ihrem Stadtteil Riverdale geradezu wohlhabend ist. Inzwischen lockt es jedoch auch die Kunsteliten in den verrufenen Stadtteil und ganz langsam entsteht ein neues Image.

Die touristischen Attraktionen dieses einzigen Boroughs von New York, das auf dem Festland liegt, befinden sich im Zentrum bzw. im Norden des Bezirks, wo Sie den **Bronx Zoo** und den **New York Botanical Garden** finden. Auf dem riesigen **Woodlawn Cemetery** liegen berühmte New Yorker begraben, u. a. der Jazzmusiker Duke Ellington oder der Kaufhaustycoon F. W. Woolworth. Im Südteil, am Harlem River, liegt das **Yankee Stadium** (Baseball). Meiden Sie *Hunts Point*, ein Industrie- und Rotlichtviertel mit hoher Drogenkriminalität, von dem aus der Lebensmittelvertrieb auf den Rest New Yorks erfolgt. Hier findet sich u. a. der Fulton Fish Market. Am spannendsten ist es im hiesigen **Little Italy** in der **Arthur Avenue**. Die Prachtmeile der Bronx ist der *Grand Concourse*.

Benannt wurde die Bronx nach einem schwedischen Kapitän namens Jonas Bronck, der sich als Erster hier niederließ. Trotz der blutigen Konflikte mit den Indianern folgten ihm andere Siedler, und es entstanden verschiedene Dörfer, in denen sich wohlhabende New Yorker ihre Landsitze bauten.

Nach dem Anschluss an New York 1898 wurden viele der großen Grünflächen der Bronx in Parks umgewandelt, der größte davon ist der Bronx Park, in dem zu dieser Zeit auch der Zoo und der Botanische Garten entstanden.

Die erste Subway-Linie erreichte den Stadtteil 1904, weitere folgten. Damals wurden schöne Backsteinhäuser gebaut, breite Alleen angelegt, u. a. der Grand Concourse mit wunderschönen Art-déco-Häusern. In dieser damals bevorzugten Wohngegend wurde 1923 das Yankee Stadium gebaut, auf dessen Nachfolger die Loreley hinabblickt (Heinrich-Heine-Denkmal). Die Einwohnerzahl kletterte auf 1,2 Millionen.

Von der anschließenden Wirtschaftskrise der 1930er Jahre hat sich die Bronx lange nicht erholt, musste sie doch viele der Menschen aufnehmen, die aus den Slums Manhattans ausgesiedelt wurden. Billige Wohnblocks wurden errichtet, die jedoch durch Überbelegung schnell jeden Charme vermissen ließen, nicht renoviert wurden, keine Einnahmen brachten und häufig einfach niedergebrannt wurden, um sich des Problems zu entledigen und die Versicherungssummen zu kassieren. Wer in der South Bronx blieb, fristete ein kümmerliches Dasein zwischen Armut, Verfall, Drogen und Arbeitslosigkeit. Die Lage verschlechterte sich noch, als ein Highway mitten durch die Bronx gebaut wurde. 60.000 Häuser wurden abgerissen, mehr als 170.000 Leute wurden umgesiedelt oder obdachlos. Gleichzeitig kürzte die US-Regierung das Sozialbudget. Die Bronx kam aus den Schlagzeilen als das Quartier mit der höchsten Kriminalitätsrate nicht mehr heraus.

Heute hat sich die Lage entschärft, doch ist die South Bronx noch immer sehr arm und weit davon entfernt, ein attraktives Wohngebiet zu sein. Rund 35 % der Einwohner sind Afroamerikaner, fast 50 % Latinos, die meisten aus Puerto Rico und der Dominikanischen Republik. Eine ganze Reihe von Bewohnern der Bronx zählten auch zu den Opfern von 9/11. Sie jonglierten keine Millionen, sondern putzten im World Trade Center die Büros.

Um die Bronx zu besichtigen, sollte man sich einer Führung anschließen (z. B. Insightseeing, → S. 81). Jeden ersten Mittwoch im Monat (außer im Januar und September) verkehrt auch ein Kunstshuttle (Bronx Culture Trolley, www.bronxtrolley.com). Wollen Sie sich allein auf den Weg machen, können Sie die **Metro North Harlem Line** vom Grand Central Terminal nutzen oder die Subway Linien B, D, 2, 4, 5 oder 6.

Sehenswertes

Yankee Stadium: In dem im September 2008 abgerissenen Stadion von 1923 feierte einst Deutschlands Box-Legende Max Schmeling seine größten Triumphe, auch Papst Benedikt XIV. hielt in der alten Arena seine Heiligen Messen. Nur einen Steinwurf entfernt steht nun das neue Stadion des New York Yankee Baseball-Teams, das mit 1,5 Milliarden Dollar Baukosten zur teuersten Sportstätte der Welt wurde und ungeniert dem Kolosseum nacheifert. Es fasst 53.000 Zuschauer, die Fassade wurde dem alten Yankee Stadium nachempfunden und mit Granit verblendet, auch das Metallfries unter dem Dach wurde wiederverwendet. Der Innenraum ist voller Fotos aus der Geschichte der Yankees, auf dem Dach der Garagen entstanden Sportfelder, Teile des umliegenden Parks wurden zu einer Promenade mit polierten Betonplatten und Granit ausgebaut. Die Railstation „Yankee Stadium“ der Metro North Railroad

Bronx → Karten S. 294/295 und 297

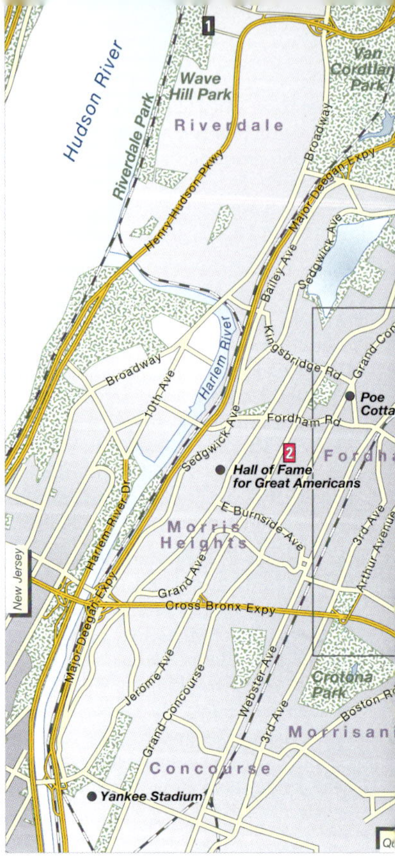

bringt Sie direkt vor die Tür. Im umliegenden Wohngebiet kann man gut spanisch essen, wenn man nicht ins Hard Rock Café oder die anderen Restaurationen im Stadion will.

One East 161st St./River Ave., ✆ 718-293-4300, newyork.yankees. mlb.com. Stadiontouren alle 20 Min. von 12 bis 14 Uhr vom Gate 6, $ 20 online zehn Tage im voraus oder $ 25 vor Ort. ✆ 212-YANKEES. Subway: 4 (East Side), B, D (West Side) bis 161st Street/Yankee Stadium (ca. 30 Min. von Midtown).

Bronx Zoo: Im Norden der Bronx liegen die beiden Hauptattraktionen der Bronx, der Bronx Zoo und der New York Botanical Garden. Der Bronx Zoo, der eigentlich *International Wildlife Conservation Park* heißt, ist der größte der fünf Zoos in New York und der größte Stadtzoo Amerikas. Er wurde bereits 1899 im Bronx Park eröffnet. Über 4000 Tiere leben hier in artgerechter Haltung in landschaftlich schön angelegten Freigehegen. Zu sehen gibt es u. a. afrikanische Gorillas im *Congo Gorilla Forest*, Schneeleoparden im *Himalaya Highlands Habitat*, asiatischen Regenwald in der sog. *Jungle World* oder nachtaktive Tiere in der *World of Darkness*. Im Zoo verkehren ein Zoo-Shuttle, die Kabinenbahn Skyfari, die nicht nur einen eindrucksvollen Blick auf den Zoo, sondern auch auf New York bietet, und durch den asiatischen Kontinent führt der Bengali Express.

April bis Okt. Mo–Fr 10–17 Uhr, Sa/So bis 17.30 Uhr. In den Wintermonaten tägl. 10–16.30 Uhr. Eintritt $ 16,95, erm. $ 14,95, Kinder $ 12,95, bestimmte Bereiche und Fahrten kosten extra (z. B. Kamelritt), alle Bereiche (total experience) $ 33,95, erm. $ 28,95, Kinder $ 23,95. Mi pay-as-you-wish, total experience $ 14,95. 2300 Southern Blvd./183rd St. oder Riverentrance am Fluss Gate B. ✆ 718-220-5100, www.bronxzoo.com. Subway: Linie 2 bis Pelham Parkway.

New York Botanical Garden: Bereits 1891 nach englischem Vorbild errichtet, ist er mit seinen rund 100 ha sowohl einer der ältesten, als auch größten botanischen Gärten der Welt. Er schließt im Norden an den Bronx Zoo an. Einen großen Teil bedeckt noch immer der Hemlock Forest, einst ein riesiges Waldgebiet auf der Halbinsel Manhattan. In 50 verschiedenen Gartenanlagen wurde hier ein Museum der Pflanzenwelt kreiert. Hauptattraktionen sind der Rose Garden, der Everett Children's Adventure Garden, oder auch die Lorillard Snuff Mill direkt am Bronx River gelegen, die einst eine Tabakmühle war und heute ein Restaurant beherbergt. Sehenswert ist auch das Enid A. Haupt Conservatory, ein Gewächshaus, das nach dem Vorbild des Palm House in Kew Gardens, London, errichtet wur-

de. Eine Bahn erleichtert den Besuchern den Rundgang. Garden Café und Pine Tree Café (geöffnet wie Botanischer Garten).

Di–So 10–18 Uhr, Jan. bis Febr. bis 17 Uhr. Eintritt $ 13, erm. $ 6, Kinder $ 3. All Garden Pass: $ 25, erm. $ 22, Kinder $ 10. Mi ganztags und Sa 10–11 Uhr frei. 200th St./Kazimiroff Blvd., ✆ 718-817-8700, www.nybg.org. Metro North Harlem bis Botanical Garden (20 Min. von Grand Central Station) oder Subway 4, B, D bis Bedford Park Blvd., von dort 20 Min. zu Fuß oder mit dem Bus BX26.

Hall of Fame for Great Americans: Diese Ruhmeshalle wurde auf dem Gelände eines Ablegers der New York University (heute Bronx Community College) errichtet. Entworfen wurde dieser Säulengang von Stanford White. Er beherbergt seit 1900 98 Bronzebüsten berühmter Amerikaner und wurde oft als Drehort genutzt, u. a. für den Kriminalfilm *Die Thomas Crown Affäre*.

Campus Bronx Community College, University Ave./Ecke West 181st St., ✆ 718-289-5161, www.bcc.cuny.edu/HallofFame. Tägl. 10–17 Uhr. Spende von $ 2 erbeten. Subway: Linie 4 bis Burnside Ave.

Arthur Avenue: Ebenfalls im Stadtteil Fordham liegt das *Little Italy* der Bronx, welches viele für authentischer halten als sein Pendant in Manhattan. Es ist voller italienischer Restaurants, Lebensmittelläden und Märkte.

Bronx → Karten S. 294/295 und 297

Edgar Allan Poe Cottage: In diesem hölzernen Bauernhaus, erbaut 1812 in dem damaligen Dorf Fordham, verbrachte der Dichter Edgar Allan Poe seine letzten Lebensjahre von 1846–49. Die Zimmer zeigen die Originaleinrichtung, eine Filmpräsentation und Führung geben Einblick in Leben und Werk des Dichters.

Sa 10–16 Uhr, So 13–17 Uhr. Eintritt $ 5, erm. $ 3. 2640 Grand Concourse/East Kingsbridge Rd., ✆ 718-881-8900, www.bronxhistoricalsociety.org/poecottage.html. Subway: Linie 4 bis Mosholu Pway oder D bis Norwood 205 St.

Woodlawn Cemetery: New Yorks Friedhof (125 ha) mit den größten Mausoleen und Grabstätten entstand, als 1900 niemand mehr in Manhattan bestattet werden durfte. Fragen Sie am Eingang unbedingt nach einer Karte. Woolworth lässt sich von zwei Löwen bewachen. Die Liste der hier ruhenden Musiker ist ein Who is Who des Jazz: Duke Ellington, Miles Davis, Cootie Williams und viele mehr. Auch der Schriftsteller Herman Melville fand hier seine letzte Ruhe.

Tägl. 8.30–17 Uhr. Audioguides Mo–Sa 8.30–16.30 Uhr am Büro an der Webster Ave., $ 5. Webster Ave./East 233rd St., ✆ 718-920-1469, www.thewoodlawncemetery.org. Metro North Railroad bis Woodlawn Station oder Linie 4 bis Woodlawn Station.

Wave Hill: Diese Villa von 1843 liegt in dem exklusiven Stadtteil Riverdale im Nordwesten der Bronx. Das Haus und der Garten können besichtigt werden, sehenswert ist v. a. der wunderschöne Park mit Gewächshäusern, Skulpturen (Henry Moore) und einem herrlichen Blick auf den Hudson River. Hier wohnten u. a. einst Teddy Roosevelt, Mark Twain und Arturo Toscanini. Auf dem Gelände finden Konzerte, Vorträge und Kunstausstellungen statt. Schönes Café mit Terrasse und Blick über den Hudson River.

April bis Okt. Di–So 9–17.30 Uhr, sonst bis 16.30 Uhr. Eintritt $ 8, erm. $ 4, Kinder $ 2, Di im Winter ganztags, im Sommer und Sa 9–12 Uhr frei. Kostenlose Gartenführungen Sa/So 14 Uhr. Mi Sunset Wednesdays bis 20.30 Uhr und Musik. West 249th St./Independence Ave., ✆ 718-549-3200, www.wavehill.org. Kostenloser Shuttle-Van von Metro North Riverdale Station (9.45–15.45 stündl., Mi auch ab 17.20 Uhr) oder Van Cortlandt Park/242 St. bei Burger King für die Linie 1 (9.10–15.10 Uhr stündl., Mi auch ab 17.10 Uhr). **Café**: Di–So 10–16 Uhr, Brunch So ab 11 Uhr, So Anmeldung erforderlich unter ✆ 718-549-3200, Durchwahl 395; www.wavehill.org/cafe/.

Ein Who's who des Jazz – der Woodlawn Cemetry

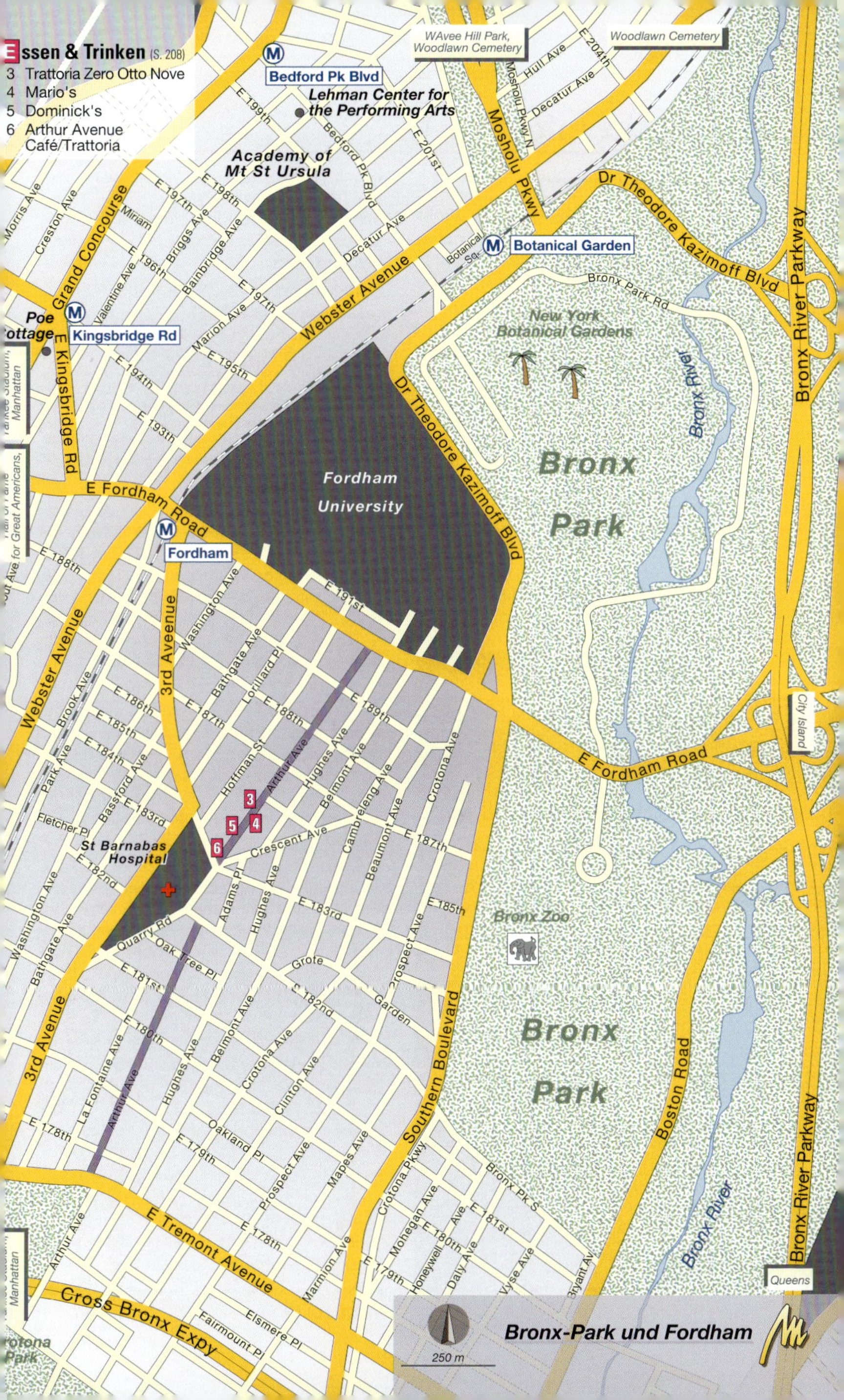
Essen & Trinken (S. 208)
3 Trattoria Zero Otto Nove
4 Mario's
5 Dominick's
6 Arthur Avenue Café/Trattoria
Bronx-Park und Fordham
250 m
Bedford Pk Blvd
Lehman Center for the Performing Arts
Academy of Mt St Ursula
WAvee Hill Park, Woodlawn Cemetery
Woodlawn Cemetery
Botanical Garden
Kingsbridge Rd
Poe Cottage
New York Botanical Gardens
Bronx Park
Fordham University
Fordham
St Barnabas Hospital
Bronx Zoo
Bronx River
City Island
Queens
Manhattan
Grand Concourse
Webster Avenue
Mosholu Pkwy
Dr Theodore Kazimoff Blvd
Bronx River Parkway
E Fordham Road
3rd Avenue
Arthur Ave
Crescent Ave
Southern Boulevard
Boston Road
E Tremont Avenue
Cross Bronx Expy

Praktische Infos

→ Karte S. 294/295 u. S. 297

Information/Führungen

Information über die Webseite des **Bronx Tourism Council**, www.ilovethebronx.com, und das kostenlose Magazin The Bronx Now!

Bronx Culture Trolley, am ersten Mi im Monat (außer Sept. und Jan.). Beginn um 17 Uhr mit Weinempfang in der Longwood Art Gallery im Hostos Community College, 450 Grand Concourse/149th St., zu erreichen mit der Subway IRT 2, 4, 5. Der Bus fährt u. a. zum Bronx Museum of the Arts, der Haven Arts Gallery, dem Pregones Theater und zum Bronx River Art Center. Eintritte kostenlos! Informationen unter ✆ 718-931-9500, www.bronxarts.org.

Tour de Bronx, kostenlose Fahrradtour 65 Meilen durch den Bezirk, es nehmen jedes Jahr Ende Okt. rund 6000 Radler teil. www.tourdebronx.org oder ✆ 718-590-BRONX.

Das Little Italy der Bronx

Bronx Week, seit 40 Jahren feiert der Stadtteil Anfang Mai dieses Kulturfestival mit einer Parade und einem umfangreichen Kultur- und Musikprogramm. www.ilovethebronx.com.

Insightseeing → Stadtführungen, Wissenswertes von A bis Z, S. 81.

Essen und Trinken

Die Bronx hat eine eigene „Restaurant Week" in den ersten beiden Novemberwochen, an der 35 Restaurants teilnehmen: „Savor the Bronx" (www.savorthebronx.com).

Mario's 4 Eine Institution. Das Restaurant wird seit fünf Generationen von der Migliucci-Familie geführt, die Pizzen bis an die Westküste verschickt, auch für die Sopranos wurde hier schon gedreht. Lunchspecial $ 13,95. So, Di–Do 12–21.30 Uhr, Fr/Sa bis 22.30 Uhr. 2342 Arthur Ave./184th St., ✆ 718-584-1188, www.mariosrestarthurave.com. Subway: B, D bis 182/183 St.

Dominick's 5 Man sitzt an langen Tischen, es gibt keine Karte. Entweder macht der Kellner einen Vorschlag, oder Sie fragen nach Ihrem italienischen Lieblingsgericht. Hauptgerichte $ 12–30, nur Barzahlung. Mo und Mi–Sa 12–22 Uhr, So 13–21 Uhr, Di geschl. 2335 Arthur Ave. nahe 184th St., ✆ 718-733-2807. Subway: B, D bis 182/183 St.

Papaye Diner 2 West-afrikanische Spezialitäten aus Ghana (z. B. fufu), auch marokkanische und karibische Speisen. Alles vom Buffet, etwa 20 Tagesgerichte zwischen $ 9 und 13, nur Barzahlung. Vorsicht vor der roten und schwarzen hot sauce. Mo–Sa 12–24 Uhr, So 11–21 Uhr. ✆ 718-676-0771; papyeny.com. 2300 Grand Concourse/187th St.. University Heights. Subway: B, D bis 182/183 St.

Arthur Avenue Café/Trattoria 6 Café im europäischen Stil, gutes Pilzrisotto. Tägl. 11–22 Uhr. 2329 Arthur Ave., ✆ 718-562-0129, www.arthuravenue.com/cafe_restaurant/. Subway: B, D bis 182/183 St.

Trattoria Zero Otto Nove 3 Hier **muss** man Pizza bestellen, am besten La Ricardo! Di–Sa 12–14.30, Di–Do 16.30–22 Uhr, Fr–Sa 16.30–23, So 13–21 Uhr. ✆ 718-220-1027, www.089bx.roberto089.com. 2357 Arthur Ave./E 186th St., Subway: B, D bis 182/183 St.

Wave Hill 1 Text → S. 296.

Nur sie trennt Queens von Manhattan: die Queensborough Bridge

Queens

Queens ist der größte der fünf New Yorker Stadtteile und beginnt sein Image von der reinen Schlafstadt abzuschütteln. Queens ist grün, gut angebunden und um einiges günstiger als Manhatten. Der Stadtteil Long Island City hat sich als mutiges Museumsviertel etabliert. Sportbegeisterte kennen sicher das Tennisstadion in Flushing Meadows oder das neue pompöse Citi Field Stadion der Mets. Jazzfans können in Queens auf den Spuren von Louis Armstrong wandeln. Der Stadtteil ist ethnisch bunt zusammengewürfelt: Weniger als die Hälfte der Einwohner ist weiß, und auf den 313 km² werden mehr Sprachen gesprochen als irgendwo sonst auf der Welt.

Queens ist sowohl ein County des Bundesstaates New York als auch das größte der fünf Boroughs von New York City. Seine mehr als zwei Millionen Einwohner leben auf 35 % der Fläche von New York City. Queens unterteilt sich in fünf Gebiete: Long Island City (mit Astoria), Flushing (ein weiteres Chinatown), Jamaica, Far Rockaway (wo Queens am über 10 km langen Rockaway Beach den Atlantik erreicht) und Floral Park. Fast jeder Besucher macht Bekanntschaft mit diesem Stadtteil von New York, da sich hier zwei der drei Flughäfen befinden (La Guardia und JFK). Inoffizielles Wahrzeichen des Stadtteils ist der gigantische Globus *Unisphere* im Flushing Meadows Corona Park.

Adressen in Queens lassen sich wie folgt entschlüsseln: 21-76 31st St.: Die Adresse befindet sich in der 31st Street nahe Ecke 21st Street, die Hausnummer ist 76.

Queens → Karten S. 300, 303, 308/309

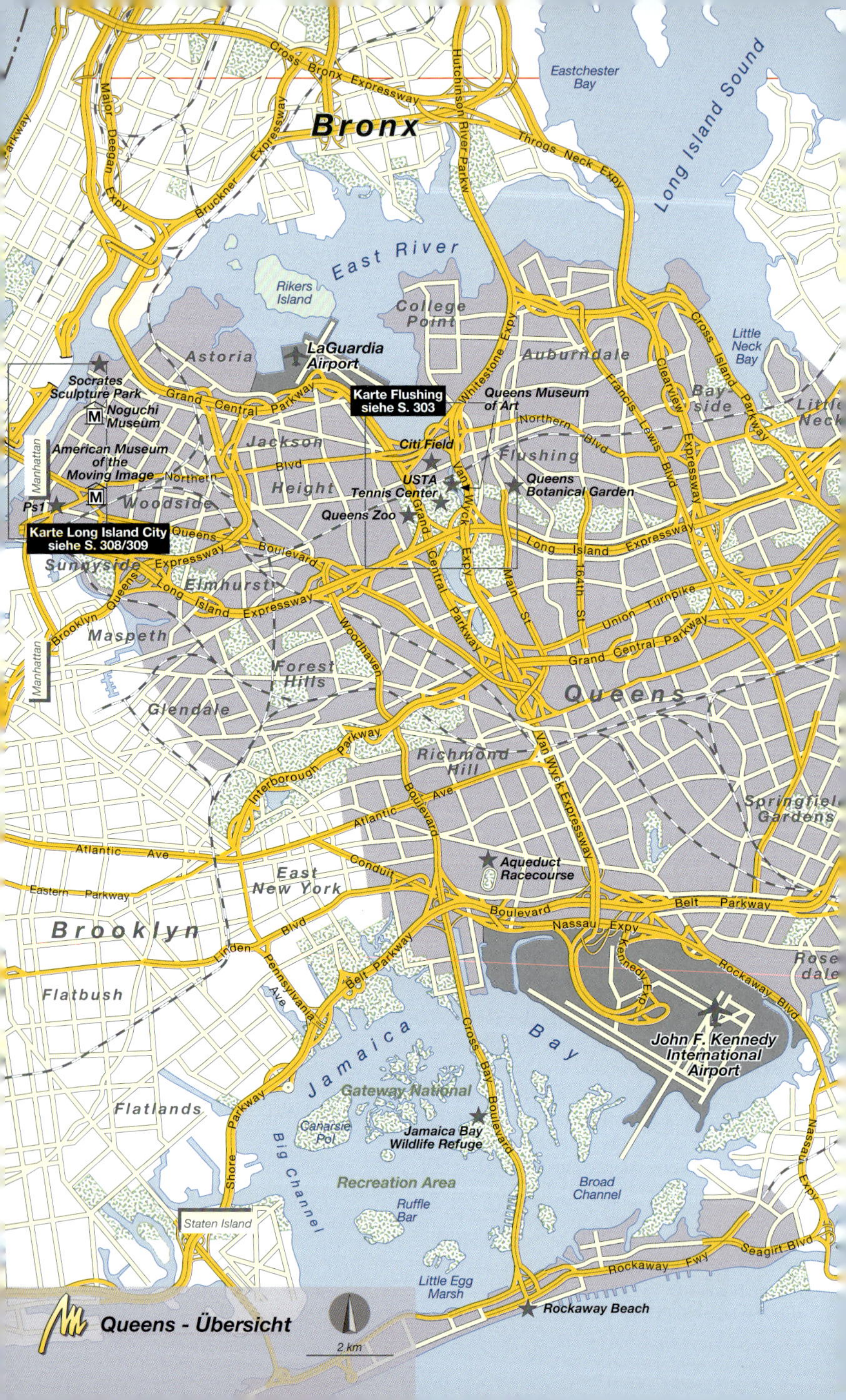

Queens - Übersicht

Die erste holländische Siedlung in Queens war Vlissing, das heutige Flushing. Bis Mitte des 17. Jh. hatten die Europäer die meisten Indianer aus dem Gebiet vertrieben, die bis dahin v. a. an den nördlichen Uferregionen lebten. Als die Engländer 1644 ihre Kolonie in einzelne Counties aufteilten, tauften sie dieses Queens – zu Ehren der Gattin König Karls II. Bis zum 19. Jh. blieb es recht ruhig um Queens, die Musik spielte in Manhattan und Brooklyn, dort rollte auch der Rubel.

Erst als die Anbindung nach Manhattan mit der Queensborough Bridge, der Long Island Railroad und schließlich dem Queens Midtown Tunnel verbessert wurde, boomte es auch hier.

In den 1920er Jahren siedelte sich in Astoria in alten Fabriken und Hafenanlagen die Filmindustrie an (noch heute werden in den Kaufman Astoria Studios, Heimat der Sesamstraße, viele Fernsehserien gedreht), weshalb in Queens auch das futuristische und ganz fantastische **Museum of the Moving Image** zu finden ist (→ S. 307). Mitte der 1930er Jahre wurde v. a. Jamaica zu einem beliebten Wohngebiet vieler Jazzmusiker wie Louis Armstrong (sein Haus ist heute ein Museum, → S. 304), Benny Goodman, Ella Fitzgerald und Billie Holliday. Nach dem Zweiten Weltkrieg baute man auf der ehemaligen Müllhalde der Stadt, Flushing Meadows, große Sportstadien, weshalb viele Baseball- und Tennisfans ihren Weg hierher finden.

Der Tourist kommt aus zwei Gründen nach Queens: wegen der Kultur und wegen der Gastronomie. Die Küchenchefs werkeln hier weniger für den amerikanischen/touristischen Gaumen, sondern authentisch für die eigenen Landsleute. Vor allem die untere Preislage wird sehr viel besser abgedeckt als in Manhattan. Als kulturelles Highlight gilt das **P.S.1 Institute for Contemporary Arts**. Eher ein Geheimtipp sind das **Isamu Noguchi Garden Museum** und das **Queens Museum of Art**, wo sich das größte Architekturmodell der Welt befindet: das Panorama of the City of New York. Queens ist viel zu weitläufig, um es zu erlaufen, und hat nur ausgewählte Attraktionen. Zu diesen nehmen Sie am besten die Subway. Die touristisch interessantesten Gegenden sind **Flushing und Long Island City/Astoria.**

Größter Stadtteil New Yorks: Queens

Queens → Karten S. 300, 303, 308/309

Flushing

Flushing wuchs v. a. nach dem Anschluss von Queens an New York sehr schnell und wurde bereits in den 1950er Jahren zum bevölkerungsreichsten Gebiet von Queens. Als ideale Route hat sich die Subway-Linie 7 etabliert, die sich am Times Square auf ihre kleine Weltreise durch Queens begibt und gerne auch „International Express" genannt wird. Sie verläuft jenseits des East River überirdisch, sodass Sie vielleicht sogar ihr Starfoto von der Skyline von Manhattan schießen können.

Der Blick nach draußen lohnt sich allemal: Um die 33rd Street lebt die irische Gemeinde, erkennbar an so manchem Irish Pub. Zwischen 52nd und 61st Street landen Sie in der lateinamerikanischen Zone. Die 74th Street liegt in Jackson Heights, wo viele Inder und Pakistanis wohnen. An der 90th Street wird es mexikanisch und karibisch, wogegen Sie bei der 103rd Avenue/Corona Plaza auf den Orient treffen. Um die 111th Street finden Sie die Italiener, und vorbei am Citi Field Stadium und durch den Flushing Meadows Corona Park landen Sie an der Endstation Flushing/Main Street nach 35 Minuten in Asien, präziser Korea.

In Flushing Downtown pulsiert das Leben. Der Stadtteil bildet das kommerzielle Herz von Queens und ist gleichzeitig das wohlhabendste und zweitgrößte Chinatown New Yorks. Ursprünglich lebten hier hauptsächlich Italiener und Griechen, doch die Rezession in den 1970er Jahren zwang viele, ihre Häuser billig zu verkaufen, und Chinesen und Koreaner zogen ein. Selbstverständlich ist Flushing auch ein Mekka der asiatischen Küche. Und wenn Sie das chinesische Neujahr ohne Horden von Touristen erleben möchten, kommen Sie am besten hierher.

Sehenswertes

Flushing Meadows Corona Park: Dieser größte öffentliche Park in New York City (5 km²) entstand für die Weltausstellung 1939/40 und wurde auch für das Folgespektakel 1964/65 genutzt.

Interessant für Jazz-Fans – hier lebte Satchmo

Die ehemalige Müllhalde, auf der er entstand, kommt noch in F. Scott Fitzgeralds *The Great Gatsby* als „valley of ashes" (Tal der Asche) vor. Der weltgrößte Globus *Unisphere* wurde für die Weltausstellung 1964/65 geschaffen und soll das Motto der Ausstellung „Frieden durch Verständnis" symbolisieren.

Tennisfans ist das *USTA Tennis Center* im Park bekannt, wo die *US Open Championships* stattfinden. Wer sich selbst sportlich betätigen will, kann auf den beiden Seen im Park, Meadow und Willow, Ruderboote mieten.

Von weitem sichtbar sind auch die futuristischen Türme des inzwischen stark verfallenen *New York State Pavilion,* ein leer stehendes Überbleibsel des Ausstellungspavillons für den Bundesstaat New York zur Weltausstellung 1964/65.

Am Nordende des Parks steht das *Citi Field Stadium.* Dieser Nachfolger des *Shea Stadium,* dessen Sitze im Internet für 869 Dollar pro Paar an Fans verkauft wurden, ist das neue Heimstadion der Mets. Es fasst rund 45.000 Zuschauer, die Fassade aus Backstein, Granit und Beton ist dem ersten Met Stadion *Ebbets Field* von 1913 nachempfunden, wo auch die Baseball-Legende Jackie Robinson die größten Triumphe feierte. Nach ihm ist die Rotunde des Stadions benannt.

Der Park ist auch das Zuhause der *New York Hall of Science,* eines interaktiven Wissenschafts- und Technikmuseums.

Das *Queens Museum of Art* befindet sich in dem New York City Building, das den amerikanischen Pavillon zur Weltausstellung 1939/40 beherbergte. Es wurde gerade auf 9300 m2 erweitert. Anstelle der alten Eislaufbahn, die neuen Galerien Platz machte, wurde im Nordostteil des Parks ein Sportzentrum errichtet. Das Museum zeigt spannende Wechselausstellungen, zu den permanenten Exponaten zählen u. a. die *Neustadt Collection of Tiffany Art* und das *Panorama of New York City*. Dieses weltgrößte Architekturmodell wurde von Robert Moses entworfen, von 100 Modellbauern geschaffen und umfasst 895.000 Gebäude.

Auch der *Queens Botanical Garden* ist Teil des Flushing Meadow Corona Park. Er ist ebenfalls ein Überbleibsel der Weltausstellung von 1939/40 und ziemlich

Queens → Karten S. 300, 303, 308/309

unspektakulär. Die Wiese ist aber ein idealer Picknickplatz, auf den Wegen darf man Fahrrad fahren.

Citi Field (ehem. William A. Shea Municipal Stadium): → Wissenswertes von A bis Z, S. 80).

New York Hall of Science: Mo–Fr 9–17 Uhr, Sa/So 10–18 Uhr. Eintritt $ 12, erm. $ 8, mit Minigolf und Science Playground $ 19, erm. $ 15. 47-01 111th St., ✆ 718-699-0005, nysci.org. Subway: Linie 7 bis 111th St.

Queens Museum of Art: Mi–So 12–18 Uhr. Eintritt $ 8, erm. $ 4. Kostenlose Führung So 14 Uhr, Panorama Tour um 16 Uhr. New York City Building, ✆ 718-592-9700, www.queensmuseum.org. Subway: Linie 7 bis Mets/Willets Point.

Queens Botanical Garden: Di–Fr 8–18 Uhr, im Winter Di–So 8–16.30 Uhr (Eintritt frei). Eintritt $ 4, erm. $ 3, Kinder $ 2. 43–50 Main St., ✆ 718-886-3800, www.queensbotanical.org. Subway: s. o.

Louis Armstrong House: Wer einen Einblick in den Alltag dieser Ikone erhaschen möchte, ist in diesem schlichten, roten Backsteinhaus richtig. Louis Armstrong wohnte hier mit seiner Frau Lucille bis zu seinem Tode, die Zimmer sind genauso erhalten, wie er sie verlassen hat, ein Designertraum in Beige und Silber zweier bemerkenswerter Liebender. Auf Tonbändern kann man Satchmo scherzen und plaudern hören oder seinem unverwechselbaren Trompetenspiel lauschen. Ein wunderbares kleines Juwel, das man beschwingt verlässt.

Di–Fr 10–17 Uhr, Sa/So ab 12 Uhr. Besichtigung nur mit Führung. Eintritt $ 10, erm. $ 7. 34-56 107th St., ✆ 718-478-8274, www.louisarmstronghouse.org. Subway: Linie 7 bis 103 St/Corona Plaza. Nordausgang, dann in die 103 St., nach zwei Blocks rechts in die 37th Ave., nach vier Blocks links in die 107th Street.

Praktische Infos

→ Karte S. 303

Essen und Trinken

Sentosa **1** Südostasiatische Küche (Malaysia) in gemütlichem Ambiente – der Name steht für Frieden und Ruhe. Würziger Mix mit vielen Einflüssen wie die Vorspeise *roti canai* (frittierter Pancake in Hühnchencurry $ 3,50). So–Do. 11–23.30, Fr–Sa bis 23.45 Uhr. Nur Barzahlung. 39-07 Prince St. nahe 39th Ave., ✆ 781-886-6331, www.sentosausa.com. Subway: Linie 7 Flushing/Main St.

The Golden Shopping Mall (Wong Jing Xian Chan) **3** An den Verkaufsständen im Food Court gibt es authentische asiatische Küche, meist ohne englische Übersetzung, aber sehr günstig. Wer kein Mandarin beherrscht, muss wagemutig sein! Die meisten Stände sind von 12 bis 20 oder 22 Uhr geöffnet. 41-28 Main St., nahe 41st Rd. Subway: s. o.

Himalayan Yak **4** Erstes tibetisches Restaurant in New York, Livebands Fr–So 21–1 Uhr. Eine empfehlenswerte Speise aus Tibet ist u. a. Sha Momo (mit Huhn oder Rind gefüllte Klöße). Hauptgerichte ab $ 7,95. Mo–Do 12–23 Uhr, Fr/Sa bis 2 Uhr. 72-20 Roosevelt Ave. nahe 72nd St., ✆ 718-779-1119; www.himalayanyak.com. Subway: Linie 7 bis 90th St/Elmshurst Ave.

Lemon Ice King of Corona **5** Sommerklassiker für unprätentiöses Eis in drei Dutzend Geschmackssorten nahe Louis Armstrong Museum. Der „König" heißt übrigens Ben Faremo und den Laden gibt es seit den 1940ern. Tägl. 10–24 Uhr. 52-02 108th St./Corona Ave., ✆ 718-699-5133, www.thelemonicekingofcorona.com. Subway: Linie 7 103 St/Corona Plaza.

Einkaufen

Sky View Center **2** In diesem recht neuen Einkaufszentrum mit drei Wohnhochhäusern darüber befinden sich unzählige Geschäfte mit Elektronik, Möbeln und Klamotten der Top-Marken, u. a. ein Adidas Factory Outlet. Mo–Sa 7.30–23.30 Uhr, So bis 23 Uhr. 40-24 College Point Blvd./Roosevelt Ave. ✆ 718-460-2000, www.shopskyviewcenter.com. Subway: Flushing Main St. Linie 7.

Fast unbekannt: Isamu Noguchi Garden Museum

Long Island City (LIC)

Long Island City ist der Bezirk von Queens, der schon durch seine Lage am engsten mit Manhattan und Brooklyn verbunden ist. In den 1640er Jahren siedelten sich auch hier die Holländer an, um Landwirtschaft zu betreiben. Bis ins 19. Jh. blieb es Farmland. 1870 schlossen sich die Dörfer Astoria, das 1839 gegründet und nach John Jacob Astor benannt wurde, Ravenswood, Hunters Point und Steinway zu Long Island City zusammen. Die kommerzielle und industrielle Entwicklung von Long Island City ging Hand in Hand mit dem Ausbau der Verkehrsverbindungen. Sie erlebte den größten Aufschwung, nachdem 1861 die Long Island Railroad mit Hunters Point verbunden wurde. Von da an entstanden mehr und mehr Fabriken am East River. Deshalb litt der Bezirk auch stark unter dem Niedergang der amerikanischen Manufakturbetriebe in den 1970er Jahren.

Zwar ist Long Island City noch immer ein Produktionszentrum, doch hat es sich auch als künstlerisches Experimentierfeld einen Namen gemacht, seitdem 1976 das P.S.1 Contemporary Art Center eröffnete. Ihm sind viele weitere Kunsteinrichtungen gefolgt.

Ein unbedingt sehenswertes kulturelles Hightlight befindet sich in Astoria: das *Museum of the Moving Image* direkt neben den *Kaufman-Astoria Studios*, die einst eine Produktionsstätte von Paramount waren und heute für die Aufzeichnung zahlreicher Fernsehshows genutzt werden.

Zum Erholen gibt es den Astoria Park direkt am East River mit schönem Ausblick auf Manhattan oder den Athens Square Park an der 30th Avenue, Ecke 30th Street.

Queens → Karten S. 300, 303, 308/309

Sehenswertes

P.S.1 Contemporary Art Center: Mit gewagten Ausstellungen zeitgenössischer Künstler hat sich dieses Museum einen internationalen Ruf erarbeitet. Das unkonventionelle Kulturzentrum in einer ehemaligen Schule hat sich Innovation auf die Fahnen geschrieben und ist wilder als das MoMA, dessen Juniorpartner es ist. Jeden Samstag von Anfang Juli bis Anfang September wird eine „Warm Up"-Tanz- und Modeparty veranstaltet, um „Berührungsängste" abzubauen und Spaß zu haben. M. Wells Dinette ist ein passables Restaurant mit Gemeinschaftstischen – wie in einer Schulkantine eben.

Do–Mo 12–18 Uhr. Eintritt $ 10, erm. $ 5, mit MoMA-Ticket kostenlos. Café und Shop. Warm-Up-Party Sa 14–21 Uhr, Eintritt $ 15. 22-25 Jackson Ave./46th Ave., ✆ 718-784-2084, momaps1.org. Subway: E, M bis Court Sq/23rd St.; Linie 7 Court Sq/Jackson Ave.; Linie G bis 21st St.

Exzentrisch: Socrates Sculpture Park

Isamu Noguchi Garden Museum: In dem ehemaligen Atelier des Künstlers Isamu Noguchi, eines modernen Bildhauers, der in der japanischen und amerikanischen Kultur verwurzelt war, werden neben seinen Skulpturen auch verschiedene seiner Bühnendekorationen und Möbelentwürfe gezeigt. Besonders schön ist der Rock Garden. Sehr interessantes, fast unbekanntes Museum.

Mi–Fr 10–17 Uhr, Sa/So 11–18 Uhr. Eintritt $ 10, erm. $ 5; 1. Fr im Monat pay-as-you-wish. Mi–So 14 Uhr kostenlose Führung. Sonntags Shuttle-Busse von der Asia Society in Manhattan, 12.30, 13.30, 14.30 und 15.30 Uhr. $ 10 return. 32-37 Vernon Blvd. (Eingang 9-01 33rd Rd. zw. Vernon Blvd und 10th St.), ✆ 718-204-7088, www.noguchi.org. Subway: N, Q bis Broadway, zu Fuß den Broadway zehn Blocks, dann links in Vernon Boulevard, nach zwei Blocks links in die 33rd Road.

Socrates Sculpture Park: Die ehemalige Müllhalde am East River, einen Block nördlich des Noguchi-Museums, wird von den Veranstaltern seit 1986 für $ 1 pro Jahr vom Department of Port and Trade geleast. Zeitgenössische Bildhauer stellen in freier Natur ihre Kunstwerke aus. Im Juli und August gibt es hier auch Freiluftkino.

Tägl. 10 Uhr bis Sonnenuntergang. Eintritt frei. 32-01 Vernon Blvd./Ecke Broadway, ✆ 718-956-1819, www.socratessculpturepark.org. Subway: s. o.

Mutanten Ton in Ton: die neuen Outer Borough Taxis

Museum of the Moving Image: Mehr als 60.000 Requisiten und Erinnerungsstücke werden in Wechselausstellungen gezeigt und sind eine Fundgrube v. a. für Fans klassischer Filme und Stummfilme. Nach Umbau verwandelte sich das Gebäude mittels einer neuen Hülle aus 1067 Aluminiumplatten sowie geschickt konstruierter Raumfolgen in ein futuristisches Kleinod, das aus einem Science-Fiction-Film stammen könnte. Jährlich werden hier um die 400 Filme gezeigt, von Klassikern über restaurierte Stummfilme bis hin zu zeitgenössischen Avantgardefilmen (Vorstellungen, außer freitagnachmittags, im Eintrittspreis inbegriffen). Zwei blau erleuchtete Rampen führen von der weißen Lobby ins Filmtheater und zu den Ausstellungsräumen. Die Hauptausstellung *Behind the Screen* zeigt klassische Ausstellungsstücke wie Requisiten und Kostüme und gibt mithilfe modernster interaktiver Technik (auch in 3D) einen spielerischen Einblick, wie Filme und Fernsehshows gemacht und vermarktet werden. Entstanden sind auch Medienlabore, in denen man die Grundbegriffe des Videospiel-Designs, der Claymation (Knetanimation) und der Stop-Motion-Animation erlernen sowie alte Videospiele wie Invaders, Frogger oder Donkey Kong daddeln kann.

Mi–Do 10.30–17 Uhr, Fr bis 20 Uhr (16–20 Uhr Eintritt frei), Sa–So 11.30–19 Uhr. Eintritt: $ 12, erm. $ 9, Kinder und Jugendliche 3–16 J. $ 6. ✆ 718-784-0077, www.movingimage.us. 36-01 35 Ave. zw. 36th und 37th Sts., Subway: Steinway St. Linien M, R.

Praktische Infos

→ Karte S. 308/309

Essen und Trinken

Tournesol **8** Kleines französisches Bistro (übersetzt: Sonnenblume) mit freundlichem Ambiente und moderaten Preisen (Hauptgerichte ab $ 7,50). Gut sortierte Weinkarte und hervorragendes Brunch. Mo 17.30–23 Uhr, Di–Do 11.30–15 und 17.30–23 Uhr, Fr bis

23.30 Uhr, Sa 11–15.30 und 17 –23.30 Uhr, So 11–15.30 und 17–22 Uhr. 50-12 Vernon Blvd. zw. 50th und 51st Aves., ✆ 718-472-4355; www.tournesolnyc.com. Subway: Vernon Blvd-Jackson Ave Linie 7.

Manetta's Ristorante 7 Familiengeführte Trattoria, toskanische Küche zu fairen Preisen, Steinofenpizzen und Pasta und zum Nachtisch Mandeltiramisu. Mo–Do 10.30–22 Uhr, Fr bis 23 Uhr, Sa ab 15.30 Uhr. 10-76 Jackson Ave./11th St., ✆ 718-786-6171. Subway: Linie 7 bis Vernon Blvd./Jackson Ave.

John Brown Smoke House 6 Serious BBQ, gemischte Grillplatte für $ 8–25, Lammwürstchen, „burnt ends" (Rindfleisch-Bruststück aus Kansas), So–Mi 11.30–23 Uhr, Do–Sa bis 24 Uhr. ✆ 347-617-1120; www.johnbrownseriousbby.com. 10-43 44th Drive zw. 10th u. 11th Sts., Subway: Linien E, M Court Sq..

Bohemian Hall & Beer Garden 1 Größter Biergarten in New York, der auch Treffpunkt für Astorias tschechische und slowakische Gemeinde ist. Festivals, Musik und natürlich viel Bier. Mo–Do 17–1 Uhr, Fr bis 3 Uhr, Sa 12–3 Uhr, So 12–1 Uhr. ✆ 718-274-4925, www.bohemianhall.com. 29-19 24th Ave. zw. 29th u. 31st Aves. Subway: Linien N, Q bis Astoria Blvd.

The Garden @ Studiosquare 4 Deutscher Biergarten mit Grill; modernes Ambiente, drinnen Wandmalereien von Louis „KR One" Gasparro, draußen lange Tische unter Weinranken und Birken. Mo–Do ab 16 Uhr bis spät, Fr ab 15 Uhr, Sa/So ab 12 Uhr. ✆ 718-383-1001; www.studiosquare nyc.com. 35-33 36th St./36th Ave., Subway: Linien N, Q bis 36 Ave.

Locale Restaurant and Bar 2 In schicker Industrieatmosphäre wird bodenständiges italienisches Essen serviert. Mit großer Terrasse. Mo–Do 17–1 Uhr, Fr bis 3 Uhr, Sa 11–16 und 17–3 Uhr, So 11–16 und 17–1 Uhr. 33-02 34th Ave. nahe 33rd St., ✆ 718-729-9080; www.localeastoria.com. Subway: Linien M, Q bis 36 Ave. oder Linien M, R bis Steinway.

Sonstiges

Fahrradverleih: L.I.C. Bikes 5. Mo–Fr 9–20 Uhr, Sa 10–19 Uhr, So 10–18 Uhr, $ 7/Std., $ 35/Tag, bei längerer Miete Rabatt. ✆ 718-47-BIKES, www.longislandcitybikes.word press.com. 25-11 Queens Plaza, Long Island City. Subway: Linien 7, N, Q bis Queensboro Plaza.

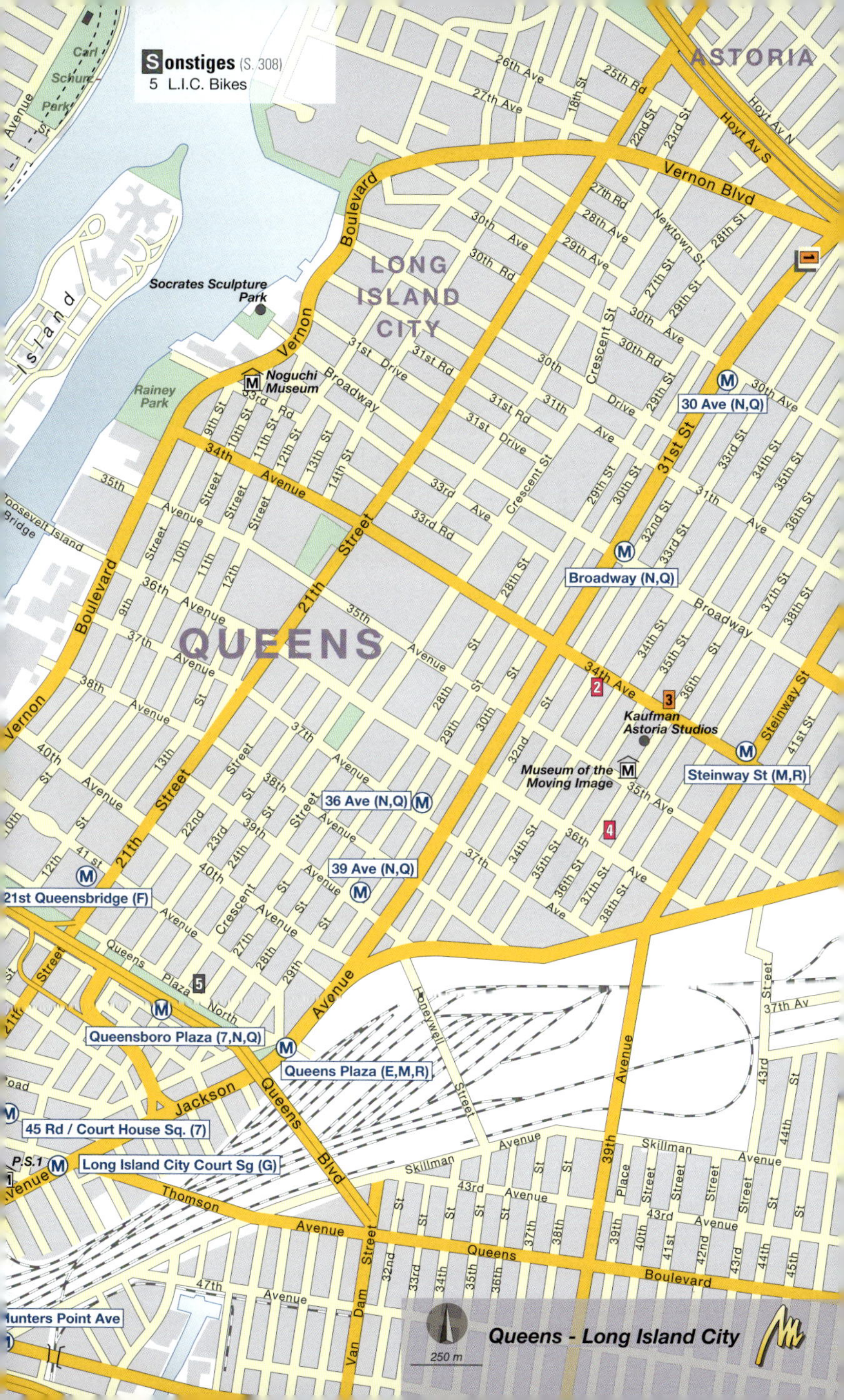
S onstiges (S. 308)
5 L.I.C. Bikes
ASTORIA
LONG ISLAND CITY
QUEENS
Socrates Sculpture Park
Noguchi Museum
Rainey Park
Carl Schurz Park
Kaufman Astoria Studios
Museum of the Moving Image
30 Ave (N,Q)
Broadway (N,Q)
Steinway St (M,R)
36 Ave (N,Q)
39 Ave (N,Q)
21st Queensbridge (F)
Queensboro Plaza (7,N,Q)
Queens Plaza (E,M,R)
45 Rd / Court House Sq. (7)
Long Island City Court Sq (G)
Hunters Point Ave
P.S.1
Vernon Blvd
Vernon Boulevard
21th Street
31st St
Broadway
34th Avenue
35th Avenue
36th Avenue
37th Avenue
38th Avenue
40th Avenue
Crescent St
Steinway St
Jackson Avenue
Queens Blvd
Queens Boulevard
Thomson Avenue
Skillman Avenue
Van Dam Street
Honeywell Street
39th Avenue
Queens Plaza North
Hoyt Av S
Hoyt Av N
Newtown St
Roosevelt Island Bridge
Queens - Long Island City
250 m

Staten Island gedenkt – Mahnmal für die Opfer von 9/11

Staten Island

Die Insel Staten Island ist doppelt so groß wie Manhattan und gilt als das „forgotten borough", der vergessene Stadtteil. Die Einwohnerzahl beläuft sich auf knapp eine halbe Million Menschen. Man stößt auf ländliche Gebiete und die Wohnidylle des weißen Mittelstands. Hauptattraktionen sind die Historic Richmond Town, ein Freilichtmuseum sowie der kostenlose Blick von der Fähre zur Statue of Liberty.

Staten Island ist sicher nicht der spannendste Stadtbezirk New Yorks, das Highlight eines Besuchs ist eigentlich die Überfahrt mit der **Staten Island Ferry** (kostenlos), auf der man den Blick auf die Wolkenkratzer Manhattans und die Freiheitsstatue genießen kann.

Jedoch gibt es auch hier einige kulturelle Institutionen, z. B. das **Museum of Tibetan Art** oder das **Alice Austen House**, etwas Natur und einen **Botanischen Garten**, den schönen Strand **South Beach** mit Blick auf die Verrazano-Narrows Bridge sowie einen Yachthafen mit Strand namens **Great Kills Park & Beach**.

Die Fähre von Manhattan (25 Min.) spuckt einen am nördlichen Ende der Insel in Downtown St George aus. Von dort führt die Richmond Terrace am Wasser entlang nach Westen. Ansonsten ist man auf Busse angewiesen, die etwa alle 20 Min. fahren. An der North Shore Waterfront Esplanade direkt am Fährhafen steht das *Staten Island 9/11 Memorial*, das an die 270 Bewohner des Stadtteils erinnert, die bei dem Terroranschlag ums Leben kamen.

Als Henry Hudson am 3. September 1609 auf der *Halve Maen* (Halbmond) die New York Bay hinaufschipperte, nannte er die Insel zu Ehren der niederländischen Generalstaaten, der damaligen Ständeversammlung, *Staaten Eyelandt*. 30 Jahre später entstand die erste

Kolonie. Karl II. taufte das Eiland dann um in Richmond County nach seinem unehelichen Sohn James, dem Herzog von Richmond. 1729 entstand Richmond Town. Das Borough erhielt erst 1975 wieder seinen alten Namen: Borough of Staten Island.

Die Insel fristete bis 1964 ein Schattendasein, dann wurde die *Verrazano-Narrows Bridge* eröffnet, die Staten Island direkt an Brooklyn anbindet. Dies war der Beginn des Aufstiegs zum „Vorort" Manhattans, dessen Bewohner überwiegend weiß, katholisch und konservativ sind. Eine Ausnahme bildet *Sandy Ground* im Süden der Insel, wo die älteste afroamerikanische Gemeinde des ganzen Landes ansässig ist.

Am Image Staten Islands kratzte lange Zeit die Fresh-Kills-Müllhalde, auf der satte 53 Jahre die fünf New Yorker Boroughs ihren gesamten Abfall entsorgten. Mittlerweile ist die Halde, auf der auch der Schutt des zerstörten World Trade Center zwischengelagert wurde, geschlossen. Hier wird nun dekontaminiert, und es entsteht eine Parkanlage, die dreimal so groß sein wird wie der Central Park. Der erste Teil, der Schmul Park, eröffnete im Oktober 2012, mit der Fertigstellung wird für 2015 gerechnet.

Leben wie im 17. Jahrhundert: Historic Richmond Town

Sehenswertes

Historic Richmond Town: Dieses fast im Zentrum von Staten Island gelegene, restaurierte Dorf aus der Kolonialzeit mit über 20 Gebäuden und einem Museum vermittelt einen guten Eindruck vom Leben im 17. Jh. Das Voorlezer's House von 1695 ist das älteste Schulgebäude des Landes. Guides in historischer Kostümierung bieten Führungen und demonstrieren den Alltag vor 300 Jahren. Erfrischungen gibt es im *M. Bennett Café*.

Juli bis Aug. Mi–So 13–17 Uhr, Führungen Mi–Fr um 14.30 Uhr, Sa/So 14 und 15.30 Uhr. Eintritt $ 8, erm. $ 6, Kinder $ 5, Fr frei. Anfang Sept. Rummel (County Fair). ✆ 718-351-1611, www.historicrichmondtown.org. 441 Clarke Ave., Anfahrt: Bus S74 vom Ferry Terminal bis Richmond Rod/St Patrick's Pl. (40 Min.).

Jacques Marchais Museum of Tibetan Art: Die größte Sammlung tibetanischer Kunst in der westlichen Welt wurde 1945 von Jacques Marchais gegründet. Jacques Marchais war das Pseudonym für eine junge Dame namens Jacqueline Klauber, die ein brennendes Interesse für die Region hegte. Sie sammelte Bilder, Skulpturen, Bücher und Fotografien aus dem 15. bis 20 Jh. Das Museum liegt auf einem Hügel, das Gebäude ist

Staten Island → Karte S. 313

einem tibetanischen Kloster nachempfunden, davor lädt ein Terrassengarten zum Meditieren ein.

Mi–So 13–17 Uhr. Eintritt $ 6, erm. $ 4. ✆ 718-987-3500, www.tibetanmuseum.org. 338 Lighthouse Ave. Anfahrt: Bus S474 bis Lighthouse Ave.

Alice Austen House: In diesem bescheidenen Haus aus dem 17. Jh. lebte die junge Fotografin Alice Austen bis 1945. Das Museum gibt Einblick in ihr Leben und zeigt ihre Bilder, die sich vorrangig dem Leben auf der Insel widmen.

April bis Nov. Di–So 11–17 Uhr. Eintritt $ 3 (Spende). ✆ 718-816-4506, aliceausten.org. 2 Hylan Blvd. Anfahrt: Ab Ferry Terminal mit dem Bus S51 bis Hylan Blvd. (15 Min.), dann einen Block östlich am Wasser.

Staten Island Botanical Garden: Dieser botanische Garten, entstanden 1977, liegt innerhalb des *Snug Harbor Cultural Center*, einem ehemaligen Altenheim für Seeleute mit 28 historischen Gebäuden, die heute kulturelle Einrichtungen beherbergen, u. a. das *Newhouse Center for Contemporary Art* und das *Staten Island Children's Museum*.

Verschiedene Gärten sind unterschiedlichen Stilen und Perioden gewidmet. Kürzlich entstand hier der erste Chinese Scholar's Garden, entworfen von chinesischen Künstlern und Handwerkern.

Tägl. von Sonnenaufgang bis Sonnenuntergang. Eintritt Gärten und Galerie: Di–So 10–16 Uhr, Eintritt $ 5, erm. $ 4, Kinder unter 12 J. frei. 1000 Richmond Terrace, ✆ 718-273-8200, snug-harbor.org. Anfahrt: Vom Ferry Terminal mit Bus S40 bis Snug Harbor. Gleiche Öffnungszeiten und Eintrittspreise für das **Newhouse Center for Contemporary Art**. **Staten Island Children's Museum**: Di–Fr 12–17 Uhr, Sa/So 10–17 Uhr, $ 6. ✆ 718-273-2060; www.sichildrensmuseum.org.

Haus aus der Kolonialzeit

South Beach: Dieser Strand, etwa 50 m breit, der neben der Promenade verläuft, bietet einen beeindruckenden Blick auf die Verrazano-Narrows Bridge, hat die viertlängste Holzpromenade (broadwalk) der Welt (rund 3 km) sowie einen Spielplatz, einen Rollschuh-Hockey-Ring und Picknickbänke.

Father Capadonno Blvd./Ecke Sand Lane, ✆ 718-816-6804. Anfahrt: Vom Ferry Terminal mit Bus S51.

Great Kills Park & Beach: Dieser Strand mit Badehaus und Snackbar eignet sich hervorragend zum Schwimmen. Es gibt Naturpfade zu erkunden und die Möglichkeit zum Fischen. Ebenso existiert ein kleiner Yachthafen. Auch für Jogger, Radfahrer, Baseball- und Footballspieler sind Anlagen vorhanden.

Anfahrt: Vom Ferry Terminal mit Bus S78 (30 Min.). ✆ 718-980-6130.

Praktische Infos

→ Karte S. 313

Essen und Trinken

Beso **1** Gemütliche spanische Tapas-Bar mit leckerer Black Rasberry Sangria ($ 8), drei Gänge Prix Fixe $ 20,14. Mo–Do 11.30–23 Uhr, Fr/Sa bis 24 Uhr, So 12–22 Uhr. ✆ 718-816-8162; www.besonyc.com. 11 Schuyler St./Richmond Terrace. Anfahrt: Zu Fuß zu erlaufen von der Fähranlegestelle.

Marina Café **5** (Great Kills) Elegant speisen mit Blick auf den Great Kills Harbor, modern gestaltet mit nautischem Thema, viel New England Lobster (Hummer), aber auch italienische Gerichte. Hauptgerichte $ 19–30. Prix Fixe Mo–Do 15–19 Uhr für $ 25. Mo–Do 12–22 Uhr, Fr/Sa bis 23 Uhr, So 13–21 Uhr. ✆ 718-967-3077, www.marinacafesi.com. 154 Mansion Ave./Hillside Terrace. Anfahrt: Ab Fähre mit Bus S78 bis Cleveland Ave.

Carol's Café **3** Carol Frazetta hat in London gelernt, geboten wird europäische Küche und sehr gemütliche Atmosphäre. Auch Kochkurse. Hauptgerichte $ 15–35, Muscheln in Weißweinsoße $ 14/24, Prix Fixe $ 23,95. Mi 18–21 Uhr, Do bis 21.30 Uhr, Fr bis 22 Uhr, Sa bis 22.30 Uhr. ✆ 718-979-5600, www.carolscafe.com. 1571 Richmond Rd./Four Corners Rd., Anfahrt: Zug bis Dingan Hills.

120 Bay Cafe **2** Schrille Bar nahe der Fähre mit Jukebox und Pooltable. Gehobene Pub-Küche, günstiges Lunch, Dinnergerichte bis $ 24,95 (NY Strip Steak). Mo–Do 11.30–2 Uhr, Fr/Sa bis 4 Uhr, So 17–2 Uhr. ✆ 718-273-7770. 120baycafe.com. 120 Bay St. nahe Central Ave. Anfahrt: von der Fähranlegestelle zu Fuß zu erlaufen.

Einkaufen

Staten Island Mall **4** Einkaufszentrum mit vielen Kaufhäusern wie Macy's, Sears und JC Penney sowie den gängigen Ketten wie Old Navy, Guess, Gap, Jouce Leslie, Sephora Beauty Emporium, Le Chateau etc. Auch viele Restaurants, z. B. Applebees Neighborhood Grill & Bar oder T.G.I. Fridays. Mo–Sa 10–21 Uhr, So 11–18 Uhr. ✆ 718-761-6800, www.statenisland-mall.com. 2655 Richmond Ave. Anfahrt: Ab Ferry Terminal mit den Bussen S44 oder S61 bis Mall.

Staten Island → Karte S. 313

Abruzzen • Ägypten • Algarve • Allgäu • Allgäuer Alpen • Altmühltal & Fränk. Seenland • Amsterdam • Andalusien • Andalusien • Apulien • Australien – der Osten • Auvergne & Limousin • Azoren • Bali & Lombok • Barcelona • Bayerischer Wald • Bayerischer Wald • Berlin • Bodensee • Bornholm • Bretagne • Brüssel • Budapest • Chalkidiki • Chiemgauer Alpen • Chios • Cilento • Comer See • Cornwall & Devon • Costa Brava • Costa de la Luz • Côte d'Azur • Cuba • Dolomiten – Südtirol Ost • Dominikanische Republik • Dresden • Dublin • Ecuador • Eifel • Elba • Elsass • Elsass • England • Fehmarn • Föhr & Amrum • Franken • Fränkische Schweiz • Fränkische Schweiz • Friaul-Julisch Venetien • Gardasee • Gardasee • Genferseeregion • Golf von Neapel • Gomera • Gran Canaria • Graubünden • Hamburg • Harz • Haute-Provence • Ibiza • Irland • Island • Istanbul • Istrien • Italien • Span. Jakobsweg • Kalabrien & Basilikata • Kanada – Atlantische Provinzen • Karpathos • Kärnten • Katalonien • Kefalonia & Ithaka • Köln • Kopenhagen • Korfu • Korsika • Korsika Fernwanderwege • Korsika • Kos • Krakau • Kreta • Kreta • Kroatische Inseln & Küstenstädte • Kykladen • Lago Maggiore • La Palma • La Palma • Languedoc-Roussillon • Lanzarote • Lesbos • Ligurien – Italienische Riviera, Genua, Cinque Terre • Ligurien & Cinque Terre • Limnos • Liparische Inseln • Lissabon & Umgebung • Lissabon • London • Lübeck • Madeira • Madeira • Madrid • Mainfranken • Mainz • Mallorca • Mallorca • Malta, Gozo, Comino • Marken • Mecklenburgische Seenplatte • Mecklenburg-Vorpommern • Menorca • Rund um Meran • Midi-Pyrénées • Mittel- und Süddalmatien • Montenegro • Moskau • München • Münchner Ausflugsberge • Naxos • Neuseeland • New York • Niederlande • Norddalmatien • Norderney • Nord- u. Mittelengland • Nord- u. Mittelgriechenland • Nordkroatien – Zagreb & Kvarner Bucht • Nördliche Sporaden – Skiathos, Skopelos, Alonnisos, Skyros • Nordportugal • Nordspanien • Normandie • Norwegen • Nürnberg, Fürth, Erlangen • Oberbayerische Seen • Oberitalien • Oberitalienische Seen • Odenwald mit Bergstraße, Darmstadt, Heidelberg • Ostfriesland & Ostfriesische Inseln • Ostseeküste – Mecklenburg-Vorpommern • Ostseeküste – von Lübeck bis Kiel • Östliche Allgäuer Alpen • Paris • Peloponnes • Pfalz • Pfälzer Wald • Piemont & Aostatal • Piemont • Polnische Ostseeküste • Portugal • Prag • Provence & Côte d'Azur • Provence • Rhodos • Rom • Rügen, Stralsund, Hiddensee • Rumänien • Sächsische Schweiz • Salzburg & Salzkammergut • Samos • Santorini • Sardinien • Sardinien • Schottland • Schwarzwald Mitte/Nord • Schwarzwald Süd • Shanghai • Sinai & Rotes Meer • Sizilien • Sizilien • Slowakei • Slowenien • Spanien • St. Petersburg • Steiermark • Südböhmen • Südengland • Südfrankreich • Südmarokko • Südnorwegen • Südschwarzwald • Südschweden • Südtirol • Südtoscana • Südwestfrankreich • Sylt • Teneriffa • Teneriffa • Tessin • Thassos & Samothraki • Toscana • Toscana • Tschechien • Türkei • Türkei – Lykische Küste • Türkei – Mittelmeerküste • Türkei – Südägäis • Türkische Riviera – Kappadokien • Umbrien • Usedom • Venedig • Venetien • Wachau, Wald- u. Weinviertel • Wales • Warschau • Westböhmen & Bäderdreieck • Westliche Allgäuer Alpen und Kleinwalsertal • Wien • Zakynthos • Zentrale Allgäuer Alpen • Zypern

Reisehandbuch MM-City MM-Wandern

Register

Die (in Klammern gesetzten) Koordinaten verweisen auf die beigefügte New York-Karte.

Nostalgie: The Roaring Twenties

Einfach traumhaft

ISBN 978-3-95654-040-0

 Druck: Stürtz GmbH, Würzburg.

TURN TO CLEAR VISION
QUARTERS ONLY
50¢
TO OPERATE TURN HANDLE ONE FULL TURN
2293